珍藏本
纪念版

汉译世界学术名著丛书

宗教经验之种种

——人性之研究

〔美〕威廉·詹姆士 著

唐钺 译

2017 年·北京

William James

THE VARIETIES OF RELIGIOUS EXPERIENCE

A Study In Human Nature

Longmans, Green, And Co.

根据朗曼和格林合伙公司1909年版译出

汉译世界学术名著丛书
（120 年纪念版·珍藏本）
出 版 说 明

2017 年 2 月 11 日，商务印书馆迎来 120 岁的生日。120 年前，商务印书馆前贤怀揣文化救国的理想，抱持“昌明教育，开启民智”的使命，立足本土，放眼寰宇，以出版为津梁，沟通中西，为中国、为世界提供最富智慧的思想文化成果。无论世事白云苍狗，潮流左右激荡，甚至战火硝烟弥漫，始终践行学术报国之志，无改初心。

逐译世界各国学术名著，即其一端。早在 20 世纪初年便出版《原富》《天演论》等影响至今的代表性著作，1950 年代后更致力于外国哲学和社会科学经典的译介，及至 1980 年代，辑为“汉译世界学术名著丛书”，汇涓为流，蔚为大观。丛书自 1981 年开始出版，历时三十余年，迄今已推出七百种，是我国现代出版史上规模最大、最为重要的学术翻译工程。

丛书所选之书，立场观点不囿于一派，学科领域不限于一门，皆为文明开启以来，各时代、各国家、各民族的思想与文化精粹，代表着人类已经到达过的精神境界。丛书系统译介世界学术经典，次见到之处附注原文。

八、原作所引关于带宗教性质的经验之文件，很有不易了解处。这是因为这种经验带有情感性质，本来不易说得明白。译者只能将本来的话译出，不便以意改动。

九、原著所引之文字，范围甚广。译者无法得到原书检对，所译人名书及名词成语，怕不免有未能恰合原义之处，这只好等将来改正。

十、原作者的文字并不是平铺直叙，颇有事雕饰，骋词锋之处，译者遇了不少困难。如有谬误，请读者指正。

译者引言

这部书的作者威廉·詹姆士(William James),是美国纽约的人,生于一八四二年,卒于一九一〇年,他年轻时候曾旅行欧洲各国,又曾学过绘图。后来进美国哈佛大学学医;但他毕业后始终没有行医。他先在哈佛大学医科任解剖学教员,以后到生理学系去,渐渐专注意于神经系的生理和它与心理作用的关系之研究。一八八〇年,他任哈佛大学的哲学系副教授;一八八九年任心理学教授;一八九九年任哲学教授。一九〇七年退休,从事于哲学的著作。他在哲学界以提倡实效主义(Pragmatism)等学著名;在心理学内以提出关于情绪的一种学说(请参考他的《论情绪》)及其他主张著名。他心理学方面的著作很多;最传诵的,是他的《心理学原理》(Principles of Psychology)和这本书。

他一九〇一年受英国爱丁堡大学聘请作吉福德演讲(Gifford Lectures),共作二十个演讲,题目是"宗教经验之种种"(Varieties of Religious Experience),专从个人经验这方面讨论宗教的作用。讲稿于一九〇二年出版。本书的内容本来是一小时一小时的演讲底稿,但有时两三小时都是讲一个题目;所以本书的一章有时包括两三个演讲。

本书第一章(第一讲)大意说从神经学观点来论宗教,不能定宗教之价值。第二章(第二讲)说明本书讨论的范围限于个人的宗教心理。第三章(第三讲)说从好些人经验看来,实有个无形者(精神界)的存在。第四章(第四第五讲)论心态健全的人的宗教经验。第五章(第六第七讲)论“灵魂”带病态的人的宗教经验。第六章(第八讲)论这种分裂的人格如何恢复统一。第七第八章(第九第十两讲)论未信教者转而皈依宗教之心理过程。第九章(第十一第十二第十三讲)论宗教中所谓圣徒之特质。第十章(第十四第十五讲)论圣徒性行之价值。第十一章(第十六第十七讲)论神秘经验。第十二章(第十八讲)论宗教的哲学。第十三章(第十九讲)论宗教的其他特色,如美感成分,牺牲与忏悔,祈祷及其与潜意识的心之关系。第十四章(第二十讲)为结论,最后是后记,是作者对于结论的补充声明。

他的结论大概说:宗教起于人觉得依照他的自然状态有点“不对”,不妥善,必须求得救度或解脱;皈依宗教的人觉得他与一个高于他自己的权力发生联系,因此他就得救了;他并且觉得他自己,有一个较高尚的部分,与世界的这个高级权力是相连的。至于这个高级权力是独一无二的尊神或很多数的神或其他,作者并无成见;但他确信这高级权力会对于世界的各个人各件事(不是只能对于整个世界)发生结果。因此他把自己的见解称为零碎的超自然主义(piecemeal supernaturalism)。但这只是他的结论;本书的精彩在于他举出许多具体实例来支持他的结论。所以假如我们不愿“买椟还珠”,我们必须将全书细细研读。(读者要在未读本书之先知道它的大意的,可以再看原书卷首的很详细的纲要。)

一九三五年三月

著者原序

假如我不曾有被聘为爱丁堡大学的讲自然宗教的吉福德讲师(Gifford Lecturer)的荣幸,那就始终不会写这本书。因为这样被聘,我必须讲两组演讲,每组十讲;在我寻找这两个讲题之时,我觉得第一组可以是描写的性质,题为"人的宗教胃口"(Man's Religious Appetite),第二组可以是形而上学的,题为"以哲学满足这种胃口"(Their Satisfaction Through Philosophy)。可是,一到我写心里这方面之时,材料出乎意外地多;因此第二讲题就完全搁起了,现在这二十讲都是描写人们的宗教性格。在第二十讲,我暗示(并是说明)了我个人的哲学的结论;读者要立刻知道它的,应该就翻看那一讲的最后两大段并本书的后记。我希望将来我能够以更明白的方式说明这些结论。

因为我相信博识特例往往比仅有抽象公式(不管多么深远),能使我们更精明,我这些演讲满载着具体的例证,并且这些例证是从宗教性情的比较过甚的表现之中选取出来的。因此,有些读者,在他们没将本书读过半之时,也许会觉得我所描写的是所说这个人的一幅讽刺画像;他们会说,这种到了抽搐地步的信教,不是心理正常的。可是,假如他们有耐性读完这本书,我相信这种不利的印象会消灭的;因为我在卷末将宗教冲动与可以矫正太甚的其他的常识原理联合起来,让各个读者自己下他要怎么温和就怎么温和的结论。

我写这些演讲,应该感谢斯坦福大学的斯塔柏教授(Edwin D. Starbuck of Stanford University),他把他所收集的很丰富的手写材料让给我;又该谢谢东诺司斐的蓝金君(Henry W. Rankin of East Northfield),他是我未尝谋面的,但事实证明他是我的朋友,他给我很宝贵"情报";又谢谢日内瓦的伏卢挪(Theodore Flournoy),牛津的希勒(Canning Schiller),和我的同事蓝德(Benjamin Rand)诸位给我的史料;又谢谢同事米勒(Dickinsen S. Miller)和朋友们,纽约的瓦德(Thomes Wren Ward)和不久以前在枯拉扣(Cracow)的鲁托斯拉甫斯基(Wincenty Luteslowski)给我重要的提示和忠告。最后,由于与不幸去世的大卫孙(Thomas Davidson)在启因谷上的格伦牟(Glenmore, above Keene Valley)的谈话并利用他的书,我受赐之多不是我所能够宣示的。

哈佛大学,1902 年 3 月

本书纲目

引论:这一组演讲不是人类学的,而是讨论个人的经验。事实问题与价值问题。事实上,宗教人往往是神经病态的。对于为上列理由而排斥宗教之医药的唯物论加以批评。

推翻宗教起源于性欲之说。心的一切状态都有神经上的条件。心态的义蕴不能以其来源论,必须以其结果的价值来评定。价值的三个标准;来源不能用为标准。精神病态的气质,如有优等智力相连,有些利益;特别是对于宗教生活是如此。

简单的对于宗教的定义是无用的。并无一种特别的"宗教情操"。制度的与个人的宗教。我们只限于讨论个人的宗教。为这一组演讲而下的对于宗教的定义。"神圣的"这个名词的意义。神圣的就是引起严肃的反应的。要把我们的定义弄得明划是不能的。我们必须研究较近极端的实例。两种接受世界的方式,宗教比哲学较为热烈。宗教能克服不快乐。从生物观点看,需要这种官能。

第三讲　实有无形者(第 50 页)

知觉象与抽象观念相对照。后者对于信心的影响,康德的神学观念。我们除了特殊的感官所供给者之外有个体验实在之感。觉得“有物在旁之感”的例证。不实在之感。觉得有神圣在旁之感实例。神秘经验:实例。其他觉得上帝来临之感的实例。非理性的经验能使人信其有。合理主义在建立信仰这方面力量很薄弱。在个人的宗教态度内,或热情或严肃占优势。

第四第五讲　健全心态的宗教(第 75 页)

快乐是人生的主要事务。“一度降生的”与“二度降生的”性格。惠特曼。古希腊人感情之混合性。有计划的健全心态。它的合理。宽博的基督明示这个道理。通俗科学所鼓励的乐观。“医心”运动。它的信条:实例。他对于祸恶之见解。他与路德派神学的比拟。以松弛得救度。其方法:暗示;存想;“凝想”;证实。可能的适应世界之计划是繁殊的。附录:两个由医心家治疗的实例。

第六第七讲　病态的灵魂(第 126 页)

健全心态与悔罪。健全心态的哲学主要是多元论的。病的心态:它的两个程度。每个人的痛觉阈限的不同。自然福利之不安稳。每个人一生中的失败或虚幻的成功。一切纯粹自然主义都是悲观的。古希腊及罗马的人生观是无希望的。病态的不快活。快感丧失病。埋怨的忧郁病。生活的兴会是个纯粹的天赐。失了这种兴会使物质世界觉得不同。托尔斯泰。班扬。阿莱因。病态的

第十一第十二第十三讲　圣徒性(第 259 页)

圣勃夫论蒙神恩的状态。品格型认为是由于冲动与抑制间的均衡。至高的激奋。怒气。一般的较高激动之影响。圣徒生活是为精神的激奋所统制。这个会把肉欲的冲动永久打消。大概牵涉在内的潜意识的作用。表示品格上的永久变化之机械的图式。圣徒性的特色。觉得实有一个高级权力之感。心平气和，慈善，恬静，坚忍等等。这些与松弛作用之联系。生活的纯洁。苦行主义。顺从。贫乏，民主主义的与人道主义的情操。较高激动之一般结果。

第十四第十五讲　圣徒性的价值(第 328 页)

圣徒性必须以它的结果对于人生的价值来评定。可是，上帝的实在性也须加以判断。“不宜的”宗教为“经验”所淘汰。经验主义不是怀疑主义，个人的与部落的宗教。宗教创立者的孤单。腐化在成功之后。太甚之处。过甚的虔奉是信奉狂；是奉神病态的心志专注。过度纯洁。过度慈善。完善的人只适合于完善的环境。圣徒是酵母。苦行的过度。苦行是代表英勇生活的象征。军国主义与自愿的贫乏可能互相替代。对于圣徒品格的正反评论。圣徒与“健者”之对照。必须考虑他们的社会的功能。抽象地说，圣徒是最高的典型，但在现有环境，它会失败；所以我们自己做成圣徒，是自己冒险。神学上的真妄之问题。

第十六第十七讲　神秘主义(第378页)

对神秘主义加以定义。神秘状态的四种标记。神秘状态是另一区域的意识。低级神秘状态之实例。神秘状态与酒。“麻醉药的启示”。宗教的神秘主义。自然界的方相。觉有上帝之感。“世界意识”。瑜伽。佛教的神秘主义。苏菲主义。基督教的神秘主义者。他们觉得启示之感,神秘状态使人健旺的作用。神秘主义者以否定语来形容。觉得与绝对者会合之感。神秘主义与音乐。三个结论。(一)神秘状态对于有这种状态的人是有权威的。(二)但对于任何别人就不然。(三)然而,它们使理性的状态不能独占权威。神秘状态援助一元论的乐观主义的假设。

第十八讲　哲学(第432页)

在宗教内,感情是首要的,哲学是次要的机能。理智主义是以为能在它的神学假想内避免主观的标准。“教义的神学”。对它关于上帝属性的说明之批评。“实用主义”作为试验概念的价值之标准。上帝的形上的属性没有实际上的意义。用以证明他的道德的属性是很坏的辩证;系统的哲学之崩溃。超绝的唯心论的遭逢较好吗?它的原理。引述凯德。他的话认为将宗教经验复述,是好的,但如认为合理的证明,就不能使人必信。哲学能替宗教做的,是把它自己变成“宗教学”。

第十九讲　其他特性(第459页)

宗教的美感成分。天主教与新教的对比。牺牲与忏悔。祈祷。宗教以为在祈祷之中真完成了精神上的工作。对于所完成的是什么,有三个程度的意见。第一度。第二度。第三度。自动现象,常见于宗教领袖。犹太人的实例。穆罕默德。约瑟·施密司。宗教与一般潜意识区域。

第二十讲　结论(第486页)

宗教特性综要。各人的宗教不必相同。“宗教学”只能暗示,不能公布,一种宗教信条。宗教是否原始思想的遗迹?近代科学摈除人格这个概念。神人同形说及对有人格者之信仰是前科学的思想之特色。虽是这样,有人格者的力量是实有的。科学的对象是抽象的,只有个人化的经验是具体的。宗教是倚仗具体的。宗教主要是生物上的反应。它的最简单方式是不自在和得救;叙写得救的情形。高级权力真否的问题。作者自己的假设:一、潜意识的自我为自然界与较高区域居间。二、较高区域,或说“上帝”。三、上帝在自然界内发生真的结果。

后　记(第520页)

本书的哲学立场,定为零碎超自然主义。对普遍论的超自然主义加以批评。原理不同必使事实不同。上帝的存在能发生什么事实上的不同?人格不死的问题。关于上帝是唯一的及无限的这个问题:宗教经验并不对这个问题作肯定答复,多元论的假设比较更与常识相合。

第一讲　宗教与神经学

我站在这张讲桌后的地位，面对着这好多博学的听众，实在怀着不少惶恐。在我们美国人，从欧洲学者的语音和他们的书接受教诲这种经验是很习惯的。在我自己所属的哈佛大学（Harvard University），没有一个冬天过去，没有从苏格兰的、英吉利的、法兰西的、德意志的代表他们各本国的科学或文学的专家得到大的或小的讲演收获——这些专家，我们或是设法拉他们横渡大洋去对我们讲演，或是在他们游历我们国内之时半路捉拿去。欧洲人说话，我们听，我们觉得是当然的事情。我们说话，欧洲人听，这个相反的习惯，我们还未曾养成；所以第一个冒这种险的人免不了要发生对这样自大的行为应该请罪的一种感觉，尤其是在美国人的意想认为圣地的像爱丁堡（Edinburgh）这样地方，必定是这样：爱丁堡大学的哲学讲座的光荣，在我童年，已经深印于想象上。当时才出版的伏勒塞（Fraser）教授的《哲学论文》（Essays on Philosophy）是我翻看过的第一部哲学书；并且我记得很清楚那部书内关于韩弥顿爵士（Sir William Hamilton）教室的记述所对我引起的敬畏之情。韩弥顿的讲演就是我强迫我自己研读的第一部哲学著作；此后我就沉浸于司徒亚和菩朗（Dagald Stewart and Thomas Brown）的作品。我对这种童年的敬畏情绪，始终没有长过头；并

且我承认本人忽然由我出生的村野里一时当真升为这个大学的一员，变成了这些名人的同事，不特使我知道这是实事，而且使我同样深切地觉得好像梦境。

可是我既然接受这个聘约的荣幸，觉得拒绝是不可以的。学问的生活也有它的英勇的责务，所以我此刻站在这里，不再说反对的话。只要让我加一句话：现在既是在这里和在亚伯丁（Aberdeen），潮流已经开始由西走到东，我希望会继续这样流。将来一年一年过去，希望有好多我同国人会被请来苏格兰的各大学讲演，交换这里的学者到美国讲演；我希望我们民族在一切这些高层事业上会成了一个民族；并且我们英文所连带的特种哲学气质和特种政治气质，可以越来越弥漫于全世界，并且会影响全世界。

说到我履行这个讲演责任的方式，我既不是神学家，也不是深通宗教史的学者，也不是人类学家。我特别熟悉的，只有心理学这一门学问。从心理学者看来，人的宗教倾向一定是至少同人的心性的任何其他事实一样有趣。因此，似乎就我这个心理学者的资格看，我自然要做的事，就是贡献给你们一种对于那些宗教倾向的描写性的概览。

假如这个研究是心理学的，那么，它的题目就不是宗教的制度，而是宗教的感情和宗教的冲动了；并且我必须只限于说到能表达己意并完全自觉的人在颂天和自叙的文字内所记载的那些比较发达的主观现象。固然，一个事物的起源和早期总富有兴趣，但是，假如诚心要求得它的全部意义，就总必须注意到它的更进化并完成的方面。因此我们最关切的文件，就是在宗教生活上最有成就并最能够对他们的观念和动机作明白的叙述的人的记载。当然，这些人必定是比较近代的作者，否则是古代作者已经成了宗教经典的。所以我们将要觉得最会启悟的“人的文件”（documentshumaines）不必向特别博收的文库内去寻求——这些文件就在“常行的大路”上；这个由我们问题的性质自然发生的情态，与本讲演者缺乏专门神学的学识这件事非常相宜。我可以引述那些你们大多数前此已经看到的书，从那些书内摘取关于个人自忏的语句和节段，然而这并不会减低我结论的价值。固然，有些将来到这里演讲的，比我更肯冒险的学人和研究家，也许会由图书馆的架子上发掘些文件，因而使他的演讲听来比我的讲演更可喜、更奇诡。可是我怀疑因为他可以支配更多得那么多的偏僻材料，他就一定能比我对于手里题目的精髓达到更深切的了解。

宗教倾向是什么？和这些倾向的哲学意义是什么？这两个问题，从逻辑的观点看，是完全不同类的问题；因为不把这个事实认清，会发生紊乱，所以在未穷究我所指的文件和材料之前，我要对这一点稍为申说一下。

在新近的逻辑著作中，对于任何事物的研究，都分成两类。第一类研究是关于这个事物的性质如何？它怎么来的？它的构造，起源，和历史怎么样？第二个研究是这个问题，就是：既然有这个事物了，它的重要，含意和意蕴如何？第一类问题的答案由成任判断（existential judgment）（今通常译为存在判断——编者注）或成任命题表示。第二类的答案由价值判断（judgment of value）表示，这就是德国人的 Worthurteil，或是假如我们喜欢，可以叫做精神判断（spiritual judgment）。这两种判断，任何一种不能直接由别一种演绎出来。这两种判断所从出的理智的成心不相同，我们的心思只有先分别下这两种判断，然后再把它俩加在一起，才会把它们组合起来。

就宗教现象说，要分别这两类问题尤其容易。个个宗教现象都有它的历史，以及它由自然的前因发生的经过。现在所谓圣经考订(the higher criticism of the Bible)，其实只是由这个成住判断的观点研究圣经——这个考订，是太被初期基督教会忽视了的。那些圣经撰述者是在什么样的记传的情形之下对于这部圣书加入各自的贡献呢？他们在陈说的时候，他们各个人的心上恰恰是想什么呢？这些问题分明是历史事实的问题；我们看不出对于这些的答案，怎么样能够随手就决定再进一步的问题，即，这种书，来历这样判定了的，对于作为生活的指导并作为神的启示这方面有什么用的问题。要答复这另一个问题，我们心上必须先有一种对于一件事物应该有什么特性才可以有作为神明启示的价值这件事的一般理论；这个理论就是我刚才所谓精神判断。假如我们把这种判断和成住判断联合起来，我们竟可以演绎出另一个关于圣经的价值的精神判断来。具体地说，假如我们关于神明启示的价值的理论，是主张任何书要有启示的价值，必须是机械地编撰的，即不是出于作者的自由意想，或是主张这种书必须没有科学的和历史的错误，并没有表现地方的或个人的热情，那么，圣经大概在我们手里要吃亏。可是，假如，反之，我们的理论承认一部书虽然含有错误和热情，虽然是人有意做的，只要它是具伟大的灵魂在与他们的命运的紧急关头搏斗的人的内部经验的实录，那么，判断将要更有利得多。你们可以看到成住的事实本身不能够充做决定价值之用；因此最精考订的人始终没有把成住问题与价值问题相混。他

们虽然得到了同样的事实结论；但是对于圣经的启示价值，有时抱这一种见解，有时抱另一个见解，随着他们关于何从有价值的精神判断而变。

我所以对这两种判断说这些一般的话，是因为有好多信教的人——可能诸位中有些人也在内——还没有实际应用这个区别，因而对于我此后演讲必须用以考究宗教经验的现象之纯乎成住的观点，也许其初会觉得有点骇异。在我把这些现象从生物学的和心理学的眼光处理，好像这些只是个人历史内的奇事一样，你们中有些也许会以为这简直是将这么崇高的题目贬降了，甚至在我的宗旨未经更完全发挥之前，会疑心我是故意想损坏人生的宗教方面的价值。

当然这种结果绝对不在我的意中；因为你们方面的这种偏见会对于我要说的大部分的应有结果发生严重障碍，我对于这一点要再说些话。

无疑，实际上，专过宗教生活，是有使这个人弄成独特怪僻之趋势的。我不是指那些平常信教徒——那些无论是佛教徒，基督徒，或回教徒，只是随顺他国内习例宗教仪式的人。这种人的宗教是别人替他弄好的，是传统传授给他的，是由模仿弄成一定的形式的，是由习惯保存着的。研究这种“买旧货的”宗教生活，对于我们很少益处。我们必须搜求那些创获的经验，这种经验是替一切这大堆由别人暗示的感情和模仿的行为树立模范的。这种经验，我们只能由宗教对他们不是干燥的习惯，乃是猛烈的热狂的人找到。可是这种人实是宗教方面的“天才”(geniuses)；并且也像好多其他贡献史传可录的成绩之天才一样，这种宗教天才也往往表现神经不稳的症状。宗教界领袖常患变态的心理症象,也许比别方面的天才还多些。这些领袖总是天生的善感情绪的人,他们往往过着矛盾的内心生活,并且他们一生有一部分在忧郁之中。他们不知道节度,容易有强迫观念和固定观念(obsessions and fixed ideas);并且他们常常陷于昏迷状态(trance),听见虚幻的语声,看见幻象,表现一切种类的通常认为病态的特别行为。而且,他们生涯中的这些病态往往会使他们的宗教上威望和影响增大。

假如你们要一个实例,那么,最好的例就是佐慈·佛克斯(George Fox)这个人。他所创立的教友派(the quaker religion)是不能够过奖的。在当时诈伪的时代,教友派是一个注重植根于内心的精诚之宗教,并且是回复比英国所曾知道的更近于原始的福音书所说的道理。就现在我们基督教各宗派正在渐近于宽大自由这个范围内说,这些宗派在实质上只是恢复佛克斯和初期教友派的人好久以前已经抱定的主张。没有人能够假定就精神方面的警悟和能力论,佛克斯的心是不健全的。个个直接认识他的人,由克林威尔(Oliver Cramwell)以至郡长和狱吏,似乎都承认他们有高人一等的力量。可是从他的神经体质看,佛克斯是一个患了最深度的精神病的人。他的日记含有好多像这种的记载:

"当我正同几位朋友同走之时,我举头看见三个高阁的顶尖,这些顶尖使我大受震击。我问他们那是什么地方,他们说是黎策菲(Lichfield)。我立刻听到主(The Lord)的命令,叫我一定要到那里去。到达了我们要到的房屋之后,我请这几位朋友走进那所房子,完全没提到我要到何处去。他们一去,我就走开,注意地爬过篱笆,跨过沟,到了离黎策菲不到一英里的地方；在那里，有一大块野地，有些牧人在看羊。那时候，主就命令我把鞋脱掉。我站着不动，因为此刻正是冬天；可是主的命令像一把火似的在我身上燃烧着。因此我就脱掉我的鞋，交给牧人们。那些可怜的牧人都战栗，并且很骇怪。随后我又走了大约一英里；一到我进黎策菲城里，主又命令我了，叫我大喊：'黎策菲这血污的城受祸呀！'由是我就沿街走上走下，高声喊：'黎策菲这血污的城受祸呀！'这一天正是趁墟的日子，我走进墟场，在场内几个地方走来走去，并且停下来，依旧大喊：'黎策菲这血污的城受祸呀！'可是没有人来拦我捉我。在我这样走过各街大喊之时，我觉得好像有一道血流下街衢，并且墟场好像是一口血池。我已经倾吐我的心事，而觉得清静了之后，我就心神安静地走出这个城市；我回到牧人那里，给他们一点钱，把我的鞋拿回来。可是主的火仍在我的脚上和浑身，因此我不想再穿鞋，迟疑我该不该穿鞋，到了我觉得主允许我了才决定：于是我洗了脚，再穿上鞋。此后我就深思起来，想知道到底为什么主差遣我大喊谴责那个城市，把它叫做'这血污的城！'呢。因为虽然国会一时拥护国务总理，一时又拥护国王，在两边战争之时黎策菲城内曾流过好多血，可是这并不比其他地方更剧烈。但是后来我才悟到在戴阿克黎阡帝（Emperor Diocletian）时代曾有一千个基督徒在黎策菲殉难。所以我应该赤脚走过他们流血的路线，并走进墟场内他们血液的洼地，使得我可以替那些殉道者一千多年前流过而且在街上冷了的血建立个纪念，所以我感到这个血的印象，而遵行主的命令。"

虽然我们注意在研究宗教的成住条件，但我们也不能够忽视宗教的这些病态方面。我们必须描写这些方面，列举它的名字，就像它发生于不信教的人一样。诚然，我们情绪和爱慕所垂注的对象被理智把来与任何其他对象等量齐观之时，我们会自然而然地不欢迎。理智对一个对象要做的第一件事就是把它与其他东西归为一类。可是凡是我们认为无限重要并引起我们崇拜的对象，都使我们觉得它必定是自成一类(sui generis)而独一无二的。假如一个螃蟹能够听见我们不费心不抱歉地把它归入甲壳类，就算了事，大概它会大大觉得它是身受侵侮，它会抗议说："我并不是这种东西，我只是我自己，我自己！"

理智做的第二件事，就是要发现事物所以发生的原因。斯宾诺莎(Spinoza)说过："我要把人们的行为和欲望分析，就像是线，平面和立体的问题一样。"在另一地方，他说他要用观察一切并其他自然物体的眼光考察我们的情欲和它们的特性，因为我们情欲的结果由于它们的性质而来，与三内角等于两直角这种关系由三角形的性质而来这个道理具着一样的必然性。同样，泰纳(Taine)在他英国文学史的导言内说："无论是精神的或是物质的事实，没有关系，它们总是有原因的。野心，勇气，诚实有原因，就像消化，肌肉动作，体温有原因一样。邪恶与美德也是像矾和糖这些产品一样。"在我们读到专要把件件事的成住条件披露的理智所作的这种宣言之时(搬开因为这些作者真真能做成功的很有限，所以我们对于他们计划的颇为可笑的大言理应不能忍受这一点不论)，我们觉得我们最内心的生活之源泉受到威胁，受到否认。我们以为这种冷血的归类，怕要把我们灵魂的根本秘密说破，好像能够说明这些秘密的来源的那口气同时也会把它们的意义消灭，会使它们看来并不比泰纳君所说的有用的杂货更可宝贵一样。

假如断定它来源是卑下的，它的精神价值就打消了：这个假定的最常见的表现，也许是感情不敏的人对比他们更善感的知交常作的那些批评。例如：阿伏勒那么相信灵魂不灭，是因为他的性情是富于情绪的。芬妮的非常戒慎，只是因为她神经过受激动。威廉对世界的悲观是由于消化不良——大概他肝脏麻木了。伊利莎爱好她的教堂，是她协识脱离病（hysteria）的性格的一个症象。假如彼得多在户外运动，他就不会这么愁他的灵魂；诸如此类的话。这一类理论的一个发挥的比较更尽致的例子，就是指明宗教情绪与性的生活的关系，把这个来讥评宗教情绪——这个风气，现在很常见于某些作者。依他们的意思：皈依宗教（conversion）是发身期和青年期（adulesence）的一个转变关头。圣僧圣尼的苦行和教士的虔诚供养，只是牺牲自我的父母本能走入歧途的一例。就协识脱离病的，渴想自己生活的尼姑说，基督只是她想象的代替更世俗的恋爱对象的人物。余仿此。[①]

这种对我们抱有反感的心理状态加以轻诋的方法，就大体说，我们当然都熟悉。在某程度内，我们都曾用这个法子，批评那些我们认为他们的心态过于紧张的人。可是假如别人批评我们激昂的宗教情绪，说它“只是”我们身体状态的表现，我们就觉得是侮辱我们，伤我们的心，因为我们知道无论我们身体的独特状态如何，我们的心理状态，就它显示永久的真理说，还有独立的价值；我们深望可以使一切这种医学的唯物观闭口无言。

真的，医学的唯物论似乎是我们刚说的这种幼稚的思想法的一个好名称。医学的唯物论把圣保罗(Saint Paul)在到大马士革(Damascus)路上所见的幻象叫做出于大脑后头叶皮质(occipital cortex)的损伤之发射作用(他是患羊痫风的),就把他了结了。这种唯物论"闻出来"圣特利莎(Saint Teresa)是个协识脱离病者,阿栖栖的圣佛兰息(Saint Francis of Assisi)是个遗传性的退化者(clegenerate)。它认佛克斯对于当时诈伪的不满意,和他的渴求精神的真诚,是大肠失常的症象。喀莱尔(Carlyle)的发抒悲苦的高唱,它以为是由于胃膜和十二指肠膜发炎。它说,一切这种心理的过度紧张,假如你寻根究底,只是由于身体的病态(极会是出于自身的中毒),由生理学尚未发现的各种泌腺的作用失常而起。

并且医学的唯物论跟着就以为它这样就做到把一切这些人在精神方面的权威打消了。[②]

让我们将这件事从最大的可能的方面看。近代心理学发现有些心身的关联是实有的,就作个方便的假设,假定心理状态依随身体状态这种关系是彻底的,完全的,假如我们采纳这个假定,那么,医药的唯物论所坚持的,当然是对的,假如不是在一切细目上,至少在一般上是对的:圣保罗确然一度发过类似羊痫风的病,假如不是真发羊痫风的话;佛克斯是遗传性的退化者;喀莱尔无疑是中由自己身上某一个器官来的毒,无论是哪一个器官——余仿此。可是,我问你这种对于个人心理历史的事实之成住的叙述,怎么样能够决定这些事实的精神的意义是这样或那样呢?依据刚才说过的心理学的一般假设,我们的心态,无论是高是低,是健全,是带病,没有一个不是依靠身体的过程的。科学的学说,同宗教的情绪,它们依靠身体作用的程度一样,假如我们知道这些事实够亲切,那么，就无疑，我们会看到“肝脏”断然决定倔强的无神论者的信条，也同它断然决定为自己灵魂发愁的监理会派（Methodist）信徒的信条一样。假如“肝脏”把渗过它的血液变到这样，就成了监理会徒；变到那样，就成了无神论者了。所以一切我们的狂喜和冷淡，我们的想望和恐怖，我们的疑问和信仰，无论这些所关的内容是宗教的或非宗教的，它同样起于身体作用。

除非我们预先对于精神的价值与某种生理的变化有个心身如何相应的学说，否则以宗教的心态有身体的原因作为否认这种心态有高等精神价值的理由，是十分不合逻辑，并且是任意立论。否则我们的思想和感情，没有能保持启示真理的任何价值了；就是我们的科学学说，就是我们的不信（dis-belief），也不能保持这种价值，因为这些个个都是由本人当时的身体流露的，并无例外。

不消说医学的唯物观，事实上并不下这么广泛的怀疑的结论。它就像个个平常人一样，深信有些心态是在本质上高于其他心态，能够启示给我们更多的真理；并且在这方面，这种唯物观只是应用一个通常的价值判断。它并没有对于它的这些优秀状态如何发生的心理学说，可以用来增高这些状态的声价；所以假如它浮泛地把这些状态与神经和肝脏关联起来，与代表身体病痛的名目连起来，想这样将它所不喜欢的心态贬损，这是完全不合理，并且是自相矛盾。

让我们对这整个事情公平，对我们自己并这些事实取完全坦白的态度。在我们以为某些心态高于其他心态之时，几时是因为我们所知道的这些心态的身体前因的性质呢？不！都是因为与此完全不同的两种理由：或是因为我们对这些心态感到直接的愉快；

或是因为我们相信它会替我们带来生活上的良好后果。假如对“发热期的幻想”(feverish fancies)加以贬抑,当然我们不是贬抑发热本身——就我对反面所知道的说,华氏一百零三或一百零四度也许很宜于真理发生或长芽,比那更平常的九十七八的血液温度更相宜得多。其实只因为这些幻想自身不适宜或是因为它禁不起痊愈时期的评判。在我们赞美健康所引起的思想之时,健康的特种化学的代谢并不决定我们的判断。实际上我们对于这种代谢几乎一无所知。使我们认思想为好的,是这些思想所含的内在快乐性;使我们视它为真理的,是因为它与我们其他意见一致,或是它对于满足我们需要上很有用。

这些标准之中,比较亲切的与比较疏远的并不一定连成一气。内心愉快与有用这两件不一定相和合。直接觉得极“好”的,假如用其余经验的判断来量度,不一定是极“真实”的。酒醉的腓力(Philip)和酒醒的腓力不同,是著名的例证。假如只要“觉得好”就可以决定,那么,酒醉要成了极实在的人类经验了。可是,酒醉的启示,无论当时是多么尖锐地感到快意,但它所嵌进的环境并不来证实这些启示到多么久。这两个标准不一致,结果使我们的价值判断之中,那么多还是不可必的。有一些感到移情的并神秘的经验之顷间(此后我们要举好多的例),当它来时,使本人深深觉得它具有内在的权威并光明。然而这种顷间很少见,也不是人人都会有;并且一生的其余时候与这些顷间也许不发生关系,也许与它抵牾的可能比证实它的可能还大。有些人比较信从这些顷间的启示;有些人宁愿以平均结果为向导。因此人类的价值判断好多互相冲突得那么惨切;这一种冲突,在这一组演讲完结之先将要使我们深切地觉到。

然而这个冲突始终不能用任何纯乎医药的核验法来解除的。严格信任医药学的核验之不可能，有个好例，就是近来一些作者所宣扬的天才起于病态这个学说。摩鲁（Moreau）说："天才只是神经病的种系的许多分支之一。"郎菩洛素（Dr. Lombroso）说："天才是近似羊痫风一类的遗传性的退化作用（degeneration）的一个症象，它与道德的癫狂（moral insanity）相关。"聂斯贝（Mr. Nisbet）说："每碰着一个人的生平够著名，被记载得够详细，可供研究之时，他总不免是属于病态的一类……并且，大体说，天才越高，病态也越深，这是值得注意的。"③

可是，这些作者想证明天才的作品都是疾病的结果，并自己以为成功之后，是不是由此贯彻到底，进而否认这些结果的价值呢？他们是否由他们对于成住的条件的新学说演绎出一个新的价值判断呢？他们是不是坦直地不许我们此后再赞美天才的作品呢？是不是简直就说没有一个神经病者会成为启示新真理的人呢？

不！他们的直觉的精神本能压倒他们；医学的唯物观，假如只因为爱好逻辑上的一贯，应该作上节所指的推断，但他们那种精神本能仍然保存它的力量，能够拒绝这些推论。诚然，这一派的一个门徒曾想用医学的辩证把天才的作品的价值整批推翻（他所指的，是当代艺术品中他个人所不能欣赏的作品，并且他不能欣赏的很多）。④可是大艺术家的杰作大部分并没有受他挑剔；这种从医学方面的攻击，或是只限于人人认为真是诡怪的，非宗教的作品，或是专反对宗教的表现。但这只因为这个批评家由于他依据内部的或精神方面的理由，不喜欢宗教表现，本来已经排斥它的缘故。

在自然科学和工业技术内，任何人总不会想用指出作者的神经病的气质这个法子来推翻什么意见。在这里，无论作者的神经气质是哪一类，意见总是用逻辑并实验来核验的。宗教上的意见，也应该一例看待。宗教意见的价值，只能由直接对它的价值判断来估定；这种判断，第一是根据我们自己的直接感情；其次是根据我们对于宗教意见与我们道德上的需要以及我们所认为真理的其余部分在经验方面的关系之知识。

简言之，只有直接洞照力，哲学上的合理，和道德上的有益（immediate luminousness，philosophical reasonableness，moral helpfulness）是我们可用的标准。纵使圣特利莎的神经系统像最镇静的母牛那么健全，但如果她的神学，由刚说的这些核验法证明是卑鄙的，那么，她的神学现在就万不能存在。反之，如果她的神学禁得起这些其他核验，那么，她在世时无论多么患协识脱离病，无论神经方面多么失平衡都没有关系。

你们现在看到了：归根到底，我们只有依据某些普通原理——经验派（empirical）哲学始终坚持，在我们追求真理之时，必须以这些原理为领导。各种独断派（dogmatic）哲学曾经寻求可以不用验诸将来的真理标准。有一个一目了然的标记，我们注意它，就能够直接地并绝对地，现在并永久，完全免却任何错误的标记——这是独断派哲学家所钟爱的梦想。只要真理的各项起源，由作为真理标准这方面说，可以互相辨别出来，那么，分明真理的起源是一个绝好的这种标准。独断意见的历史明示：起源始终是一个被偏重的标准。起源于直觉；起源于教皇的权威；起源于超自然的启示，如幻象，幻声，或来历不明的印象；起源于高等神灵的直接投附身上，表现为预言或警告；起源于一般自动的表意——这些起源都是常用来证实宗教史上的种种意见的理由。所以医学的唯物论者只是许多晚出的独断派，很伶俐地把前此独断派局面整个翻转，用起源这个标准来贬斥宗教意见，而不用来褒奖它罢了。

只在对方借口于超自然的起源，并且专论依据起源的辨证之时，这些医学的唯物论者才可以把他们的起源于病症这个议论用得有效。可是依据起源的辨证很少单用，因为这种辨证的不充分，太明显了。摩斯黎(Dr. Maudsley)也许是对以起源为根据的超自然的宗教驳斥得最犀利的人，可是他也不得不说：

> “我们有什么权利相信大自然只有利用完好的心灵才可以执行它的工作呢？它也发现一个不完全的心，对于特别项目是更适宜的工具。只有所做的工作和工作者所藉以做这个工作的品性是重要的；假如他在别方面的品性特别残缺——就是他是伪君子，犯奸者，怪僻者，或是疯子，由全宇宙看来，也许并没有多大关系，……因此我们又回到古老的最后的真理根据，就是：人类共同认可，或是人类中由教育和训练弄成专精的人的同意。”⑤

换言之，摩斯黎对于信仰的最后试验不是信仰的起源，而是这个信仰在一般方面效果如何，这个是我们自己所用的经验派标准；并且这个标准就是最力持宗教起源于超自然界的人最后也不得不采用。宗教界的幻象和神话之中，有些明明是愚妄的；昏迷状态和痉挛症之中，有些对于行为与品性太无结果，不能认为有意义，更不能认为神圣。在基督教的神秘主义的历史上，有些神话和经验真是神圣的奇迹，有些是魔鬼在恶意之下所能假冒的，因而使本人的恶毒比从前加倍；怎么样能够分别这两种经验，需要最能正心的人的全部聪明和经验。最后总要用到我们的经验派标准。就是你们应该由他们的结果认识他们，不应由他们的发根认识他们。爱德华斯的“宗教感动专论”(Jonathan Edwards，Treatise on Religions Affections)就是把这个主张用力发挥，一个人的美德的根，我们是观察不到的。无论什么显示都不是对上帝恩宠的历历不爽的证明。只有我们的实践是可靠的证明我们真是基督徒的事实，就是对于我们自己，也是这样，爱德华斯说：

> “在末日，我们站在上帝之前的时候，这位最高法官要用的大部证据，也是我们现在判断自己确实应该采用的证明……上帝的恩宠没有一个不是在任何公开信徒，都以基督徒的实践作为得到这种恩宠的证据的。……我们经验产生实践到某个程度，就指明我们经验是精神性的并神圣的到那个程度。”

天主教的作家也表示一样的强调。只有宗教的幻象，或幻声，或其他显似天降的恩惠所遗留下的良好性情是我们深信这些不是荧惑者的欺骗的标记。圣特利莎说：

> “睡不好，不能使脑筋得到更大的力量，只有使它更枯竭，纯乎想象的活动只有使灵魂萎弱。灵魂不能得到营养与精力，只能收获衰颓与恶心：反之，真正天使的异象使灵魂得到不可消灭的精神财产，并使身体的力量焕然更新。对于那些常常诋斥我所见的异象是人类公敌的工作产物，是我自己的想象的把戏的人，我举出上列理由。……我请他们看神圣授

给我的珍宝：——就是我的实在性情。一切认识我的人都看出我变了：我的听忏教士能作证人；这个改进，明见于一切方面，绝不是隐晦的，乃是人人分明看到的。这个异象拔除我的过恶，使我充满着大丈夫的勇气以及其他美德。在我自己看来简直不能相信假如这些异象真是出于魔鬼，那么，他既是要丢掉我，引我到地狱去，会用一个与他自己利益那么相反的方法，因为我看得很清楚这些异象，任何一个都是够使我拥有一切那些财富。”⑥

我怕我把这个旁支问题说得不必要地长；并且在我宣布我的病理学的研究计划之时，你们也许有些觉得不自在——排脱这种不自在，用不着这许多话。无论如何，你们现在应该通通情愿专由宗教生活的结果判断这种生活。并且我假定起源于病症这个怪论不再会污辱你的敬天心了。

可是，你也许要问我，假如我们应该以宗教现象的结果为对它作最后评价的根据，那么，为什么要把这许多关于宗教现象的条件的成住方面的研究吓我们呢？为什么不干脆不理病理的问题呢？

对这个，我有两种答复；第一，我说有种压制不住的求知欲很迫切地推人前进；第二，我说把一件事情的过度和倒错，并它在其他方面的相当的和代替的现象以及最近的族类考究，总是可以使我们对它的意义有更深的了解。这并不是说，我们可以因此将我们对不及它的同类分子所加的诋斥不分皂白地也加于它，乃是因为同时知道它会有什么特种堕落的危险之后，可以由彼此相形而对于它的好处知道得更准确。

癫狂状况有个利益，就是它把心理生活的特殊因素分划出来，使我们能够在它没有被它的比较常有的环境掩晦之场合检察它。这种状况在心理解剖上所负的任务，同解剖刀和显微镜在身体解剖上所负的任务一样。要对一个事物有正当了解，必须将它在环境之外并在其内观察它，并且要知道它变异的整个范围。所以，对于心理学者，幻觉研究是领悟正常感觉的门径，错觉研究是了解一般知觉的钥匙。病态的冲动，和强迫的概念，和所谓“固定观念”曾对常态意志放射一片大光明，强迫观念和妄想(delusions)也曾将常态信仰弄得更明白。

与此相似的例就是：将天才归入精神病态现象的企图(我上文说过的)也使我们更明白天才的性质。近于正常人的癫狂，怪僻，疯狂的气质，失却心理平衡，心病性的退化(只举好多同义字之中的几个)这种现象有某些特性和弱点；这些特性，假如这个人也有优秀智力，就更会使他可以在世界上留下他的痕迹，可以影响他的时代比假如他气质不那么带有神经病态之时更有机会。当然怪僻本性和优秀智力，⑦并没有特别关联，因为大多数精神病者只有低下的智力。并且智力优秀者也多半是神经系正常者。可是，无论精神病态的气质与何等智力相连，这种气质往往附带有热烈的和易于激动的性格。怪僻的人感生情绪非常容易，他容易有固定观念和强迫观念。他的设想易于立刻转为信仰和行为；并且假如他得到一个新的观念，非到了他公布它或这样那样发泄它(Work it off)之后，他就不得安静。常人对于一个难题，对自己说，“这件事，我应该以为如何？”可是，在怪僻的人，他的问题很会是“对这件事，我应做什么。”贝三特夫人(Mrs. Annie Besant)这个灵魂高尚的女人的自传中有一段说：“好多人都对任何运动表示好意，但很少人肯费力促进这个运动，肯受些牺牲去援助它的人更少了。‘总有一个人应该做这件事，可是为什么要我做？’这是无志气的柔和的人不断响应的话头。‘总有一个人应该做这件事，可是为什么不能让我来做？’这是诚恳地愿为人类服务而急切向前去履行一个危险的义务的人的口号。在这两句话中间隔着好几世纪的道德进化。”诚然！平常松懈的人和精神病态的人前程所以不同，也在于这两句话的中间。所以优秀智力与精神病气质合并在一个人身上（在人类材性的无数排列与配合之中，这两件总会屡屡并合的），这就是最好可能的条件，造成那种列名于名人辞典内的引人注意的人才了。这种人不会只用他们的智力做批评者和了解者。他们的观念魔住他们，他们不管利害，坚要他们的时代接受这些观念。在郎菩洛素、聂斯贝等人弄出统计为他们的諔诡的主张辩护之时，被算在数内的，正是这种人。

现在说到宗教现象，如构成个个完全的宗教的发展历程的一个重要因素的忧郁（这是我们将要见到的）。如宗教信仰所赐予的快乐，如一切宗教的神秘者（mystic）所报告的使人悟道的近似昏迷的状态。[8]这些件件都是各种范围广大得多的人类经验的特例。宗教的忧郁，无论就它带宗教性这一点说，具有任何特色，总是一种忧郁。宗教的快乐也是快乐。宗教的昏迷状态也是昏迷状态。我们一放弃“一件事物一经与其他事物归入一类，或是它的起源被披露，这件事物就打毁了”这种不合理观念，我们一同意在判定价值之时依据实验的结果和内心性质，这样，还有谁看不出；我们尽量诚心把宗教的忧郁，宗教的快乐及宗教的昏迷状态与别种忧郁，别种快乐和别种昏迷互相比较，很可能会比不肯考虑这些现象在任何更普通的系统内的地位，而把它认为好像完全超出自然秩序之外之时，对于这些现象的特有意义会更明白得多呢？

我希望这一组演讲会证实我们这个假设。说到许多宗教现象起源于精神病态这一层，就是上帝给证，认这些现象是人类经验中最宝贵的，也丝毫不会使我们诧异或起纷扰。没有一个身体可以使它所属的人悟到全部真理。我们之中很少不是有点脆弱，甚至有病；可是我们的弱点正是会对我们有意外的帮助的。精神病的气质易起情绪，这正是道德感的不可少的条件；这种气质又含着实践的道德力的要素，即那种热烈和着重的倾向；它又含有那种对于形而上学和神秘主义的爱好，这种爱好可以使个人的关切超出感觉世界之外，由是，什么还会比这种气质更能引人到宗教的真理所在，更能引人到顽健的俗态的神经系一定始终不让它所属的本人看到的宇宙角落呢（这种俗子老是露出他的强大的双头肌请人试按，老是拍拍他的胸膛，因为他的体质内毫无病态成分而感激上天，自鸣得意）？

假如真有由上界来的灵感，那么，很可能神经病的气质能满足所需要的感受性的主要条件。说了这么多的话，我想我可以把宗教与神经病态的关系这个题目按下不提了。

有一堆旁系现象，病态的或健全的，我们必须将各种宗教现象与这些现象比较，才可以对宗教现象更明白：这一堆旁系现象，按教育学的术语说，就是我们用以了解宗教现象的“统觉群”（the apperceiving mass）。我能够幻想这一组演讲可以有的新颖方面，只是统觉群的广博，也许我可以做到用比大学教科通常所有的统觉群更广大的相关材料讨论宗教经验。

①　也像流行于我们这个时代的观念一样，这个观念避开独断的一般论调，只作部分表现，并且只用讽刺的方式。在我看来，很少观念比这个把宗教重新解释为走入歧途的性欲这个见解更不会增加人的了解。这使人回忆出名的出于天主教徒的冷嘲（往往说得很粗拙），就是说：假如记得宗教改革（The Reformation）的根源只是马丁·路德（Martin Luther）想娶一个尼姑的愿望，就最可以明白宗教改革的性质：——其实，宗教改革的结果比这个话所谓原因广大得无数倍，并且大部分性质相反。固然，在大堆的现象之中，有些明明是性欲的，例如，多神教的性欲神和邪秽的仪节，以及有些基督教的神秘者与救主（The Saviour）契合那种出神之感（ecstatic feelings）。可是，既是这样，何不也把宗教叫做消化作用的倒错，而用对于酒神把客斯和谷后锡粒斯（Bacchus and Ceres）的崇拜和有些基督教僧尼对于圣餐（The Eucharist）的出神之感来证明这个主张呢？宗教的言语只能以我们生活所供给的简陋的符号做外表，并且凡是人心被激动，迫切要表达之时，整个身体都会发出供做注脚的陪音。在宗教文字中，关于饮食的词语大概同来自性生活的词语一样常见。例如，我们追求正义若饥渴（We'hunger and thirst' for righteousness），我们"发现主是一个美味"（We'find the Lord a sweet savor'）；我们"尝了，知道他是好的"（We'taste and see that he is good'）。一部曾经著名的新英格兰（New England）的教义入门的副名叫做"从新旧约的乳房捻取来供给美国婴儿的精神乳汁"；并且基督教的说虔奉的文字简直是浮于乳汁之中，不过不是从母亲的观点而从渴想吸乳的婴儿的观点说，罢了。

例如，赛勒斯的圣佛兰瑟（Saint François de Sales）叙述"寂静的祈想状态"（orison of quietude）如下："在这个状态之中，灵魂像一个还吃奶的小孩，他的母亲要一面抱他，一面抚摩他，因此使乳汁流到他的嘴里，他嘴唇动也不动。祈想状态也这样……我们的主愿望我们的意志可以由吸到他倾到我们嘴里的乳汁而得到满足，并且我们可以享受乳汁的美味而完全不知道是由他来。"他又说："观察附着于奶他的母亲的乳房的幼儿，你会见到吸乳的乐趣使他一会一会小小惊动，这样使他更紧傍他的母亲。在祈想状态之时，连合于上帝的心也这样屡次用动作求更密切的联合——在这样动作之时，心就更迫近神圣的美味。"见《圆满之路》（Chemin de la Perfection）第三十一章；《对上帝的爱》(Amour de Dieu)第七卷第一章。

其实,人要把宗教认为呼吸功能的倒错,差不多也可以。圣经上充满着呼吸迫窒的话:"你的耳朵不要避开我的呼吸;我的呻吟,你可以听到;我的心喘了,我的气力尽失了;整夜我的骨头由于我的呼喊都热了;就像牡鹿喘息奔向溪流,同样我的灵魂喘息向着您,我的上帝呀!"《上帝在人中的气息》(God's Breath in Man)是我们美国最有名的神秘主义者(哈列斯 Thomas Lake Harris)主要著作的书名;并且在有些非基督教的国土中,宗教修炼的基础就在于调息。

这些辩证,也有我们听到的拥护宗教出于性欲说的辩证的大部分那么好。可是,拥护性欲说者会说他们的主要辩证在其他场合没有同类的例。他们会说,宗教的两个主要现象,忧郁与皈依,根本是青年期的现象,所以这两件事与性生活的发展同时。对这个辩证的反驳也容易。纵使所谓同时是一件绝对真确的事实(其实不是),那么,不特性生活,而且整个高级精神生活都在青年期发动。这样,我们也可以主张对机械学,物理学,化学,逻辑,哲学,和社会学的兴趣,这些在青年期与对诗歌与宗教的兴趣同时发生的,也是性本能的倒错:——可是这就太荒谬了。而且,假如根据同时发生的辩证可以断定,那么,最信宗教的年龄似乎是性生活的喧扰已成过去的老迈时期,这件事又应该如何解释呢?

要解释宗教,我们最后必须考察宗教意识的直接内容,我们一这样考察,就看到这个内容是大部分与性意识的内容完全无关的。这两件事的一切方面都不同,对象,心境,所用的官能,以及要做的行为都不一样。把这两件任何项普遍的同类化,简直不可能;我们最常见的,是这两年完全敌对并对立。假如现在辩护性欲说者说这个并无害于他们的主张,因为假如没有性器官分泌到血液内的那些化学质,脑部就不会得到供做宗教活动的营养料,最后这个话也许对,也许不对。可是,无论如何,这个话是一句极无益的废话:我们并不能由它演绎任何结论,可以帮助我们解释宗教的意义或价值。就这个话的意义说,宗教生活依靠脾脏,胰脏,和肾脏,同它依靠性器官一样多。所以这整个学说"发散"成了一个说精神依某方式倚靠着身体的模糊的广泛的主张而失却它的论点了。

② 要看一个医学的唯物论的理论的绝好实例,请读比纳·三格雷(Dr.

Binet-Sanglé)在《催眠术评论》(Revue de l'Hypnotisme)第十四卷第一六一页发表的一篇论文，题目是“各种的虔诚教徒”(Les variétés du Type dévot)。

③　聂斯贝《天才的疯狂》(J. F. Nisbet：The Insanity of Genius)第三版，伦敦，一八九三年，卷首第十六页，第二十四页。

④　挪道(Max Nordau)在他的大本书，叫做《退化》(Degeneration)的里头。

⑤　摩斯黎《自然的原因与超自然的显似》(H. Mandsley：Natural Causes and Supernatural Seemings)，一八八六年出版，第二五七页，二五六页。

⑥　《自传》(Autobiography)第二十八章。

⑦　贝因教授(Professor Bain)很透切地指出优秀智力似乎只是类似联想(Association by Similarity)的能力大大发达。

⑧　可以参看《心理学评论》(Psychological Review)第二卷第二八七页(一八九五年)上载的那一篇对于天才的疯狂说的批评。

第二讲　圈定本题的范围

大多数论宗教哲学的书，都在开始之时，对于宗教的要素，下个准确的定义。这种自称为定义的定义，有些也许我们要在这一组演讲的后来部分提到。我不愿炫博，现在对你们列举任何这种定义。同时，我说，只是这种定义那么多，并且那么彼此歧异这件事，已经够证明"宗教"这一个名词不会是代表任何单个要素或单个本质，毋宁是一个集团的名字。人心从事理论之时，总有把它的材料过度简单化的倾向。这是一切那种骚扰哲学界并宗教界的绝对主义(absolutism)和一偏的独断主义(dogmatism)的根源。我们不要就对我们的题目取一偏的看法，宁可在开头时候，坦直地承认宗教极可能不是只有一个要素，而是有好多彼此更迭为主而同等重要的性质。比方说，假如要探求"政府"(government)的要素，有人也许说是权威(authority)，有人又说是服从，又有人说是警察，又有人说是军队，又有人说是议会，又有人说是法典；可是在任何时候都可以说假如不是全有这些东西，就没有具体的政府——这些东西，一时这一件更重要，另一时又是那一件更重要。认识政府最清楚的人最不会费力去找一个要说出政府的要素的定义。他既是对一切属于政府的特点，一时一件地认识很亲切，当然以为一个把这些东西牵合为一的抽象概念，引人误会的机会比启人彻悟的机会还多。为什么宗教不是同样复杂的概念呢?[①]

让我们也考究“宗教情操”(religious sentiment)——我们看到好多书说到宗教情操,好像它是单一种的心理作用一样。

在许多关于宗教的心理学和宗教哲学的书中,作者都企图指出宗教确然是什么现象。有人认为它与依赖的感情相连;又有人以为是由恐怖而生;别的人们又把它与性生活连起来;又有些人认为就是对于无穷之感;以及其他说法。对于宗教情操有这种不同的看法,这就应该使人不相信它会是单一特种过程;并且只要我们情愿将“宗教情操”这个名词认为是宗教对象更迭引起的许多情操的集团名称,我们就见到宗教情操大概并不含有任何种在心理上具特性的东西。有宗教的恐怖,有宗教的爱情,有宗教的严畏,有宗教的喜乐等等。可是宗教的爱情只是人的自然爱情对宗教对象而发罢了;宗教的恐怖只是普通“交际”的恐怖,人心在神明报应的观念可以激动这个范围内的普通感荡罢了;宗教的严畏就是与我们黄昏在森林中,或是在山峡中的身体震激一样的情绪,不过是由于想到我们对于超自然的关系而起罢了;一切在宗教徒的生活中起作用的各种情操,都有同样情形。宗教情绪是具体的心理状态,由一个感情加上一个特殊对象而成,所以它当然是与其他具体的情绪不同的心理作用。可是我们并没有理由假定:有个单纯的抽象的“宗教情绪”,并且它是一个与众不同的,并为每个宗教经验都含有而无例外的单纯心理作用。

就像看来似乎没有一个单纯宗教情绪,只有个公有的情绪团(宗教对象可以引出这一团中的某一个情绪)一样,也许实际也没

有唯一种特别的并主要的宗教对象，也没有唯一种特别的主要的宗教行为。

宗教的范围既是这么广，我要想讨论全部，分明是不可能。我这一组演讲，一定要限于这个题目的一小部分。固然，要想对宗教的要素下个抽象的定义，随后进而坚守这个定义，反对一切其他定义，这种举动是很愚妄的。但这并不禁止我为这一组演讲起见，对宗教为何这个问题，取我自己的狭小看法，也不禁止我由宗教这个名词的许多意义中选出我特别要你们留心的那一个意义，并随我的意思宣布说凡是我说到“宗教”，我意是指那个意义。其实，我非这样做不可；现在我要把我所选出的范围做初步的圈定。

一种使我们容易圈定的方法，就是说我们把这个题目的什么方面除开。在开头就使我们注意的，就是：有个大分界，将宗教的领域分成两部分。在这个分界的一边是制度的宗教（institutional religion）；在另一边是个人的宗教（individual religion）。如萨巴池（M. P. Sabatier）所说的，宗教的一支最注意神，另一支最注意人。崇拜和牺牲，感动神心的方法，神学，仪式和教会组织，这些是制度的宗教的要素。万一我们只限于讨论制度的宗教，那么，我们应该把宗教的意义定为一种外部的技术，赢得神宠的技术。反之，在比较注重个人的宗教部分，成为注意的中心的，是人自己的内心倾向，他的良心，他的功过，他的无可奈何，他的不全备。并且虽然上帝的宠眷之或失或得，还是宗教生活的一个要点，并且神学在个人的宗教内也有重要工作，但个人的宗教所激发的行为，是个人的，不是仪式的行为；个人独自料理宗教事务，而教会组织，它的牧师，圣礼，以及其他媒介，都降落到完全次要的地位了。宗教关系直接由心到心，由灵魂到灵魂，直接在人与上帝之间。

在这一组演讲内，我要完全不提宗教的制度部分，完全不说到教会组织，尽量少论系统的神学和对于神的观念；我所说的，要尽量限于纯乎个人的宗教部分。这样赤裸裸认识的个人宗教，在你们中有些人看来，无疑显似太残缺，不宜加以宗教这个普通名称。你们会说："个人的宗教虽然是宗教的一部分，但只是宗教的未经组织的底子；假如要单说它，最好叫它做人的良心或道德，不要叫做他的宗教，'宗教'这个名称，应该保留给组织完全的，由感情、思想和制度构成的系统，简言之，应该用以称教会（The Church）——所谓个人宗教，其实只是宗教的一个小部分。"

可是，假如你这样说，这就更明示定义的问题多么容易成为只是名字的争论了。与其延长这种争论，我宁可接受几乎随便什么名字，做我所要讨论的个人宗教的名称。假如你喜欢，随便叫做良心或道德，不叫宗教也可以——无论叫做良心或道德，它总是一样值得我们研究的。由我看来，我以为个人宗教，会被事实证明为含有纯粹道德所没有的一些元素；这些元素，我不久就要指出来。所以我自己将要继续把它叫做"宗教"，在最后的讲演，我将要提到那些神学与教会制度，并对个人宗教与它们的关系说些话。

个人宗教，至少在某一种意义上，会被事实证明为比神学或教会制度更根本。教会一经成立之后，就靠现成地依赖传统；可是每个教会的创立者的力量，其初都是由他们个人直接与神的感通（Communion）而来。不特如基督、佛陀（Buddha）、穆罕默德（Mahomet），那些超人的创教者如此，而且一切创设基督教内的宗派者也如此;——所以就是从还认个人宗教为残缺不全的人看来,个人宗教也似乎还是最先起的东西。

诚然,在宗教中,还有其他比个人在精神上对神的虔敬更原始的现象。实物崇拜(fetishism)和巫术(magic);似乎在历史上比内心虔敬还早——至少我们对于内心虔敬的记载,没有这两件的记载那么远。假如认实物崇拜和巫术是宗教发展的阶段,那么,可以说个人的内心宗教和它所创生的真正精神的教会就是第二期,甚至是第三期的现象了。可是,就是不提好多人类学家,例如耶方斯(Jevons)和伏勒瑟,明白地认"宗教"和"巫术"是彼此对立的这件事实,也已经可以说定:发生巫术、实物崇拜和低级迷信的那种思想系统全部,不特可以叫做原始的宗教,其实也可以叫做原始的科学。所以这个问题又变成名言的争执了;并且无论如何,我们对于一切这些初期的思想感情之知识,那么带揣测性,那么不完全,再讨论下去是不值得的。

因此,我现在请你们武断地采纳的对于宗教的定义,就是:各个人在他孤单时候由于觉得他与任何种他所认为神圣的对象保持关系所发生的感情、行为和经验。因为这个关系也许是道德的,也许是物质的,也许是仪式的,所以显然我们所谓宗教,会产生那些神学、哲学和教会组织等次起现象。可是,在这些演讲内,如我所说过的,直接的个人的经验,就够占满了我们的时间而有余,所以等于完全不论神学或教会制度了。

这样任意把我们范围圈定,可以使我们避免好多争论。可是,假如把"神圣"(divine)这个名词的含义弄得太狭窄,那么,对这个还有争论的机会。有些被世人通常叫做宗教的思想系统,并不积极地假定有个上帝。佛教就是如此。当然在通俗的佛教，佛陀就处于上帝的地位；但严格说，佛教是无神的。近代的超绝的唯心论(transcendental idealism)，例如爱谋生主义(Emersonianism)，似乎也让上帝“蒸发”成了抽象的理想性(Ideality)。不是一个具体的神明，不是一个超人的人格，只是事物内含的神圣性质，宇宙的根本就是精神性的这种结构，乃是超绝主义者(transcendentalists)的对象。爱谋生在那篇一八三八年在神学院(Divinity College)对毕业班的演讲(那就是使爱谋生得名的演讲)内，坦白地表示这个对于纯乎抽象的定律的崇拜；正是这种表示使那个讲演成为话柄。爱谋生在那篇演讲内说：

“这些定律自己推行自己。它们在时间之外，在空间之外，并且不受环境的左右：这样，在人的灵魂内，有个公道，这个公道的报应是立刻的，完全的。做了一件好事的人，立即高贵了。做了一件卑鄙的事的人，就因为那件行为而缩小。摆脱不清净的人就由此清净了。假如一个人内心是公平的，那么，在这程度内，他就是上帝；上帝的安全，上帝的永生，上帝的尊大，实已成了公平的人的要素。假如一个人冒充，欺骗，他只是欺骗自己，不认识自己。品格总是被人知道的。盗窃永远不会使人富；布施永远不会使人贫；谋杀行为会发声，就是石墙也通得出去。一点点的假表示——例如骄矜的气味，要给人好印象的企图，一个有利于己的外表——会立刻打消所望的结果。可是，只要说真话，那么，一切灵活的或冥顽的东西都是保证人，就是在那地下的草根也好像都摇动着，替你作见证。因为一切东西，都由同一精神出来，这个精神在应用

不同之时有不同的名目，或叫爱情，或叫公道，或叫有节，就像大洋在它所冲刷的各海岸有不同的名号一样。在人走出这些目的以外到某个程度，他就将自己的权力，自己的附属品剥夺到那程度。他的人缩小了。他越来越少，成了一个微尘，一个点；到了最后，他的绝对的恶性就是绝对的死亡，见到这个定律，使心上起了一个情操——这个我们叫做宗教情操，这就是我们的最高快乐。这个情操陶醉人并命令人的力量，是神奇的。它是一种山上的空气。它是熏香世界的。它使天空和山岩崇高，它是群星的无声之乐。它是人的至高幸福。它使人不可限量。当人说'我应该'；当爱情激动他；当他由上帝的警告，决定做美善而伟大的事业之时，深密的谐和就从至上的智慧流通过他的灵魂。那时，他够能崇拜，并且他因他的崇拜而扩大；因为他永远不能落在这种情操之后了。这个情操的一切表现，都是神圣的、永久的，越纯洁就越神圣，越永久。（这些表现）影响我们比一切其他文字都厉害。流露这种虔敬心的古时语句，至今还是新鲜的，发香的，耶稣印在人类的独一无二的印象，就证明这种浸渍作用有微妙的效力，耶稣的名字，与其说是写在人类的历史上，毋宁说是挖刻在那上头。"[2]

这是爱谋生式的宗教。宇宙有个神圣的，主持秩序的灵魂；这个灵魂是道德的，也是人的灵魂内的灵魂。可是，到底这个宇宙魂只是一种性质，像眼睛的明亮或皮肤的软润一样，或是个自觉的生活，像眼睛的看见和皮肤的触觉一样，爱谋生的文字中始终没有加以明确到不致误会的断定。这个宇宙灵魂游移于这些东西的边界上，不随哲学的需要而随文学的需要，有时偏倚这一边，有时偏倚那一边。但是，无论这宇宙灵魂是什么，它是主动的。好像它是个上帝一样，我们可以信赖它来保护一切理想的利益，而把世界的天秤弄得平正。爱谋生最后表示这个信仰的语句，实是文学内第一流的作品。他说："假如你爱人们，为人们服务，那么，你就是规避或用策略也不能够避掉应得的报施。在神的公道的平衡被扰乱之时，冥冥中的报应总在恢复它。要使这天秤的横梁倾侧，是不可能的。世上的一切暴君，资本家和专利者要用他们的肩头挺起这条横梁，都是枉然。沉重的衡针，永远垂定在它的线上，无论是人是微尘，是星是日，都必须对照着它排位，否则它退回之时这些通通要被压成齑粉了。"③

假如我们说，激引爱谋生发出这种对于信仰的表示的那种内心经验，完全不配称为宗教经验，那就未免太不合理了。爱谋生派的乐观和佛教的悲观的那种感动个人的力量，以及个人在他的生活中对这种主义的那种反应，与最好的基督教的感动和反应，事实上不能分别；而且在好多方面与后种感动和反应相同。因此，我们从经验方面看，一定要把这些无神的或半无神的教义称为"宗教"。由是在我们对于宗教的定义内说到个人对于"他所谓神圣的"之关系之时，我们必须将"神圣的"(divine)这个名词解释得很广，认它为代表任何种如神的(godlike)对象，无论它是不是具体的神。

然而假如把"如神的"这个名词认为一种浮动的、一般的性质，那么，这个名词就变成很空泛了。因为在宗教史上曾经有过好多的神，并且神的属性也十分参差不同。那么，我们对它的关系决定我们的宗教人的资格的这种根本是如神的性质——无论是不是见于具体的神——到底是什么呢？这个问题是值得在我们讲下去之先，先找个答案的。

第一件，神是被认为在存在和权能方面是第一的。神笼盖一切，包罗一切，他们是人所无法逃避的。关于神的，是真理的最初一句话，也是最后一句话。所以凡是最原始、最并包、最深切地真实的，在这限度内都可以认为是如神的。这样，一个人的宗教可以认为就是他对他觉得是最原始的真理的态度，无论是什么态度。

像这样的定义，在某程度内，是可以辩护的。宗教无论是什么，总是一个人对于人生的整个反应，所以为什么不说任何种对人生的整个反应都是一种宗教呢？整个反应与偶然的反应不同，并且整个态度也与通常的或职业的态度不同。要认识整个反应，必须进入生存的前景的后面，达到每个人多少有的那种觉得整个其余世界永远相晤对——亲密的或疏远的，可怕的或可喜的，可爱的或可憎的——之奇异感想。这个觉得世界晤对的感想，因其会感荡我们特有的个人气质，所以会使我们对整个生活奋发或疏忽，敬虔或侮慢，沉闷或高兴；我们的反应，虽是无意的，超乎言说的，并且往往实际上是一半无意识的，但它是我们对于“我们所居的这个世界的性质如何”这问题的一切答案中最完全的答词。这种反应，把我们对这个世界的感觉表示得最明确。无论这些反应有何特性。我们为什么不把它叫做宗教呢？固然，假如只把“宗教的”(religious)这个名词代表某一个意义，那么，这种反应之中就有些是非宗教的；但是这些反应也在宗教生活的一般范围之内，所以就种类说应该归人宗教的反应之类。我有个同事说起一个学生正表现一种动人的、信仰无神论的热情，说“他信仰‘无上帝’(No-God)

并且崇拜他”；并且比较热烈地反对基督教的人所常表示的气概，从心理学看，也实与信教的热情无别。

然而将“宗教”这个名词用得这么广，无论从逻辑的理由看，是多么持之有故，总是不方便。世上有轻蔑的、夷然不屑的态度，甚至对于整个人生也这样；并且在有些人，这些态度是不变的，有彻底计划的态度。纵使从一个无偏见的批评的哲学的观点看，这种态度也可能是对于人生的完全合理的看法；但把这种态度叫做宗教的态度，未免把语言的普通用法弄得太牵强了。例如福禄特尔(Voltaire)在七十三岁时候写信给一个朋友说：“说到我，虽然衰弱，我继续奋斗到最后一刹那；我身被一百创，我还击两百，而且我笑起来。我看见在我门口，日内瓦(Geneva)因为争执虚无的东西而熊熊烈烈，我又笑了；感谢上帝，就是世界有时变成那么悲剧的，但我还能够把它看做一幕嘲笑剧。在一天完了时候，一切都对抵了；到了一切日子过去的时候，一切更是恰恰对抵了。”

无论我们对于一个病人的这种粗豪的、老斗鸡的精神多么佩服，但把它叫做一种宗教的精神，未免太怪了。可是在那一时，这实是福禄特尔对于整个人生的反应。Je m'en fiche 是粗俗的法国语中相当于我们英语 Who cares(“谁在乎?”)这一句感叹话。近来法国人又新造“Je m'en fichisme”(“我不在乎”主义)这个名词来表示有计划地，不把人生的任何事件看得太严重的决心。依这个想法，在一切困难的关头，“一切都是虚荣”(‘All is vanity’)这句话就是解脱的转语。那个精致的文学天才勒南(Reman)，在他晚年的怡情的衰颓之中，把这种想法表现于玩弄地渎神的文字；这些文字，在今日还是这个“一切都是虚荣”心境的极好表白。下文所引勒南的话，就是例证。他说，纵使事证与此相反，我们也必须尽义务，可是往下，他接着说：

> "有很大可能，这个世界只是一个仙童的默剧，并没有上帝照管。所以我们必须布置得这样，使得无论哪一个假设是对的，我们都不会完全上当。我们必须听从上界的话，但是听从的方式要做到假如第二假设是对的，我们也不会完全被诓骗。假如在实际效果上，世界不是个严重的事情，那么，成为浅人的，反而是信奉教义的人；而志在现世的人，即现在神学家认为轻佻的，反而是真正精明的人了。
>
> 所以预备一切(In utrumque paratus)。随便什么要来，都有准备，这也许就是智计。随一时的情境，或拌命自信，或拌命怀疑，或拌命乐观，或拌命玩世，这样我们可以保得住至少总有某些时刻，我们是在得到真相。……和悦(good-humor)是一种哲学的心态；这似乎对大自然说，我们看它并不比它看我们更重。我主张我们谈到哲学，总要常带微笑。我们对上帝有应该修德的责任；可是我们有权利在这个贡献之上加了我们的玩世态度，作为个人的报复。这样，我们以戏谑报戏谑，还报到正当的地方；我们以玩弄我们的机关玩弄大自然。圣奥古斯丁(Saint Augustine)的话：'主，假如我们被骗，正是被您骗？'还是一句名言，把我们近代人的情感表示得很适当。可是我们要使上帝知道假如我们接受这个骗局，我们的接受是明知的、情愿的。我们对于投资于美德会失利这一节，事先已经顺受；可是我们要不至因为把这种投资太算做稳当而显得可笑。"④

假如这种有计划的玩世的成见也叫做宗教，那么，“宗教”这个名词的一切常有联想就非剥脱掉不可了。从常人看来，“宗教”，无论它有任何种更特别的意义，总是指一种严肃的心态。假如有任何一句话可以包括宗教的普遍含义，那么，这句话应该说“在这个世界，一切都不是虚荣，无论表面所暗示的如何”。假如宗教可以停止什么，它正是能停止像勒南这种的谑浪之谈，宗教利于庄重，不利于孟浪；它对一切虚浮之谈和尖利的隽语说，“请缄默！”

然而假如宗教反对轻浮的玩世态度，它也同样反对沉重的恨声和怨言。在有些宗教内，世界是够像悲剧的；但它们悟到这幕悲剧是有涤荡瑕秽的能力的，并且相信有一个解脱的途径。在后来的一篇演讲中，我们将要提到不少的宗教的忧郁；可是普通语言所谓忧郁，假如忧郁者，如马喀斯·奥勒略（Marcus Aurelius）帝所形容，只是像一头牺牲的小猪似的，躺在那里乱跳，大叫，那么，这个忧郁就完全失了被称为宗教的权利了。一个叔本华（Schopenhauer）或是一个尼采（Nietzsche）的心境——我们有时可以说喀莱尔“具体而微”地也这样——虽然往往是一种提高人品的忧郁，但也往往只是好像把一小块咬在牙齿中间而跑走之时的悻悻心态。这两个德国作家的讥刺，有一半时候，使人觉得它像是两个要死的老鼠的叫痛之声。这种讥刺缺少了宗教的忧郁所发出的涤荡瑕秽的调子。

任何项我们叫做“宗教的”之态度，必须含有肃穆的、严重的并慈柔的成分。假如态度是欢喜的，那么，它必须不至冷笑或暗笑；假如是愁苦的，必须不至于绝叫或咒诅。我要你们留心的宗教经验，正是在于它是严肃的（solemn）经验。因此我又要把我们定义再缩小范围(也许又是任意的)而说,这个定义所含的“神圣的”这个名词,不是只指那原始的、并包的和真实的对象,因为这个意义,假如不加限制,结果很会太广。我们所谓神圣的,必须是个人觉得一定要对之作严肃的、庄重的反应,而不咒诅或嘲弄的这么一种原始的实在。

可是,严肃和庄重以及一切这种情绪的性质,可以各种各样;无论我们怎么下定义,我们必须承认我们所要讨论的这个经验范围之内,并没有一个界限分明的概念。在这种情形之下,假如自命我们所用名词能够严格地“科学的”(scientific)或“精确”,那只有使人以为我们对于我们工作缺乏了解。固然,对象可以分为更神圣或更不神圣,心态可以更宗教的或更不宗教的,反应可以是更是整个的或更不是如此;但是彼此的界限总是模糊的,并且处处都只是分量与程度的不同。然而在发展到极端之时,什么经验是宗教的这一节绝无问题。在极端的例,对象之神圣,和反应之严肃大明显了,不容怀疑。只是在心态的特性不分明之时,我们才会迟疑到底心态是“宗教的”还是“无宗教的”,还是“道德的”,或还是“哲学的”。可是,这种特性不明白的心态,就不值得我们研究。对于只因为客气,才叫它做宗教的心态,我们不管;只有研究那种绝没有人会想要把它认为任何别种东西的心态,才对我们有好处。我在前一个演讲已经说过,我们对一件东西得到最多知识,是在我们好像用显微镜看它或是看到它的张大最过度的形式之时。这个道理适用于宗教现象,也像适用于任何别种事实一样。所以我们注意而得到好处的,只是宗教精神极分明极高亢的事例。宗教精神的比较淡薄的表现,我们可以安心地不理会。后者的例,如蓝柏生

(Frederick Locker Lampson)对于人生的整个反应——他的自传，名为“密语”(Confidences)的，证明他是一个极温雅的人。他说：

> “我对我的运命，很是顺受；所以我想到要离开所谓愉快的生存习惯，甘美的人生幻境，只觉得一点点痛苦，我不想将我虚度过的一生复演一遍，因而延长我的寿数。很奇怪，我并不怎么希望再变成少年。我内心寒冷地顺受，我很谦卑顺从，因为这是神圣的旨意，也是我注定的前途。我极怕要使我成为我近旁人，我所爱的人的重负的那些瘙病。不！让我尽可能安静后舒服地溜走。假如安静随了结而来，那就让他了结。
>
> “我不知道这个世界，以及我们在世上的行程有好多好话可以说；可是将我们安置在这个世界上既然使上帝愉快，也必定能使我愉快。我问你，人生是什么东西？难道它不是一种残缺的幸福——顾虑和厌倦，厌倦和顾虑，附带着无根据的期望，附带着想有更光明的明日的离奇骗局吗？从最好方面说，人生也不过是个顽梗的小孩，这个小孩必须陪他玩，必须哄哄他，设法叫他安静到他睡着了，此后就没有麻烦了。”⑤

这是一个复杂的、慈祥的、顺从的、并且柔美的心态。在我个人说，我不反对把这个心态认为大体是宗教的心态；不过我敢说在你们中好多人看来，它似乎太不经意，太不专诚，不配加上这么好的名字。可是，我们把它叫不叫宗教的心态到底有什么关系呢？无论如何，它太微末了，不能使我增长知识；这个有这种心态的人用以描写它的词语，假如他不是正在想到别人所有的更猛烈的宗教心境——他自己不能够与之竞争的心境——他就不会用这些词语了。我们要研究的对象，只是这些比较更猛烈的心态，我们可以放心不管那些色调微弱，边界模糊的心态。

不久以前，我说个人的宗教，就是没有神学，也没有仪式，实际上含有一些纯粹道德所没有的元素，我意中是指比较猛烈的个人宗教，你们记得那时候我答应不久就要指出这些元素是什么。就大体说，我现在可以说明我的意思。

据说我们新英格兰的一个超绝主义者伏勒（Margaret Fuller）女士的一句爱说的话就是："我接受这个世界"；有人对喀莱尔述这个话之时，据说，他冷嘲的批评说，"天哪！她最好如此！"道德与宗教的全部，根本就是我们接受世界的态度。到底我们只是接受这个世界的一部分，而且勉强的样子呢，还是诚心地全部接受呢？我们对这个世界的某些事情的抗议应该彻底并决不宽恕呢，或是我们应该以为就是这世界有恶，还有些生活的方式必定会引到好结果呢？假如我们接受全部，我们接受的态度应该好像被拷打到屈服（如喀莱尔所说的"天哪！我们最好如此"）呢，或是应该热烈地同意呢？纯粹的道德态度接受它所找到的流行于世界全部的法则，达到了承认并遵循它的程度；可是也许遵循的态度只是心上极端负重似地，极冷淡地，始终觉得是个束缚。但是说到宗教，就它的强烈的完全发展的表现说，为上帝服务（service of the highest）从来不觉得是束缚。宗教丝毫没有冷淡的顺受态度，只有欢迎的情绪；这种情绪程度不等，可以是喜悦的恬静到热烈的兴会之间的任何浓度的心境。

一个人接受这个世界的态度到底是像斯多噶派的（Stoic）顺受必然事态的态度，或是像基督教圣者（Saint）那样热烈地愉快的

态度呢：这对他在情绪上和在实际上有极大的不同。这个不同，也有被动与主动间之不同那么大，也有自卫的心态与侵略的心态间的差别那么大。无论一个人会由一个心态发展到一别个心态的阶层多么渐进，各不同的个人所代表的中间阶段多少，但是假如你把有代表性的两极端并排一起，互相比较，你就觉得在你当前的，是两个不相连的心理世界，并且由这一个世界到那一个世界的中途必须越过一个"临界点"（critical point）。

假如我们把斯多噶派的表示与基督徒的表示相比，我们就见到其间不只是教义不同；宁可说是情绪的心态的不同。在奥勒略帝想到摆布万物的永久理性之时，他的话有种冷如冰霜之气，这是犹太教的文字内少见的，并且是基督教的文字内所始终没有的。一切这些作者都"接受"这个世界：可是奥勒略的神情是多么缺乏热情，缺乏兴会；把他的警句"假如上帝不顾我同我的子女，这是一个理由"，与约伯（Job）的叫喊"就是他杀我，我还信赖他"相比，你就立刻看到我所指的不同。奥勒略对于他愿听命的世界之神（anima munda）只是恭敬从命；但是基督徒对他的上帝简直是亲爱。虽然他们无怨尤地接受实际境况的态度的结果，在抽象方面说，也许好像相同；但其实情绪气氛的不同，就像北冰洋与热带的气候的差别一样。

奥勒略说，"安慰自己，静候自然的消灭，不要心烦，而只从下列念头得到休养，这是人的义务——这些念头就是（第一）凡我所遭遇的，没有不是合乎这个世界的本性的；（第二）我无须做任何与我内心的上帝和神相反的事情；因为没有人能够强迫我越轨。[6]假如有人因为对发生的事变不满意而自

己退出我们共同自然界所有的理性,与这个理性分离,他就是这个世界的一个脓疮。因为同一自然界产生这些事变,也产生你。所以就是件件事都似乎逆意,一概接受,因为件件事都会促进这个世界的健全,都促进天帝(Zeus)的繁荣和幸福。为什么呢?因为假如天帝使任何人遭受的事情不是对于全局有用处,他决不会使这个人遭受。假如你把任何事情截断,那就是把全部的完好性毁坏了。并且假使你不满意,想法把任何事物弄掉,那么,你就是在你的能力所及的范围内把它截断了。"⑦

试把这种情怀与那位著《德意志神学》(Theologia Germanica)的老基督徒的心态相比:

"在人们受了真正光明而彻悟的场合,他们就放弃一切欲望和选择,将他们自己和一切东西托付给永善的上帝,因此个个彻悟的人可以说,'上帝自己的手对人是怎么样,我也愿意对上帝这样'。这种人是在于自由的境地了,因为他们已经除去对于苦痛和地狱的恐怖以及对于奖赏和天堂的希望,他们是正住在对于上帝纯然顺从,并由热烈的爱情而出的完全自由的状况之中。当然一个人真正知道并亲自考察自己是谁,并是什么种人,并觉得自己的完全卑鄙,恶毒,并下贱之时,他就深自菲薄,觉得天上地下的一切生类都起而反对他自己,像是应该的。所以他不会,也不敢,希望得到安慰解放;他情愿没有安慰解放;并且他对于他的受苦并不自伤,因为在他看来,这些苦恼都是正当的,他并不说反对它的话。这就是所谓真正悔罪;并且正在此刻进到这个地狱的人,没有人会安慰他的。可是上帝并不摈弃在这种地狱的人，上帝正把他的手放在他身上，使他不想要任何东西，也不理会任何东西，只要并只理会永善的上帝。到了这个人不愿并不要任何东西，只要永善的上帝，不追求他自身或他所有的东西，只追求上帝的光荣之时，上帝就使他同享一切种类的喜乐，幸福，和平，安静和慰意；因此这个人此后就居于天国了。这个地狱和这个天堂是一个人的两条安稳的路径。并且真正寻到这些路径的人是快乐的。”⑧

这个基督徒作者接受他在这个世界的地位的冲动多么更加主动更加积极得多；奥勒略对这个局面同意（agrees *to* the scheme）而这位德意志的神学家则和它合意（agrees *with* it）。他的同意流溢了（*abounds in* agreement），[甲]他跑出去拥抱神圣的旨意。

诚然，有时候这位斯多噶主义者的情绪高度也达到近似基督教徒的热情的地步，例如奥勒略的常被引述的文句所表现的：

“世界呀！凡是与你相调和的事物，也与我相合。你认为合时的事情，没有对于我太早或太晚的，自然啊！凡是你四时所带来的，我认为都是果实：一切东西由你出，一切东西在于你，一切东西回到你。诗家说，亲爱的西克腊（Cecrops）之城；难道你不说，亲爱的天帝之城吗？”⑨

可是，就是像这段这么虔敬的文句，把来与一个真正基督徒的抒情相比，还是似乎太冷淡，例如《模仿基督》（Imitation of Christ）内所说：

“主啊！您知道什么最好；让这件事或那件事遵照你的愿意。当您愿意赐予之时，照您愿意给什么就给什么，愿意给多少，就给多少。照您知道是最好的，并最会增进您的光荣的方法处置我。您要处置我何地，就处置我何地；对于一切事，随便在我身上实现您的意志。……在您近旁之时，什么时候会有祸殃呢？与其失却您而富，宁可为您而贫。得到天堂而没有您，我宁可在大地上做个行脚而伴着您。您所在的地方，就是天堂；您不在的地方，看啊，那里就是死和地狱。”⑩

在生理学内，假如我们要研求一个器官的意义，有一个好的原则：就是寻求这个器官的最特别的、最能代表它自身的工作，并且自它的功能之中为任何别种器官所不能履行的职务找出它的功能。在我们眼前这个研究，同一的训言，也确然可以适用。宗教经验的精髓，即我们必须用以对宗教经验作最后判断的事情，必定是这种经验中那个我们不能从任何其他地方遇见的元素。当然，就中这么一个性质最显著并最容易看到的宗教经验，一定是那些最一偏、最过分、最强烈的宗教经验。

那些比较平淡的人的经验那么冷静，那么有节，因之我们不能把它叫做宗教的经验，只好将它叫做哲学的经验。假如我们把那些更强烈的经验与上项经验比较，就要见到一个完全不同的特性。那个特性，在我看来，似乎应该认为在我们讨论内是宗教的在实际上重要的差别性（differentia）。而这个差别性是什么，可以很容易由抽象地设想一个基督徒的心和一个道德家的心，并将这两种人的心互相比较而看到。

一个人的生活多么刚健，多么斯多噶派，多么道德的，或是多么哲学的，我们说，要看它多么不受琐屑的私人的利益的左右，多么更容易受需要努力的客观目的所影响（纵使那种努力会引起自己的损失和苦痛）。就战争需要自动参加的“义勇军”这个范围内看，这种努力就是战争的好的方面。从道德的观点看，人生实是一种战争，并且为上帝服务是一种需要义勇军的对世界的“爱国心”。就是表面不能够用武的病人，也能够进行道德的战争。他能够刻意把他的注意离开他自己的在这个世界或死后世界的前程。他能够锻炼自己，做到对他自己现在的缺点处之漠然，并把自己埋头于任何还可以做的客观的有味的工作之中。他能够留心时事的消息，而对别人的遭遇表同情。他能够养成喜悦的姿态，而对自己的苦况缄默不言。他能够存想他的哲学所能呈献给他的属于人生的任何种理想方面，而实践他的道德观所需要的任何种义务，如忍耐、顺受和信赖之类。这种人生活在他的最崇高的、最广大的阶层上。他是一个宅心高尚的自由人，并不是憔悴的奴隶。然而他缺少一件，这一件就是卓越的基督徒（例如神秘主义者和禁欲的圣者）所富有的，而且是使他成为完全不同类的人的。

固然，基督徒也藐视那种好像被磨折的并埋怨吞声的卧病者的态度；圣者的生平也充满着一种对身体的病症的漠视——这种漠视，大概没有别种人事记载会有的。可是纯乎道德家的轻视，必须有意志的努力，而基督徒的轻视乃是高一级情绪的兴奋的结果。有了这种兴奋，就无须意志的努力了。道德家一定要使劲，屏息，紧缩他的肌肉；在可以维持这种运动家似的姿势的期间内，一切顺利——道德就够了。然而运动家的姿势总有懈弛的倾向；并且就是最坚强的人，到了身体开始衰朽，或是病态的恐怖侵入心内之时，就不得不懈弛。对一个因为觉得无能力到不可补救的地步而浑身不自在的人讽示，叫他个人要立志，要努力，这是叫他做世上最不可能的事情。他所渴望的，是正要人对他的这个无能力给予安慰，使他觉得世界的神承认他并保障他，尽管他是完全衰朽，完全无力。看起来，归根到底，我们通通是这种无可奈何的“没出息”。我们中最有健全心态并最好的人也与疯人和囚犯是同样的料；并且就是最顽健的人最后也是死。无论何时，我们一觉得这个，我们就感到我们立志进行的事业都是虚荣，都是应付顷刻的，因之一切道德好像只是掩盖永远不能医治的疮痛的石膏壳，一切我们的好行为只是那种我们生活应该根据的好本性（well-being）的最空虚的代替品——是的，我们生活理应根据好本性，可是实际不如此，哀哉！

到这里，宗教就来救我们，将我们的命运拿在它手里了。有一种心态，只有宗教徒知道，没有别种人知道的；有这种心态之时，要拥护自己并保持自己所有的意志没有了，反之，这个人情愿闭口无言，情愿在上帝的涛头与浪花之中，做个等于无有的东西。在这种心态之中，我们最怕的东西反而变成了我们安全之所托；我们行为的死日变成了我们精神的生日了。我们灵魂的紧张时期过去了，愉快的松弛，安静的深呼吸，永远的现在，并无须顾虑不和顺的将来运命的时期到来了。恐怖并不是用纯粹道德来制止，恐怖被积极地排除并洗涤了。

在后些的演讲，我们可以见到很多的这种快乐心态的例证。我们将要见到宗教到达最高层之时可以成为多么极热情的东西。最高度的宗教，像爱情，像盛怒，像希望、野心、妒忌，像个个其他本能的切望与冲动，它在人生加上一种迷醉力——这种迷醉力不能用推理或逻辑从任何其他东西引申出来。这种迷醉力，如果到来，是一种赠赐的性质——生理学家以为是我们身体的赠赐，神学家认为是上帝的宠赐；这种赠赐，我们不是有，就是没有；世上有些人，绝不会有这种赠赐，就像他不能够只受一句命令就爱上某一个女人一样。所以宗教感情把本人的生活领域绝对增大。这种感情给与他以新的权力范围。在外界的战争打败，并外部世界摈弃他之时，这个赠赐替他赎回一个内部世界，使之生气勃勃——否则这个内部世界将要变成只是一片空虚的荒地了。

如果宗教对于人生有任何确定的意义，那么，在我看来，似乎我们应该把它指这种扩大，就是在严格所谓道德至多只能点头认可的领域内，使情绪的伸延度增加，发生拥护的热情。它使我们得到新的自由，觉得奋斗已成过去，世界的基调正在高唱着，永久的领土正展布于我们眼前——宗教应该不是任何不能使我们这样的经验。[11]

这种存在于绝对的并永存的之内的快乐，除了在宗教内，我们不能从任何别处找到的。这种快乐与一切仅是动物性的快乐，一切限于现在的享乐所以不同，在于我已经说了许多的那个严肃成分。固然，对严肃性做抽象的定义，是很难的；可是严肃性的有些标记是很分明可见的。一个严肃心态始终不是粗陋的或简单的——它似乎有某分量的与它相反的东西溶化在内。一个严肃的喜乐心态保留着一种苦味在它的甘甜里头；一个严肃的悲哀是我们亲切地认许的悲哀。可是有些作者，知道至高的快乐是宗教所特有，忘掉了这个复杂关系，把一切快乐（只要是快乐）都叫做宗教的快乐。例如爱理斯（Havelock Ellis）就是把宗教认为与凡是灵魂解脱郁闷的压迫的心境相同。他说：

“生理的生活的最简单的作用，也会引起宗教心境。凡是有点知道波斯的神秘主义者的人，都知道酒是可以认为是宗教的一种工具。其实，在一切国家，一切时代，这种或那种的身体的开扩，例如唱歌，跳舞，喝酒，性的刺激，曾经与宗教的崇拜密切相连着。就是在发笑时灵魂的片刻扩大，也是一种宗教的修行，无论它只是多么低微的程度的修行。任何时候，世界对个人身体来一冲击，结果不是不安适或苦痛，乃至不是努力的壮年时代的肌肉收缩，而是整个灵魂的欣喜的扩大或向上的欲望——那就是宗教。我们想望若饥渴的，是那无量世界，一切小波浪，可能把我们载到那界的，我们都很高兴跨在上面前进。”⑫

然而这种简直把宗教认为就是任何种快乐的着法，忽视了宗教的愉快的主要特色了。我们所得的比较寻常的快乐是“轻松”(relief)，是因为我们片刻避免实际经验的或只是威胁我们的祸害。可是从最有代表性的表现说，宗教的快乐不只是避免的感情。它不再需要避免。它表面承认祸害，当做一种牺牲——但在内面，它知道祸害是永久被克服了。假如你问怎么样宗教会这样落在荆棘中碰到死亡，而又从死中避免灭亡，我不能够解释这件事，因为这是宗教的秘密；要了解这个，你必须自己是一个比较极端的宗教徒。在我们将来要举出的例证，就是最简单并最具健全心态的那一种宗教意识，我们也会遇到这种复杂的带牺牲质的性格——在这种性格，一种高级的快乐压服一种低级的快乐。在卢浮美术馆(The Louvre)中，有一帧绘画，是勒尼(Guido Reni)画的，图中是画圣米诘尔(St. Michael)把撒旦(Satan)的颈项踏在他的脚底下。这帧图所以意味浓厚，大部分是由于有这个恶魔的形象在内。这图的寓意所以丰富，也是因为撒旦在内。——那就是说，要是我们把我们的脚踩在恶魔的颈项上，那么，这个世界就会因为有一个恶魔在内而大加其丰富程度。在宗教意识内，这个踏在脚下，正是恶魔（即消灭或悲剧的要素）所处的地位；这正是宗教意识所以从情绪方面那么丰富的理由。[13]我们将要见到有些男人和女人的宗教意识如何表现为反常的禁欲行为。实际有些圣者，当真靠着消极要素，靠着屈辱与穷乏，以及关于受苦和死亡的念头维持自己的生命——他们的外部状况越来越不能忍受，他们的灵魂就越加快乐。除了宗教情绪，没有任何别种情绪能够使一个人达到这种特别地步。因为这个理由，所以在我们提到宗教对于人生的价值这个问题之时，（在我想）我们应该不从色彩较薄弱的宗教意识寻求答案，而应该从这些比较强烈的例子求答案。

我们既然由最猛烈的、可能的宗教现象开始，此后我们就可以随意尽量把它弄得更淡薄。这些猛烈的例，虽然照我们平常的世俗的看法，是很可厌的；但假如我们悟到就这些例说，我们不得不承认宗教的价值，并加以尊重，那就证明宗教在某方面说，对于一般人生有它的价值了。我们把过分之处渐减渐淡，就可以由是而测定宗教理应包括的范围了。

当然，因为必须这样多多应付怪僻的并极端的现象，我们的工作会变成很困难。你会问，“假如宗教的每种个别的表现都要依次改正，平静下来，删削下去，那么，就一般说，宗教怎么样能够成为一切属于人的功能中的最重要的功能呢？”你会以为这种主张好像是万不能言之成理的诡辩——然而我相信我们最后主张一定是大概如此。个人觉得他对他所认为神圣的不得不取的一己态度（你会记得这是我们对于宗教的定义),会被事实证明为是一种无可奈何的,又同时是自作牺牲的态度。那就是说,我们将不得不承认至少要靠着纯粹慈悲到某程度,要作某程度的大方面或小方面的舍弃(renunciation)以救活我们的灵魂。我们所居的世界的构造,需要这种舍弃:

“舍弃,是你应该的! 应要舍弃!
这是那永久的歌曲
在人人的耳中响着的,
这支曲径我们的一生
每个小时都对我们声嘎地唱着。”[乙]

因为总而言之,归根到底,我们是完全倚靠着这个世界;我们被吸引,被挤迫到某种熟思而后首肯的牺牲和投诚,认这个为我们唯一的永久安息之地。在那些够不上宗教的心境,人投诚只为必须如此,至好舍不过受牺牲而不怨尤。反之,在宗教的生活,人是积极地自愿牺牲并投诚的:甚至还加上不必要的舍弃,使快乐可以增加。这样,宗教使在任何场合所必需的事情成了容易并快乐的事情;并且假如宗教是唯一的能得到这种结果的动力,那么,宗教在人的材性中具有根本重要这件事实,是真确不容争辩的了。宗教成了我们生命的一个主要器官,它的功能是我们本性的任何其他部分所不能履行得成功的。由所谓纯粹生物学的观点看,就我所知的说,我们不得不作这个结论;并且我们是由遵用我在第一讲所说的纯粹经验的证明法而得到这个结论。宗教还有一个功能,即在形而上学上的启示;关于这个,我现在暂且不说。

可是预露一个人的研究的最后目的地是一件事;安安稳稳地

走到那个地方，是另一件事。在下一讲，我要放下到此刻止所讨论的极端广泛的方面，而以直接注意具体事实，作为我们的真正启程。

① 在这里，我所能做的好事情，无过于请读者看刘巴教授(Prof. Leuba)于我本文写完之后在一九〇一年正月号的《一元论者》(The Monist)杂志上发表的文章；这篇是很长的，极好的，说明一切这些关于宗教的定义毫无用处的文字。

② 在《杂文》(Miscellanies)内，一八六八年版，第一百二十页(节录)。

③ 《演讲和生平的略述》(Lectures and Biographical Sketches)，一八六八年版第一八六页。

④ 《散页》(Feuilles détachées)第三九四至三九八页(节录)。

⑤ 见本文上引书，第三一四页，三一三页。

⑥ 第五卷第十章(节录)。

⑦ 第五卷第九章(节录)。

⑧ 第十章第十一章(节录)：温克司(Winkworth)译本。

⑨ 第四卷第二十三段。

⑩ 本酣氏(Benham)译本：第五卷第十五第五十九章。参看爱谋生，玛丽(Mary Moody Emerson)的话："让我做这个好看世界上的一个污点，最没人知道的，最孤独的受苦者，只要我知道这是上帝的发动，我就情愿。纵使他在我的每条路上撒布冰霜和黑暗，我还甘心爱他。"爱谋生《演讲和生平的略述》第一八八页。

⑪ 再说一下，世上有好多人，性情沉郁的人，他们的宗教生活并不含有这种狂喜。他们就广义说，是宗教的；但是就最猛烈的宗教方面说，他们不是；而我所要撇开字面的争辩而先行研究以求宗教的根本差别性的现象，正是最猛烈的宗教经验。

⑫ 《新精神》(The New Spirit)第二三二页。

⑬这个寓意的例证，我是由那不幸死了的同事并朋友爱佛勒(Charles Carroll Everett)得来。

甲 译者按：Abound 通常意义是"丰富"；但字源是"流溢"的意思。

乙 译者按：原文是德文诗。

第三讲　实有无形者

假如有人请我们用尽可能最广大，最普通的名词说定宗教生活的特性，那么，我们也许可以说，宗教生活就是以为“有个无形不可见的组织，并且我们的至善就在于将我们自己调整到与这个组织相和谐”这种信仰。这种信仰和这样调整是我们灵魂内的宗教态度。在这一小时，我要请诸位注意到像这样的态度，这种相信有无形的对象之信仰在心理方面的特性。一切我们道德的，实用的，或情绪的，以及宗教的态度，都是由于我们意识的“对象”(objects)，即我们相信为与我们并同存在(或实际存在或存在于意想中)的事物。这种对象也许在我们感觉方面存在，也许只是在我们思想方面存在。无论是哪一种方式的存在，这些对象引起我们做一种反应(reaction)；并且思想的对象所引起的反应，在许多场合，是出名地也有感觉对象所引起的反应那么强烈；甚至比它还要强烈些。记起被侮辱，会比从前真受的侮辱更使我们生气。我们常常事后惭愧我们的过误，比在犯过误那顷刻更厉害。一般地说，我们整个较高级的、明哲的与道德的生活，都是由于“实在的，起于物质的感觉对于我们行为的影响会比疏远些的事实的影响更微弱”这件事实。

大多数人的宗教内的比较具体些的对象，他们所崇拜的神，他们只在观念内认识它。例如，只有很少数的基督教徒看见过他们的救主（the Saviour）的显相：虽然这种显相，出于例外的神迹的，见于记载上还相当多，值得我们将来注意。因此，基督教的力量，就认有神圣人物这个信仰决定信徒的通行态度这个范围内说，普通是完全以纯粹观念为工具。——个人的过去经验内，没有什么可以直接供做这种观念的模型的。

可是，宗教除了对于这些比较具体的对象之外，还充满着实际具有同等力量的抽象的对象。上帝的德性自身，如他的圣洁，他的三位一体性，赎罪过程的各种神秘仪式，圣礼（sacrements）的举行等等，事实上都是很会产生感动基督教信徒的存想之泉源。[①] 此后，我们将要见到一切宗教的神秘主义的领袖，都坚持毫无确定的感觉形象是祈想（orison，即是对高级的神圣真理的观想）成功的不可少的条件。这种观想，他们预期会大大影响信徒的后来态度，使他向善——我们以后将要见到这个预期得到了丰富的证明。

康德（Immanuel Kant）对于如上帝，创造世界的设计，灵魂，灵魂的自由，及死后的生命这一类信仰对象，主张一种奇怪的学说。他说，严格论，这些并不是知识的对象。我们的概念须有个感觉内容做支点；因为像“灵魂”，“上帝”，“人格不死”（immortality）等，并不含有任何种特殊的感觉内容；所以就理论说，这些都是毫无意义的名词。可是，很奇怪，这些名词对于我们的行为却有一种确定的意义。我们能够依然好像有上帝的样子去行为；觉得好像我们是自由；对自然界认为好像它充满着特别设计；照好像我们真不死的样子作事业的计划；这样，我们就发现这些话实在对于我们的道德生活有种真实的影响。假如让我们对这些不可了解的对象成立积极的概念，那么，就康德所谓实行的方面（Praktischer Hinsicht，即从我们行为这方面）说，以为“真有这些对象”这个信仰，事实上就成了完全等于一种对于这些对象可能是什么之知识。

我对你们提起康德的这个学说，并不是要对他哲学的这个特别奇怪部分的准确性表示任何意见，只是要用一个以过火出名的例子显示出我们所讨论的人类的这个特性。我们信仰的对象，使我们觉得它是实在的，可以觉得很强烈，弄到我们的整个生活好像完全被对于所信仰的东西真实存在之感所“磁极化”（Polarized）；然而那个东西，假如要形容得正确，可以说几乎不在于我们身上。这好像一条铁棒，没有触觉，也没有视觉，也没有任何复现表象的（representative）能力，但却有很强的感觉磁性的内部性能；并且好像因为来往于近旁的磁以各样方式引起它的磁力，可以使它自觉地取不同的态度和倾向。这么一条铁棒始终不能够给予你们关于具有强烈地刺激它的能力的那些来源的一种外部描写；可是对于这些来源的存在，并这些来源对它生活的重要，它简直在它浑身每个纤维都猛锐地觉得的。

有这种使我们深感我们所不能以言语形容的对象之能力的，不止康德所谓纯粹理性之观念（Ideas of pure reason），一切种类的高级抽象观念，都带有同种无形的动人力。请回忆我在前一讲所引爱谋生的那几段文字。不特从这一个超绝主义者看来，而且由我们人人看来，像我们所知道的这个含着具体对象的世界，是在一个更广大的、更高尚的抽象观念的世界之中游动——前种世界的意义是由这后种世界而来。就像空间、时间和以太渗透万有之中，同样（我们觉得如此）抽象的和根本的善、美、勇、力、意义、公道渗透一切善的、美的、勇力的、有意义的和公道的事物之中。

这种观念以及其他同等抽象的观念，成为我们的一切事实之背景，成为我们所设想的一切可能之源头。这些观念赋予个个特殊事物以我们所谓它的“本性”(nature)。我们所知道的件件事物，是因为也带有这些抽象观念之一的性质，它才是它。我们永远不能够直接注视这些观念，因为它们是无形体，无特色，无脚跟的；可是我们利用它们去领会一切其他事物；并且在应付实际世界之时，假如我们会失掉这些心理对象（这形容词，动词，说明语，以及分类和概念的标题），我们就会陷入毫无办法的地步。

我们心思可以被抽象观念绝对地决定，这是人性的基本事实之一。由于它们会“极化”并“磁化”我们，我们回向它们，背着它们，追求它们，把握它们，憎恶它们，祝福它们，就像它们是这许多具体的东西一样。并且它们是“实有”(beings)，是在它们所居的区界内实实在在的东西，就像常变的可感觉的东西在空间内是实实在在的一样。

柏拉图(Plato)曾经对于这个普通的人类感想做过犀利动人的辩护，所以后来总把主张抽象的对象是实在这个学说，叫做柏拉图之观念说。例如，抽象的美，在柏拉图看来，是完全确定的个体；人的理智觉得这个体是加在一切世上的会衰灭的美之上的另一件对象。在常被引述的，出于他那篇题为“会饮篇”(Banquet)的那段文字里，他说：“真正的进行次序，应该是利用世上的各种美，作为阶梯，从它攀升，以求那个别种至美，由一进到二，由二进到一切美的形式，由美的形式进到美的行为，由美的行为进到美的观念，一直到他由美的观念达到绝对的美之观念，由是最后就知道美的精髓了。”[②]在前一讲,我们略略见到像爱谋生那样一个柏拉图化的作家会如何将世界事物的抽象的神圣性,这个世界的道德的构造,认为是值得崇拜的事实。现在有好些种并没有上帝的教会,正传布于全世界,它们叫做道德会(ethical societies);在这些会之中,会员对于抽象的神圣的,即信为最基本的对象的道德律,加以同样崇拜。在好多人,“科学”当真地代替了宗教。在这种的科学家,“自然律”被认为是应加虔敬的客观事实。有一个很有才的解释希腊神话的学派,以为希腊的神,其初只是将自然界所分成的那些含着抽象定律和秩序的大区界(天空界,海洋界,大地界等类)加以半比喻的人格化;就像到现在,我们还说早晨的含笑,软风的接吻,或冷风的啮刺,并不当真以为这些自然现象实际具有人类的面目一样。[③]

关于希腊神祇的起源,我们此刻不用求有什么意见。可是,我们例证的全部归结到略如下列的断案:在人的意识内,好像有一种比任何特殊“感官”(Senses)更深切更广博的觉得实在之感,一种觉得客观存在之感态,一种觉得我们所谓“有个东西”的知觉(“a sense of reality, a feeling of objective presence, a perception of what may be called‘something there’”),虽则目下流行的心理学以为实在的事物最初是由那些感官发现的。假如真正有此感,那么,我们可以假定感官是由于先引起这个觉得实在之感,然后才使我们发生态度与行为(感官是常常引起态度与行为的)。可是任何别种对象,例如观念,也能够引起此感的,也会有感官对象所常有的那种被认为实在之特权。假如宗教的概念可以引起此感,那么,就是这些概念很模糊,很疏远,几乎不可想象,就是它们在性质是什么这一点上等于无有（就像康德以为他的道德的神学的对象是无有一样），宗教徒也会尽管有人讥评，还是相信。

关于人实有这种囫囵地觉得有物存在之感，最奇怪的证据见于幻觉的经验。幻觉往往没有得到完全发展：经验幻觉的人觉得房间内有“物”（presence），占一定地位，面对一定方向，照最严格的字义说，是“实在”的，往往突如其来，也一样突如而去；可是没看见，没听见，没扪到，也没有任何通常感觉认识到。让我在未说其存在与宗教比较更有关系的对象之前，举一个例。

我有个亲密的朋友，是我所认识的智力最敏锐的朋友中的一个，他曾经有过几回这种经验。我问他时，他作如下的答复：

> “在最近几年内，我曾经几次经验到所谓‘觉得有物在旁之感’（consciousness of a presence）。我所指的经验与另一种我常有过的，并我想别人会也叫做‘觉得有物在旁之感’的那种经验可以分别得很清楚。可是在我看来，这两种经验间的不同，简直像觉得不知从何而来的微温经验与站在大火中而同时一切通常感官很灵敏之时的经验间的不同。
>
> “这是在一八八四年的九月，我第一次有这种经验。在前一夜，在我住的大学宿舍里，上床之后，我有显著的接触幻觉，觉得我的胳膊被把捉；这件事使我爬起来，在房间内搜寻闯进的人。可是严格地所谓觉得有物接近之感，第二夜才来。我上床并灭了烛之后，还醒着一会儿，在想前一夜的经验，忽然间我觉得有个东西来到我的房间内，并且停在很近我的床的地方。它停留只有一两分钟。我并不是用任何项普通感官认识它，可是有一种不舒服到可怕的‘感觉’（sensation）与他相

连。它比任何通常感官知觉，更要把我整个人根本动摇。这种感觉有点像一种很大规模的、扯裂似的、要命的疼痛，大部是散布于胸上，但在身体之内——但是这与其说是痛，宁可说是震慑(abhorrence)。无论如何，有个东西在我近旁，并且我知道它存在，比我知道任何肉体的活人存在还更真切得多。我觉得它去，像觉得它来一样，几乎立刻快快地从门出去，然后这'可怕的感觉'才消灭。

"在第三夜，当我安息之时，我正专注于我在预备的几个演讲；在我还注意这些演讲之时，忽然觉得前一夜在那里的那个东西又在近旁(虽则不觉得它怎么来)并且觉得那个'可怕的感觉'。那时候，我在精神方面就集中力量去要求这个'东西'，如其是祸殃，就离开，如其不是，就告诉我它是谁，或是什么，并且假如它不能够自己解说自己，就走开；而且我用尽心力，想强迫它离开。它像前一夜那样走开，我的身体就很快恢复正常的状态。

"在我的一生中，又有另外两次，有过恰恰一样的'可怕的感觉'。有一次，这种感觉经历整整一刻钟之久。在这三次经验，我都觉得的的确确在外界空间那里有个东西(something)站着，这比通常在我们活人的近旁之时觉得有人相伴那种确然度还要更强烈得无数倍。这个东西好像离我很近，并且比任何个通常的感官知觉都更实在得多多。虽则我觉得它似乎与我相类，这是说它似乎是有限的，微小的，并困苦的，我并不以为它是任何个物或个人。"

当然，像这种的经验，并不涉到宗教的范围。可是有时它会涉及宗教。这一个通信者又告诉我说，在别种时会，不止一次，他所觉得有物在旁之感，同样强烈，同样突如其来，只是充满着一种欢乐的性质。

> “我不止觉得有个东西在那里，并且与这种‘感觉’的中心快乐混合的，还有一种惊人的，觉得有种不可磨灭的好处之感。而且并不模糊，不像一首诗，一带风景，一朵花，或一曲音乐的情绪影响，乃是确实知道有一种伟大的人格在旁；在它去了之后，这个记忆像还继续存在，还觉得是同一的对于实在之感。一切其他事情也许是做梦，可是那件事绝不是。”

很奇怪，我这位朋友并不把后种这些经验从有神论的观点解释为是上帝降临。但是假如把这些经验认为是发觉有神存在，分明也不算是不自然的看法。我们讲到神秘主义的时候，对于这个题目，将要再说很多的话。

因为怕这些现象怪里怪气，会使你们心思混乱，我再引两段短得多的同类的叙述，只是要证明我们所讨论的是一种明划的、自然的事实。第一例，我由《灵学会杂志》(Journal of the Society for Psychical Research)引来，在这一例，觉得有物在旁之感，一会就转成了一个明确的，有形相的幻觉——可是我略去这个故事的幻觉部分。叙述者说：

> “我看书看了大约二十分钟，一心一意只在这本书上，我的心思完全安静，暂时把我的朋友们通通忘掉了。忽然间，并没有一点事前的预告，我浑身好像激动到了顶强烈的紧张或活跃状态，并且我觉得不特有个人或灵在房子里，而且很近我身旁。这种觉得的强烈度，是始终不曾有这个经验的人很不

容易设想的。我把这本书放下;虽然我大激动,但觉得泰然自若,并不觉得害怕。我没有移动我的位置,直视火炉,我由一种性质不明的方法知道我的朋友 A. H. 站在我左肘那边,可是站在我后头那么后,因此他被我所靠的安乐椅遮住。我把两眼稍微转一下,但我的位置没有别的移动,就看到他的一边腿的下半节,我立刻看见他常穿的裤子的灰蓝布,可是布料好像半透明,我想好像烟那样稀薄。"④——就在这个时候,幻象后出现了。

另一个人这样告诉我们:

"在夜里,很早,我就醒了。……我觉得好像有人故意把我弄醒,并且我起初以为有个人闯进房子里来。……随后我翻转边,想又睡去,可是立刻觉得房间里有什么存在;说来奇怪,所觉得存在的,并不是一个活人,是一个精灵(a spiritual presence)。这个话也许会使你发笑,可是我只能告诉你我实际觉得的事实。除了只说我觉得有个精灵之外,我不知怎么样把我的感觉形容得更恰当。……同时,我也觉得很强烈的,根于迷信的恐怖,好像有奇怪的、可怕的事情要发生。"⑤

日内瓦的伏庐挪教授(Prof. Flournoy)给我由他一位朋友得来的下列例证——这位是个女人,她有自动书写(automatic writing)的能力。

"无论什么时候,凡是我进行自动书写的当儿,使我觉得这种书写不是出于潜意识的自我的理由,就是我总觉得有个在我身外的外界精灵存在。有时它的性质很确定,甚至我能够指出它准确的位置。这个精灵在旁的印象,是不能够形容的。它的强烈程度和分明程度不等，随着自命在书写的人物为谁而变化。假如自命在书写的是我所亲爱的人，那么，我就立刻觉到，在任何书写开始之先觉到。我的心似乎会认得它。”

在我以前出版的一部书内，我曾详述一个奇怪的事，就是一个盲人觉得有精灵来到。他所觉得的，是一个有灰白胡子的人，这个人穿套斑驳色的衣服，从门缝底下挤进来，在房内踏过地板，走到沙发。这个有这种半幻觉的盲人，报告得格外明白。他完全没有内心的视觉意象，不能够想象光或色彩，并且自信他的别种感官，如听觉等等，并不牵涉在这个虚妄的知觉之内。这个知觉好像是一个抽象的概念，但有实在之感和在外界空间之感直接附在它上——换言之，它是一个完全客观化的，投射于外界的观念。

这种例证，以及其他不胜枚举的例证，似乎足够证明我们的心理机构之内有种觉得有物在旁之感，比我们的各特殊感官所有的还要更散漫，更广泛的感态。在心理学家看来，追究这种“感觉”的在机体的部位，大概是一个很有味的问题——最自然的假设，就是认此感与肌肉感觉有关，与觉得我们肌肉正受神经激发将要动作之心态相连。无论是什么对象，使我们这样发动，“使我们浑身起栗”(我们的感官是最常使我们这样的)的，纵使只是抽象的观念，我们也会觉得它是实有，是存在的。可是此刻我们对于这种模糊泛泛的假定并不关切；因为我们所要讨论的，只是这个能力，而不是它在人体内的作用部位。

像一切积极的意识变化一样，实在之感也有与它相对的消极感态，即有些人常常觉得的虚幻之感；有时我们听到别人自恨为此

感所苦。阿克曼夫人(Madame Ackermann)说:

> “当我想到我从前不过偶然出现于这个地球上,这个大球自身就是被天空的灾变戏弄,把它滚过空中;当我看见自己被包围在与我一样短命的,一样莫名其妙的而且通通兴奋的追求纯粹幻想的人物中间,这时候我有个奇异的感想,觉得我是在做梦。我觉得好像我从前恋爱并受苦,以及不久将死,这些事都是在梦中。我最后一句话,将要是‘我一向都在做梦’”。⑥

在另一个演讲,我们将要见到在病态忧郁的患者,这种事物虚幻之感如何会成为焦灼的苦痛,甚至弄到自杀。

我们现在可以断定下列的话是确实的,就是:在特具宗教性的经验之范围内,许多人(有多少,我们不能说定)信仰的对象,不是他们理智所认为真理的纯粹概念,乃是直接感到的,半带感觉性的实在。假如信仰者对于这些对象的实在性之感一涨一落,他的信仰就也一时热烈,一时冷淡。再引些别的实例,比抽象的叙述,要更会使你们明白;所以我立刻再引些。第一例是消极方面的,悲悼自己失却此感。这是由我认识的一位科学家给我的从关于他宗教生活的自述内摘录出来。我以为这个似乎很清楚地显示实在之感可以不像严格所谓理智活动,而更像一个感觉。

> “在二十岁与三十岁之间,我渐渐越取阙疑主义的(agnostic)态度,越不信宗教。可是我不能说我已失了那种斯宾塞氏(Herbert Spencer)形容得很好的,对于现象背后的绝对实在之‘不明确的意识’(indefinite consciousness)。我所觉得的这个实在,并不是斯宾塞哲学内所谓纯粹不可知者(Unknowable),因为虽然我早已不对上帝做孩子式的祈祷,并且

始终没有对它(这个我所觉的实在)正式祈祷;但是我比较近年的经验证明我以前对它的关系,实际等于祈祷。凡是我有任何难题,尤其是我与别人(或家里的或职务上的)冲突,或是我精神颓丧或愁虑什么事情之时,(我现在知道)我常是求助于我所觉得我与这个基本的世界性的它的这个奇特关系。在当时特种困难之中,它袒护我,或说,我袒护它,随你喜欢怎么说,都可以。并且我一觉得它在旁巩固我,扶助我,它总是使我增加分量,而且似乎赋予我以无限的生活力。其实,它是一个永不枯涸的,发出有实效的公道、真理和威力的泉源;在我无力之时,我不知不觉地向它求助,而且它总能够把我救出苦难。我现在知道我对它的关系是一个人与人的关系,因为近年我失却与它通意的能力,感觉这是个性质十分明确的损失。从前,我找它之时,总会找到。随后有些年头,我有时找到它,有时完全不能与它接触。我记得好些时候,我卧在床上,因为愁虑,睡不着。我在暗中翻来覆去,在心上摸索以求得到这种对于我心上的那更高的心之感(此感在从前好像近在手边的)来'接上电圜路',给我帮助,但没有'电流'。并没有它,只有空虚:我找不到什么。此刻,我差不多五十岁了,与它交通的能力完全丧失了;我必须承认我的生活失了一个很大的帮助。生命变成非常死板、冷淡;我现在可以明白我以前的经验大概是与正宗信教徒的祈祷恰恰一样的事情,不过我不叫做祈祷罢了。我所谓'它',在实效上,不是斯宾塞的不可知者,乃是我自己的本人的、个人的上帝——我前此倚靠这个上帝,得到较高级的同情,可是不知如何,我失却他了。"

在宗教徒传记内，最常见的，就是描写信仰如何一时活跃，一时艰难，二者互相更替。大概个个信教徒都记得以前有特别关头，在那时，来了更直接的对于真理的洞悟，也许还有更直接的觉得有个活活的上帝之知觉，把比较平常的信仰的那种衰颓一扫而空。在娄爱尔(James Russell Lowell)的通信中，就有一短段记一个像这种经验的文字：

> “前星期五晚上，我得到一个启示。我在玛丽(Mary)那里，偶然说到精灵的存在(我说，我屡次隐隐觉得有精灵在旁)。濮南君(Putnam)就与我辩论于精灵的事情。正在我说话之时，我忽然觉得全世界在我面前腾起来，好像一个模糊的运命由深远的太空隐隐出现。我从不曾这样明白地觉得上帝之神在我身里，并在我周围，整个房间里好像充满着上帝。空气好像含着我不知为何之物，动来动去。我说话，如一个先知那么镇静，那样明白。我不能告诉你这个启示是什么。我还没有充分研究它。可是我将来有一天把它完成；那时，你会听到它，并承认它的伟大。”⑦

下面是一个更长的并更发展的经验，出于一个教士自述的手稿——我由斯塔柏(Starbuck)所收集的手稿搞出来。

> “我记得那一夜里，并且几乎记得刚刚在山顶的那个地点，在那里，我的灵魂好像向着无量界(The Infinite)开起来；两个世界，内部的和外部的，相向冲流到一起。这是深空呼喊深空——我自己的奋斗在内心所开发的深空，得到外界不可测的，展到恒星天之外的深的回答。我单独地与创造我的上帝以及这世界的一切美、爱、悲哀，乃至诱惑站在一块儿。我

没有追求他，但觉我的精神与他的精神完全和谐。通常那种对我四围的东西的感觉消灭了。在那顷刻，所剩下的，只是一种不可磨灭的欢乐和得意。要把这个经验描写得完备，是不可能的。这好像一个大会乐的效果——一切个别的乐音都融合成了一个涨大的和声，使听者只觉得他的灵魂正在向上飘扬，并且几乎被它自己的情绪冲破了。那夜的完全寂静，被这个更严肃的静默感荡。那个黑暗含有神在，因为看不见它，就反而觉得它更深切。我不能够怀疑。他存在的程度，并不下于不怀疑我自己存在。其实，我觉得二者之中，假如可能有不同，我自己反而比较不那么实在。

“我对上帝的最高信仰和对他的最真确的观念，就在那时候在我内心产生。从此我站在‘圣见的山’(The Mount of Vision)上，觉得永生的‘上帝’在我周围。但此后并不曾有过完全同样的心坎激动。如其有之，我相信就在那时，我面对上帝，并且由他的神内再生。据我所记得的，并没有思想上的或信仰上的突然变化，只是我的早年的粗陋的概念好像开了花，并没有把旧的破坏，只是很快的，很奇特的开展。从此以后，我所听到的关于上帝存在的证明的讨论，没有能够摇动我的信仰的。这样一回觉得上帝之神存在之后，我不曾长时间失掉。我对于上帝存在的最可靠的证据，是深深根据于那时节的异象，并那个至高经验的记忆象，以及由阅读和思考而得的，以为一切找到上帝的人都曾有大略相同的经验这个信心。我知道这种经验可以很正当地叫做神秘的经验。我所有的哲学知识不够替这个经验辩护，使它不致受神秘这个名称或任何其他攻击。我觉得在叙述它。我实在只是将语言盖在它上面，而不是将他明白地呈献于你的思想。可是，照现状说，我上文的描写是尽我此刻所能，极小心地写成的。”

下文是另一个文件，性质比上述还要确定；作者是瑞士人，原文是法文，我由它译出来。⑧

“我当时身体完全健康：我们一帮人作长途步行，这是第六日，正在锻炼得很好。前一天，我们由西司(Sixt)经过蒲爱(Buet)到了都伊恩(Trient)。我不觉得疲乏，也不觉得饥渴，并且我的心理同样健康。在福腊(Forlaz)，我得到由家里来的好消息；我毫无忧虑，近的远的都没有，因为我们有个好向导，对于我们该走的路，丝毫没有疑问。我的状况，我最好将它形容做平衡的状态。忽然间，我觉得被举起，在我的上头，我感到上帝来临(我完全照我所觉得的情形说)，好像上帝的善与权力完全把我渗透了。情绪的击荡那么猛烈，弄到我刚刚只能够告诉同伴青年们先走，不要等我。我就坐在一块石头上，不能再站了，并且我的两眼溢出眼泪。我谢谢上帝，在我生命的历程中，他教我认识他，他维持我的生命，可怜我这个微小的生物和我这么一个罪人。我恳切地求他允许我贡献我的生命，去推行他的旨意。我觉得他答应了，他的答应就是，我应该逐日在屈辱与穷乏之中遵行他的旨意，让他，全能的上帝，去判断该不该将来有一时候叫我作更耸动人的见证。随后，慢慢地，这个出神状态离开我的心坎；那就是说，我觉得上帝收回了他赐给我的感通(Communion)。我然后能再走了，但很慢地，因为占据我内心的情绪还是那么强烈。并且，

我曾不断哭了几分钟，两眼都肿了，我不愿意同伴看见我。出神状态也许经过四五分钟，但当时好像更长久得多。我同伴在巴林(Barine)的岔路等我十分钟，但我走了大约二十五或三十分钟才追上他们，因为据我极力回忆的，他们当时说我弄到他们落后几乎半小时。这个印象那么深刻，因之在我慢慢爬上斜坡之时，我自问难道摩西(Moses)在西奈(Sinai)会有比我更亲密的与上帝的感通吗。我想我应该说，在我这个出神状态之中，上帝是无形，无色，无臭，无味的；而且觉得他来临之感并不带有一定的方位。宁可说好像我的人格被一个精神的神(a spiritual spirit)将它变化了。可是，我越想找到语言来表示这种密切的神契，我就越觉得用任何种我们平常的意象断不能够形容出这件事。究竟，最能表示我所感到的话，就是：上帝，虽是不可见，但在那里，他并不来到我的任何感官，但是我的意识知觉到他。"

"神秘的"(mystical)这个形容词，照专门用法，最常用以指只经历短时的状态。当然，像最后两个人所描写的这种极乐时刻就是神秘经验——这种经验，我在后来一个演讲中，将要有许多话说。现在再节录另一个神秘的，或半神秘的经验的记载，这是个明明赋性会有热烈的虔敬心的人的经验。我是由斯塔柏所收集的材料取来。记载的女人是当年出名的一个反对基督教的作家的女儿。他皈依基督教，来得那么突然，这很明白地证明：有些人觉得上帝接近之感是多么属于天生的。她说，她少年的教育，完全不让她知道有基督教义；可是，当她在德国之时，她的信基督教的朋友对她谈话之后，她就念圣经，并祈祷，最后得救的计划像一道亮光闪到她心里。她记载如下：

“一直到现在，我不了解人生何以会以宗教和上帝的命令为戏。我一听到天父叫唤我，我的心立刻跳起来，认他。我跑，我伸出我的胳膊，我大声喊，‘这儿，我在这儿，我的天父’。啊，快乐的儿女，我应该做什么？我的上帝答应说，‘爱我’。我热烈地说，‘我爱你，我爱你’。我的天父说，‘来到我前’。我的心渴望地答应，‘我一定来’。我停了一会要问一回吗？一回都没有。我始终没想问，到底我够好不够好，始终不对我的不配迟疑，始终不想去考究我想他的教会是什么性质，或是……去等到我觉得满意。满意！我实在满意。难道我不是已经找到我的上帝和天父吗？难道他不爱我吗？难道他没唤我吗？难道没有我可以进去的教会吗？……从此以后，对于我的祈祷，我总得到直接的答应——那么富有意义，几乎像与上帝接谈，听到他答复一样。从此，上帝是实在的这个观念片刻都没有离开我的心上。”

下文是另一个例，述者是二十七岁的男子；他的经验大概是差不多一样具代表性，但他描写得不那么生动。

“我曾经在几个时会觉得我与神圣作亲切的感通，经过某个期间。这些会合，是不经请求，不经期待而就来的；并且似乎只是平时围绕并掩盖我生活的俗例习气暂时埋没。……有一回，我是由一座高山的绝顶，俯瞰一片深长的皴皱的境界，这境界伸展到一片长而圆凸的海洋，这海洋又渐渐高到天末。从同一地点，我能够看见的，只是脚底下一大片无涯际的白云，在这个被风吹动的白云上面，有几个高的山尖（我所在的山尖也在内)好像穿来穿去,如同拖锚似的。我在这些时候所觉得的,是暂时忘掉我自己是谁,同时得到一道光明——这个光明披露给我一个比我平日认为人生所有的更深刻的意义。就是这个,使我觉得有理由说我曾经与上帝通话。当然,假如没有像这样一个神,世界一定成了混沌一团了。我不能够设想没有上帝,会有人生。”

关于比较成习惯的,像是慢性的,觉得上帝接近之感,下引的例也许可以使你们知道大概。这一例是由斯塔柏收集的手稿取出的。写的人四十九岁。大概几千个不自大的普通基督徒,都要作几乎与此相同的叙述。

“我觉得上帝比任何思想,任何东西,任何人都更实在。我实实在在地觉得他接近;并且我生活更与他刻在我身心上的法律相和合,我就更觉得他存在。我在日光或雨点内觉到他;敬畏心与一种有味的安静融合在一起,这是关于我情感的最真切的描写。在祈祷和颂赞之时,我与他交谈,就像和同伴交谈一样,并且我们彼此的感通是快乐的。他一再答应我,往往话说的那么清楚,好像我的外部耳官一定听到这种语音;但通常只是强烈的心理印象。平常是圣经的一段本文,显示对于上帝的新相,和他对我的爱情,并对我安全的关切。我能够举出几百个这种的例,关于学校事情,社会问题,经济困难等等。他是我的,和我是他的这种感觉,我不断有的;这是一种永久的快乐。万一没有这个,生活就会变成空格、沙漠,或无边际无路径的荒地了。”

我再加些关于年龄和性别不同的人的例子。这些也是由斯塔

柏的集录选出来;数目不难大大增加。第一例是出于一个二十七岁的男子。

> "我觉得上帝是十分实在的。我对他说话,并且屡屡得到回答。我求上帝指导之后,忽然来的并与我常有的念头不同的思想就来到我心上。大约一年多以前,我有几个星期极端惶惑。我才遇到这个困难之时,我简直昏迷了,可是过一会儿(两三小时)我很清楚地听到圣经的一段,说:'我的慈悲对于你就足够了。'每回我想到困难,我就可以听到这句话。我不相信我曾怀疑过有上帝,或是我曾不把他放在心上。常常上帝干涉我的事情,到显而易见的程度,并且我觉得他时常管到好多小节。可是有两三次,他命令我的做法,与我的志趣和计划很相反。"

另一段话(虽然确是孩子气,但仍然在心理学上有价值)是由一个十七岁的男子述的:

> "有时在我到教堂,坐下,参加礼拜,走出教堂之前,我觉得好像上帝跟我一起,在我右边,同我一起唱并读'诗篇'(The Psalms)。……我又觉得好像我可以坐在上帝旁边,把我胳膊抱他,吻他,什么他。当我在坛上行圣餐礼(Holly Communion)之时,我想要接近他,并且通常觉得他在那里。"

我再随便引几个别的例:

> "上帝环绕我,像物质的空气一样。他对我比我自己的呼吸还近些。我当真在他之内活着,行动着,并存在着。"——
>
> "有些时候,我好像站在他面前,和他谈话,我曾得到他对我祈祷的答应,有时在启示于他的存在和权力这方面看,是很

直接并且极强烈的。有些时候，似乎上帝在很远。但这总是由我自己的错处。”——

“我觉得有个什么精灵，强有力的，同时又会抚慰人的，翱翔于我上头。有时好像它要用护持人似的胳膊拥抱我。”

人对世界本体的想象是这样的；并且这种想象的产物使人崇信的力量有这么大。人会觉得不可描写的对象是实在的，并且感觉它实在的强度，几乎与幻觉一样。这些感想很坚确地决定我们生活的态度，就像两个恋爱者的生活态度由这个人不断有的觉得世界上有那个人这种感想所决定一样。纵使恋爱者注意别的事情，并不想到她的面目，他也是出名会觉得他的偶像不断在那里。他不能够忘记她；她不断左右他整个人。

我刚才说到的这些觉得到实在之感，会起人信心；我必须再花点时候说这一点。在有这种感想的人看来这些感想也有任何项直接感官知觉那么可信，并且它们普通比仅由逻辑得到的结果还会使人相信些。诚然，有人完全没有这种感想；很可能，在座的人缺乏显著的这种感想的，不止一个。可是假如你真有这种感想，并且它有点力量，那么，大概你就不得不承认它是真正的对真理的感知；它所显示的那一种实在，没有什么反证能够使你不相信（不管你觉得这些反证，多么不能够用言语回驳）。在哲学内与神秘主义相反的意见，有时称为合理主义（rationalism）。合理主义坚持我们的一切信仰最后必须有说得出的理由。合理主义所谓这种理由有四项：（一）可以说得明确的抽象原理；（二）确定的感官事实；（三）根据这种事实的确定假设；（四）照逻辑规则引申出来的确定推论。在合理主义的体系内，模糊的、觉得有不能说定的东西的印象，是没有地位的；这种体系就积极方面说，当然是个上好的理智倾向，因为不特一切我们的哲学都是它的结果，而且物质科学（此外还有其他好事情）也是它的产物。

然而，假如我们注意人的实际的整个心理生活，看到人们除开了他们的学问和科学，在内心的并私自遵行的生活，那么，我们必须承认人生为合理主义所能解释的那部分是比较肤浅的。无疑，这个部分是具有威望的部分，因为它会饶舌，它能挑你举出证据，并摆弄逻辑，用言语把你勉强屈服。可是，假如你不能言的直觉反对它的结论，它仍是不能够说服你，或使你皈依。假如你有一丝丝的直觉，直觉是由你本性中比合理主义所占据的那个饶舌的阶层更深些的阶层而来。你的整个潜意识的生活，你的冲动，你的信心，你的需要，你的揣想，已经准备好了前提，现在你的意识觉到结论的力量；并且你内心有个东西绝对知道那个结论一定比任何反对它的，摆弄逻辑的合理主义的饶舌（无论多么巧妙）更真实。合理主义对于建立信仰之力量低微，这件事在它拥护宗教之时同在它反对宗教之时一样明显。那大批从自然界秩序引申来的，证明上帝存在的著作，在一世纪前，好像极可信；但到现在，几乎只在图书馆内承灰尘；理由很简单，因为我们这一代人已经不相信这批文字所证明的那一种上帝了。无论上帝是什么样的人物，我们现在知道他决不是那个单纯的外界创制家，创制我们的曾祖认为极满意的，意在表现他（上帝）的“光荣”的那些“巧妙”的。不过我们何以知道这件事，我们绝不能够明白表达给别人或给我们自己。我对在座的人挑战，请你完全说明你何以相信假如有个上帝，他一定是一个比那个创制家更有世界性，更有悲剧性的人物。

事实是：在形而上学和宗教的范围内，只在我们说不出的对于实在之感已经倾向于这一个结论之时，说得出的理由才会使我们崇信。在这时候，我们的直觉与理性合作，这样就会产生伟大的统辖全世界的系统，像佛教或天主教的哲学（The Catholic Philosophy）。在这一点，我们的出于冲动的信仰永远是建立最初一批的真理的；我们用言语说出的哲学只是将它翻成炫耀的公式罢了。这个不推理的、直接的担保，是我们的深刻部分；推理的辩证只是表面的展览。本能领导；智力只是跟随。假如一个人照我所引述的那样子觉得有个有实力的上帝存在，那么，你的批评的辩证，无论如何高明，要想改变他的信心，也是枉然。

可是，请注意我不是说，让潜意识的和非推理的作用这样在宗教界内占首要地位，就更好。我只是指出事实上这些作用是占这种地位而已。

关于我们觉得宗教对象是实在之感，就说这么多了。现在让我对于特别由这种感想引起的态度再说一点。

我们已经同意，这些态度是严肃的；并且我们见到有理由说这些态度中最特殊的，就是在极端的例内由绝对投诚（absolute self-surrender）而来的那种快乐。对于受投诚的对象属于哪一类这个感觉，很会决定这个快乐恰恰是什么样子的；并且整个现象比任何简单公式所能包容的都更复杂些。在论这个题目的文字里，悲愁与喜悦，二者之中，每个都曾经人依次重视过。很古的一句话，说最初产生神祇的，是恐怖之情；这由宗教史的个个时代都得到大量的证实。可是宗教史也一样指明快乐也时常会有它的功能。有时快乐是主要的；有时是次要的，就是解脱恐怖后的喜乐。这后种喜乐状态，因为比较复杂，也比较完备；并且我想我们再讨论下去，就有好多理由相信假如我们从宗教所需要的广大眼光讨论它，就不能撇开这个悲愁或撇开这个喜乐。用尽可能最完全的方式说，一个人的宗教牵连着他生命的收缩和膨胀这两种心境。可是，这些心境在分量上的混合和规模，在世界的这一代与那一代，在这一家思想与那一家思想，在这个人与那一个人，可以差异得很多；所以你可以坚持恐怖与顺从是宗教的精髓，也可以坚持平静与自由是它的精髓，而在实质上都还没有离开真理。性情悲观的与性情乐观的旁观者，一定会强调他们所看见的现象的相反的两方面。

赋性悲观的宗教徒，就是他的宗教的安静，他也将它作为很庄重的事态。他觉得四围空气还浮泛着危险。屈折与收缩的动作(flexion and contraction)还没有完全制止。得救之后就发为吱吱的笑并且大喜舞蹈，完全忘掉枝头有迫近的鹞子在那里，未免太麻雀似的，并太孩子气了。潜伏，宁可潜伏；因为你是在一个有实力的上帝手里。比方说，在《约伯记》(The Book of Job)内，作者心上只有人之无能与上帝之万能这个念头。“这同天堂一样高，你会做什么呢？——这比地狱还深，你会知道什么呢？这个信心的真性，带点严厉的气味——有些人可以觉得这种信心；并且在他们，这是最近于宗教的快乐的一种情感。”

那个冷冷的，诚实的作家，《路脱福》的著者说：“在《约伯记》里，上帝对我们再提，说人不是他的创造成绩的尺度。世界极大，并不是依照人的智力所能领会的计划或学说建造的。世界处处是超绝的(transcendent)。这是这篇诗每行的要旨，并且是这篇诗的秘密(假如它有个秘密)。充分也好，不充分也好,此外没有了。……上帝是伟大的,我们不知道他的法子。他将我们一切所有拿去;可是假如我们忍耐,我们也许会越过阴影的深谷,又出来进到日光之中。我们也许会,也许不会!……我们现在除了上帝在二千五百多年以前由旋风说的话之外,还有什么可说呢?”[9]

从另一方面看,假如我们转到乐观的旁观者,我们就见到假如厄运不完全排除,危险不忘掉,就觉得救度还是不完全。这种旁观者所给予我们的定义,在我们刚才所说的悲观的人看来,似乎把那个使宗教的恬静与单纯动物性的快乐大大不同的严肃性全部丢开了。有些作者以为人的态度,纵使它毫无牺牲或顺受的意味,也没有屈折的趋势,也没有低头鞠躬,也可以叫做宗教的态度。西黎(Prof. J. R. Seeley)教授说,[10]任何种“习惯了的并有法则的崇拜,都配得称为一种宗教”;因此他以为我们的音乐,我们的科学,以及我们的“文明”(Civilization),就这些现在受了组织并受了崇信这方面说,成了现代的比较真是宗教的对象。的确,我们觉得我们必须用枪炮把我们的文明强迫所谓下等民族接收的那种毫无迟疑、毫不考虑的态度,实是最像古代回教以刀剑推行教义的精神。

在前一讲,我曾引了爱理斯的极激进的意见,以为任何种发笑可以认为是一种宗教的修行,因为它证明灵魂在被解放。我当时引这个意见,只是为的要不承认它当理。可是,我们现在要对这整个乐观看法,做个更细心的清算,这个看法太复杂了,不能够随手就判决它。因此我提议把这个宗教的乐观主义作为后两个演讲的题目。

① 例如："最近，我沉思在那几段表明圣神（The Holy Ghost）的人格，以及他与圣父圣子的不同的文字，觉得很适意。这是一个要穷究才会发现的题目。但觉悟了之时，它能使人得到一种觉得神格（The Godhead）的完满，并觉得神格在于我们并对于我们的工作之感想，比只想到圣神对于我们的效力之时更真实更活跃得多的感想。"奥古司都·哈尔：《备忘录》（Augustus Hare：Memorials）卷一第二四四页，玛利亚·哈尔给露西·哈尔（Maris Hara to Lucy H. Hare）。

② 《讨论集》，赵爱德（Jowett）英文译本，一八七一年版，第一卷第五二七页。

③ 例如："无论自然在什么方面表现她自己，她总是那么富有趣味；所以当下雨之时，我似乎看到一个美丽的女人在啼哭。她越受苦恼，样子就越美丽。"圣彼得（B. de St. Pierre）。

④ 《灵学会杂志》（Journal of the S. P. R.）一八九五年二月号，第二六页。

⑤ 古纳《话人的神魂》（E. Gurney：Phantasms of the Living）卷一第一三八页。

⑥ 《一个孤独者的思想》（Pensées d'un Solitaire）第六六页。

⑦ 《娄爱尔的书信》（Letters of Lowell）卷一，第七五页。

⑧ 我经伏卢挪教授的允许，由他的丰富的，关于心理文件的集录借用。

⑨ 《马可·路脱福的得救》（Mark Rutherford's Deliverance），伦敦，一八八五年版，第一九六页，又一九八页。

⑩ 在他的名为《自然的宗教》（Natural Religion）那部书，第三版，波斯顿，一八八六年版，第九一页，一二二页。我恐怕这部书很少人看过。

第四第五讲　健全心态的宗教

假如我们问："人生的主要事情是什么？"我们会得到的回答之一，就是：人生的主要事情是快乐(happiness)。其实在一切时代的大多数的人，如何取得快乐，如何保有快乐，如何恢复快乐，是他们所做的，并他们所情愿忍受的一切事情的秘密动机。伦理学内的唯乐主义派(the hedonistic school)完全从各种不同的行为所引起的快乐和不快的经验，演绎出道德生活；并且，快乐与不快乐似乎是人的兴趣所绕两旋转的两极，这在宗教生活还要比在道德生活更厉害，我们用不着走到极端，跟爱理斯君那样，说任何项持久的热心，就是宗教；我们也不用把单纯的发笑叫做宗教的修行。可是，我们必须承认任何种持久的快乐可以产生(produce)一种宗教；这种宗教就是因为感谢被赠予这么快活的生存而起的颂赞。并且我们也必须承认比较复杂的，用以体验宗教的方法，都是产生快乐的新方式；在自然的生活的第一次赠赐是不快的(第一次的自然生活的经验实际很常是如此)之时，这些方法是奇妙的，内心的，引人达到一种超自然的快乐之途径。

宗教与快乐的关系既然如此，那么，人们变到把一个宗教信仰所供献的快乐作为这个信仰是真实之证据：这也许不足惊奇。假如一种教义使一个人快乐，那么，他就几于不能不采纳它了，这种

信仰应该是真实的，因此它确是真实的——这种议论，无论对不对，是从普通人所用的宗教的逻辑来的一个“直接推论”。

> 一个德国的作者说，①“上帝之神在近旁这件事，可以实在经验到。——其实只是经验到。但是，使有这个经验的人觉得上帝之神的存在并接近，这件事的毫不容疑的标记，乃是与接近之感相连的那个完全无可与比的快乐之感；因此这个快乐之感，不特是我们在这世界上的一种可能的并完全正当的情感，而且是指示实有上帝这事的最好的并最不可少的证明。没有其他证明会同样使人信服；所以快乐是一切有效的新神学所当从以出发之点。”

在这一小时，我要请你们考虑各种比较简单些的宗教快乐，将比较复杂的各种宗教快乐留在以后再讨论。

在好多人，快乐是生来就有的，不可被收回的。他们的“世界的情绪”(cosmic emotion)的性质，一定是热心与自由。我不特说那些像动物似的快乐的人。我是指那些人，即有人对他们贡献或提议不快乐之感的时候，他们坚决不肯觉得，好像不快乐就是卑鄙和过失一样的人们。每个时代都有这种人，热烈地委身于他们觉得人生是好之感，尽管他们自己的境况艰苦，尽管他们小时候听受过那些凶恶的神学。从最初，他们的宗教就是与神圣会合之宗教。宗教改革(the reformation)以前的基督教异派，被教内作者滥骂他们犯种种破戒之罪，就像早期基督徒被罗马人罪为纵情做荒乐的仪式一样。很可能，从古以来，没有一世纪过去，没有够多的人把刻意否认人生不好这个态度理想化，多到够使他们可以成为公开的或秘密的宗派，主张一切自然的事情都可以做。圣奥古斯丁

(Saint Augustine)的格言,“只要你爱(上帝),你可以随意做什么就做什么”(Dilige et quod vis fac),在道德方面,是一个极深刻的观察;可是,从这一派的人看来,这句话带有好多护照,使他们可以逾越到世俗的道德的界限以外。他们中有些人精雅,有些人粗俗,随着他们各人的性格而变;可是他们的信仰,在一切时代都够有系统,可以构成一个确定的宗教态度。在他们看来,上帝是个赋予自由者;这样,祸恶的锋芒就被剔除了。圣佛兰息和他的门徒,大体说,是属于这一类的人;这一类,当然内中还包着无数小类。卢梭(Rousseau)在他早年著作内,狄德罗(Diderot),圣毕尔,以及十八世纪反基督教运动的领袖中的好多人,都属于这个乐观类型。他们觉得只要你够相信大自然,它是绝对好的;因为这种感想,具有某程度的权威,所以他们才有力量。

我们应该都希望我们有个朋友,也许比较常是女性而非男性,常是少年而非老年,他的灵魂是带有这种“太清的蔚蓝色”的;他与花鸟以及一切醉人的种种天真,比与黯淡的人类情欲更是同气类;他不能够把人或上帝认为不好;并且他最初就有宗教的喜悦,用不着用从任何项从前的厄运内救度出来。

> 佛兰息·钮门(Francis W. Newman)说,[②]“上帝在这个世界上有两类的儿女,一度降生的和二度降生的(the once-born and the twice-born)。”他说一度降生的儿女的特性如下:“他们将上帝不看做一个严厉的审判官,不看做一个尊荣的元首;而看做一个将美丽的并和谐的世界活泼化的神,利他并仁爱的,纯洁的而又慈悲的神。这些人普通也没有形而上学的倾向;他们并不反省他们自己。因此,他们并不因为他们

自己的缺点苦恼：可是把他们叫做自负好善的人，也不合理，因为他们几乎丝毫不想到他们自己。他们性格内这个孩子似的性格，使得开始信教对于他们是很大的乐事：因为他们并不对上帝退缩，离开他，就像小孩不怕父母见而战栗的皇帝一样。其实，他们对于构成上帝的比较严重的威严的那些性质中的任何一项，都没有明显的概念。[③]从他们看来，上帝是仁爱和美丽的人格化。他们不是从紊乱的人世，而是从浪漫的并和谐的自然界，看出上帝的特征。他们从他们自己心里认得人类罪恶，也许很少，就从世上也看到不很多；并且人类的苦恼只有使他们心肠柔软。所以，当他们要接近上帝之时，并不发生任何内心扰乱；并且，他们虽然还不是圣洁的，但对他们的简单崇奉，有一种满足，也许还有浪漫的兴奋之感。”

天主教（Romish Church）是比新教（Protestantism）更适合于培养这种性格的土壤，因为新教的情感式样是由一个确然悲观的人定下的。可是，就在新教，这种人也够多；并且在新教内，近年一神主义（Unitarianism）与广教主义（Latitudinarianism）的自由发展过程内，这一类的人曾经有，并且还在有，首要的并建设性的贡献。爱谋生就是个绝好的例。帕克（Theodore Parker）又是一个例。下文是从帕克通信内摘出来的两段代表他的文字：[④]

“正宗基督教的学者说，‘在异教的经典内，你看不到罪孽的意识’。这话是很对的——为这个，我们应该感谢上帝。异教徒觉得愤怒，觉得残忍、贪婪、酗醉、淫欲、懒惰、怯懦以及别种恶德；他们奋斗，去摈除这些缺点，但他们不觉得有‘对上帝的敌意’（enmity against God），并且他们并不坐下来，因反对不存在的祸殃而哭诉，呻吟。我一生中，做过够多的错事，并且现在还做错事；我射不中，引弓再试。可是我并不觉得我憎恨上帝，或人，或善，或爱，并且我知道‘我内心的健康’(health in me)不小；而且在我身体内，就在此刻，还有好多好东西，尽管有痨病和圣保罗(Saint Paul)。”帕克在另一封信里说：“我一生都在清净的甜美的河水里游。假如有时水有点冷，河逆流，并有时风浪大，但风浪总没有那么猛，弄到我不能抵抗着，游过去。自从在最小的年龄，我时时跌倒，还走过草地的日子起，……一直到现在胡子灰白的成人时期止，并没有一件事，不在我记忆的蜂房内留下甜蜜，使我此刻吃了还觉得快活。在我回忆往年之时，……我一想到这种小事情能使一个凡人那么非常富足，我内心就充满着一种甘美、奇妙之感。可是，我必须承认我一切快乐中最大的，还是宗教的快乐。”

这种一度降生的人的意识，直截地，自然地发展，没有什么病态的悔恨和危急关头的感觉；另一个好的，关于这种意识的自述，就是那个著名的一神派传教士黑勒博士(Dr. Edward Everett Hale)对斯塔柏的一封公开信的答复。我引一部分于下：

“我看到好多传记，述到宗教的抗斗，好像要养成所述的人，这种抗斗是根本需要；我对这个，深觉惋惜。我应该提到这些，因为我要说：任何人像我这样降生于觉得宗教是简单而合理的事的家庭里，受这一种宗教学说的训练，因之始终不曾一小时知道这些宗教的抗斗或不信教的抗斗是什么事，是有个不可计量的利益的。我永远知道上帝爱我，并且因为上帝置我于这个世界，我总是感激他。我始终喜欢告诉上帝这个，也总喜欢接受他对我的暗示。……我记得十分清楚，正在我成人之时，当时的半哲学的小说，对于青年男女面对‘人生的问题’这件事，有颇多的话说。我那时绝不知道何谓‘人生的问题’。尽力生活，在我似乎是容易的事；在有许多可以学习的地方学习，似乎适意，并且几乎是当然的事；在有机会助人之时助人一臂之力，似乎自然。并且假如人这样做，他就感到人生之乐，因为他不能不感到此乐，并无须对自己证明他应该感到此乐。……一个小孩，很小就教他知道他是上帝的儿女，他可以在上帝内活着，行动着，存在着，因而他有无限的可用的力量，去克服任何困难；这种小孩会对人生取比较从容的态度，并且大概会比一个被人教他认他是愤怒的产儿(the child of wrath)并且完全不能变好的小孩，更可以从人生受益。”⑤

我们从像这种自述者的人，只能看到含有一种体格偏于高兴，命定不徘徊于世界的比较黑暗的方面的性情，就像有相反的性情的人常会萦心于这方面一样。在有些人，乐观会变成病态似的。这些人好像绝不能够有片刻的悲愁，或俄顷的卑屈感想，如同患着一种生来的麻木不仁一样。⑥

现代的这样不能够觉得祸恶的绝好实例，无疑是惠特曼(Walt Whitman)。

他的门徒，勃克博士(Dr. Bucke)说，“他最喜欢的事情，似乎是：自个儿在户外散步逍遥，看看草、树、花，树间的光景，天空的富于变化的景象，听听鸟叫，蟋蟀叫，树蛙叫，以及一切几百种天然的声音。分明，这些东西给他一种比给平常人的多得许多的快乐。在我认识这个人以前，我并没想到任何人会像他这样从这些东西得到这么多绝对快乐。他很喜欢花，无论是野生的，或是培植的；喜欢各种各样的。我想他极喜欢丁香和向日葵，跟玫瑰一样喜欢。其实，也许从来没有一个人会像惠特曼这样喜欢这许多东西，不喜欢的东西那么少。一切自然的东西对他似乎都有一种迷醉力。一切形色和声音，似乎都使他欢喜。他似乎喜欢（而且我相信他实在喜欢）一切他看见的男人、女人和小孩（不过我始终不知道他说过他喜欢任何人），可是个个认识他的人都觉得惠特曼喜欢他或她，并且他也喜欢别人。我始终不晓得他曾与人辩论或争持，并且他从来不说到钱，他总是替那些讥评他或他的作品的人辩护，有时玩笑地，有时很正经地；并且我屡次以为他甚至喜欢敌人的反对。当我才认识（他）之时，我常常想他在监视他自己，不让他的舌头表示出恼怒，反感，埋怨和抗议。我当时不想到他会绝没有这些心态。可是，经过长期观察之后，我诚心相信他这种没有或不觉得，完全是真的。他从来不贬抑任何民族，任何阶级的人，世界史上的任何时代，任何技艺和职业——乃至不贬抑任何动物，昆虫，或无生命的东西，也不贬抑任何一个自然律，或任何一项出于这些自然律的结果，如疾病、残缺和死亡。他从来不诉说到，也不埋怨到天气，疼痛，疾病，或任何事。他始终不赌咒。他当然不会这样，因为他从来不说气话，并且似乎从来不生气。他从来不表现恐怕的样子，并且我不相信他觉过恐怕。”⑦

惠特曼在文学上的重要，是由于他的作品有计划地摈除一切退缩的成分。他让他自己表示的，只是扩张性一类的情绪；并且他用第一人称表示这些，但并不像纯乎非常地自大的人那种自述的样子，他乃是代替一切人们说话，因此有一种热烈的，神秘的，对世界本体的情绪（ontological emotion）充满他的字句，结果使读者确实觉得男的和女的，生命和死亡，以及一切事物都是好到神圣的地步。

这样，所以现在好多人将惠特曼认为恢复永久的自然宗教者。他把他自己对友伴的爱，他自己对自己和这些人生存这件事的高兴，传染给这些人。实际有崇拜他的主义的会，已经成立；有一个期刊，目的在宣传这个主义；在其中，已经开始分出正宗和旁门的界线；⑧ 别人也用他的特别诗法做颂歌；甚至明明白白把他与创立基督教者相比较，并且结果并不是完全有利于后者。

人们往往称惠特曼为一个“朴犷”者（pagan）。现在这个名词有时指单纯自然的，动物性的，没有罪孽之感的人；有时指一个具有他自己的特种宗教意识的古代希腊人或罗马人。这两个意义中的任何一个，把来论定惠特曼这个诗人，都不恰合。他并不只是不曾尝过善恶之果的，纯乎动物性的人。他晓得罪恶的程度，够使他的漠视罪恶含有一种自豪的气味，使他解脱了屈折与收缩的动作（flexions and contractions），带有一种自觉的骄矜——这种气味是第一意义的真正朴犷者始终没有表现过的。例如，惠特曼的诗有一段说：

> “我可以回转去，跟动物同住，他们那么镇静，那么沉默的。
>
> 我站着，看它们，好久又好久；
>
> 它们对它们的境况不出汗，也不哀鸣。它们并不在暗中

醒着不睡，为它们的罪孽啼哭。

没有一个不满意，没有一个因为有物产的疯狂而发昏，

没有一个对别一个跪下，它也不对活在几千年以前的同类下跪，

在全地球上没有一个可尊重或不快活。”⑨

没有一个自然的“朴犷”者能够写出这些著名的诗句。可是从另广方面看，惠特曼又不及一个古代希腊人或罗马人；因为他们的意识，就是在荷马（Homer）所歌咏的时代内，也充溢着觉得这个日光照耀的世界是可怜会死灭的之感；而这种意识，惠特曼则立意不肯接受的。例如，阿基理（Achilles）要杀蒲耶姆（Priam）的少子吕卡恩（Lycaen）之时，听见他哀求怜悯，阿基理就停下来，对他说：

“啊，朋友，你一定会死的：你为什么哭得这样呢？巴托克洛（Patroclos）也死了，他是比你好得多的人。……我自己头上也拴着死和凶猛的命运。总有一早晨，或一晚上，或一中午，有个别人，会在战斗时候取我的生命，他也许是用长枪投我，或是用绳上的箭矢射我。”⑩

随后阿基理就将这个可怜的男孩子的脖子忍心地用刀截断，又提他的脚，将他举起来，扔到斯迦曼德（Scamander）河里，并且叫这条河的鱼来吃吕卡恩的白脂肪。就像在这场合，残忍和同情都表现得很真切，不互相混杂，也不互相干涉；希腊人，和罗马人这样将他们的一切悲愁和一切喜悦长久分开，都是不混合的，完整的。本能方面的享福，他们不算做罪过；他们也没有意思要保全这世界的名誉，因而使他们硬说（如我们中好多人所做的）直接觉得是祸害的，一定是“正在造成中的福利”（good in the making），或

是同样巧妙的什么东西。在早期的希腊人看来，好就是好，坏就是坏。他们不否认自然界的坏处——惠特曼的"所谓好的是完善的，所谓坏的，也一样完善"这一句诗，由他们看，只是傻话，——他们也没有因为要逃避那些祸害，创立想象的"另一个更好的世界"(another and a better world)，一个没有那些祸害，也没有无害的感官之福的世界。这种本能反应的完整，这种没有一切道德的诡辩和曲解的超脱，使得古代朴犷者的情感有一种惨切的尊严。而这个性质，是惠特曼的吐露所没有的。他的乐观太故意，太带挑战的性质；他宣传的福音有点虚张声势的样子，有点矫揉造作；[11] 因为这个，它对好多读者的影响就减少了，——这些读者其实是倾向于乐观主义，并且大体上很愿意承认在好些重要方面，惠特曼是承受前代先知们的真传的。

所以，假如我们将看到一切东西并看出它都是好的这种倾向，名为健全心态，那么，我们就发现必须将一种比较无意的健全心态与比较有意的或有计划的健全心态分别开。就无意的这一种说，健全心态是直接因为事物而觉得快活。有计划的健全心态，是一种抽象的，设想事物都是好的态度。凡是抽象的，看事物的态度，都是暂时选出事物的某一方面作为它们的要素，不管其他方面。有计划的健全心态，将好的认为万有的根本的并普遍的方面，刻意把坏的排出它眼界之外。并且，虽然说得这样赤裸裸地，这种态度，在一个理智上对自己诚实，并对事实老实的人看来，似乎是件难能的绝技；但稍微想一下，就知道这事的情形太复杂了，不致受这样简单批评的攻击。

第一层，快乐，像一切别种情绪状态一样，要有对相反的事实看不见并觉不到这个情形，作为它抵抗外来捣乱之本能的自卫武器。人真有快乐之时，他就觉得祸害的念头不实在，这不下于忧郁之时觉得福利的观念不实在的程度。无论由于什么原因，正在积极地快活的人，那时候，那地方，他简直不能够相信有祸害。他一定要不知道祸害；在旁观者看来，也许好像他固执地闭着眼不看祸害而把它遮瞒起来似的。

可是不止这样：在一个完全坦白的、老实的人，这种遮瞒会变成一个立意的宗教方针，或成见。我们所谓祸害的大部分，完全由于人们看当前事变的态度。只要被难者的内心态度，由恐怖的变为奋斗的，祸害常常可以变成了鼓励人、激发人的福利；在设法避免祸害不成功之时，我们同意回头来，高高兴兴地承受，觉得一个人对于最初似乎扰乱他的平静状态的好多事实，为自尊起见，应该采取这种出路，那么，祸害的打击就没有了，变成一种有兴味的东西了。立意不承认这些祸害的坏处；藐视它们的力量；不管它们存在；注意到别方向；这样，至少就你自己说，这些祸害的恶性就消灭了。因为你用你自己对它们的思想把它们变坏变好；所以事实上，你主要的任务在于节制你的思想。

这样，刻意采取乐观心态这种作风，就侵入哲学界了。并且一进来之后，就很难查究它的合法的界限了。不特倾向于以不理会为自卫法的人类求快乐的本能，不断与以助力；而且高级的内心理想也有好些有力量的辩护。不快乐的态度不特痛苦，而且这种态度卑鄙，丑恶。无论那憔悴自伤，嘤嘤啜泣，嗫嚅抱怨的心境由什么外界祸害发生，什么会比这种心境更卑污，更下贱呢？什么会比它更有害于别人呢？要解脱困难，什么法子会比它更无用呢？这个心境只有把引起它的困难胶着，维持下去，增加当前情境的整个害处。那么，无论如何，我们应该缩小那种心境的势力；我们应该对我们自己和别人的这个心境加以嘲笑，永久不宽恕它。可是，没有同时热烈地强调客观事物界的比较光明的方面，轻蔑比较黑暗的方面，要想在主观方面维持这种节制，是不可能的。这样，我们决心不恣意苦恼，由我们自己内的一个比较微小的部位起，可以不断前进，一直到了它把全部实在界归在一个有系统的，乐观到足够顺应这个决心的需要的概念为止。

在一切这个中，完全不说到任何项神秘的彻悟或信心，使人以为世事的全局必定绝对是好的这种信心。在宗教意识的历史上，这种神秘的信心有极大的功用；我们往后必须相当小心地考察它。可是现在我们不必做到那么多。比较平常的，非神秘的极乐状态，足够做我此刻辩论的题目。一切进取性的道德心态和猛烈的热情，都会使人在某一方面对祸害无感觉。平常的刑罚不再能制止爱国志士；通常的戒慎被恋爱者扔到九天之外了。在情欲极盛之时，痛苦也许当真被认为光荣；假如是为理想的运动而死，死会失掉它的苦，坟墓会失掉它的胜利。在这些情境之中，祸福的平常对衬，似乎都被一个更高的名色吞没——这更高的，是个万能的、并吞这祸害的兴奋；这种兴奋是人所欢迎，认为人生的至上经验的。他本人说，这才是真正的生活，我因为这个需要英武的机会和冒险而狂喜。

所以，有计划的健全心态作为宗教态度去养成，与人性的重要激流是相和合的，并且丝毫不背理。事实上，纵使我们公然承认的神学，为一贯计，禁止这种态度；但我们人人都多少培养它。我们尽量不注意疾病和死亡；我们生活所依靠的那些宰牲场以及无数的污邪事情，被挤到我们眼界之外，从来不提到；因此我们在文学内，在社交上所正式承认的世界，是一个比实际世界美丽得多，清净得多，善良得多的，诗的幻想。⑫

最近五十年中，基督教内，所谓自由主义（liberalism）的进展，理应叫做在社会内健全心态对于旧式地狱烈火的神学更相和的那种病态心理之战胜。现在有些整个教派，它的传教士似乎专门把我们的罪恶意识缩小，绝不让它放大。他们不理会，甚至否认，有死后的永远惩罚，并且坚持人类的高贵，并不以为人是卑鄙的。他们认为旧式的基督徒不断注意他灵魂的救度，并不是可赞美的事，而是病态的，应该斥责的事情。从他们的眼光看来，乐观的豪健的（muscular）态度是基督徒品性中的一个理想的成分。——这种态度，在我们祖宗看来，一定好像是纯粹异教徒的态度。我此刻并不是考究这些人对不对，我只是指出这种变迁。

我所指的这些人，虽然放弃了基督教的比较悲观的神学部分，大多数还保持与基督教的名义上的关系。可是，“进化论”（theory of evolution）奠定了一种新的自然宗教的基础——这个学说经过一世纪之久，增高力量，在最近五十年内那么快地风行欧美两洲，现在在我们这一代的一大部分人的心中，完全取基督教而代之了。普通进化这个观念，扶助了一种普通改善观（meliorism）和进步的学说——这个学说，与健全心态者的宗教需要很适合，因此好像这个学说是特为他们创立的。于是，有好多现代人把进化论这样从乐观方面解释，并拥护它，作为他们幼年宗教的代用品——这一批人,有的是受过科学的训练的,有的是喜欢看通俗科学作品的,并且他们都是已经在内心对于在他们看来,是正宗基督教所有的冷酷与不合理之处不满意的。因为举例比描写好,我引一个对斯塔柏教授公开信的答复。这位答者的心态,为客气起见,可以叫做一种宗教;因为这是他对全世界事物的反应,是有系统的,经过思考的,并且使他忠于某些内心理想。我想你们会认得这个粗豪的(coarse-meated)、不能够垂头丧气的人是很常见的现代类型。

问:宗教对于你,有什么意义?

答:宗教对我毫无意义;并且,就我所观察到的说,似乎对于别人也没有用处。我现在六十七岁,住在X城五十年了,并且做了四十五年的生意;所以我有点关于人生、男人们和也有些女人们的经验;我发现最信教最虔诚的人大都是最不正直最不道德的人。不到教堂或没有什么宗教信仰的人是最好的人。祈祷,唱圣歌,宣讲是很有害的——这些事教我们在我们应当靠自己之时去倚赖某种超自然的势力。我绝不信有个上帝。上帝的观念,是由无知、恐怖,并一般地缺乏对自然界的知识而来的。我现在就在我这样年龄论,在心理和身体方面都很健康;假如我就死,我喜欢死时真切地欣赏音乐,运动,或任何合理的消遣,其实我无宁如此。我们死,就像时钟停了一样——时钟与我们都不会不灭。

问:你心上与上帝、天堂、天使等名词相当的观念是什么?

答:完全没有什么。我是无宗教的人。这些名词只是一派神话上的胡说。

问:你有没有过好像天命的经验?

答：完全没有。世界没有任何种监视的头目。一点审慎的观察和对于科学定律的知识；会使任何人相信这件事实。

问：什么东西最能引起你的情感？

答：生动的歌和音乐；“璧那佛尔”歌剧，不是神乐(Pinafore instead of an Oratorio)。我喜欢司各脱，彭斯，拜伦，郎斐罗(Scott，Burns，Byron，Longfellow)，特别是莎士比亚等等。至于歌，我喜欢“美国旗”，“美国国歌”，“法国国歌”(The Star-Spangled Banner，America，Marseilles)，以及一切进德的并鼓舞性灵的歌，可是淡薄无力的圣歌是我痛恶的。我很喜欢自然，尤其好天气，并且一直到最近几年内，我常常在星期日步行到乡下，屡屡走了十二英里，并不累，并且乘自行车走四五十英里。我已经不乘自行车游行了。我始终没进过教堂；可是，假如有任何好的演讲，我就去听。我的思想和考虑，通通是属于健全的喜悦的一类，因为我并不疑惑，也不恐怕，但看出事情的真相，因为我努力适应我的环境。这，我认为是最深切的法则，人类是个进步的动物。我深信一千年以后，他会比现状大进步。

问：你对罪恶的观念如何？

答：我以为罪恶是在人的发展程度还不够高之时的一种状况，一种病。对罪恶怀病态心理，会使这个病更厉害。我们应该相信一百万年以后，公道、正义和心理的并身体的健全会那么确定，并那么有组织，可以弄到没有人会有祸害或罪恶的观念。

问：你的性情如何？

答：在身体并心理方面雄健的、活泼的、清醒的。常恨自然律强迫我们总要睡觉。

假如我们要想找一个沮丧的、悔恨的人，分分明明不用查看这位兄弟。他对有限世界的满意，像个龙虾的壳那样贮藏着他，并且掩护他，使他不至因为他与无量世界（the Infinite）隔离而作任何种病态的怨尤。他是通俗科学会鼓励成功的乐观主义的绝好例子。

在我想，一个比由自然科学启发的健全心态的激流，在宗教上还重要并有趣味得多的激流，就是那个近年冲过全美国，并且好像势力日增的激流（我不知道此刻这个激流在英国已经得到什么样的立足地）；为有个简短的名称起见，我把这个激流叫做“医心运动”（Mind-cure movement）。推动这个激流的人，自己又把它叫做“新思想”（New Thought）。这个运动有各种宗派；可是各宗派间的相同点很重大；因此，为现在的讨论计，它们间的差异可以不管；所以我把这个运动当做一个简单的事情，用不着表示歉意。

这个运动是个刻意乐观的人生方策，兼有理论的与实行的两方面。在它经过十九世纪的最后二十五年的逐渐发展的时间，它吸收了一些附助的成分；到现在，我们必须把它算做一个真正宗教的势力。举起一件事为例罢。现在对于这个运动的读物需要很大，弄到出版家中，已经颇有印行那些专为销路而机械地编成的，不诚实的关于医心的刊物的，——这个运动已经到了这个阶段，表示它已经好久过了最初不稳固的始期；因为我觉得一个宗教，没过了初期，总不会有这种现象的。

医心运动的理论的来源，其一是《新约》的四福音书(the four Gospels)；又一个来源是爱谋生主义，即新英格兰的超绝主义(New England Transcendentalism)；又一个是贝克莱(Berkeley)的观念论(idealism)；又一个是有鬼论(spiritism)，以及这个主张的关于"法则""进步""发展"的教理；又一个是我刚说过的乐观的，出于通俗科学的进化论；最后，印度教(Hinduism)贡献一小部分。可是医心运动的最主要特色，是一种更直接得多的感悟。这个运动的领袖，对于健全心态自身的万应效力，对于勇气、希望、信赖这些心态的克服障碍的功效，并与这些相关的对于疑惑、恐怖、愁虑和一切不安的戒心之轻视，[13]有个直觉的信仰。他们的信仰，就一般方面说，已被他们的信徒的实际经验证实；并且这种经验现在已经达到庞大的总量。

他们曾经使盲人会看见，瘫子能走路，一生患病的人恢复健康。道德上的结果也一样显著。好多始终不以为自己能有健全心态的人，发现他们也可以有意地采取健全心理的态度；品格的再造已经大规模地实现；并且无数的家庭恢复了怡悦的气象。这个结果的间接影响很大。医心运动的主义正在风行，因之，人会间接感染到这些主义的精神。我们听说到"松弛的福音"(Gospel of Relaxation)，"不要愁虑"的运动(Don't Worry Movement)，每天早晨穿衣服之时对自己念"少壮，健康，强健"(Youth，Health，Vigor)作为他们当日的格言之人。在好多家庭内，不许埋怨天气；将说到不快的感觉，或强调人生的平常的不方便和病认为不雅观的人，越来越多了。纵使比较耸听的结果不是事实，对于一般人意见的普通激奋力也总是好的。可是耸听的结果也很多；所以我们尽可以忽视与它混合的好多的失败与自欺(因为无论什么事,人的失败当然总是有的)。有些医心运动的作品那么被乐观弄疯了,那么含糊其辞,弄到智力受过学院训练的人几乎无法阅读;但为同样理由,我们也可以忽视这种作品颇有冗赘这件事。

总之,这个运动的广布,是由于实际结果:这是明白的事实。这个是美国人对于有系统的人生哲学的唯一的、实是创获的贡献;它与具体的治疗术连结得很密切;没有任何事情会比这件事实把美国人民的性格极端倾向实用这一点证明得更好。美国医学界和教士现在才觉悟医心运动的重要,不过他们还很带有顽梗反抗的态度罢了。明明这个运动在理论与实际两面,会再发展,并且它最近年的领袖,断然都是这个集团中最有才干的人。⑭就像有好多好多的人不能够祈祷,也有更多的人绝不能受医心派观念的影响;但这毫无关系。为我们目前讨论计,要点是:能够受这种影响的人的数目还那么大。这些人构成了我们理应敬慎地研究的心理型。⑮

现在要把他们的教义考究得再细些。他们教义的基本根据,只是一切宗教经验的共同根据,就是说,人有两重性,与两层的思想相连,一个浅些的思想层和一个深些的思想层,人可以练习到在这一层或那一层生活得比较惯些。比较浅的低的层就是肉体感觉、本能和欲望、利己、疑惑和低级私人的利益心所占的思想层。基督教的神学总认顽梗(frowardness)是人性的这部分的主要劣点;相反医心派就说人性中的兽性部分的标记是恐怖(fear);这个就是他们的信仰所以有这种崭新的宗教方向的原因。

这一派的一个作者说,"恐怖在进化过程中曾经有它的用处,似乎大多数动物的先意(forethought)整个只是恐怖的。

可是恐怖还是人类的文明生活的心理工具的一部分，这件事是背理的。我发现对于义务和爱恶是其自然的动机的那些比较文明的人，先意内的恐怖成分并不会激励他们，反而使他们软弱畏缩。恐怖一成了不必要的，它就变成积极吓退人的作用，应该完全排除，就像死肉应该由活肉内除掉一样。为顺利分析恐怖的工作并抑制它的表现起见，我造作'惧意'(fearthought)这个名词，以指先意中的无益成分，并且把'愁虑'(worry)定义为惧意，以别于先意。我又把惧意定义为自己强加于自己或自己允许自己有自觉卑劣的暗示(the self-imposed or self-permitted suggestion of inferiority)，为的好把它置在它真正属于的有害的、不必要的，因而不体面的事情那一类之内”。⑯

世上流行的“惧意”所产生的“自觉困苦之习惯”(misery-habit)，“自觉受难之习惯”(martyr-habit)受了医心派作家的很厉害的讥评：

“试将我们降生于其中的人生习惯考究一下。世上有某些社会的习例或风俗，并所谓必需，有一个神学的偏见，有一个对世界的一般看法。关于我们的幼年训练，我们的教育，婚姻，和谋生的职业，有些保守性的观念紧跟着这些的，又有长串的预期，如我们一定要得到某些种儿童期的病，中年的病，和老年的病；又怕我们会老，会失掉我们的官能，又变孩子似的；在这一切恐怖之上的，是怕死。另又有一长串的特别恐怖和招来困难的预期，例如与某些食物相连的观念，怕东风，怕热天，由与冷天气联起来的身上酸痛，怕坐在风头会伤风，每年八月二十四日中午枯草热病会来到等等；还有好多的恐怕、畏缩、愁虑、焦灼、预期、期待、悲观、病态心理，以及整队的鬼气的以为命定的境遇——这些是旁人，特别是医生，很会帮我们招请来的事情；这一串可以与布拉得列（Bradley）的'无血范畴合成的可骇的舞队'（unearthly ballet of bloodless catagories）同列的。

"然而这还没完。这大队，又有由日常生活来的无数自愿兵加入，把队伍扩大——怕出事，怕会遇祸，失掉财产，可能被洗劫、失火、遇着战事。并且替我们自己怕，还不认为足够。一个朋友病了，我们一定立刻怕要有顶坏的结果发生，忧虑他要死。假如有人遇着可悲的事，……要表示同情，那就是指要体会他这种苦恼，并增加它。"⑰

又一个作者说，"往往在人出到外间世界之先，恐怖已经刻在他心上了；他是在恐怖之中养大的；他的毕生都在对病和死的恐怖的桎梏之下过着；所以他的整个心思变成拘挛、缚束、抑郁，并且他的身体也表现这种心态的瘦缩的模样和节目。……试想想我们祖宗中几百万敏感的、乖觉的，受了这种永久梦魇的压迫的人们！世界上还有健康的人，这不是很奇怪吗？只有无限的神圣的爱情、旺盛和活力，不断倾泻进来（纵使我们不觉得），能够将这么一大海的病态打消一部分。"⑱

虽然医心运动的信徒，屡屡用基督教的术语，但我们由上引这种文字可以看到他们对于人类的坠落（fall of man）的观念，与寻常基督徒的观念相差多么远。⑲

他们对于人的较高层性格的观念，几乎也差得一样远；因为他们的观念是断然泛神论的（pantheistic）。在医心派哲学内，人的精神的方面一部分是有意识的，但大部分是潜意识的（subconscious）；并且我们经由精神的潜意识的部分，已经与神圣为一，并无须任何项神恩的奇迹，或一个新的内心的人的忽然创生。因为不同的作者将这个见解也说得不同，所以它含着一点基督教神秘主义，又有一点超绝的唯心论，又有一点吠檀多说（vedantism），又有近代关于意识阈下的自我（the subliminal self）的心理学说。引一两段议论，就会使我们得到中心观点：

“世界的重大的中心事实，是在一切的背后的，并在一切内，经过一切而表现的无限生命和权力的那个神。这个在一切的背后的无限生命与权力之神，就是我所谓上帝。我不管你要用什么名词，只要我们对于这个中心事实自身同意，名称是‘仁慈的光’，‘天命’，‘太上灵魂’，‘万能’（Kindly Light, Providence, the Over-Soul, Omnipotence），或任何最方便的名词，都行。那么，唯有上帝充满于全世界，所以一切都是由于他，在于他，并且没有什么东西会在他之外。他是我们生命的生命，就是我们的命根。我们参与上帝的生命。虽然因为我们是个别化的神，而他是包括我们并一切其余的无限的神，我们在这一点与他不同。可是，根本上，上帝的生命与人的生命是完全相同的，所以就是一个生命。这两个生命并不是根本上或性质上不同；它们只是程度上不同。

“人生的重大的中心事实，就是自觉地，根本地，感悟我们与这个无限生命为一，并且我们完全可以承受这种神圣的倾

注。我们这样觉悟我们与无限生命为一,并承受这种神圣的注入什么程度,我们在我们自身实现无限生命的品性和权力,并我们把自己弄成那无限智慧和权力可以作用的路线,也恰恰到那个程度。你觉悟你与无限之神为一到何程度,你会变不舒适为舒适,变不和谐为和谐,变痛苦为旺盛的健康与力量,也恰恰到那程度。认识我们自己的神圣,以及我们与世界的精神的密切关系,就是把我们的机器的皮带接到世界的发电厂内。人就不必停留在地狱内,比他自己要停留的时间更久;我们可以升到任何种我们自己选择的天堂;并且在我们自决这样上升之时,世界的一切高层力量都联合起来,帮助我们向天堂上去。"[20]

我现在不再讲这些比较抽象的话,要说些关于医心教的经验的比较具体的话了。我有好多由通信得来的答复——只是很难定去取。我要引的头两位是我自己的朋友。其中一个是女人,作如下的答复,把感动一切医心教信徒的那种与这个无限的权力连接之感,表示得很清楚。

"一切疾病,软弱,或忧郁的首要原因,是:人觉得与那个我们称为上帝的神力隔离之感,能够带恬静的而欢欣的自信心觉得并断定,像拿撒勒人(The Nazarene〔译者按:指耶稣〕)说'我与我的父是一个'那样的人,用不着医治者,也用不着医治。这是整个真理的简括表示,并且没有人能够于这个颠扑不破的神圣会合(divine union)的事实之外,创建别的这种完整的基础。立足于这个磐石,并每小时每顷刻觉得神圣化的气息注入的人,疾病不会再侵到了。假如与万能为一,厌倦怎能够进到意识内呢，疾病怎能够打击那个无敌的神火呢？

“这个永远取消疲倦律的可能，在我自己的生活内，曾经大大得到证明；因为我的早年生活中有了好多年的卧床的病，背脊和四肢瘫了不能动。我的思想并不比现在更不纯洁，不过是我相信疾病是必有的这个念头，当时很顽强，而且执迷不悟。可是自从我在肉体上复活之后，我这十四年中常久做医疗工作，毫无假期；并且能够诚实地宣说，我虽然不断与过度衰弱、不适和各种各样的病接触，我一向总不曾觉得有一刹那的疲倦或痛苦。因为既然是，‘帮助我们(with us)的人比一切能反抗我们的势力都更伟大’，那么，神的一个自觉的部分怎能够生病呢？”

第二个同我通信的人，也是女人；她回信如下：

“有一时期，我觉得人生很艰苦。我老是健康弄到不堪收拾，并且有几回得了所谓神经虚脱病(nervous prostration)，跟着很厉害的失眠症，快到发疯的地步；此外还有好多别种毛病，特别是消化器官的病。我由家里送出去，请医生照顾，服食一切种类的麻醉药，停止一切工作，觉得极端腻烦，其实看过了一切找得到的医生。可是我始终没有完全恢复，一直到了我信服这个‘新思想’为止。

“我想最感动我的一件事，就是开始知道下列事实：我们必须与浸渍一切的，我们称为上帝的那个生命的精素，保持绝对不断的关系或心理接触(接触这个话，我认为表示得很透切)。这个，除非我们自己真实(actually)过这种生活(就是，不断回向我们真实自我的确然最内里最深邃的意识，或我们内心的上帝，以求内心的光明，恰像我们向着太阳，以求外部的光、热和活力一样），几乎是不可能的。到了你自觉地这样做，澈悟了向内求你内心的光，就是在上帝或你自己的神我之前生活之时，你不久就发现你前此向着的并从外引你全部注意的东西都是虚幻的。

“我后来弄到不理会这个态度对于身体健康自身的意义，因为身体健康是自己会来的，是附带的结果；除了我上文所说的那种一般心态之外，不能用任何特别心理作用或要健康的欲望去找到的。我们通常算做人生目标的那些事物，那些我们通通很狂热地追求的外物，我们常常为它活，为它死而又不能给我们安静和幸福的东西，这些都应该自己来到，作为附属品，作为一个高尚得多的，深潜于神的胸腔的生活之归结，或自然结果。这种生活，是真正追求天国，求上帝在我们内心居至尊地位的欲望；因之一切其他来到的，只作为应‘加给你’(added unto you)的东西。——也许作为完全附带的，并且是出乎我们意外的东西。

“我说我们通常把我们不应该追求的对象，作为我们生活的目的；这些对象，我是指世人认为可称美并上好的许多东西，例如营业上的成功，自己是著作家，美术家，医学家，或律师的名望，在慈善事业上的声名。这种东西应该是结果，不是目标。我也要包括好多种当时似乎无害而有好处，并且因为好多人承认它而追求的快乐——我指那些俗例，那些社交，和那些时样所发展的形形色色——这些大多数都是一般人许可的，不过这些东西也许不真实，甚至只是不利于健康的余赘东西。”

下文是一个更具体的例，也是一个女人的自述。我把这些例子念给你们听，不加批评，——它们表现我们正在研究的这种心态的好多类。

“从我幼年，一直到我四十岁为止，我都在受病痛的苦（她述了疾病的详情，我省略去）。我在佛蒙特州（Vermont）住了几个月，希望可以由换换空气而身体变好，可是反而不断越变越衰弱。在十月的后半，有一天的下午正在休息，我忽然好像听见这些话：‘你会医好，并且要做一种你从来没梦想过的工作。’这些话对我心上的印象极强烈，我立刻说只有上帝才会把它放在我心上。我不由自主地，并不管我的痛苦与软弱，仍是相信这些话；这种病痛继续到圣诞节，那时候我回到波斯顿去。两天以内，一个年轻朋友自动带我去看一个医心家（这是一八八一年正月七日）。这位医心家说，‘世上除了心，没有东西；我们都是唯一的心的表现；身体只是一种凡人的信心；一个人怎么样想，他就是那么样’。他所说的，我不能通通接受，但我将一切对我有意义的翻成以下的话：‘除了上帝，没有东西；我是上帝创造的，我绝对倚靠着上帝；心是赐给我使用的；并且因为我要用在身体内的正当作用这个念头上的那么多的心，我就会超脱我的无知、恐怖和以往经验的束缚。’由是，那一天，我就将家里人吃的食物每件吃一点，不断对我自己说：‘创造我的胃的那个权力，一定会处置我所吃过的东西。’由于整晚上记住这些暗示，我上床睡着，说，‘我是灵魂、神，与上帝对我的思想为一’，就睡了通夜没醒，这是几年中第一次这样（苦恼的翻身通常在夜里两点钟再发生）。第二天，我觉得像

一个逃出狱的囚犯，并且相信我已找到一个秘密，可以到相当时候使我得到完全健康。十天之内，我就能够吃给别人的任何东西；两星期之后，我开始有了我自己的积极的关于真理的心理暗示；这些暗示，对我像阶梯一样。我把其中的一些说出来。这些暗示大约每两星期来一次：

"第一、我是灵魂，所以我的境况很好。

"第二、我是灵魂，所以现在就是安好。

"第三、一种关于我自己像一个四脚的兽的内心影像，觉得我身体有病的部分都突起一块，又觉得我自己的脸求我认识它是我本身；我下决心集中注意于健康，不肯看这个样子的故我。

"第四、又是这个兽的影像，它远远在后面，带着轻微的声音。我又是不肯承认这个。

"第五、又是异象，但只有我的两眼，带着渴望的神气；我又是不承认。随后就来了一个信心，就是内心觉得我完全健康，并且以前也始终健康，因为我是灵魂，是上帝的完美思想的一个表现。那，对我就是我当时实际状态，与我好像的状态之间的完全的并成立了的分隔。我此后不断断定这个真理，因之能够永久看守着我的真正生命，并且渐渐地（虽是我需要两年的勤苦才到那个地步）我不断在我的整个身体内表现健康。

"在我后来十九年的经验，我不曾见到这个真理在我应用它之时没有效验。但在我无知之中，我屡次没把它应用；可是由于我的忘记应用，我曾经学到了小孩子的简朴和诚实。"

可是我引了这么多的例子，会使你们厌烦；所以我必须回到哲学的通则。你们由这种经验记录，已经会看到不把医心运动认为主要是个宗教运动，是不可能的。医心运动以为"我们生活与上帝的生活是一个"这个说法，事实上与某一种对于基督的宣训的解释完全无别。——你们真正最有本事的苏格兰的宗教哲学家，曾就在这些吉福德演讲(Gifford lectures)中为这种解释辩护。[21]

然而哲学家通常自命为能对世界有恶这件事，作个半逻辑的解释；而医心家，就我所知道说，对于世上有恶这个一般事实，世界有自私的，受苦的，怯懦的，具有限性质的人存在这件事，并不认为要对它作理论的说明。从经验方面说，在他们，与在人人一样，恶是存在的；可是要消耗时间，把恶认为"神秘"或"问题"去愁虑，或是像正宗基督教士那样记住祸恶经验的教训，当然与他们主张的精神很难相合。就像丹第(Dante)说的，不要将它作为推理的题目，只须看一眼，就转到其他！它是无明(Avidhya)，无知！只是一件应该长过头，丢在后面的，应该超越并忘掉的事情。所谓"基督科学"(Christian Science)，即爱迪夫人(Mrs. Eddy)的宗派，它对恶事的处理说，是医心派的最激进的一支。这一派认为恶只是个谎话；任何说到恶事的人就是个说谎者。这个乐观派的义务观念，甚至不许我们明白注意恶事。当然，这是不好的理论上的疏漏(我们的后来演讲会证明)，可是这是与医心派教义的实用上优点有密切的关联的。医心派会问我们，假如我能使你得到一个好的生活，那么，为什么要惋惜一个对于恶的哲学呢？

毕竟，有实际效力的，是生活；医心派发展了一个有效的心理卫生术，这个卫生术有理由自命为已把一切以往的关于"灵魂食物论"(Diaetetik der Seele)都相形见绌了。这个卫生法完全是，并且

单是,乐观主义组成的:“悲观结果是软弱;乐观结果是权能。”如一个最有劲的医心派作家在他书的每页底都用大字印出的话,“思想就是事物”;假如你的思想是想到健康、少壮、强健和成功,在你自己还不知道之前,这些已经成了你的外部状况了。乐观的想法,假如持之有恒,没有人不会受到它这种恢复精力的效果的。人人都有这个通到神圣的入门,这是不能被取消的。反之,恐怖,和一切退缩的,为我的想法,都是进到毁灭的路口。在这一点,大多数医心家都提出一个学说,以为思想就是“势力”(forces),并且由于“相同的吸引相同的”这个定律,人的思想会引来全世界所有的一切同性质的思想,作为它们的联盟。这样,一个人由他的思想,可以由别地方得到援助,以实现他的欲望;人生行为的要点,在于把自己的心敞开,让神圣的势力流进,因而使这些势力都站在自己的这一边。

大体说,医心运动与路德(Luther)和卫斯理(Wesley)两人的运动,这两件在心理上的相似,是很显然的。对于相信要修德和行善的,并愁虑地问,“我要做什么,才可以得救”的人,路德和卫斯理答复,是说:“只要你相信,你此刻已是得救了。”医心家也提出恰恰同类的解放的话。固然,他们是对已经不感到古代神学上得救度这个概念的意义的人说话,可是这些也是要对付同一的永远的人生困难。这些人情形不对(Things are wrong with them);他们要问的,是:“我要做什么,才可以清明,正当,健全,完整,安好?”而回答就是:“只要你知道,你已是安好,健全,并清明了。”我已引过的作家中的一个说,“整个事情可以用一句话总结,就是:上帝安好,你也安好。你必须觉悟到你的真性。”

那些早期的基督教福音所以有力量，是因为它们的说理适合于人类的一大部分的心理需要。医心派的说理，虽然表面好像很愚妄，也有恰恰同样的适合；我们看见它势力迅速增加，以及它在医疗上的胜利，忍不住要问，难道它不会是注定在将来的通俗宗教的发展史上，要作几乎与那些往代的运动对于当时的那样大的贡献（很会就是因为它的表现中有好多是粗陋的，过火的[22]）吗？

可是说到这里，我恐怕我也许会把这个学术界的听众中的有些人的“神经感觉不快”。你们也许为这一类并世的胡乱思想似乎不应该在吉福德演讲内占这么重大的地位。我只能请求你们忍耐。我个人想，这些演讲的整个结果，大概会使你们深切觉得不同的人所表现的精神生活大有差异。他们的需要，他们的感受性，和他们的能事通通不同，必须归在不同的类目。结果是：我们看到真正不同类的宗教经验；我们在这些演讲既是要知道健全心态这一类的经验更精细些，我们必须从这种心态极厉害的例得到这种材料。关于性格的各种类型的心理学，几乎还没有打草图。——我这些演讲也许可能作为这种心理学的一个微小的贡献。我们要记的首要事实，就是最笨的事情，就是：只为我们自己不能够也有近似这些现象的经验，就不考虑这些现象（特别是假如我们自己是属于教士，学校，科学者这一类，在正式和风俗两方面“得体”〈correct〉的一类，“体面得要死”〈the deadly respectable〉的一类；在这一类人，不理会别人正是一种极强的诱惑，所以更要自警）。

关于路德所主张的以信仰得救，并监理会式的皈依，以及我所谓医心运动，这些运动的历史似乎证明世上有好多人，在他们，至

少在他们发展的某一阶段，性格的变好，绝不是正式道学家所定的戒律所能帮助；假如那些规则刚刚相反，这种变化反而更容易成功。正式道学家教我们始终不要松懈我们的努力。他们郑重告诫我们说，“要日夜警醒；制止你的被动的倾向；对任何努力，都不要退缩；支持你的意志，像永张的弓一样。”可是，我所说的这些人发现这种有意的努力，在他们手里，结果只有失败和烦恼，只有使他们变成比前此还要加倍坏的地狱候进班。在他们，这种紧张和立意的态度变成受不了的发热和惨痛。假如他们机器的衔接部分弄得那么热，皮带弄得那么紧，机器就完全开不动了。

在这种情形之下，成功的方法是用反道学家的方法，用我第二讲所说的“投诚”(surrender)方法；这是无数确实的个人自述所证明的。这件事的规则应该是，被动而不主动；松弛而不专心。除掉负责之感，松放你的把捉，将你的命运交给高层的力量去管理，当真不管这一切弄成什么样子，这样，你会发现不特你得到完全的内心轻松，而且往往也得到你诚心以为你正要舍弃的特别好处。这就是路德的神学所指的由对自己绝望而得救度，先死而后真正复生，也就是贝门(Jacob Behmen)所谓转为无有(nothing)。要到这个地位，通常必须在个人内，经过一个关头，必须转一个角。有件东西必须崩溃，一种本有的刚性必须破坏而溶化；并且这件事常常突然来，并且是自动的(这个，我们此后，会看到很多)；它对身受的人的印象，好像他是受了一种外力的作用。

无论事实上这种经验的根本意义是什么，这断然是人类经验的一个基本种类。有人说，能不能有这种经验，是宗教徒与单纯道德家的分别。在经历过完满的这种经验的人，没有任何批评，能够使他怀疑这种经验的真实性。他们知道;因为他们在放弃他们个人的意志的紧张之时,曾实在觉得高层的力量。

基督教奋兴会的传教士(revivalist preachers)的一个常说的故事,就是讲:有个人在夜里失足,从峭壁的旁边溜下去。后来他抓到一个树枝上,因此可以不再掉下去。他老攀着这个树枝好几小时,十分愁苦,不敢放手。可是最后他的手指不得不放松,他已经绝望,以为是命合休了,他让自己掉下去。可是,结果,他只掉下六寸远。假如他早些放手他可以免掉这许多惊吓之苦。这位传教士告诉我们说,就像“地母”承接这个人一样,假如我们绝对信赖上帝,放弃了祖传的倚赖我们自己力量的习惯,以及连带的不能保护人的警戒和总不能救人的保障,上帝的胳膊也会承接我们。

医心派对这种经验,曾给予它最大的范围。他们证明:一种由于松弛,“放手”,在心理上与路德派的由信仰而免罪(justification)和卫斯理派的接受无限制的神恩(free grace)这两件无分别的过程的人格更生,是那些不信有罪恶并不信路德的神学的人做得到的。这只要让你的细微的小己的抽搐着的自我休息一下,你就觉得一个较伟大的我在那儿了。迟缓的或突然的,大的或小的,合并乐观与期待的结果,由停止努力而来的更生现象,无论我们对这些现象的原因要采取有神论的,或一种泛神论的唯心论的,或一种医学的唯物论的观点来解释,它们总是确实的关于人性的事实。[23]

到我们说到奋兴会上皈依宗教的现象之时,我们要再讨论这一切。现在我先对医心派的方法简单说一说。

这些方法当然都是暗示的。环境的暗示效力,在一切精神教育有很大的作用。可是,“暗示”(suggestion)这个名词,已得了正式承认的，不幸此刻在好多人，已经成了一张水湿的毡子，盖住研究，用以阻碍一切对于各个人的不同的感受性的探讨。“暗示”只是指就观念实是对信仰与行为有效力这方面说之时，观念会有的力量，对有些人有效的观念，事实上可以对别人无效力。在有些时代并有些人类环境有效的观念，在其他时代并其他境地可以无效。无论基督教会的观念，在较早几世纪内在医疗法上效力如何，这些观念现在没有效力。假如问题完全是，为什么“这个盐在这里失了味儿，在那里又有味”，那么，仅仅把“暗示”这个名词当个旗帜空空挥舞，不会使我们明白的。葛达德博士（Dr. Goddard）的坦白的，论信仰医疗的论文，把这种医疗认为只是普通的暗示；他结论说，“宗教（他似乎把这个指我们的通俗基督教）有心理医疗术所有的一切，并且是最好的医疗术。遵行（我们宗教的）观念，会使我们做到一切我们所能做的事。”不管事实上通俗基督教绝对没做什么事，或是它是医心运动来补救之前没做什么事，还是这样。[24]

一个观念，要有暗示的力量，必须使本人觉得它是一种启示来到。而在好多人，教会式的基督教不能消除他们的心胸的硬化的人，医心运动和它的健全心态的福音，对于他们是一种启示。这个运动把他们的高层生活的泉源开放了。假如任何宗教运动的创新性，不是在于找到一个前所封闭的，现在可以由它把某一部分的人的这种泉源开放的路线，还是在于什么呢？

在这一类的成就，个人信仰，热诚，模范，以及（最重要的）新颖性的效力，始终是首要的暗示动力。假如将来有一天医心运动变成官式的、体面的、稳固的教派，这些有暗示效力的元素就也会失掉了。在各个宗教的急性阶段，宗教一定是像一个无家可归的大漠中的阿拉伯人。这种情形,教会知道很清楚,因为教会史上总不断有内部斗争,这个斗争是由少数分子的急性宗教反抗多数分子的慢性宗教而起。——慢性宗教已经顽固化,成了一种比反宗教(irreligion)对宗教的反对作用还要坏的障碍。爱德华斯(Jonathan Edwards)说,“假如像现在有人说的,那些冷的、死的圣徒(Saint)贻害比不信教的自然人还大些,他们所引到地狱的人还多些,所以假如这些圣徒都死了,人类会更过得好,假如这些话是对的,那么,我们可以祈祷,希望一切那些不是活泼泼的基督徒,都活泼化,否则就剔除掉。”㉕

暗示成功的第二条件是:世上似乎有大数目的人,他们兼有健全心态和由放松自己而得到精神更生的倾向。由含有这特种混合性质的人看来,新教对于自然人的看法太悲观,天主教又太法律气,太道学气,所以感动他们的能力都不大。无论在座的人属于这一类的多么少,这一类人是一种特别的德性的配合,世界上很多,这是到现在很明白了的事实。

最后,医心派大大用到潜意识生活,它利用潜意识的程度,在我们新教的国家是空前的。医心派的发起人,除了据理的训告和独断的主张之外,还加上有系统的,关于被动的松弛,集中注意,和存想这些方面的练习,而且甚至用到近似催眠术的方法。我随便引几段话于下:

> “理想之价值,理想之力量,是‘新思想’教最注重的实用上的大道理,这就是指由内向外,由小到大的发展㉖。因此我们的思想应该集中在理想的结果上,纵使这种信赖其实只是在暗中的踏进一步。㉗要得到可以把心这样指挥如意的能力,

‘新思想’教劝人练习注意集中，换言之，做到自己能节制自己。人应该学到把心的各种倾向调动，使这些倾向可以由所选择的理想结合成一个单位。为达此目的，要定下特别时间，让自己一个人默然存想，最好在一个环境适宜于精神性的思想的房间里。用新思想教的名词说，这就是所谓‘入静’(entering the silence)”。㉘

“会有一天，就在劳碌的办事处或喧哗的街上，你也能够入静，你只需把你自己思想的被覆遮盖你四围，并且感到在那地方并在处处，无限的生命、亲爱、明智、和平、权力、丰盛之神正在指引，维持，保护，引导你。这是不断祈祷的精神。㉙我们所遇过的最有直觉的人，其中有一个在一个城内的办事处一张桌上做事；在这办事处内，还有几个别的男人也不断接洽事务，并且常常大声说话。这个以自己为中心的忠实的人，丝毫不受他周围的各种声音扰乱，在任何心上有疑难的时刻，自己能够‘退藏于密’像他周围完全有帐幕盖住似的，这样他可以完全藏在他心理气氛之内，有效地排除一切分心的刺激，好像他独自在边荒的森林内一样。他将他自己的难题带到这个神秘的静默内，作为一个直接问话，期待着一种答复之后，他就完全被动地静候答复来到，并且经过好多年的经验，他始终不曾一次失望或被引到错路。”㉚

我很想知道，这个与在天主教训练内有很大作用的所谓“凝想”(recollection)在本质上有什么分别呢？这个又叫做“把晤上帝”(the practice of the presence of God)，我们现在还这样说，例如在戴勒(Jeremy Taylor)的著作内，著名的师表德巴兹(Alvarez de Paz)在他论观想(Contemplation)的文字中将"把晤上帝"的意义界定如下：

> "凝想上帝，思念上帝，这在一切地方和一切情境之内可以使我们看到上帝存在，让我们尊敬地亲爱地与他相感通，使我们充满着对他的愿望与亲爱。……你要想避免一切祸害吗？无论是在亨通患难之时或任何种时期，始终不要失掉这个对上帝的凝想。不要因为你事务的困难或重要，免掉你自己履行这个义务，因为你总能够记得上帝看见你，你总在他眼底。假如有一千回你忘记了他一小时，那么，再唤起这种凝想一千回。假如你不能实行凝想不间断，至少使你尽可能熟悉这种凝想；就像在严冬尽量常靠近火炉的人一样，你应该尽可能常走向那热烈的，会使你灵魂温暖的火。"[31]

这个天主教训练的一切外部联想，当然不像医心派思想内的任何方面，可是这个修炼的纯粹的精神部分，在两种感通状态内是相同的，并且在两种感通内，劝人实行的人的文字，都挟着权威；因为他们分明曾经亲自经验过他们所说的情形。再参看一些医心派的说法：

> "高尚的、健康的、纯洁的思想是可以鼓励，可以促进，可以加强的。它的激流可以转到伟大的理想，一直到它成了一个习惯，并完成了一条通路为止。利用这种训练，可以使心理的眼界得到美丽、完整、并谐和的阳光的普照。要开始纯洁的高尚的思想作用，最初似乎很难，甚至似乎几于不自然；但是假如持之以恒，久而久之，会使这件事容易，再后会使它适意，最后会使它快乐。

"灵魂的真实世界，就是它用它的思想、心态和想象建立的世界。假如我们立志，我们能够避开低级的感官的阶层，升到精神的并真实的阶层，在那里得到住处。持着期待和顺受的态度，会吸引精神的阳光，这个阳光会流进，像空气趋向真空那么自然。……凡在人的心思不专注于他的日常义务或职务之时，它应该高举，升到这个精神的空气之中。在白天有些肃静闲暇时刻，在夜里有睡不着的时刻，在这些时期，人可以从事于这种补养的、愉快的修炼而得到大益处。假如前此完全没做过要提高并节制思想的努力的人，肯诚心地实行这里所提议的训练，只要一个月，结果就会使他惊异，高兴，并且没有什么事情会引他回到不小心的，无目标的，并肤浅的思想习惯，在这种顺利的时节，外界以及它的日常事变的整个横流完全被拦出去，人就走到灵魂的内庙的肃静的至圣所内，从事于感通与上进。精神的听觉变得能感到精微了，因之所谓'静穆的、细小的语音'(still, small voice〔译者按：指良心〕)可以听见了，外部感官的喧扰的波澜静止了，由是一切肃静。自我渐渐地觉得它面对着神圣的灵体；面对着那个强大的、疗愈人的、慈爱的、父性的生命，觉得这个生命距离我们比我们距离我们自己还要近些。这时期，人与灵魂之母(the Parent-Soul)作灵魂上的接触，并且由这个无尽的泉源有好多生命，亲爱，美德，健康和幸福流进人的灵魂。"[32]

到了我们说到神秘主义之时，你们就会沉浸到这些强烈的意识状态那么深，简直要浑身湿透了，假如我可以这样比方说的话；此刻我挥洒的少数这几点水所使你们感到的怀疑的冷颤，到那时候早已消灭了。——所谓怀疑，我是指疑心以为难道一切这种文字不都是纯乎抽象的空谈与修辞，专为鼓励别人而作的。我相信到那时候，你们会深信这些所谓“会合”(union)的意识状态是一种灵魂可以不时参与的完全确定的经验，并且深信有些人靠这种经验生活，可以比他们靠他们所知道的任何别种事物生活，更深切。这个就引起我的一个普通的哲学反省——我要借此结束对于健全心态的讨论；这个题目，我怕是已经拉得太长了。这个反省，是关于一切这种有系统的健全心态与医心教对于科学方法和科学的生活的关系的。

在将来一个演讲，我必须明白说到宗教与科学的关系，以及它与原始的野蛮人的思想的关系。现在有好多人(他们喜欢自称为“科学家”‘scientists’或“实证主义者”‘positivists’)会告诉你们说，宗教思想只是一种遗迹(survival)，一种返祖式的(atavistic)，退转到原始的一种意识；这种意识，比较开明的人早已摈除并早已长过头了的。假如你们请他们作更详细的说明，他们大概会说，原始的思想认为件件东西都有人格。野蛮人以为东西发生作用，都是由于人格的支使，并且都是为个人的目标起见。在他们看来，就是外部自然界，也遵循个人的需要和要求，恰像这些需要和要求是许多基本的力量一样。这些实证主义者又说，从另一方面看，科学已证明过，人格绝不是自然界的一个基本力量，它只是真正基本力量，如物理的，化学的，生理的，并心物学的(psycho-physical)一种被动的结合效果；而后种这些力量，在性质上都是非人格的，普通的。只在一个人遵行并实现一个普遍定律这个限度内，任何一个人格才能够在世界上有点成就。假如你再问他们，科学这样取原始思想而代之，打倒后者的将万物人格化的看法，是用什么法子，那么，无疑他们会说，是由于严格地遵用实验的证明这种方法。他们会说，在实施方面，假如遵用科学的概念，即那些完全不管人格的概念，那么，你总会得到证实。这个世界的组织是这样的，就是在，并且只在，你使那些用以推测你所期望的事项保持非人格的，普遍的性质，一切你的期望才可以得到经验的证实。

然而医心运动却根据它的彻底相反的哲学，也作一个恰恰同样的承当。它说，你假定我是对的，去生活，这样，就每天都会在事实上证明你生活法子是对的：控制自然界的势力是有人格的，你自己私人的思想也是力量，世界的那些力量直接答应你个人的陈情和需要：这些命题，你身体的和心理的经验全部都会证实它。并且事实上，经验是大量证明这些原始的宗教观念，因为医心运动的传布，并不只是由于宣传和武断，乃是由于明显的经验结果。在这个场合，正在科学的权威的全盛时代，医心运动对科学的哲学进行一种攻势的战斗，并且利用科学特有的方法与武器而得到成功。这个运动相信只要我们肯死心塌地依靠那一个高层权力，同意利用它，这个权力就会依某方式照顾我们，比我们自己照顾自己还要好些；结果，这个运动所得的观察不特没有推翻这个信心，而且证实它。

医心运动如何得人皈依，并皈依者如何得到坚信，由我已经引过的记述，可以看得很明白了。我要再引两个较短的自述，使这件事显得完全是具体的。第一个自述如次：

> “我应用我的学说的最初经验之一，发生于我初见那个医心家之后两个月。在这个经验的前四年，我跌了一跤，扭伤了

我的右边踝节，当时我要用拐杖和有弹性的踝环，用了几个月，并且此后很小心地保护它。这一回我一试走，就对自己提出下列积极的暗示（并且我浑身都感到这个暗示）：'世界除上帝之外没有东西。一切生命完全由上帝来。我不会挫扭受伤，我情愿让上帝管它'。好了，我始终没有在踝节上有什么感觉，并且那一天，我就走了两英里。"

第二例不特是实验而得证实的例子，而且带有我不久以前说得很多的那个顺受和投诚的成分。

"有一天早上，我进城买些东西；我没走很久，就觉得不舒服。不舒服的感觉增加得很快，后来我浑身的骨头都痛了，并且觉得要呕吐，晕倒，头也痛起来，总而言之，患流行感冒之前的一切症象，我都有了。我以为我要得当时流行于波斯顿的重伤风(grippe)，或是别的更厉害的病。这时候，我听了整个冬天的医心派的教义就起来到我心上，我以为这是试验我自己的一个机会。在我回家的路上，我遇见一位朋友，我用些努力，才能忍住，不告诉她我觉得怎样。那就是做到第一步了。我回家立刻上床躺下，我丈夫要请医生。可是我告诉他我宁可等到第二天早上，再看我觉得如何。此后就来了我一生中最美丽的经验之一。

"我只能够说，我实是'卧倒在生命的河流内，让它从我全身流过'。我排除了一切对于任何要来的病的恐怖；我完全情愿，完全服从。并没有理智上的用力，或任何一串的思想。我的主要观念是：'看主的女仆呀！主要怎么样，就使我恰恰那么样'，并且我完全信一切会好，一切已是好了。这个有创造力的生命每刹那都流进我身上,我觉得我自己与无量之神(the Infinite)联合,互相调和,并且充满着不可思议的平静。我心上并没有可以容得一个龃龉的物体的地方。我不觉得时间,空间,或人;只觉得亲爱,幸福,和信仰。

"我不知道这个状态经过多少时间,也不知道什么时候我睡着了;但是,我第二天早上醒来之时,我好了。"

这些当然是极琐细的事例,[33]可是假如这些有一点点东西,那么,它就是用实验与证实的方法的。为我此刻要表示的意向起见,你们是否以为病人是被他们自己的想象所迷惑,没有关系。只要他们自己以为由所尝试的实验治好的,就够使他们信受这个教义了。并且,虽然分明一个人必须属于一定的心理模型,才可以得到这种结果(因为不是人人会得这样医好到自己满意的地步,就像也不是人人能够被最初请到的通常行医的医生医好一样);但是假如一定要使他们的野蛮与原始的关于心理医疗的哲学能够由这种实验方式证实的人,一得命令,就放弃这些方式去采用比较科学的医疗法,那就确然是太拘泥并过于谨慎的了。对一切这个,我们应该作何感想?是不是科学的自命,过于张大呢?

我相信有宗派气味的科学家的自命,就最低限度看,总是说得太早。我们这一个演讲所讨论的经验(以及好多别种的宗教经验也相似)明明指示世界是比任何宗派,(就是科学派也在内)所假定的方面更多些。究竟,一切我们的证实,不是与我们心思所构造的多少孤立的观念系统(概念的系统)相和合的经验,还是什么呢?可是,从常识看来,为什么我们必须假定只有唯一的这种观念系统有真实性呢?我们全部经验的明白结论,乃是:世界可以用好多种观念系统来应付。并且实际各个人是用不同的观念系统应付的；世界会每次给予应付的人以他所要的那个特种利益，同时又不得不抹杀或延宕别种利益。科学给予我们人人以电报、电光和诊断法，并且能够预防并治疗某数量的疾病。宗教就医心派看，给予我们中有些人以恬静，精神的平衡，和快乐；并且它同科学一样，能够防止某些种类的疾病，甚至在某一种人，比科学更有效。所以，在实际上能利用科学与宗教两件的人看来，明明科学与宗教一样是真正开启世界的宝藏的钥匙。可是，这两种之中，没有一件是包罗一切的，或是不容许同时并用其余一件的。毕竟，世界也许是那么复杂，它可以包括好多个互相透入的各界的实在；这些实在界，我们可以用不同的概念，取不同的态度以次去接近，就像数学家处理相同的数的和空间的事实，无论用几何，用解析几何，用代数，用微积分，用四维术(quaternions)，每次结果都不会错一样。——为什么世界一定不能是这样的呢？依这个见解，宗教与科学这两件，一小时到一小时，一个人到一个人，都各自得各自的证实，它们将成为永远并存的。原始的思想，相信个别的人格的势力的，无论如何，现在好像还同从前一样，并没有被科学赶出场外。好多受教育的人还觉得这种思想是他们与实在相感通的最直接的实验路径。[34]

医心运动的情形“就在手边”，所以我忍不住利用它，使你们切实地感到这些最后的真理。可是今天我必须以这样很短的指点为满足。在将来一个演讲内，我要把宗教与科学和宗教与原始思想的关系加以更详细得多的讨论。

附录(请看上文注三十三所属的本文)

第一例,“我个人的经验如次:我从前有一次病了好久。我病的最初的结果之一,发生于十二年前,是一种眼见双像的病(diplopia),这个使我几乎完全不能用眼睛看书写字。我这病的后来一个结果,就是使我不能做任何种运动,一运动就立刻精疲力尽。我曾请过欧美两地的第一流医生诊治,这些医生能够帮助我,是我所深信的;但诊治不是没有结果,就是结果不好。此后,在我似乎相当快地衰弱下去之时,我听到些话,使我对于心理医疗的兴趣够大,愿意去尝试。我并没有大希望,想由这些治疗得到好处。——这是我尝试的一个机缘,一部分因为我心上对于它似乎有新的可能,感到兴趣,另一部分因为这是我当时所能看见到的唯一机会。我去看波斯顿的某君,这个心理医疗家,我有些朋友曾得过他的大好处的,或是以为他们得过。他的治疗法是静默的;说话很少,所说的少数话也不能使我起信心,无论所行使的是什么样的影响,它是另一个人的思想或感情,在我们坐在一起之时默默投射到我无意识的心上。好像投射进我的神经系似的。我开头就相信这种作用的可能,因为我知道人心对于身体的神经活动可以加以援助或阻碍的作用,并且我以为隔感作用(telepathy),虽然没曾证实,大概是有的;可是我不过相信它是可能,并没有强固的信心也没有任何神秘的或宗教的信仰,与我对它的思想相连合,可以使我的思想大起活动。

“我每天同这个医心家坐在一起半小时,起初并无何结果;过了大约十天后,我忽然并很快地觉得我内部起了新能力的潮流,感

到有冲过旧的阻碍的力量;那些界限,从前虽然也屡屡试过越过,但发现是好久包围我生活的真正高墙,高到我不能爬越过去的,现在觉得有打破这个围墙的力量了。我就开始读书走路,做到前此多年所不能做的程度,并且这个变化是突然的,显著的,绝无疑问的。这个新潮似乎在几星期之间,也许三四星期,继长增高,到了夏天,我离开波斯顿,几个月之后又去治疗。我所得到的猛进,事实证明是长久的,使我以后并不倒退而且慢慢进步。可是经了这个猛进之后,治疗的力量似乎有点消耗完了。虽然我以为实际有这种力量之信心,由这个初次经验大大增强。并且假如我对它的信心,是引起健康与强力的有力因素,这种信心,应该能帮助我在健康与强力上更加进步。但是此后我始终没有得到稍微像我第一回不大相信并只抱怀疑的期望去尝试之时所得的那样显著的、清楚的结果。要把一切关于这一件事的证据说出来,把一个人的结论所根据的一切,组织成一段清楚的话,是不容易的。可是,我始终觉得我有好多证据,能支持(至少我自己认为如此)我当时得到的并后来仍然主张的结论,这个结论就是:第一,当时发生的身体上的变化,是心理状态的变化在我内部所引起的一种变化的结果;第二,这个心理状态的变化,除了在很次要的方面,不是由兴奋的想象,或有意识地接受的催眠性暗示引起的。最后,我相信这种变化是由于我依隔感方式在完全位于直接意识之下的心理阶层接受了一种更健全,更活泼的态度,所接受的是出自因为立意要把这种态度的意象铭刻于我心上,并以他的思想集中于我的人。我所患的毛病,分明是应归在神经的毛病之类,不是机体的毛病;可是,根据我曾经有机会观察的,我断定说,前此所定的神经的与机体的毛

病间的分界线是任意的，其实神经控制全身的内部活动和营养；并且我相信中枢神经系，可以由激发并抑制局部中枢这种作用，对于任何种疾病发生大影响，假如我们有能力让它生效的话。依我的判断，问题只在于怎样可以使它生效，并且我以为由心理医疗所得的结果不确定，并有显著的不同，实在只是证明我们对于发生作用的力量和我们应该使它有效的方法多么无知。这些结果不是因为偶然的巧合，我对我自己和别人的观察使我认为确实不是。在好多时候，有意识的心，想象，也是得到结果的一个因素，这是无疑的；可是在好多其他的例，有时是很非常的例，有意识的想象似乎完全不参与在内。大体看，我倾向于相信因为医疗的作用，也像病态的作用一样，起于通常无意识的心这个阶层，所以最强烈的，最有效的印象，就是这个阶层依某个现在还不知道的深妙的方式直接由一个更健康的心接受来的印象；按照一个隐秘的同情定律，这个无意识的心模拟那个比较健康的心的状态。"

第二例，"我们的很小的女儿得了一种毛病，医生对它的诊断很悲观。因为朋友们恳切的劝告，我们为她请一个医心家来诊治。可是我们并没信仰，也没有希望（也许因为从前请过一个'基督科学者'诊治无效的缘故）。但她竟然被这个医心家治好了。这件事使我发生兴趣，我就开始认真地研究这种医疗法的方法与哲理。渐渐地，我得到一种内心的和平并恬静，到很实在的程度，因之我的样子都变了。我的儿女们和朋友们都觉得这个变化，曾加以评论。我的一切激怒的感情没有了。并且我的面貌都看得出是不同了。

"从前我很固执，霸道，并且无论是公共场所或私人住处谈论之时，都不能宽容旁人的意见。我现在对于别人的见解，很大量包容。并且很肯采纳了。从前我心神很不安，并且容易生气。一星期中有两三回在回家之时总有难过的头痛，我当时以为是由于消化不良和黏膜炎。我变成恬静并温和了，而且那些身体的毛病完全没有了。从前我一到要同别人作营业上的会商时候，就起几乎病态的恐怖。我现在与人人会面，都很有自信心，并且内心很安静。

"我可以说这个进展，完全是归向于消除自私。我并不单指比较粗的，比较属于人欲的那种自私，而是指那些更细微的，并且普通不认为自私的行为，如表现为忧愁悲伤、追悔、妒忌等类的自私。这个进展的方向，在于实际上，有效地感悟到上帝之内在性(immanence)，并人的真正的、内心的自我之神圣性。"

① 希尔：《快乐》(Hilty：Glück)，第三部分，一九〇〇年，第一八页。

② 《灵魂：它的悲哀与它的志望》(The Soul：Its Sorrows and its Aspirations)第三版，一八五二年，第八九页，又九一页。

③ 有一回，我听到一个女人形容她想到她"始终能够紧傍上帝"之时所得的愉快。

④ 约翰·外斯：《提奥多·巴克的生平》(John Weiss：Life of Theodore Parker)第一卷第一五二页，又三二页。

⑤ 斯塔柏：《宗教心理学》(Starbuck：Psychology of Religion)第三〇五页，又三〇六页。

⑥ 圣毕尔(Saint Pierre)文中说，"我不知道哲学家将来一天要将忧郁的感情归在什么物质定律之下。就我自己看，我发现这些感情是一切感情中之最冶荡的"，由是他在论自然界的书内将好些相连的段落讨论遗址之乐，坟

墓之乐，自然界的遗址，和孤独之乐（Plaisirs de la Ruine，Plaisirs des Tombeaux，Ruines de la Nature，Plaisirs de la Solitude）——其中每一段都比前一段更乐观。

这样从祸殃内寻找奢侈的享受，在青年时期是很常见的。说老实话的玛丽·巴客瑟甫（Marie Bashkirtseff）把这个说得好：

“在这忧郁并可怕的不断的苦恼之中，我并不斥责人生。反之，我喜欢它，觉得它好。你能相信吗？我觉得件件东西都是好的！适意的；甚至我的眼泪，我的悲愁也好。我享受我的啼哭，我享受我的绝望。我觉得激怒和悲惨是可乐的，我觉得好像这些都是许多消遣；并且人生虽然有一切这些，我仍然爱人生。我要活下去。在我这样随顺之时要我死，那就是太残忍。我哭，我悲伤，而同时我适意——不，不光是这样——我不知道怎么样形容得出来。可是，人生的件件事，都使我喜欢。我觉得件件东西可喜，并且正在我请求快乐的祈祷的当儿，我觉得我以受苦为乐，受这一切苦的，不是我，——我的身体啼哭叫喊；可是我内心有个在我之上的东西高兴这一切”。《玛丽·巴客瑟甫的日记》（Journal de Marie Bashkirtseff），第一卷第六七页。

⑦ 勃克《世界的意识》（R. M. Bucke：Cosmic Consciousness）第一八二至一八六页，节录。

⑧ 我是指《保守者》（The Conservator），徒罗贝（Horace Traubel）主编，每月在菲拉德菲亚城（Philadelphia）印行。

⑨ 《咏我自己的歌》（Song of Myself）第三二页。

⑩ 《伊利亚得》（Iliad）史诗第二十一章，迈尔斯（E. Myers）译本。

⑪ 有这样一位自觉伟大的、乐观的朋友，有一天早上，他觉得特别高兴，好像要吃人的蛮人的样子（Cannibalistic），当我面前说，“上帝怕我！”这句话的挑战口气，证明基督教对于卑屈（humility）的教育还在他胸次作痛着。

⑫ “在我一天过一天，在这人生前进之时，我越来越成了一个迷离惶惑的小孩子；我不能够把这世界弄惯，不能将生殖，遗传，看见，听闻看惯；最平常的事情也是使人抑郁的。人生的拘谨的，淡薄的，有礼仪的表面，与它的宽放的，秽亵的，并狂欢的——甚至冶荡的——底层成了一个无论怎么习见都不能使我妥协的景象”。斯提芬森《书札》（R. L. Stevensons：Letters）第二卷第三五五页。

⑬　《给儿童的戒慎诗》(Cautionary Verses for Children):这是一部很常用的书,在十九世纪早年出版的;这指明英国的教会式的新教的诗人,诗思老钉在危险观念的诗人,最后飘流而离开最初的福音内的自由多么远。医心运动,简言之,可以说是一种对于在十九世纪初期特别流行于英美两国的教士团体内的一切那种慢性愁虑的反动。

⑭　我指杜勒瑟(Horatio W. Dressor)和吴德(Henry Wood)二君,特别是前者。杜勒瑟君的著作在纽约和伦敦濮南诸子(G. P. Putnam's Sons)书店出版;吴德的书在波斯顿的李及石帕(Lee and Shepared)书店出版。

⑮　为恐怕我的见证被人猜疑,我再引述另一个报告人的话;这人就是喀喇克大学(Clark University)葛达德博士(Dr. H. H. Coddard),他论"信仰治疗所证明的心对身的作用"("The Effects of Mind on Body as evidenced by Faith Cures")的文字,载在《美国心理学杂志》(American Journal of Psychology),一八九九年出的(第十卷)。这个批评家,对相关事实作了广博的研究之后,断定说:医心派方法医愈的事,是实有的;可是这个方法与那些现在医学内正式承认为暗示疗法没有在任何方面的不同,他论文的末了有一个有趣味的关于暗示的观念如何生效的方式的生理的揣测(复印本第六七页)。葛达德博士对于心理治疗自身的一般现象,说:"虽然我们对心理治疗的报告曾作严重的评伤,但还有大量的材料,指明心对疾病有厉害的影响,好多的例都是本国的最好的医士诊断过,医治过,或是著名的医院试医过的病,但都医不好。有修养有教育的人曾经这个方法治疗过,结果满意。久年的病曾经减轻,甚至医好。…… 我们曾考究过由原始医术到现代的民众医术(Folk-medicine),专卖药品,和巫术的心理成分。我们深信假如这些法子不曾医好疾病,那就万不能解释这些法子何以还存在,并且以为假如这些真医好疾病,那么,生效力的,一定是心理成分。同样论证适用于那些近代的心理医疗术的宗派——'神圣医疗'(Divine Healing)与'基督科学'(Christian Science)。假如整个是一种执迷,那么,那大批的明白人,合成特别叫做'心灵科学家'(Mental Scientists)的团体的,依然继续存在,就几乎不可解了。这个不是一天的事;也不是限于几个人;也不是一地方的现象。固然,记载上记有好多失败,但这只有增加这个辩证的力量。因为一定有好多的显著的成功与这些失败对抵,否则这许多失败一定会打破这种执迷。……'基督科学','神圣医

疗'，或'心灵科学'，没有医好一切病，照道理也始终不能医好一切病。可是，把最广义的心理科学的普通原理在实际应用，是会预防疾病的。……我们实有充分证据，可以相信在心理态度上的适当改革，会使通常医生不能治的好多病人得轻松；甚至会把好多不能绝对医好的病人的死期延迟；并且忠实信守一种更真实的人生哲学，可以使好多人健康，并可以使医生把时间用在减轻不可预防的疾病的工作上"。(复印本第三十三，又三十四页)

⑯ 伏勒却《先意除了惧意所给予的幸福，心灵修养丛书第二种》(Horace Fletcher, Happiness as Found in Forethought minus Fearthought, Menticulture Series ii. Chicago and New York, Stone)，一八九七年版，二一至二五页，节录。

⑰ 杜勒瑟君:《自由之声》(Voices of Freedom)纽约，一八九九年版，第三八页。

⑱ 吴德君《由心灵摄影的理想暗示》(Ideal Suggestion Through Mental Photography)波斯顿，一八九九年，第五四页。

⑲ 到底这与基督本人的观念，是不是也那么不同，要让"圣经"注释家去决定。照哈纳克(Harnack)所说，耶稣对恶和疾病的感想很像现代的医心家。哈纳克问，"耶稣送给施洗约翰(John the Baptist)的答复是什么?"他又说是"'盲人看见，跛人行走，麻疯人得干净，聋人听见，死人复起，并且福音传给贫人'。这就是'天国的来临'(Coming of the Kingdom)；或是应该说，天国已经在这些救济工作中。约翰应该由克服并排除苦难，缺乏，疾病，由这些实际结果，看到新时代已到了。驱出魔鬼只是这种救度工作的一部分，可是耶稣指那个为他使命之精义。这样他对悲惨的，疾病的和贫穷的说话，但不是以道德家的资格，也没有丝毫过分的感情。他始终没有将疾病条分缕析；他始终不花时间去问病人是否'配得'被治好；并且他也始终不想到对苦痛和死亡表同情。他没有在任何场合说过疾病是个有益的遭遇。恶有个促进健康的用途。不！他把病叫做病，健康叫做健康。一切恶，一切惨境，他认为是可怕的东西；它是属于撒旦(Satan)的大国内的；但他觉得他具有救主的力量。他知道只有衰弱被排除，疾病医好，才可以进步"。《基督教的精髓》(Das Wesen des Christenthums)，一九〇〇年版，第三九页。

⑳ 徒爱因:《与无量界和调》，第二十六页(R. W. Trine: In Tune With

the Infinite），纽约，一八九九年版；我是把散在各处的语句串在一起的。

㉑　例如两位凯德。在爱德华·凯德（Edward Caird）一八九〇至一八九二年的演讲内，像下文的段落很多：——

“在耶稣传教的初期所出的宣告，说‘时期实现了，天国近了’（‘The time is fulfilled，and the Kingdom of heaven is at hand’）的这句话转到‘天国就在你们中间’（The Kingdom of God is among you）这个通告，其间几乎没有中断；并且人们说过，这个通告的重要，使生活在前此分裂时代的最伟大的圣者和先知与‘天国内的最细小的’彼此间有个在种类上的不同。最高的理想弄到去人很近，并且被宣告说是他们够得到的，他们被激励，叫他们要‘像他们在天之父那么完善’（perfect as their Father in heaven is perfect）。前此以色列（Israel）的虔敬上帝者渐渐把上帝看做不特是民族之神，而且是一个维持公道的，确然要惩罚以色列的罪恶，像他惩罚以东和摩押（Edom and Moab）那么确然要惩罚一样；他们越作这样看法，他们觉得与上帝生疏并远离之感，就越厉害；现在这种感想被宣判为不宜了。最具代表性的基督教祈祷文指示要把在犹太人全史上不断扩大的那种在这个世界与死后世界间的对衬打消：‘在地，像在天一样’（As in heaven，so on earth）。觉得人与上帝的分别，是一个有限者之于无限者，软弱有罪者之于全能的善者之感，固然没有消灭；可是这个感想不再能够压灭合一之感了。‘子’与‘父’（‘Son’and‘Father’）这两名词表示两者相反对，但同时也标明相反对的限度。这些名词表示不是一个绝对的相反，而是以一种不可磨灭的统一原理为前提的相反——这种原理能够，而且一定会，成为一个彼此和解的原理”。《宗教的进化》（The Evolution of Religion），第二卷，第一四六页，一四七页。

㉒　到底杜勒瑟派，越来越把“医心”经验与学院的哲学互相灌输的见解，会在实际上战胜那些比较不精审的、不重理的宗派，要等将来，才知道。

㉓　有神论的解释是说由于神的恩典，人的旧性一经诚心地舍弃，神就在他内心创造一个新性来了。泛神论的解释（这是大多数医心家的解释）是说由于隔离两个自我的信赖和愁虑的心态的藩篱一撤，比较狭窄的私人自我就融合于比较广大的自我，后者就是世界的精神（也就是你自己的“潜意识的”自我）。医学的唯物论的解释是说，在生理上“较高的”（虽然在这场合，不是精神上较高的）大脑作用，要节制比较简单的大脑作用，但只有弄到把后者

抑止，所以把前者调开了，后者就可以自动进行，因之就能够更自由地活动。——到底在一种心物学的对于世界的解释内，这个第三种解释可否与其他两种解释中的任何一种合并起来，可以认为尚未解决的问题。

㉔ 在基督教各教会内，不断流行着一种倾向，把疾病当做一种天降的事。疾病是上帝降来以裨益我们，或是为惩罪，或是为警告，或是给予修德的机会。在天主教，又是挣到“功德”(merit)的机会。有一个天主教的好作家(P. Lajeune：Introd. à la Vie Mystique，1889，p. 218)说，“疾病是身体的苦行中的最上等的，这种苦行不是一个人自己选择的，乃是上帝直接加他的并且是上帝旨意的直接表现。盖君(Mgr. Gay)说，‘假如其他苦行是银的，这一个就是金的；因为虽然这是由于我们自己，由原始罪孽来，但还是在他比较大些的方面，是像一切事变，也是由上帝的命令，所以它是个神圣的结构，并且它的打击多么公平！它多么有效……我并不犹豫，可以直说忍受长期的疾病，是真正苦行的杰作，所以它是受苦戒的灵魂的胜利’”。照这个看法，无论什么场合，疾病应该顺受，并且甚至在有些情境之下，愿意不生病，就简直是慢神。

当然，也曾有例外；在一切时代，由特别神迹医愈的事，教会内也曾承认，几乎个个大的圣者都曾多少实施过。欧文(Edward Irving)的异端说之一，就是主张神迹医治还是可能。德国一个牧师，蒲伦哈(Jeh. Christoph Blumhardt)在一八四十几年间，完全自然地发展了一个极纯粹的，能在病人忏悔并皈依了，牧师祈祷了之后把病治好的本事，并且施行了几乎三十年。钟德的《蒲伦哈传》(Zündel，Blumhardt's Life，5th ed，Zurich，1887)在第九第十第十一和第十七章内对于他的治疗活动有相当详尽的叙述。蒲伦哈始终以为他的治疗有效是由于上帝的直接节制。蒲伦哈是个特别纯洁，简朴，并不热狂的人，并且在他工作的这部分，并不是模仿前人。现在芝加哥(Chicago)有个苏格兰浸信会(Scotish Baptist)传教士陶埃博士(Dr. J. A. Dowie)，他每星期刊行的《疗治的快报》(Leaves of Healing)在一九〇〇年已到第六卷。虽然他排斥其他宗派所作有效的治疗，就是魔鬼冒充他本人专有的“神圣治疗”，但大体看，他不得不算做医心运动的一派。在各个医心派内，基本的信条就是，始终不应该接受疾病。疾病完全属于地狱的。上帝要我们绝对健康，所以我们不应忍受我们自己过的任何低劣些的生活。

㉕ 这些话是由爱德华斯那本论新英格兰的奋兴(Revival in New England)的书引来的。他劝人不要作这种祈祷,可是很容易看出他是以攻击那些冷冷的无气的教会分子为乐的。

㉖　杜勒瑟:《自由之声》第四六页。

㉗　杜勒瑟:《靠精神过活》(Living by the Spirit)第五八页。

㉘　杜勒瑟:《自由之声》第三三页。

㉙　徒爱因:《与无量界和调》(Trine:In Tune with the Infinite)第二一四页。

㉚　徒爱因:上引书:第一一七页。

㉛　勒真:《神秘生活引论》(Lejeune:Introd. à la Vie Mystique)一八九九年版第六六页引。

㉜　吴德:《由心灵摄影的理想暗示》第五一页,七十页(节录)。

㉝　请看这一讲的附录所载我朋友们借给我两个别的例。

㉞　到底各区界或各系统是否如大多数哲学家所假定,必定会整个融合成一个绝对的概念,并且假如真会,如何是最好的达到那个概念的法子:这些问题,只有将来才能回答。现在确知的,就是,事实上,各别的概念有各别的方面,每方面都与世界的真理的某一部分相当,每方面都被证实到相当程度,每方面都丢开真实经验的某一部分。

第六第七讲　病态的灵魂

在前一讲，我们讨论健全心态的气质，那种在体格上不会长期受苦的气质；在这种气质之中，以乐观的眼光看事的倾向好像是一种结晶水(water of crystallization)，这个人的性格就是凝定在这种水里。我们见到这种气质如何可以成为特种宗教的基地；在这一种宗教之内，好事，甚至现世生活的好处，被认为循理的人应该注意的主要事情。这个宗教指教健全心理者有计划地不把世界的比较不好的方面放在心上，教他不要重视这些方面，不要在他的反省的计算内理会这些方面，甚至有时候简直不承认有这些方面——这个宗教教他这样地与世界的这些方面清算。恶事是一种病；对病的愁虑是另外一种病，这另一病只有使原病加重。就是忏悔与追恨，这些号称能够促进好事的感情，也许只是羸病的、松弛的冲动。最好的忏悔，就是来作正义行动，忘记了他曾与罪恶有过关系。

斯宾诺莎(Spinoza)的哲学，是把这种健全心态组织在它的核心内的；这是他的哲学所以动人的一个秘密。据他的意思，受理性领导之人，就是完全受好事对他的心灵的影响的指导。对恶事的知识就是一种"不适当"(inadequate)的知识，只与奴隶性的心思相宜。所以斯宾诺莎无条件地排斥忏悔。他说，当人们做错事之时，

“人也许预期良心的惨痛和悔恨，会帮助他向正路走，并且也许会由是结论说（人人都这样结论）这些感情是好事情。可是，假如我们细察这个情形，就会知道这些感情不特不是好的，而且反是有害的，并坏的烈情。因为明明我们用理性以及爱真理，总能够比用良心的愁虑和悔恨，进行得更好。这些愁恨都是有害的，并且是邪恶的，因为它们是特种的悲惨（sadness）；悲惨的不利，我已经证明，并且已经指明我们应该努力把悲惨排除出我们生活之外。因为良心的不安与悔恨，也是这一种性质，我们应该恰恰一样努力避免这些心态。”①

基督教会的观点，最初就以为悔罪是危急转机宗教的行为；在基督教团体内，健全心态总提出它对这件事的比较温和的解释。这种心态健全的基督徒所谓悔罪，是指离开罪恶，不对犯罪这件事呻吟抢地。天主教的忏悔与赦罪（confession and absolution）的仪式，就它的一方面看，几乎只是一种有计划的扶持健全心态的方法。由这个方法，一个人与恶事牵涉的账目按期结算，并稽核一番，因此他可以由新页开始，没有旧债记在上头。任何天主教徒会告诉我们这种荡涤工作之后，觉得多么干净，新鲜，自由。就我们所讨论过的彻底的健全心态说，马丁·路德绝不属于健全心理型，并且他拒绝神父的赦罪仪式。可是，他对悔罪这件事有些很带健全心态的观念；这大部分是因为他的上帝概念很广大。他说：

“当我为僧之时，假如在任何时期，我觉得肉体的情欲，那就是说，假如我觉得任何恶的发动，肉欲，愤怒，憎恶，或妒忌任何僧侣；我试用好多方法，帮我使良心安静。可是我的良心不肯安静下来；因为我肉体的贪欲总又来，因此我不能安息，

不断为这些念头所困扰。例如：这件或那件罪恶，你犯过的；你传染了妒忌，不忍耐，及其他这种罪恶；因此你奉行这个僧职是枉然的，并且一切你的好工作都是无益的。可是，假如当时我对于保罗（Paul）这些话有正当了解：'肉体所贪欲的与精神相反，并且精神也与肉体相反；这两件是互相敌对的，因此你们不能做你们要做的事'，那么，我就不会这么惨然自苦，就会对我自己想并说（像我现在常做的），'马丁，你不应完全没有罪恶，因为你有肉体；因此你应该觉得肉体的斗争'。我记得斯陶壁兹（Staupitz）常说，'我曾对上帝发愿一千回，说我要变成更好的人；但我始终没有实行我所发的愿。此后我一定不发这种愿：因为我现在已经由经验知道我不能够实行。所以除非上帝因基督之故对我留情，并慈悲，那么，无论我怎么发愿，并有多好的行为，我也总不能够站在上帝之前'。这个（斯陶壁兹的态度）不特是个真正的绝望，而且是敬天的，圣洁的绝望；并且这是一切要想得救的人必须口里心里都承认的。因为敬天的人不信赖他们自己的正当行为。他们仰望着为他们调解者，为他们罪恶舍生的基督。并且，他们知道在他们肉体内的余残罪孽不归在他们身上，乃是无条件地赦免。然而，同时他们精神上仍与肉体抗战，因为怕他们会满足肉体的贪欲；并且他们虽然觉得肉体在躁怒反抗，并且他们自己有时因为软弱真陷于罪，但他们并不沮丧，也不以为会由此使他们的状态和生活方式以及他们照他们的职务所做的好事不满上帝的意；反之，他们用信仰提高自己。"②

那个宗教的天才，莫林诺（Molinos）是寂静派（Quietism）的创

立者；他因为种种异说，被耶稣会(the Jesuits)排斥得非常惨酷；这些异说之一，就是他对于悔罪表示健全心态的意见：

> “在你陷于过失之时，无论是关于什么事，都不要因为它自扰自苦。因为这些过失是我们为原始罪孽(Original Sin)污玷过了的薄弱本性的结果。你一犯任何过失，我们的公敌〔译者按：指恶魔撒旦〕会使你相信你在过失内走，所以到了上帝和他的恩惠之外了，并且由是他要使你不信赖上帝的恩典，他要告诉你说你受苦并把受苦说得过分；又使你心里起一个念头，以为你这样常常重犯这些过失，每天你的灵魂一定不变好而更变坏。受祸的灵魂啊，睁开你的眼睛；闭起门，拒绝这些出于恶魔的暗示，明白你的苦楚而信赖上帝的慈悲。假如有人与别人赛跑，在跑得顶好时候跌了一跤，他就躺在地上啼哭，大骂自己跌倒的过失——难道这个人不是一个真傻子吗？(人们告诉他)老哥，不要浪费时间，起来再跑，因为赶快起来，再继续跑下去的人，跟始终没跌的人一样。假如你看见你自己跌了一回，甚至一千回，你应该利用我已经告诉你的补救法子，就是亲爱地信赖上帝的慈悲。这些是你必须用以奋斗而征服怯懦与空想的武器。这是你应该使用的法子——不要得不着好处而浪费时间并自扰。”③

假如我们把像这些的这种健全心态的见解认为是一种刻意尽量缩小恶事的方法，那么，与这种见解相对衬的有个根本相反的见解，假如你喜欢，可以叫做一种尽量放大恶事的方法。这个见解所依据的信条，是说：人生的恶方面是它的根本质素，并且我们最把这些方面放在心上，就最会了解世界的意义。现在我们要考虑这个比较病态的对于人生情形的看法。可是，就像我在前一讲结束之时提到对于健全心态的人生观的一种普通的哲学的反省一样，在这里，我要对这个人生观做另一种哲学的反省，然后再转到那种比较重大的工作。我请你们原谅这样短时的稽延。

假如我们承认，恶是我们生活的一个主要部分，并且是解释人生的钥匙，那么，我们就是故意把困难压住我们自己了；这个困难，在各种宗教哲学内，始终是个重负。每回有神论弄成了一个有系统的世界哲学之时，它就表示不情愿让上帝成为比宇宙全体（All-in-All）还少一点的对象。换言之，哲学的有神论始终表现要变成泛神论并一元论的倾向，把这个世界认为是一个绝对事实的整体。这个曾经与通俗的或实际的有神论冲突，因为后者始终是多少坦白地自承为多元论的（pluralistic），更不用说是多神论的（polytheistic）。并且假如可以容许我们相信神圣的精素还是至上，其余精素是下级的，那么，通俗的或实际的有神论对一个由好多原有精素构成的世界，曾表示十分满意。在这后种情形之下，上帝不是必定要负世界有恶的责任；假如恶最后不被克除，那么，他才有责任。可是，依照一元论或泛神论的见解，恶必定植基于上帝，像一切其他事物一样，困难在于要了解假如上帝是绝对好的，世界怎么有含恶的可能。无论哪一种哲学，凡是认世界为一个无瑕的事实整体的，都面对这种困难。这种整体是一个体（Individual）。在个体之内，最恶部分必定同最好部分一样重要，要使这个体成为具现状个体，最恶部分同最好部分一样是必须的；因为假如一个体内的任何部分消灭或改变，它就完全不再是那个体了。现在在苏格兰和美国那么流行的绝对唯心论（absolute idealism）的哲学，必须与这个

困难奋斗的程度，同经院派有神论（scholastic theism）当年奋斗的程度一样。虽然要说不会有任何项理论的解决由这个哑谜出来，未免太早，但我们可以十分公平地说，总是没有分明的或容易的解决。并且唯一的显而易见的避免这个矛盾的方法，在于完全离开一元论的假定，让这个世界最初就具多元的形式，就是认世界是一个含有高级的与低级的东西和精素的集团，不是一个绝对地单一的事实。因为，这样，恶就无须是根本的；恶也许是（也许从前也始终是）一个独立部分，并没有合理的或绝对的权利与其余部分同存在，并且我们可能希望最后把恶消灭掉。

我们所描写过的健全心态的福音，很清楚地对这个多元论的见解投赞成票。一元论的哲学家觉得他自己多少不得不像黑格尔（Hegel）那样说，一切实有的都是合理的，并且，恶，因其是一个在辩证过程中（dialectically）必要的元素，必须组织上去，保存着，并推尊，并在最后的真理系统内派定了一个职务。反之，健全心态的见解绝不肯说像这一类的话。[④]它说，恶，是深不合理的，不应该在最后的真理系内组织上去，保存，或推尊的。恶，在主看来，是一个纯粹可痛恶的东西，一个化外的幻象，一个废物，要剥脱，否认，并且就是对它的记忆，假如可能，也要抹消忘记。理想的，绝不是与实有的全部同范围，它只是从实有的出来的提精（extract）；这个提精的特色，就是它解脱了一切与这个病的、低劣的、并臭污的东西的接触。

我们在这里要把这个有趣味的见解加以公平的并诚实的说明。这个见解，以为世界有些元素，也许与其他元素合起来并不成为合理的整体；由那些其他元素合成的任何系统看来，这些元素只

能算做许多不相干的并偶然的东西——好像是许多“腌臜”(dirt)似的,并且是放错地方的东西。现在我请你们不要忘掉这个见解;因为虽然大多数哲学家似乎不是把它忘掉;就是太看它不起,不提到;但我相信我们自己最后要承认它含有一部分真理。所以,我们又觉得医心福音似乎具有尊严与重要。我们已经见到它是一个真正宗教,并不只是愚妄的,要用想象医病的勾当;我们已经见到它的实验的证实法并非不像一切科学的方法;现在我们见到医心运动拥护一个完全确定的,对于世界的本体上构造的概念。我希望你们因为一切这些理由,不会怨恨我逼你们听了这么长的讨论。

现在让我们暂且与一切这种想法告别,把注意转到那些人——不能把恶之意识这个重负那么快扔掉,而且是生来注定要因为有恶事而受苦的人。恰像我们已经见到健全心态有较浅较深的两层,即只是动物的那些种快乐,与比较有更生性的那些快乐,病态的心也有不同的阶层,并且有一层比其他一层更可怕得多。有些人以为恶只是与东西适应得不好,个人生活与环境的一种错误的相应。像这种的恶事在自然界方面是可以补救的,至少在原理上如此;因为只需把这个人自身或是这些东西改变,或是这两件同时改变,这两项就可以弄到相适合,此后一切事情都可以再兴高采烈,像结婚的钟声似的了。可是,还有些别的人觉得恶不只是这个人对于特别外物的关系,乃是一种更根本更普通的东西,一种在他的根本性格内的错误或邪恶,这不是把环境作任何改变,或是把内部自我作任何粗浅的重新排布所能治好的,而是必须一种超自然的补救的。就大体说,拉丁诸民族(the Latin races)比较倾向于第一种对恶事的看法，以为恶是多数的祸害和罪孽合成的，可以零零碎碎的排除；日耳曼诸民族(the Germanic races)则比较倾向于第二种看法，认罪恶这个名词是单数的，为着重而大书的，它是一种深刻于我们自然的主观部分内而不可磨灭的东西，始终不能用任何粗浅的零碎的手术可以割掉的。[5]这种把民族与民族的比较，总会有例外，但北欧民族对宗教的情调，无疑是偏于一种更深切地悲观的心态；并且因为这种感觉比较更趋极端，我们将要发现它在我们这种研究工作上断然是更可以启发我们的。

近年心理学曾经发现"阈限"(threshold)这个名词，作为指一个心态转到另一个心态的那一点之象征的名称，有很大用处。例如，我们说一个人的一般意识的阈限，用以指要刚刚引他注意所需要的声音，压力，或其他外部刺激的分量。在高阈限的人能够瞌睡的喧闹环境之中，另一个阈限低的人会立刻惊醒。同理，假如一个人对任何类的感觉的微小差别很敏感，我们说他有个低的"差别阈限"(difference-threshold)——好像他的心很容易跨过这个阈限，觉到这些差别。恰恰同样，我们可以说"痛觉阈限"，"恐怖阈限"，"苦恼阈限"(a 'pain-threshold,' a 'fear-threshold' a 'misery-threshold')，而发现有些人的意识很快超过它，但对于别人的意识又是太高，不能常被够到。乐观和心态健全的人惯在他们的苦恼界线的向阳方面过活；抑郁的、悲观的人则惯在这界限的那一边，在黑暗和忧虑中过活。世上有些人，好像一生下来就带有一两瓶的香槟酒，他们随时可以喝得陶然；而别的人们似乎天生靠近痛觉阈限，极微末的刺激物就注定要把他们推送到这个阈限之上。

难道不好像比较惯于在痛觉阈限的一边生活的人，需要一个

与惯于在这阈限的另一边生活的人所需要的不同类的宗教吗?关于不同类的宗教是与不同类的人相对的这个问题,自然会在这里发生;并且会在我们讨论完之前,成为严重的问题。可是,在我们没应付这个问题的一般方面之先,我们应该着手于一种不适意的工作,就是听取病态的灵魂(我们可以将这帮人这样称呼,以别于心态健全的人)对他们的拘留所的秘密,对他们自己的特种意识有什么话说。让我们决计不理会"一度降生的"人和他们的"天朗气清"的乐观的福音;让我们不要不顾一切现象,只喊"好啊,这个世界!——上帝正在天堂上,世间一切都是对的",("Hurrah for the Universe! God's in his Heaven, all's right with the world"),宁可让我们看看到底怜悯、苦痛和恐怖,以及人生无可奈何之感,是否一定不会开发一个更深远的人生眼界,使我们拿到一把更细巧的发现人生的意义的钥匙。

第一件我们要说的,是:像现世界的成功这样不稳固的东西怎么样能够给予人生以稳定的停泊之所呢?一条链索不会比它的最脆弱的一环更坚强,而人生呢,毕竟是一条链索。就是在最健康的并最顺利的生活之中,不是总有好多的病痛、危险和灾殃参插在内吗!正如古代诗人所说的,由每个发出快乐的泉源,总有点苦味出人不意地冒上来:微微的呕心、败兴、郁闷的气味,响着丧钟似的东西,因为这些虽是稍纵即逝的,却使人觉得它是生于一个比较深邃的世界,并且往往非常真切。人生的杂乱营营之声,给它一碰就停止了,就像钢琴弦给阻尼器(damper)一落在上头就不响了一样。

固然,人生的音乐能够再起头;——再来又再来一下——在相隔的不同时期。可是这个就使健全心态的意识留下一种无可救药的不安稳的感觉了。它好像一口有裂缝的钟；它靠着忍苦与偶然才活一口气。

纵使我们假定有个人那么充塞着健全心态，弄到他自己始终没有经验过任何这种损人兴致的时期，但是，假如他是个会反省的人，他必定会通概而将他自己的命运与别人的归在一类，这样一来，他一定会觉悟他只是幸免而已，其实与别人并无根本的不同。他尽可以从前降生在一个完全不同的命运里头。这样一想，这个稳固真是玄虚了，假如在一个局面里，你所能说的最好的事只是“谢天谢地，这一回让我逃掉了！”这是什么种的局面呢！难道它的幸福不是一种脆弱的幻想吗？难道你对它的高兴，不是很低恶的快意，与任何流氓对它成功的暗暗得意相差不很远的吗？纵使只要在像这种条件之下算做完全成功的话！可是再把最幸福的人，最为世人所艳羡的人来说，十人之中有九个，他内心最深处也是觉得他自己是失败的。或是他在他成就这方向的理想抬得比他实际成就高得多，或是他有世人完全不知道的秘密理想，他自己内心知道他并没有达到的。

像歌德(Goethe)那种战胜一切的乐观家可以说如下的话，不及他那样成功的人一定要怎样说呢？

> 歌德在一八二四年说：“我不说什么不满意于我一生历程的话。可是归根到底，这一生只是苦痛和负累，并且我可以肯定说，在我整整七十五岁的期间，我没有过四星期的真正的康宁。这一生只是一块必须时常重推上去的岩石的不断往下滚。”

有什么独手奋斗的人，统算起来，像路德那样成功？可是到他老了的时候，他回望他的生平，好像是绝对失败似的。

> “我完全厌烦生命。我祈祷主立刻来，把我带去。最要紧的，让他带来他的最后判决：我情愿伸出我的颈项等着，让天雷爆发，那样，我就可以安息了”。——当时他拿着一条白玛瑙的项环在手里，他又说：“上帝啊，请准许我最后判决就到，毫不迟延。要是这个判决明天来，我很情愿今天把这项环吞下去”。——有一天，路德与那个选帝侯夫人（the Electress Dowager）同进餐，侯夫人对他说：“博士，我祝你可以再活四十年。”路德答应说：“夫人，我与其再活四十年，不如放弃进乐园（Paradise）的机会。”

那么，失败，失败！世界在每一个转角都把失败烙印在我们身上。我们在世界上散布我们的大错，我们的过失，我们丢掉了的机会，以及一切关于我们不胜任的纪念。然后世界用多么强调的宣判把我们抹杀啊！没有什么轻易的处罚，没有单纯的道歉或形式的赔罪，会满足世界的要求，所勒索的每磅的肉都是血淋淋的！人类所知道的最深切的苦恼，就是与这些结果附带的，毒害人的卑屈之感相连的。

并且这些种类的苦恼都是有关键的人生经验。一个这么普遍的，这么永久的过程，明明是人生的一个紧要部分。斯提芬森（Robert Louis Stevenson）写过，“人们的命运内，的确有一个成分，就是盲目也不能够争辩的。无论生我们是用意在要我们做什么，总没有意思要我们成功的；失败是注定的我们的命运”。[6]我们的本性既然是这样植根于失败，那么，神学家把失败认为根本，并以为只有由失败而来的个人的屈辱的经验，人们才可以达到更深切的对于人生意义的感觉。有什么奇怪呢？⑦

可是这只是厌世病（world-sickness）的第一步。将人的感觉弄得更敏锐一点，送他们到苦恼阈限的那边更远一点，那么，就是成功的时刻当时所有的好处也伤坏而失效了。一切自然的好处会消灭：财富会飞；名誉只是一口气；恋爱是个骗局；少年，健康和快乐同归于尽。难道最后总是灰尘和失望的东西，会是我们灵魂所需要的真正好事情吗？在一切之后的，是普遍死亡这个大妖魔，是并吞一切的黑暗。

> "一个人在白日之下所用的一切气力，对他有什么利益呢？我看看我两手所做过的一切作品；看啊，一切都是虚荣和精神的烦惑。因为人的儿子会遭受的，兽类也会遭受；这一个死，那一个也会死，一切都是尘土成的，并且一切都要回到尘土。……死的不知道什么事，他们也不再有什么奖赏，因为他们的旧影被忘记了。他们的爱情，他们的憎恨，他们的妒忌现在都消亡了：他们永远不再有对白日之下做的任何事情的一份儿了。……诚然，光是可爱的，并且让眼睛看见白日是适意的事情：可是虽然一个人活了好多年，并享受一切这些年的快乐，但是让他记得黑暗的日子；因为这些日子将来要很多。"

总而言之，人生与人生的被抹消，是胶结不解的。可是，假如人生是好的，那么，它的抹消一定是坏的。然而这两件是生活的同等根本的事实；所以一切自然的快乐似乎都传染着一种矛盾。它的周围有宽广的坟墓绕着。

对于注意这种情况而平心感受这种观想所产生的会毁灭喜乐

的灰心冷意的人，健全心态所能给与救助，只是说："胡说，废话，到露天的广场上去！"(stuff and nonsense, get out into the open air)或是说："高兴点，老哥；只要你弄掉了你这病态心理，你一会儿就好了！"(Cheer up, old fellow, you'll be all right erelong, if you will only drop your morbidness)。可是，正正经经地说，这种像这个的光秃秃的动物性的话可以当做合理的答复吗？将仅仅对一个人短短的享受自然的好处的机会所得的麻麻糊糊的足意，认为有宗教价值，简直就是从健忘和肤浅为神圣的了。我们的困难实是太深，那种救医是不灵的。我们会死，我们会生病，这件事就使我们惶惑；我们此刻活一会并健康一会这件事，与这种惶惑完全无涉。我们要有一个与死无关的生活，一种不会得病的健康，一种不会消灭的好处；实际上要一种超乎自然福利的好处。

这完全要看个人对于不调和的感觉多么灵敏。我有一位朋友，就是对于这些敏感的，他说，"我的毛病，在于我太相信共同的快乐和善良；关于这些是不常久的这件事，随便什么不能给我安慰。这些竟然会不常久，这就使我惶恐而迷乱了"。并且我们中大多数人也这样：只要动物性的感应和本能的热度减低一点，动物似的顽强失掉一点，易于激怒的衰弱状态来一点，并苦痛阈限变低一点，就要在我们的欢乐的一切通常泉源的中心内的尸虫全身涌现，使我们变了沉郁悲观的形而上学家。对人生的自豪以及世界的光荣就衰灭了。归根到底，这只是热血的青年与白发的老年间的长存的争执。老年是说最后一句话的：纯乎自然主义的(naturalistic)对人生的看法无论它起头挟着多么大的热情，靠得住要归结于悲惨的。

个个只是实证主义的，存疑主义的，或自然主义的哲学系统，它的中心都有这种悲惨藏着。就是让乐观的健全心态把它的非常的、活在顷刻内、不顾一切、忘记一切的能力，尽量发挥，可是祸恶的背景实际仍存在，不能不想到，好像在欢宴之中，骷髅会闯来冷笑。在个人的实际生活内，我们知道他对任何眼前事实的愁闷或高兴，全部如何随着那与这种事实有关的更远的计划和希望而变。眼前事实的价值的主要部分是由它意义与骨架而来的。我们一知道这事实没有归宿，那么，无论它直接是多么适意，它的光辉和金碧就消灭了。患险毒的内病的老人，也许起初会像从前一样欢笑畅快；可是他现在知道他的命运，因为医生已经说出来了；这个知识把一切这些乐事的满意之处都打掉了。这些乐事都是死亡的伙伴，尸虫是它们的弟兄，所以它们变成索然无味的了。

当前此刻的光彩，始终是从与它相连的那些可能的背景借来的。让我们平常的经验包藏在一个永远的道德的组织之中；让我们的痛苦具有一种不朽的意义；让上天对大地含笑，诸神降临地上；让信心和希望作为我们吸进的空气；这样，人的日子就过得津津有味地了；这些日子以展望鼓舞人，以更远的价值感荡人。反之，把“纯粹自然主义和现代的通俗科学的进化论所看到的最后唯一可见的那种冻凝的寒冷和阴惨以及缺乏一切永久意义”这件事实加在这些日子的周围，这感荡就忽然断了，或是宁可说是，它变成一种愁虑的战栗了。

从那些以近年宇宙论的揣测为养料的自然主义看来，人类的地位如何呢？人类简直像一帮人住在冻冰的湖面上，四面有悬崖围住，无从逃出。可是他们明知冰是在一点一点地溶化掉，总有一天，最后的薄薄一层冰也要消灭，这一天越来越近，他们的命注定是要这样不名誉地死了的。溜冰溜得越高兴，白天的太阳越暖并越灿烂，夜里的烛火越光红红的，这些人领略这整个局面的意义的当儿必定感到的悲惨，就也越尖锐了。

在文学作品内，古代希腊人常常被抬出，作为自然宗教（the religion of nature）会产出的那种健全心态的欢欣之模范。诚然，在那些希腊人中间，是有好多欢欣表现——荷马的诗对于大多数日光所照的东西的那种热情流溢，是恒久不断的。可是就在荷马，含着反省的文句也是扫兴的；[⑧]并且希腊人一经作有系统的沉思，想到最后的局面，就变成完完全全的悲观者，[⑨]诸神间的妒忌，快乐太过后的神罚，并吞一切的死，命运的黑暗不透光，世间的基本的而且不可了解的残忍，是他们想象的固定不移的背景。他们多神教的美丽的欢欣情怀，只是带诗味的近代人的幻想。他们并没有经验到什么欢欣，其宝贵的品质可以与婆罗门教徒，佛教徒，基督徒，回教徒，信仰非自然主义的"二度降生"的人们各别由他们的神秘主义和舍弃行为的教义所得到的那种欢欣相提并论的（这些教徒有这种欢欣，我们不久就可以说到）。

斯多噶派的麻木和伊壁鸠鲁的顺受（Stoic insensibility and Epicurean resignation），是希腊人的心思在这方向所达到的最前进的一步了。伊壁鸠鲁派说："不要追求快乐，宁可只求避免不快乐；强烈的快乐始终是与苦痛连锁着的；所以靠近稳当的这一边岸前进，不要招惹比较深度的痛快，用期望很少并目标很低这个法子去避免失望，并且，最要紧的，不要愤怒。"斯多噶派说："生活所能给与人的唯一真正好处，就是自由保有他自己的灵魂；一切别种好处都是假话。”这两种哲学中任何一种，都是对自然界的赠赐绝望的哲学，不过程度有不同罢了。信赖地委身于繁多的快乐这种态度，伊壁鸠鲁派和斯多噶派通通失掉了；任何一派所提议的，只是如何摆脱这样产生的尘土和灰烬的心态的法子。伊壁鸠鲁派还期待着由节制纵乐和阻尼欲望而来的结果。斯多噶派就不希望什么结果，完全放弃自然的好处了。这两种的舍弃都具庄严性。它们代表人类初期沉醉于感官快乐之后所必有的觉醒过程中的不同阶段。在伊壁鸠鲁派，热血变凉些；在斯多噶派，血已变成冰冷了。虽然我用过去的语法说他们，好像它们只是历史上的人生观；但是，大概这两派在一切时代都会是具典型性的态度，指示在患了厌世病的灵魂的演进中的某个确定的阶段。[10]这两派标出我们所谓一度降生的时候的结束，代表二度降生的宗教所谓纯乎自然的人最高的上进——伊壁鸠鲁派（只有极客气，才可以叫它做宗教）表现自然人的温雅；斯多噶派表现他的道德的愿力。这两派把世界停放在一个不可和解的矛盾的状态中，并不寻求更高的统一。把来与超自然地更生的基督徒可以享受的，或东方的泛神教徒尽量自娱的那种复杂的出神状态相比，这两派关于要得到心平气和的药方子似乎太简单，差不多到了粗陋的地步了。

可是，请你们注意我还没有要对这些态度下最后的判断，我只是描写它们的类别。

要得到二度降生的人所报告的那种极高的快乐，最靠得住的法子是经过一种比我们所说过的悲观还要再彻底的悲观心态——就是历史的事实所示的，我们已看到自然的好事物的光彩和迷醉力如何可以磨灭。可是有种不快乐，达到那么高度，弄到人把自然的好处完全忘掉。心上完全没有觉得这些好处存在的感想。要达到这个极端的悲观,所需要的,还不止对于人生的观察和对于死的反省。个人必须亲自成了一种病态的忧郁的患者。就像心态健全的热心人做到完全不知道有恶存在,忧郁者无论他自己如何用力,始终不知道有任何好处存在;从他看,一切好处没有一点点的实在性了。在神经构造完全正常的人,这种敏感并这样易受精神上的痛苦是极罕见的;一个健康的人,就是他遭遇了最恶毒不堪的外境,也很少有这种感受性。因此,我们这里注意我在第一讲所说的好多的神经病的气质,现在"正要上场活动,而且要在后来的许多幕内充个角色"。因为这些忧郁经验首要是绝对一己的、个人的,所以我可以援引私人的文件来说明。听这些文件实在很痛苦,并且公开念它,几乎是无礼事。可是它刚刚挡住我们的道上;假如我们要把宗教心理学讨论得稍为认真点,我们必须愿意忘掉礼俗,钻到光滑的、掩饰的、官式的说话的外表之下去。

我们可以分别出好多种的病态的忧郁。有时只是消极的不欢和沉郁,败兴,沮丧,觉得无味,无兴会,没劲儿。黎波教授(Prof. Ribot)提议把这种状况叫做快感丧失症(anhedonia)。他说:

"快感丧失症(假如我可以新制一个名词,以与痛觉丧失症 analgesia 相对待)的状态,很少被人研究过;可是实际上有这个病症,有个少女,害了一种肝脏病,这个病改变她的性格,经历相当时间,她对她的父母不再感亲爱之情了。她还同她的玩偶玩,但对这件事要找到丝毫的快感,也不可能。从前使她绞身大笑的事情,现在完全不能使她发生兴趣。爱斯其罗(Esquirol)观察到一个很明白的长官,也是患肝病的。他心里的个个情绪似乎都死了。他并没有表现变常或凶暴，只是完全没有情绪的反应。他照惯例到戏园去，但对看戏丝毫不感乐趣。他说，想到他的房子，他的家，他的太太，和他的出外儿女，就像一个几何学的定理那样不能引起他的情感。”⑪

在大多数人，长期的晕船会引起短时的快感丧失这个病态。患者想象件件地上或天上的福利，可是一想就又生厌恶而掉头不要。这种短期状态，与一个在智力与道德上都是特别高超的人的宗教发展相连的，被那个天主教哲学家格拉都黎神父（Father Gratry）在他的自传里描写得很好。他年轻时候，因为在工艺学校（The Polytechnic School）内精神上的孤单和用功过度，陷入一种神经乏竭的状态；他把这个病态的症状叙述如下：

“我有这样普遍的恐怖，因此我夜里惊跳地醒来，以为先贤堂（Pantheon）正在倒塌，压在工艺学校上头，或是这个学校失火，或是塞纳河（the Seine）倾泻到墓洞（the Catacombs）去，并且巴黎整个淹掉了。这些印象过去之后，我感到不可救药的、不能忍受的悲观心境，濒于绝望，这样整天没停歇。确实，我觉得上帝摈弃我了，我沉沦了，判定永远受罚了！我觉得有些在地狱里的感觉。在那个状态之前，我从来没想起地狱。我的心思从来不转到那个方向。以前没有什么讨论或反省给我那样的印象。我不会把地狱算数。现在忽然之间，我受到某程度的地狱之苦了。

可是，也许更可怕的事，就是，一切对天堂的观念，我通通失掉了：我再不能够设想任何这种事情。我觉得天堂不值得进去。天堂像个真空：一个神话中的仙境，一个还不如地球实在的、住着黑影的地方。我不能设想住在天堂有什么欢欣，什么愉快、幸福、欢乐、光明、亲爱、爱情——一切这些名词现在毫无意义了。诚然，我还能够谈到一切这些。可是我已经不能够觉得这些有什么，领会这些有什么，希望由这些得到什么，或相信有这些东西。这是我的庞大的、不可慰安的悲哀！我再不能够感觉幸福或圆满的存在，也不能设想有这些。只是一个玄虚的天堂，在一块赤裸的岩石上。这就是我现在要永远居住的地方。”⑫

上文是说：不能够感到欢乐之情的忧郁。比这个更坏得多的忧郁，就是积极的、活跃的苦痛，一种健康人完全不知道的“心理的神经痛”(psychical neuralgia)。这种苦痛可以带各样性质，有时比较更含憎恶(loathing)的性质；有时更有被激怒，被气到极点的样子；有时更带有自己不信任自己对自己绝望；有时更带有猜疑，焦虑，战栗，恐怖。患者也许反抗，也许顺受；也许委过于自己，也许怪到外界的势力。并且他也许不断为他何以这样受苦这个问题的理论上的奥秘痛心，也许不如此。大多数这样病患都是混杂的病；所以我们不要太重视我们的分类。并且，其中只有比较小部分的例，与宗教的经验有关。例如，激怒的患者大都与宗教的经验无关。我现在由实际是我随手捡来的第一个忧郁的例引述些话。这是一个法国精神病院的一个患者写的一封信。

“我在这个医院里，身体和精神两方面都受苦得太厉害了。除了焦灼和失眠(因为从我关在这里以来，我再也不睡，我所得到的一点点休息又被噩梦打破，并且因为梦魇，可怕的幻象，闪电，雷声等等，我夜里每每惊跳而醒)之外，还有恐怖，

痛苦不堪的恐怖把我压下来，不断抓住我，始终不放松。一切这些，公道在那儿呢！我做过什么事，会应该受这么严厉过度的责罚呢？这个恐怖要怎样把我压碎呢？任何人肯干掉我的生命，我要如何感谢他呀！吃，喝，整夜不睡，受苦不停——这是我由我母亲继承而来的遗产！我所不能了解的，就是，何以这样滥用权力。件件事都有限度，都有一个中道。可是，上帝不知中道，也不知道限度。我说，上帝，这是为什么？我到此刻止所知道的一切都是恶魔。毕竟，我怕上帝和怕魔鬼一样厉害，所以我飘流下去，只想自杀；但在这里，既没有勇气，也没有工具，可以实行这件事。在你看这个之时，这很容易证明给你看，我是疯狂的。文体和观念是够不连贯的——我自己也能看出来。可是，我不能够叫我不疯狂或不傻；并且，现状如此，我求谁怜悯呢？有个无形的仇敌，把他缠绕着我的绳子越弄越紧，我对这个，毫无自卫的法子。纵使我看见他，或是曾经见过他，我也不会有更好的武器。哦，只要他杀死我，这可恶的东西，死啊！死啊！一死了结。可是我停住。我对你发狂够长久了，我说发狂，因为我不能写别样的话，我没有一点脑筋或思想剩下了。上帝呵！出生是多大的不幸啊！像个细菌似地上生出来，无疑在晚上到早上之间；并且当我在大学念哲学那一年，我咀嚼悲观主义者的反刍，那时候我多么合理，多么对呵。是的，实在的，在人生内，苦比乐多——人生是一长期的痛苦，一直到坟墓为止。想想看，我记起来我这个可怕的，与这种说不出的恐怖相连的苦难，也许要经历五十年，一百年，谁知道还要多少年，这要使我如何高兴啊！”⑬

这封信表示两件事。第一，你们看到这个可怜人的意识，整个充塞着对于祸恶之感，弄到他完全不觉得世界有什么好处。他的注意排除了世界有好之感，不能够收留它：太阳离开他的天空了。第二，又看到他对苦恼抱怨的脾气，如何使他的心不转到宗教的方向去。其实，抱怨心态倾向于反宗教；就我所知道说，抱怨在建立宗教系统的工作上没有任何贡献。

宗教的忧郁必定是比较和柔的心境。托尔斯泰（Tolstoy）在他的名著《我的忏悔》（My confession）的书内，留给我们一个奇妙的，关于引他得到他自己宗教的结论的那个忧郁病态的叙述。他这些结论在有些方面很特别；但他这个忧郁症有两个特性，因此，这篇叙述是与我们此刻讨论有关的典型的文件。第一、他的忧郁是一种很显著的快感丧失症，消极地丧失对人生的一切价值的欲求；第二、它表示由快感丧失症而起的这个世界新有的变相与生疏样子，如何刺激托尔斯泰的理智，使它作自恼自苦的疑问，并作追求哲学上解决的努力。我想要引他的很多的话；但在引述之前，我要对这两点各作个一般的讨论。

第一、关于我们的价值判断，和对于一般价值之感。

因为同一事实，在不同的人并在同一个人的不同时期，会引起完全不同的情感；所以相同的事实可以与相反的情绪的评价相连：这是众口一词的情形，并且任何外界事实与它偶然引起的情感之间，并没有可以照理演绎出的关系。情感的来源，是完全在另一个事物界，在起情感的人的本性内的动物性和精神性的部分。如其可能，设想你本人忽然剥脱掉了你的世界此刻引动你感到的一切情感，然后尝试想象这个世界的固有现状（as it exists），纯乎这世界自身，没有你的带褒或带贬的，有望的或忧虑的评判的一个世界。要你切实领会到这一种消极和死沉沉的状态，几于不可能。假如可能，就没有世界的任何一部分会比它的任何另一部分更重要；并且世界的整堆东西和整串事变，就变成没有意义，没有特性，没有神情，没有阴阳向背了。所以，我们各个人的世界似乎接受的任何种有价值、有兴味、有意义的东西，都是纯然出于晤对各个世界的人的心思。恋爱这个热情是这种事实的最熟悉、最趋极端的例。假如恋爱来，它就来；假如不来，任何种理论也不能强迫它来。可是恋爱将所恋的人儿的价值变了，变得同旭日把白山（Mount Blanc）由死人似的灰白变成使人迷醉的玫瑰红那样彻底；恋爱使恋人觉得整个世界换个新调子，使他的生活有个新起点。恐怖、愤慨、妒忌、野心、崇拜等等情绪也如此。假如有这些情绪，生活就变了。并且有没有这些情绪，几乎总靠着非逻辑的条件，往往靠着身体内官的条件（organic conditions），就像这些情绪赋予世界的兴奋性的趣味是我们对世界的赠赐一样，这些情绪自身也是赠赐（gifts）——由有时高尚的，有时卑下的来源赠与我们的；可是，这些来源几乎总是非逻辑的，并非我们所能控制的。垂死的老人怎么能用理论使他自己再领略当他年少健康之时觉得我们这个老世间在广播那种浓情，那种神秘，那种“似乎伟大的事情快要来到”的感想呢？赠礼，或是肉体的，或是精神的；精神“喜欢到那里，就吹向那里”；世界的物质把它们的表面被动地同样接收一切种类赠礼的色彩，就像无论由楼厢的放光器出来，射在戏台布幕上的时时递换的彩色光线是什么颜色的，布幕都一视同仁地接收。

至于我们每个人认为实际是真的世界，各个人觉得是有实力的世界，乃是混合的世界，物质界的事实与情绪上的价值作不可分别的连合之结果。只要这个复杂的合成品的任何一个因素取去或是倒错，那种我们所谓病态的经验就来了。

在托尔斯泰的情形，人生有一点任何种意义这种感觉，一时完全没有了。结果，实在界的整个面目都变了。到我们研究皈依宗教（或说宗教的更生现象）之时，将要见到当事人受这种变化的一个并不罕见的结果，就是在他眼中，自然界的面目忽然庄严起来，好像有个新的天堂映射到一个新的地上来。在患忧郁症的人，通常也有一种同类的变化；可是，变化的方向却相反。他觉得世界现在变得很辽远，很生疏，很险恶，很妖怪。世界的色彩褪落了，它的气息冷了，它闪耀的眼睛没有探望的神情了。有一个疯人院的患者说："好像我活在另一个世纪之中。"——另一个患者说，"我看一切东西，简直是经过一层云雾，东西不是从前的样子，并且我自己也变了。"——第三个说："我看见，我接触，可是东西不来到我近旁，有块厚幕把一切东西的色彩和形态改变了。"——"人们像阴影似行动；声音好像是由一个很远的世界来的。"——"我没有任何过去了；人们似乎那么陌生的；好像我不能看见任何实在事情，好像我是在看戏；好像人都是演员，一切东西都是布景；我不能够再找到我自己了；我走路，可是为什么呢？一切东西在我眼前浮过，但并不留下什么印象。"——"我哭出的是假眼泪，我的手是不实在的手；我所看见的东西不是真东西。"——这些是患忧郁病者形容他的变了的心态之时自然流露的语句。⑭

一切这些变化，使其中有些人感到极深重的惊骇。这种生疏是不对的。这个不实在是不能有的。有个神秘藏伏着，一定有一个形而上学的解决。假如自然的世界那么两副脸的，那么生分，那么，什么世界，什么东西是真的呢？为这种忧郁所苦的人就开始一种迫切的惊奇与追问，一种聚精会神的理论活动；并且在拼命要得到与这件事的正当关系的努力之中，他往往达到他自己认为满意的一个宗教的解决。

托尔斯泰自述，在约莫五十岁之时，他开头有疑惑的时刻，有他所谓中辍(arrest)，好像他不知道“怎么活”(how to live)，或怎么办。在这些时节，我们机能自然给予的兴奋和趣味停止了；这是显而易见的。从前，生活是迷醉人的，现在平淡清静了，不特清静，简直死了。从前意义总是不言而喻的东西，现在毫无意义了。“为什么？”并“最近将来的是什么？”这些问题开始逼迫他，它们越来越常来了。其初，好像这种问题一定可以解答，好像他只要花些时间，可以很容易找到答案；可是，因为这些问题不断越来越迫切；他才知道这种情形好像一个病人的那些最初的不舒服，他不大注意，弄到变成了一种不断的痛苦，到那时候他才彻悟他认为暂时的失常其实是他世界内最重要的事情，会致他于死地的。

“何以”“何以故”“为什么”这些问题，托尔斯泰这时候没找到答案。他说：

> “我觉得我的生活在从前所永久靠托的那个东西破碎了，我没有剩下什么东西可以抓住的，并且精神上，我的生活断了。有个无敌的大力推迫我去用这个或那个方法消灭我的生命。准确地讲，不能说我发愿(wished)自杀，因为那种拉我离开生活的力量，比任何单纯的欲望都更丰满，更强烈，更普遍。

这个大力像我从前那个要活的渴望，不过它现在推我往相反的方向走，罢了。这是我整个人要脱出生活外的渴望。

“请看我那时候，一个快活的很健康的人，然而把绳子藏起来，以免我挂到那个我每夜独睡的房间的横梁自缢而死；看啊，我不再去打猎，为的是怕我让以猎枪自杀这种很容易的诱惑征服我。

“我不知道我要什么，我怕生活；我不得不离开生活；可是，不管这样，我还希望从生活得点好处。

“一切这些是发生于就我的一切外境看，我应该完全快活的时期。我有一位好太太，她爱我，我也爱她；有好儿女，并且有大批财产，用不着我辛苦而还在增加的财产。我的亲属和知交比从前还更敬重我；我受陌生人的极多的奖赞；我不用夸张，可以自信我已经著名。并且，我不是发疯，也不是生病。反之，我有我在同年龄的人中很少见的身体上的与心理上的精力。我能够割草，同农民一样好，我能够做八小时不断的用脑工作而不感到有任何种坏影响。

“可是，我对我生活中的任何行动，不能够给与合理的意义。并且我奇怪我何以最初不懂这个情形。我的心境觉得好像有个人正在给我开一个恶毒而蠢笨的玩笑。一个人，要是他醉了，喝生活喝醉了，就能够活着；但是一到他酒醒了，他不得不看到人生整个是个愚蠢的骗局。关于人生的最真实的道理，就是：人生内，就是可笑的或呆气的什么事，也没有，人生纯粹是，单单是，残忍的、蠢笨的。

“东方有个很古的故事，说一个旅行者在沙漠中忽然碰见一只野兽。

"他因为想避免这只野兽害他，跳进一口枯井里去；可是他看见井底有只龙张开大嘴，等着要吞他下肚。这个不幸的人不敢出井，怕野兽吃他，又不敢跳到井底，怕龙要吞他，就攀住由井墙缝隙长出来的小野树的一条树枝上。他的手疲乏了，他觉得他不久必须遭遇这必然的命运；可是他还攀住，又看见两只老鼠，一白一黑，绕着他挂着的那棵树均匀地环走，把树根咬去。

"这个旅行者看见这些，知道他不得不死；可是当这样挂住之时，他四面张望，发现这野树的叶子上有几滴的蜜。他把舌头伸出去，够到这个蜜，舔着它，觉得极快活。

"这样地，我挂在生活的枝上，知道这必来的死亡之龙等着要把我扯了吃，并且我不能了解何以这样叫我殉难。我尝试吮吸从前给我慰安的蜜；可是这个蜜已经不能使我适意，并且无昼无夜，白鼠和黑鼠都在咬我所攀的树枝。我只能看见一件：无可避免的龙和这两只老鼠——我不能把眼睛离开它们。

"这并不是寓言，而是人人可以了解的当真的不可争辩的道理。我今天所做的，结果如何呢？我明天要做的，结果如何呢？我的一生的结果如何呢？为什么我该活着？为什么我该做点事？生活内有什么是那在等我而又无法可逃的死不打消不毁灭的目的呢？

"这些问题是世界上最简单的问题。由蠢然小孩到最精明的老翁，人人的灵魂里都有这些问题。据我的经验，对这些没有答案，人是活不下去的。

“我屡屡对我自己说，‘可是也许有一件，我没注意到或是我没看懂的事情。这种绝望状态不会是人类自然的状态’。因此我从人类所已得的知识内的一切部门寻求一个解释。我苦心地，长期地追问，并不是出于无益的好奇心。我不是懒懒地，乃是一连整天整夜用力地持久地追求。我像个失路而要自救的人那样追寻——可是我没找到什么。并且，我变成深信一切在我之前从科学找答案的人也没有找到什么解决。并且，不止如此，而且他们已经承认使我绝望的事——人生的无意义的荒谬处——正是人可以得到的唯一的不容争论的知识。”

托尔斯泰，为要证明这一点，引述了佛陀，所罗门（Solomon）和叔本华的话。他发现与他同阶级，同社交界的人常有应付这种境况的方法，只有四种。或是（一）纯乎动物性的盲目，吮吸这个蜜而看不见那个龙或两只老鼠，——他说，“但是经过我知道了我此刻所知道的之后，我不能由这种方法学得什么”；或是（二）带考虑的伊壁鸠鲁主义，在还有日子之时，抓来能抓到的东西，——这个只是一种比第一方法还要更刻意的麻木化的法子；或是（三）丈夫气的自杀；或是（四）看见了老鼠和龙，但还软弱的抱怨地攀在生活的树上。

由逻辑的理智看来，自杀当然是前后一贯的办法。托尔斯泰说：

“然而在我的理智作用之时，我内心有一个别的东西也在作用，使我不自杀——这个，我可以称为一种对于生活的意识，它像一种力，强迫我的心固定在别的方向，引我离开我的绝望状况。……在今年整年，我几于不断自问如何自尽，是用绳子还是用枪弹，可是也在这整年间，与我的观念和观察的一切这些动作同时并进的，还有我的心因抱着别的盼切的情绪而不断憔悴思慕。我只能把这个叫做一种对上帝的渴望。这个对上帝的切望与我观念的进行无关，——实则与那种进行刚刚相反，——可是这个切望是出于我的本心。它好像是一种恐怖感情，这个感情使我觉得自己像一个孤儿，单身在于一切这些那么陌生的东西的当中。这个恐怖，因为我有找到某方的救援的希望，就减轻了。”⑮

关于发轫于这个对上帝的观念，最后使托尔斯泰复元的理智上和情绪上的过程，我在这一讲内不说什么，留在后一讲内再论。现在我们必须关心的，只是他对寻常生活绝对醒悟（disenchantment）这个现象，以及习惯承认的价值的全局，虽然由像他那么强健而官能完善的人看来，也可以变成那么鬼脸似的愚弄这件事实。

到了醒悟达到像这样的地步之时，很少能完全恢复原状（restitutio ad integrum）。人曾经尝过那棵树的果实了，所以亚当乐园（Eden）的快乐永远不再来了。假如有什么快乐来，那么，来的（很常见的，再来的快乐不是尖锐的一种，不过有时也很尖锐），不是单单不知道有恶，乃是更复杂得多的心态，这个心态包括自然的恶，作为它的一个元素，但发现自然的恶不是那种障碍与恐怖，因为它现在见到自然的恶被超自然的美所吞没了。这种作用是救度作用（redemption），不是单单回复到自然的健康，并且患者在得救之时是被他觉得是二度的降生，一种比他从前享有的更深刻的意识生活所救度。

有一种稍为不同的忧郁，藏在文学内的，见于班扬(John Bunyan)的自述的文字。托尔斯泰萦怀的观念，是大部客观的，因为那么使他烦恼的，是关于一般生活的目的与意义之问题；但是，可怜的班扬的烦恼，是关于他私人的自我的境况。他是精神病态的气质的一个典型，良心灵敏到病的程度，被怀疑、恐怖和顽强观念所困扰，并且患着运动性和感觉性的语言的自动现象(automatisms)的毛病。这些自动现象，通常是《圣经》内的文句，有时谴责的，有时褒奖的，来时是半幻觉的，好像是口语，并且胶着在他心上，把他的心放在它们中间打来打去，像个梭似的，此外他又有一种可怕的抑郁的自薄与绝望。

“我当时想：不，我现在越变越坏了；现在我离皈依比从前任何时期都更远。假如现在我绑在柱上烧死，我不能相信上帝会留恋我；可怜啊，我不能听到他，也不能看到他，也不能接触到他，也不能尝到他任何东西。有时我把我的状况告诉那些上帝的人民；他们听了后，就可怜我，说到上帝的许诺。可是他们与其叫我承受那种许诺或信赖它，无宁告诉我说，我必须用手指够到太阳。〔然而〕在这整个期间，对于罪过，我从来没有现在那么敏感；我不敢拿扣针或棍子，甚至像干草秆那么大，也不拿，因为我的良心现在很怕痛，一碰就大疼起来；我不知道怎么说话，因为我怕把字的位置安错。啊！在那时候，对于一切我所做的，所说的，多么细细腻腻啊！我觉得好像我站在烂泥堆上，假如我稍微一动，这泥堆就会抖颤；并且好像上帝、基督、神和一切好东西都把我丢在那上头。

“可是，我的最初的、内心的污浊，那就是我的瘟病和苦恼。因此，在我自己眼中，我比癞蛤蟆还要可憎；并且我想在上帝的眼中，我也是这样。我说，罪恶和腐败由我的心涌出来，像水由泉源涌出来那么容易。我情愿与任何人换心。我想除了巨魔（the Devil）以外，没有人与我一样内心毒恶，心思污浊。我想，确实我为上帝所放弃；我继续好久都这样，甚至接连好几年。

"并且现在我悲伤上帝把我做成人。兽、鸟、鱼等等，我羡慕它们的境况，因为他们带罪恶的本性，它们并不讨厌到使上帝大怒；它们死后无须到地狱的火里去。所以假如我的境况同任何这种动物一样，我会高兴。现在我羡慕狗和癞蛤蟆的状况；是的，我很喜欢在于狗或马的地位，因为我知道它们没有灵魂，所以不会被地狱或罪孽的永久重负压到灭亡，像我的灵魂这样会灭亡。不，虽然我见到这个，觉得这个，因为这个把心都破碎了；但是我悲伤上又加悲伤，因为我无论如何不能发现我自己想要得救。有时我的心非常之硬。就是肯用一千镑钱换一滴眼泪，我也不能流一滴；不，有时几乎要流一滴泪的愿欲也没有。

"我是我自己的重负并恐吓；我从前没有像现在这样明白知道一面厌倦我的生活一面又怕死，是什么样子。如果我变成不是我自己，我多么高兴！除人之外的任何东西！并且除我自己的之外的任何状况。"⑯

可怜的，忍耐的班扬，像托尔斯泰一样，后来也重见光明，可是我们必须把他的故事的那一部分留到后来一讲再论。在后一个演讲，我也要说到阿莱因（Henry Alline）的经验的结局；他是一个虔

诚的传教者，一百年前在新苏格细亚(New Scotia)工作。他把在这个经验开始时的那个宗教的忧郁的高潮作如下的生动的描写。这个忧郁的性质，有些像班扬的。

> “我所看见的件件东西似乎都是我的重负；地球似乎因为我的缘故而被咒诅：一切树、花卉、岩石、山丘和阬谷似乎都带着哭丧的和呻吟的外装，受着这个咒诅的压力；并且一切在我四围的东西似乎同谋要毁坏我。我的罪恶好像是暴扬了；因此我以为我所碰见的人人都知道这些罪恶，并且有时，我差不多要承认好多我以为他们已知道的事情：是的，有时我觉得好像人人都指我出来，认为是世上最有罪的坏蛋。现在我觉得世上一切东西都是虚夸的、空洞的，这种感想那么厉害，所以我知道整个世界也不能使我快活，不，就是整个万有全体也不能。我早上醒来之时，第一念头大概是：呵！我的凄惨的灵魂，我应该怎么办，我应该到哪里去呢？当我躺下之时，我要说，明天未亮时候，我也许在地狱里。好多次，我看见野兽，很羡慕，诚心愿意我在它们的地位，可以没有灵魂可丧失；并且当我看见鸟飞过我头上，常常内心想，啊，我假如能够这样飞离开我的危险和痛苦！啊！假如我是它，我要多么快活啊！”⑰

羡慕恬静的动物，似乎是在这种悲愁中的一个很流行的症象。

最坏一种的忧郁，就是表现为无端的恐怖的。下文是个绝好的例，我必须谢谢患者，让我把它发表。原文是法文的。虽然在他所说的时期，他明明神经正在很不好的状况；但他的情形在其他方面有好处，就是极端简单。我把他的自述的大意翻译出来。

“当我在这种哲学上悲观的状态，并对我自己前途抱着一般的抑郁之时，有一天晚上，在黄昏，我走到更衣室去拿一件放在那里的东西；忽然间，并无预兆地，我感到一种极厉害的，对我自己生活的恐怖，好像这个恐怖由黑暗中出来一样。同时，我心上浮现一个患羊痫风者的影像，这个患者是我在精神病院看过的，一个黑头发的青年，皮肤带绿，完全傻气，老是整天坐在一个长板凳上，或是更好说坐在靠墙的架子上，膝盖弯上，到了抵住他的下颏，粗的灰色衬衣（他只穿这一件）盖过膝盖，垂下去把全身包住。他坐在那里，像一种雕刻的埃及的猫或秘鲁的木乃伊，全身只有他的黑眼睛动，绝对非人的样子。这个景象和我的恐怖互相结合。我觉得潜隐未发地，那个样子就是我（That shape am I）。假如那种命运的时期来到我头上，像来到他一样，一切我所有的，没有什么可以保卫我不遭那个命运。我对他那么怕，对我自己只是片刻与他不同这件事那么深知，好像我胸膛里一个前此坚固的东西完全破坏，我变成一团的颤动的恐怖了。此后，对于我，世界完全变了。我每天早上醒来，总觉得在我胃底有种极厉害的恐怖，并且觉得人生不稳固这个感想，其深刻是在我一生中空前绝后的。[18]这像是神的一个启示；虽然直接的感情已成过去，但这个经验使我从此以后对别人的病态的情感表同情。这个经验渐渐消散，但是，经过几个月，我不能够独自出门到黑暗里去。

“一般说，我当时怕独自一人在一个地方。我记得我在奇怪别的人们怎么会活着，我自己前此怎么会活着而那么不觉

得那个在人生表面之下的不稳固的深坑。特别是我的母亲，一位很和乐的人，在我看，她不觉得有危险，似乎完全怪事。你们可以很容易相信我很小心，不把我自己的心态披露，去打扰她这个不知危险的心态。我始终以为我这个忧郁经验有个宗教的意义。”

我请这位通信者把最后这句话解释得更详尽些；他写的回答如下：

“我意思是说，我个恐怖那么霸道，那么强烈，假如我当时不抓住‘圣经’的文句，如‘永在的上帝是我逃难所……’；‘来到我这儿，一切你们劳力并荷重负的人……’；‘我是复活和生命……’，想我会真正发疯。”⑲

我们用不着再举例；已经考察过的例，就够了。其中有一例，是感到会灭亡的东西之虚妄；另一例是罪孽之感；又一个是描写怕世界的情感；——总是依这三个方式中的一个方式，人的最初的乐观和自满弄到等于灰烬了。

这些例内并没有任何种智力上的疯癫，或对于事实方面的妄想。可是假如我们愿意考究真正疯癫的忧郁症，带有幻觉与妄想的，情形就更糟了——绝对的、完全的绝望，整个世界绕着患者凝固成了压倒人的恐怖，把他紧紧包围住，没有出路，也没有边际。并不是对于祸恶的概念，或对它的理智上知觉；乃是可怕的，使血液冻凝，使心脏麻痹的对祸恶的感觉关闭住这个人，这种感觉不容其他概念或感觉一刹那与它并存。在需要这种救助之下，一切我们平常的细腻的乐观和理智上道德上的慰安，多么太迂远，不对题呀！宗教的问题的核心就在这里：救命呀！救命呀！假如一个先知不说到在像这些人的这种难民的耳中听来觉得实在的事情，他绝不能够自命为传来一个基本的教义。可是，假如救度要收实效，它必须与病患一样强烈，这似乎可以解释何以比较粗俗的宗教，兴奋会式的，醉乐崇拜式的（revivalistic，orgiastic），带有血、神迹和施展超自然的神道的，也许永远不能够废除。有些人的性格太需要这一类的宗教了。

讨论到了这一点，我们可以见到：健全心态对于人生的看法，与认一切这种对祸恶的经验为人生的根本因素的看法，其间自然发生的对抗有多么大。依这后一种看法（我们可称为病态心理的看法的），单纯的健全心态，似乎盲目并浅薄到不可言说的程度。反之，依健全心态的看法，病态灵魂的看法似乎不丈夫，并不健康。这些愤怒的产儿，热望第二度降生的人们，不住在光明处而在老鼠洞里爬挖，自己制造恐怖，专注意种种有害健康的苦患；这种做法，简直有些差不多是污秽的气味。假如宗教上的不宽恕和绞死烧死异端的人的风气会又流行，那么，无论从前如何，在现在，健全心态的人会成为这两派中比较不宽恕那一派的人，这是很少疑问的。

由我们的还未放弃的无偏见的旁观态度看来，我们对这场争辩应该说些什么呢？在我看来，似乎我们不得不说病态心理包罗比较大规模的经验，并且它的测勘是跨进健全心态的。不注意到恶，只住在善的光明中，在这种态度有效的期间，是顶好的。这个法子，在好多人都有效；并且它有效的范围，比我们中大多数人所会设想的广博得多，在它作用成功的范围内，没有理由可以反对它，以为不是一个宗教的解决。可是，忧郁一来，这个法子就失败，完全无效了。并且尽管一个人自己完全没有忧郁，但无疑地，健全心态，要作为一个哲学上主张；是不够格的；因为它坚持不理会的那些恶事，乃是实在界确然有的一部分。究竟，这些恶事也许是发现人生的意义的最好钥匙，并且也可能是唯一的，使我们对最深真理开眼的工具。

人生的正常过程也包有同疯狂的忧郁内充满着的那些时刻中的任何时刻一样坏的时刻，就是彻底的恶上场，切实要把戏的时刻。疯人对于可怕事物的幻象，完全由日常事实的材料取来的。我们的文明是建筑在屠宰场上的；并且人的生活都是在孤单的、无可奈何的、苦痛的抽搐中停止。我的朋友，假如你反对这个话，等到你自己到了那里之时再说！固然，要相信有地质学时代中的那些吃肉的爬虫，我们的想象会觉得太难，——它们太像只是博物馆内的标本。然而在这些博物馆内任何一个头骨上的牙齿，没有一个，在古代的好多长年的全期间，不是天天咬住一个倒霉的活的动物拼命挣扎的身体的。这种极可怕的事情，假如空间上的规模小些的，但恰恰同这些爬虫的食物所遭遇的一样可怕的，今天还充满着我们周围的世界。这儿，在我们自己的火炉上，在我们花园内，凶残的猫咬着哮喘着老鼠玩，或是抓住热的，还在拍翅膀的鸟在它嘴里。鳄鱼、响尾蛇和巨蟒，在此刻还是同我们一样实在的，贮藏着生命的皮囊；它们的生活充塞着捱延下去的日子中的每天的每分钟里，并且，凡是它们或别种野兽咬住活的食物之时，吓乱的忧郁病者所感到的那种要命的恐怖，是对当前情况的实实在在正当的反应。[20]

事实上，也许与世事的绝望全部作宗教的妥协，不是可能的。

固然，有些祸恶是能促进更高的善的；但是，也许有些种类的祸恶太趋极端。不能够收入任何种善的系统里去，并且对于这种祸恶，哑默的顺受或不理会，是唯一的实际办法。这个问题，我们此后必须再说。可是，就暂时论，并只作为计划与方法，因为恶事同善事一样是自然界的真正成分，哲学的假定应该是：恶事也有些合理的意义，并且有计划的健全心态，因其对悲哀、苦痛和死亡不给予一点积极的、活动的注意，在组织上没有那个至少想要把这些成分包在其范围内的系统完全。

所以最完备的宗教，似乎是那些悲观的成分发展得最好的宗教。当然，佛教和基督教是我们所知道的这类宗教中最著名的。它们根本是解脱（deliverance）的宗教：人必须对于虚妄的生活死了，才能够降生于真的生活之中。在下一讲，我要企图把这种第二度降生的一些心理的条件讨论。很有幸的，从此以后，我们要讲到比我们新近讨论的，更使人高兴些的题目。

①　《关于上帝、人和幸福的讨论》（Tract on God，Man，and Happiness），卷二，第十章。

②　《加拉太书注释》（Commentary on Galatians）菲拉德菲亚（Philadelphia），一八九一年版，第五一〇至五一四页（节录）。

③　莫林诺：《精神的向导》（Molinos：Spiritual Guide）卷二，第十七，第十八章（节录）。

④　尽管好多医心派的作者发一元论的论调，我仍这样说；因为这些论调与他们对于疾病的态度实在不相容的。并且我们可以容易地证明这些议论，按逻辑说，并不是医心派所仰仗的那种与一个高等精神会合的经验所蕴含的。就是说，这个高等精神不一定是绝对全体的事物；为宗教经验的生活

起见，认它为世界的一部分，就尽够了，尽管它是最理想的部分，也一样。

⑤ 参看米三德《路德与不自由的意志》(J. Milsand, Luther et le Serf-Arbitre)，一八八四年，散见书中各处。

⑥ 他带着特有的健全心态的口气继续说："我们的任务是，继续高兴地失败。"

⑦ 好多人的上帝几乎只是他们为不服世人对他们失败所定的斥责而上诉的法院。在我们自己意识内，通常有在我们的罪恶和错误都说完之后还剩下的人格余值——我们可能承认并追悔这些罪过的能力，至少是一个在可能上(in posse)更好的自我的种子。可是世界是判断在实际上(in actu)的我们，不是在可能上的我们；对于这个深藏，不能从外猜测的种子，世人始终不考虑的。所以，我们回向无所不知的，知道我们的坏处，也知道我们的好处，并且公平的上帝。我们带着我们的忏悔，求他的慈悲：只有这个无所不知者，才能最后判断我们。由是，人生的这一类经验，很明确地产生必有个上帝这种需要。

⑧ 例如《伊利亚得》(Iliad)，第十七篇，第四四六段："那么，一切这个大地上呼吸并爬行的东西，没有什么东西在任何方面比人更可怜。"

⑨ 例如，提阿伽尼(Theognis)遗诗录第四二五至四二八段："一切在大地上的人物，最好是不出生，不见太阳的光辉；第二最好的，就是走进冥府(Hades)的大门。"再看柯罗诺的俄狄浦斯(Oedipus in Colonus)悲剧第一二二五段的几乎相同的文字。——《希腊诗选》(The Anthology)也充满着悲观的表示："赤裸裸的，我来到大地上，赤裸裸的，我到地下去。——我看见赤裸裸的结局在我前头，为什么我枉自劳碌呢？"——"怎么会有了我？我从何而来？为什么我来？为的是要去。我完全不知道什么，我怎能学到什么呢？我得到生命之时本是没有：将来我要变成我从前样子。必死的全人类就是无所有和无所有性"，"我们被护惜，被填胖，都是为死，就像一群猪被胡乱屠杀掉一样。"

希腊的悲观与东方的和近代的悲观间的不同，在于希腊人还没有发现悲惨的情怀可以理想化，使它形成一种高级的锐感性。希腊人的精神还是根本上大丈夫性，不会在他们第一流文学内发挥悲观主义或是将它说得很长。他们对于完全按着低调进行的生活，会轻视，他们要把生活圈在流泪的正常限度内。就是这个世界说，我们可以长久着重于它的苦痛与失败：这个发现要留待比上古的希腊人所修养到的更复杂，并（比方说）更女性的那些民族。然而无论如何，那些古代希腊人的展望，确实是黑漆漆地悲观的。

⑩　例如，就在我写这一页讲稿那一天，邮局递到由海德堡（Heidelburg）的一个通达世故的老朋友一些箴言给我；这些话可以作为伊壁鸠鲁主义的一个好的当代的说法。他说："对于'快乐'（happiness）这个名词，每个人有不同的解释。快乐只是比较懦弱的人追求的幻象。明哲的人以更卑逊的，但更明确得多的名词，即惬心（Contentment）为满足。教育的目的，应该救助我们，使不至过一种不惬心的生活。健康是促进惬心的一个条件，但绝不是不可少的条件。女人的心和爱情是自然界的狡猾的计策，是她对中材人所设的机关，逼他去工作的。可是明哲的人始终更喜欢做自己选择的工作。"

⑪　黎波：《情感心理学》（Ribot：Psychologie des Sentiments）第五四页。

⑫　格拉都黎：《我少年的回忆》（A. Gratry：Souvenirs de ma jeunesse）一八八〇年，第一一九至一二一页，节录。有些人永远患快感丧失症，或是，无论如何，患丧失通常求生之欲。自杀的年报有如下的实例：

一个没有受好教育的家庭女工，十九岁服毒自杀，遗留两封信说明她自杀的动机。她对她父母写的信内说：

"生活对有些人也许是甜美的，可是我更喜欢比生活还要甜美的事，那就是死。所以，我亲爱的父母，永别了。这不是什么人的错处，只是我自己一个强烈的欲望，我希望满足这个欲望已经三四年了。我始终抱着希望以为有一天，我可以有满足它的机会，现在机会到了。……我把这件事耽搁了这么久，是件怪事；但我以前想也许我应该高兴点，把这个思想通通丢开。"她写信给她弟弟说："我自己的亲爱的弟弟，永别了。到你接到这封信的时候，我已经永远不在了。我知道，至爱的弟弟，我快要做的事是不可宽恕的。……我厌倦生活，所以愿意死。……生活对有些人，也许甜美；但我觉得死更甜美。"斯塔汉：《自杀与疯狂》（S. A. K. Strahan：Suicide and Insanity）第二版，伦敦，一八九四年，第一三一页。

⑬　鲁滨诺维却与杜鲁斯：《忧郁》（Roubinovitch et Toulouse：La Mélancolie）一八九七年，第一七〇页，节录。

⑭　这些例，我由仲马在一九〇〇年出的《悲愁与欢乐》（G. Dumas：La Tristesse la Joie）书内摘出来。

⑮ 我的摘录依据《尊尼亚》(Zonia)的法文译本。节录之时,我曾任便把一段文字换了先后位置。

⑯ 愿上帝施大慈悲于这个罪魁:我把几段不相连的文字连在一起。

⑰ 《阿莱因教士的生平和日记》(The Life and Journal of the Rev. Mr. HenryAlline)波斯顿一八〇六年,第二五页二六页。由我的同事蓝德博士(Benjamin Rand)的助力,我才知道这部书。

⑱ 参看班扬的下引文:"我在那个地方,怕得发抖得很厉害,因为有些时候,我可以连接着几天觉得我自己的身体并我的心在摇动,倾侧,由于我觉得上帝要对我作那可怕的,应该加于犯了那个最可怕,最不可赦免的罪恶的人的判决。我因为这种恐怖,又觉得我胃里这样阻塞并烫热,弄到(特别是有几次)我觉得好像我的肋骨要裂开。……这样,我实是因为我压的担负回旋,环绕,退缩;这个担负又压迫我那么厉害,弄到我不能站,不能走,不能躺下休息或安静着。"

⑲ 另一个同样忽然来的恐怖的例,请看亨利詹姆士:《社会,被救度了的人》(Henry:James:Society the Redeemed Form of Man)波斯顿,一八七九年,四三页以下。

⑳ 例如:"这约莫是夜里十一时,……可是我还同这帮人游荡。……忽然间,听见在我们路的左边,在丛莽里头有个很尖锐的声音;我们通通吃惊,顷刻间一只老虎,由丛林中冲出来,扑在这一帮人最前那一个,一眨眼就衔去了。这畜生的冲走,那个可怜人的骨头在它嘴里嘎嘎响,并他最后叫的'荷咳'(ho hai)的声音,我们通通不期然而然地响应的,三秒钟间就都过去了。此后我一点事儿也不知道,一直到我恢复意识,那时候我才知道我自己和同伴都倒在地上,好像预备给我们仇敌,森林之王去吃似的。我此刻发现我的笔不能够形容出,在那可怕的顷刻间的恐怖。那时节,我的四肢僵硬了,我的说话能力没有了,并且我们的心脏跳得猛烈,只有我们微微的同一'荷咳'的声音听到了。我们在这个状况之下用四肢在地爬退回去相当远,然后像阿拉伯马那么快地拼命跑了半小时,侥幸碰巧跑到一个小乡镇里。……这个之后,我们人人都发热,带着寒栗,我们这样可怜的状况一直到第二天早晨才完。"——《鲁佛腊(回教徒)的自传》(Autobiography of Lutfullah, a Mohammedan Gentleman)莱比锡一八五七年版,第一一二页。

第八讲　分裂的自我及它的统一过程

前一讲，论到恶是我们所居的世界的一个普遍元素，是一篇痛苦的演讲。在结束之时，我们看得很清楚那两种人生观的对衬：一种是只须一度降生的，具有健全心态的人的特性；一种是必须两度降生，才可以快乐的病态灵魂的特性。结果是两种不同的，对于我们经验界的概念。在一度降生者的宗教内，世界像是直线形的，或一层的东西；它的账目都是用一种名数记的，它的各部分所有的价值，就是这些部分显似自然有的价值。一个简单的，正项负项的代数和，就可以代表这些价值的总量。快乐和宗教的平静，在于靠这个账目的正项过活。反之，在两度降生的宗教内，世界是两层楼的神秘；不能只由单纯地把人生的正值加起来，负值弃去，就得到平静。自然的好处，不特数量不足，并历时太短，而且还隐藏着一种虚妄在它的本性内。自然的好处，完全被死亡打消（假如没被更早的仇敌打消）；它不能有最后的余剩；所以始终不能作为特受我们永久崇拜的对象。它反而使我们得不到我们真实的好处；并且舍弃自然的好处，并对它绝望，是我们接近真理的第一步。我们有两种生命，自然的与精神的生命；我们必须丧失前一种，才可以分享后一种。

这两种概念的极端，就是纯粹自然主义(naturalism)与纯粹救度主义(Salvationism)，它们是很强烈的敌对；不过在这儿，同在大多数其他流行的分类法一样，完全极端是相当带理想性的抽象结果；我们最常见的具体的人，是介在两极端之间的变种和混合。可是，实际上，你们通通会看出这种不同：例如，你们会了解皈依监理会的人轻蔑纯乎"天朗气清"的健全心态的道德家的态度；你们同样能体会这种道德家何以嫌厌那种(如监理会徒自称的)死而后生，并将自相矛盾的理论与自然现象的倒转，作为上帝的真理的精髓的监理会徒的病态主观主义(subjectivism)。[①]

二度降生的人的心理基础，似乎在于这个人的生来气质内有某一种不和或不纯，一种不完全统一的德行上与理智上的性格。窦德(Alphonse Daudet)说：

> "两重人，两重人！(Homo duplex)。我第一次觉察到我是两个人，是在我兄弟亨利(Henry)死了的时候。当时，我父亲那样表剧情似地大哭，'他死啦，他死啦！'我的第一自我在哭，但我的第二自我在想，'那个哭表演得多么逼真；要是在剧场上，那就多么有精彩呀！'那时候，我正十四岁。
>
> "这种凶狞的两重性，屡次使我反省。呵，这个可怕的第二我！当第一我站着，动作着，在受苦，在自扰之时，它始终坐着。这个第二我，我始终不能使它醉，使它流泪，或使它睡着。并且它见事多么透彻，它多么会嘲笑人！"[②]

近年关于性格(character)心理学的著作，对这一点有好多话说。[③]有些人生成有个一开头就是调和的并稳定的内心结构。他们的冲动彼此不相矛盾；他们的意志遵循着他们理智的指导，没有麻烦；他们的情欲并不过度，并且他们的生活很少被悔恨所缠扰。有些别的人的性格，却与此相反；但程度有种种差异，可以轻微到只是怪僻的，或由于偶有奇想的前后不一致，也可以严重到会引起极端不便的结果的性情乖戾。关于比较无害的几类的杂乱性格，我从贝三特夫人（Mrs. Annie Besant）《自传》找到一个好例。

> “我总是软弱与坚强两件的极奇怪的混合；并且因为这种软弱，曾吃大亏。在小孩时代，我常常因为腼腆大受苦。假如我鞋带松了，我就觉得人人的眼睛都盯住那倒霉的带子。当我是少女之时，我看见生人就退缩开，以为人家不要我，不喜欢我，因此任何人对我和蔼地招呼，我就满心热切地感激。我做一家的年轻主妇之时，我怕我的佣人，宁可让马虎的工作过去，不肯忍苦去斥责那马虎的人。我在讲台上演讲和辩论之时，并不缺乏勇气；但在旅馆之时，我宁可没有我要用的东西，不敢摇铃叫侍者去拿。在讲台上为任何我热心促进的运动辩护之时，我极肯力争；但在家里，我避免争吵或贬斥人。虽然我在公共地方，是个很好的战斗员，但在私人地方，是个根本怯懦的人。我鼓起勇气要挑剔我的责任迫我去斥责的下属，这样过了几十分钟的不快活时间，不知有多少回；在我不敢谴责一个男青年或女青年工作不好之时，我嘲笑我自己充个勇敢的讲台上的战斗员是个诈欺，也不知有多少回。一个不和蔼的顾视或话语，能够使我缩成一团，像蜗牛缩进它的壳里一般；可是在讲台上，有人反对，反而使我发出我所能发的最好的议论。”④

这个低程度的不一致，只可算做温和的弱点；可是程度更高的性格杂乱，就会使有这种性格的人的生活不堪收拾了。有些人的生活，几乎完全是一串的来回屈折；因为一会这一个倾向占上风，一会那一个倾向占上风。他们的精神与他们的肉体打架；他们希望得到好些彼此不相容的东西；顽梗的冲动把他们的经过极细考虑的计划都打破了；由是他们的生活是一本长的，含着悔恨与要补救过误的努力的活剧。

有人解释杂乱的人格，以为是遗传的结果——设想是因为彼此不和而相反的祖宗的特性保存在一起。⑤这个解释，无论价值如何，必须待将来的证实。可是无论杂乱性格的原因为何，我在第一讲所说的精神病态的气质，总是这种性格的极端例子。一切论精神病态的气质的作者，在他们的描写内，都注重内心的杂乱性。其实，常常只是因为这个，我们才以为这个人有精神病态的气质。一个"高度退化的人"（degenéré supérieur），只是有多方面敏感性的人，他觉得比通常"更难维持他的精神家屋内的秩序，更难把他的犁沟弄直"，因为他的感情和冲动太敏锐，并且彼此太相差远。精神病态的气质十分鲜明之时，困迫这个人的那些缠人的、顽强的观念，不合理的冲动，病态的顾忌，以及恐怖，抑制等等，正是杂乱的人格的精致的例子。班扬有个强迫观念，就是"把基督卖掉换这个，卖掉换那个，卖掉他，卖掉他！"这句话会接连地在他心上打转一百回；到了有一天，他回驳说，"我决不，我决不"，说到不透气的时候，忽然又冲动地说，"假如他要卖，让他去"；这个失败使他长期绝望到一年多。基督教圣徒的生活，充满着这种强迫的慢神观念；这件事总是认为是撒旦（Satan）的直接发动。这个现象与所谓潜

意识的自我的生活有关联；我们不久要更直接地讨论这个。

无论一个人的性格如何，人人品格的常态发展，主要是内心自我的整理和统一。我们越强烈，越敏感，越易受纷繁的诱惑的影响，这种发展越是这样性质。假如我们是断然精神病态的，那么，就是会是这样。我们的较高的和较低的感情，有用的和乖错的冲动，最初在我们内心是比较混乱的——它们最后必须组成一个稳定的，含着受正当部属的功能之系统。这个建立秩序和奋斗的时期的特色，很会是不快乐。假如这个人良心柔软并且在宗教方面已经警醒，这种不快乐的性质，就是道德上的忏悔和自讼，觉得自己内心是邪恶的，过失的，并与创生自我，安排自我的精神生命的上帝处于错误的关系。这就是在新教的历史上曾经有很大作用的宗教忧郁和“自认有罪之感”(conviction of sin)。这个人的内心是他觉得是两个死对头的自我彼此交战之场——这两个自我，一个是实际的，一个是理想的。恰如嚣俄(Victor Hugo)诗中假定穆罕默德说的：

“我是高尚的战争的卑污战场：
一会是上界来的人，一会是下界来的人；
并且在我嘴里，坏的与好的递现，
好像在沙漠里平沙与水塘迭现似的。”

错误的生活，无能力的憧憬；就像圣保罗所说的，“我所愿的，我不做；而我所恶的，我偏做”；自己厌恶自己，自己对自己绝望；这个人莫明其妙地承当一种不可了解的、不可忍受的重负。

让我由一些关于不调和人格的代表例，带着自斥和服罪的忧郁的人，引些话。圣奥古斯丁的情形是个绝好的例子。你们都记得他在伽太基(Carthage)所受的半异教、半基督教的训育,他的转徙到罗马和米兰(Milan),他的信奉摩尼教(Manicheism)及后来的怀疑,他对于真理和纯洁生活的不断追求;最后,他因为他胸次两种灵魂交战觉得烦扰,并且因为好多他认识的或听见过的人已经解脱荒乐的桎梏,进修贞洁和高尚生活,他惭愧他自己的意志薄弱;这时候他在花园里听见一个语音说,"拿来念"("Sume,lego")他就任意翻开圣经,看见经文"不在荒淫放纵"云云,这些话好像直接对他的传语,由是他的内心风暴永远平息了。[6]奥古斯丁善作心理上观察的特材,曾对于自我分裂的苦处,留下一个"后无来者"的描写。

"我才得到的新愿力还不够强,不能够克服那另一个被长期放纵弄得很强的愿力。因此这两种愿力,一旧一新,一个肉体的,一个精神的,互相竞争,扰乱我的灵魂。我由于我自己的经验,了解我所看过的:'肉体的贪欲与精神相反,精神的也与肉体相反。'这句话,其实,在这两个愿力的,都是我自己。但是,在自我内,我所赞许的志愿,比在自我内我所不赞许的志愿,更是我自己。可是,习惯竟然得到那么厉害的控制我的力量,实是由于我自己;因为我自愿来到我所不愿到的地方来。还拘束在地上,我不肯,上帝呵,站在你这边作战,我怕解脱一切羁绊,同我理应怕被这些羁绊缚住的程度一样。

"所以我存想你的念头,像一个要醒来,但因为太困,一会儿又睡着了的人的企图一样。在一个四肢极困倦之时,他往往延宕,不把睡魔摆脱掉,虽然不认可它,但还鼓励它。恰恰同样,我深信委身于你的爱,比对于我自己的情欲让步,更好;

可是虽然我相信前一种办法，但后一种使我喜欢，迷住我不放。对于你的‘你睡着的人，醒来’的叫唤，我的答应只是‘顷刻就醒；是的，顷刻就醒；等一会儿’这些嗫嚅的，瞌睡样的话。可是‘顷刻’并没变成‘此刻’，并且‘一会儿’变成长久。……因为我怕你太快听见我的话，因而立刻把我的情欲的病治好——这个病，我与其说要看它消灭，毋宁说是想要把它弄得饱饫。难道我不曾用厉害的话来鞭策我自己的灵魂吗？可是，它退缩；它虽是说不出理由，还是撑拒。……我自己内心说，‘来，现在就了结这件事’；并且我说这话之时，我是在下决心。我只差没实行罢了，可是我不实行。并且我又再作努力，差不多成功了，可是我又没到达，没有把捉到，迟疑不肯死到死，活到活；我那么习惯了的恶挟持着我，比我未试过的，比较好的生活更厉害。”⑦

对于分裂的愿力的描写，没有比这个更完满的了——一个人愿力分裂，他的向上的愿望就是只缺少那最后的急性变化，缺少那个猛烈到爆炸的气概，缺少那个发生行动的（dynamogenic）特质（用心理学者的行话说），那个使他能够冲破包围，有效地突进生活内，把低级倾向永远镇压住的力量。在后来一个演讲内，我们对于这个高级的感应性（excitability）要说得很多。

我在前一讲引了那个新苏格西亚传教士阿莱因的忧郁病的简短叙述；我现在从他的自传内找到又一个好的对于意志分裂的描写。你会看出来，这个可怜的青年的罪过是顶无害的性质；可是这些罪过对于那个实是他的最适宜的职务有所牵制，所以使他大感痛苦。

“现在我在生活上很道德，可是良心并不安静。此刻我正开始受青年同伴的敬重，然而他们始终完全不知道我的心事。并且他们的敬重变成我灵魂的陷阱，因为我不久就喜欢世俗的欢乐，不过我还自己夸奖我自己，以为假如我不喝醉，不咒诅，不赌誓，那么，嬉戏和世俗的娱乐不会成为罪恶的，并且我当时想上帝会宽容年轻人享受些(我所谓简朴的或文雅的)娱乐。我还履行一定程序的功课，不让我做任何项分明的坏事；因此在健康和顺利之时，日子过得很好。可是，在我困苦，或受病、死或大雷雨的威吓之时，我的宗教就不行了，我发现有件东西缺少，就开始追悔我那么常去嬉戏。然而到困苦过了之后，恶魔和我自己的邪心，并我交好的招引，以及我对于青年伴侣的喜欢，都是很强烈的引诱；我就不能自持。这样我弄到很狂放，很粗俗，同时又继续我的秘密祈祷和阅读的课程。可是，上帝不愿意我把我自己毁了，还常常叫唤我，并且以那么大的神力激动我的良心。因此我不能对我的消遣满意；有时在我作乐当中，会深感我失落和毁坏的状况，至于希望我不在场；并且在散场之后，回到家里之时，我就多次许诺我自己不再赴这些娱乐会，并且接连几小时请求宽赦。但是到我又碰着引诱之时，我又不能自持：我一听见音乐，一喝一杯酒，就觉得我的心气高扬，一会儿就开始任何我以为不是腐败或不是显然邪恶的欢乐或消遣。可是我由世俗的娱乐回家之时，又觉得同从前一样有罪，有时上床过了几小时还不能闭眼睛睡，我当时实是世界上最不快活的生物。

“有时我离开同伴(屡次叫拉琴人停止,好像我疲乏似的),出去,到处走,啼哭祈祷,好像我心要碎了似的,并且恳求上帝不要断绝我,不要让我的心硬化。呵,我这样挨过多么悲惨的时日呀!有时我遇欢娱的同伴,我心里怀着沉忧:但我却费力尽量装作高兴的脸色,使他们不会疑心什么,并且有时故意与年轻男女开始一种讨论,或是提议唱一首欢乐的歌,为的是怕我灵魂的苦痛被人发觉或猜疑。其实同时我以为与其同他们一起,或是参加任何种他们所追求的快感或娱乐,我毋宁被流放到穷荒里。这样地,经过好些个月,在我与同伴一起之时,我做个伪君子,假装心里高兴,可是同时我尽力避免和他们在一起:啊,我是多么悲惨的,不快活的凡人啊!无论我做什么事,到什么地方,我还在暴风雨中,但是在此后好多个月,我继续充嬉戏的主要设计者和渠魁。虽然参与这些嬉戏是苦工并痛楚,但恶魔和我自己的邪心把我赶来赶去,像赶奴隶似的,告诉我必须做这件做那件,忍受这个忍受那个,向这儿向那儿,去维持我的荣誉,使知交继续敬重我。在这整个时期,我继续尽量严格履行我的功课,一件都不放过,以求我良心可以安静,甚至监视我的思想,无论到什么地方不断祈祷:为的是,我当时不以为在我与同伴同作世俗娱乐之时,我行为有什么罪恶,因为我在聚会里并不觉得满意,只是(在我想)因为有充分理由才追随这种聚会。

“可是,无论我做什么,或能做什么,我良心还是日夜怒吼。”

圣奥古斯丁和阿莱因两个人都由自我分裂状态,进到内心统

一并和平的止水里；这种统一作用，假如发生，有它的特性；我现在要请你们把某些这种特性加以更密切的考究。统一作用也许渐渐来，也许突如其来；它也许由于感情改变，也许由于动作能力的改变；它也许出于新的理智上的澈悟，也许出于我们此后要称为“神秘的”(mystical)那些经验。无论它怎么来，它总结与这个人以特种解脱；并且没有什么解脱会像宗教方面的解脱这样登峰造极。快乐！快乐！宗教只是人得到这种赠赐的方法之一。宗教常常容易地，永久地，成功地，把最受不了的痛苦变成最深刻、最持久的快乐。

可是，找到宗教，只是好多达到内心统一的方法之一。补救内心的不完全并减少内心的不和谐，是一种普通的心理过程；这种过程，无论是那一种心理材料，都可以发生，不必定要在宗教内发生。在判断我们正要研究的宗教的各种精神更生之时，重要的事情，是承认这些更生作用，只是一属中的一种，这属内也包含其他种类。例如，这个更生作用，也可以是由信教变到不信；也可以是由道德的多所顾忌变到自由和放纵；它也许是由于有个新的刺激或情欲，如恋爱、野心、贪婪、报仇欲或爱国心，冲进这个人的生活内来。在一切这些事例，都是恰恰同一种的心理事变——一个暴发和紧张并自相矛盾的时期之后，来了一种坚决，稳定，并平衡状态。在这些非宗教的场合，新的人也可以渐渐地或突然地产生。

法国哲学家朱伏瓦(Jouffroy)对于他自己的“反皈依”(counterconversion)过程，曾留下一段生动的记录——反皈依，是斯塔柏君用以称由信仰正统教义变到不信教的过渡作用的很好名词，朱伏瓦的怀疑扰乱他好久；可是他认为他的最后关头是在某一夜里——在那一夜，他的不信态度变成坚固稳定，他立刻因为失掉从前那些妄信觉得悲惨。他说：

“我总不会忘记了十二月的那一夜，当时那张遮蔽我，使我看不见我自己的不信教心态的帷幕推开了，在那间我惯于在睡眠时候过了很久还走上走下的，狭窄的空虚的房室内，我又听见我的脚步声。我又看见那个被云片半掩的，不时照耀在冷冷的玻璃窗上的月亮。那一夜的时刻向前流，但我不知道它过去。迫切地，我追随我的念头，当时这些念头一层一层地向下降到我意识的基层，把一切在此刻以前遮蔽我，使我看不见我意识的旋绕阶梯的那些妄信冲散，使这些旋梯每过一刹那都更加明白可见。

“我枉然攀着这些最后信仰，像沉船的水手攀着他的破船片一样。既被我正要漂泊其内的不知为何的空虚所恐吓，我枉然挟着这些信仰回忆起我的童年，我的家属，我的国家，一切我所亲爱，所认为神圣的对象：我思想的百折不回的潮流太猛了——父母也好，家属也好，记忆也好，信仰也好，这个潮流迫我放下了一切。这种穷究越接近它的末项，就越固执，越严厉，并且一直到了结局才停止。到那时候，我知道在我心的深处，完全没剩下‘站的直’的东西了。

“这一顷刻是一个可怕的时刻；到了早晨，我因为疲竭，软倒在床上之时，我似乎觉得我那个那么笑脸的，那么丰满的早年生活，像火一样的灭了，而在我面前展开另一个生活，却是阴森的，无人烟的——我将来必须单独住在那个地方，只有放逐我到那里的我的那个致命的思想跟我；这个思想是我忍不住要咒诅的。随这个发现之后的日子，是我一生中最悲惨的

日子”。⑧

佛斯脱(John Foster)的“品格决定论”(Esssy on Decision of Character)内叙述一个忽然转而崇拜贪婪的例;这是很可以作为示例,值得引述的。

“一个年青男子显是“在两三年内耗荡了一大批遗产,由于他与一帮没出息的、自命为他的朋友的伴侣邪侈纵乐。到了他的最后一批资财花完之时,这帮人当然不理他,甚至还要轻蔑他。他穷不聊生了,有一天走出家门,主意要自杀。可是差不多不知不觉地乱走了一会儿,他偶然走到一个高丘的边际,从那里可以俯瞰他新近丧失的地产。他在这里坐下,凝神思索了几小时,最后他感到猛烈的、高兴的情绪,从地上跳起来。他已经下了决心,那就是他一定要恢复一切这些产业;并且他已经有个计划;这个计划,他立刻开始实施。他很急地向前走,决定攫取第一个挣钱的机会,无论是多么微贱的事情,并且无论报酬多么微末不足道;他又决定假如他能做得到,他所得的,分文都不花。第一件引起他注意的事,就是有一堆煤炭,由煤车倾出,去倒在一家门口的铺道上。他请求主人让他铲去这堆煤,或让他把小车推到预备放煤的地方,结果主人雇他。他这样做工得了几便士;随后他又实行他计划的省钱部分,向主人讨些肉和汤吃,主人也给他。此后他又找到第二机会做事,这样勤苦不倦,在好多地方,做了好几件长期和短期的卑下工作,还是尽量分文不费。一切能促进他的计划的机会,他都很敏捷地抓到,不管职务或外观多么卑贱。由这种方法,经过很久,他所得的钱,够使他可以买几条牛,再出卖——

他前此已经苦心学到牛的价格，他很快地，但也很谨慎地，将一次赢利转变成第二次利益；并且保持他极端省俭的原则，毫无例外，这样渐渐地进到更大的营业和初步的富裕。我没听到，也许是忘记了，他此后的生活经过；可是最后的结果，是：他不止恢复了他失去的财产，而且在死时候是一个顽固的守财奴，拥有六万镑家当。”⑨

现在让我回到直接与我们有关的那种事例，即宗教的例子。下文是最简单的可能的宗教例子，述一个必定本来自然是心态健全的人如何皈依有系统的健全心态宗教。这个例表明在“果熟之时，一触即落”的情形。

伏勒却（Horace Fletcher）君在他的《心灵修养》（Menticulture）那本小书内说：他一次与一位朋友说到日本人由他们奉行佛教修炼所得到的自制力，这位朋友说：

“‘你必须先除去愤怒和愁虑。’我说，‘但是这做得到吗？’他回答：‘做得到的；日本人做得到；我们也应该做得到。’

“在我回家的路上，我心上只能想‘除去，除去，’这些话；并且这个观念一定在我睡着的时间，还继续占据我心上；因为第一天早晨的最先意识就重现这同一思想，带有一个发现的启示；这启示形成下列理论，就是：‘假如愤怒与愁虑可以除去，为什么一定要愤怒愁虑呢？’我觉得这个辩证的力量，立刻接受这种理论。‘小孩已经发现他会走了；他当然不屑再爬行了。’

“由我感悟‘这些愁虑与愤怒的毒瘤可以割除’那一刻起，这些情感就脱离我了。一发现到它们的弱点，它们就被驱出了。由那时候起，生活换了完全不同的样子。

“虽然从那一刻起，我感到解脱压抑性的情绪确实是可能，并且有益。我需要经过几个月，才觉得我的新地位绝对稳固。可是，因为我屡屡遇到平常的发怒和愁虑的机会，而我不能够丝毫觉得愤怒愁虑，我就不再怕它们，不再防备它们了。并且我对我精力和心思活泼的增加自觉诧异；我很奇怪我应付一切种类的环境的力量，以及爱好欣赏一切东西的心。

“从那一天早晨起，我有机会作一万多英里铁路旅行。一样的睡车侍役、车掌、旅馆侍者、叫卖者、兜售书籍者、赶雇车的司机以及其他人等，这些从前都是会扰我恼我的人，我都碰着，但我不觉得有人无礼貌。忽然间，全世界都对我好。好像我只会感到好的光线似的。

“我能够述好多证明我心境焕然一新的经验，但说一件就够了：有一回，我打算乘一班火车，并且抱着好多的有兴味的、愉快的期望。可是我眼看着这班火车，我没坐上，就开出站了，因为我的行李没有到。就在车开远了，看不见之时，旅馆侍者一边跑，一边喘地来到车站。他看见我，好像怕我骂，就开始解释，说他走在拥挤的街上，被夹住，不能走出来。他说完之后，我对他说，‘这毫无关系，你是没有办法的，我们明天再试，好了。这是你的搬运费；对不起，你花这么多气力，才挣到。’他脸上表现的诧异的样子，那么充满着高兴，所以我就在那儿已经得到动身迟延的补偿了。第二天，他不肯收分文的搬费，并且他同我从此成了终身的朋友。

“在我最初几星期的经验，我只防止愁虑与愤怒；可是同时我看到其他压抑的、阻碍的情感也没有了，我就渐渐找出一种关系；最后我深信一切这种情感都是由我所说的那两个根源生出来的。现在我好久觉得自由了，所以我对于这种自由的关系可以保得住。并且我不会再包藏我从前看做人类的遗产的那些盗贼性的、压抑性的作用，就像时髦少年不肯在污沟里打滚一样。

"我以为纯粹的基督教，纯粹的佛教，以及那些心灵科学(The Mental Sciences)，和一切宗教的根本教义，无疑就是我所发现的道理。可是，它们都没有用个简单的、容易的革除过程来说明。有一时候，我不敢自信革除愁虑愤怒，不会陷于冷淡和怠惰。据我的经验，结果正相反。我觉得要做有用之事的欲望那么大大增加，弄得我像又是少小的男童；并且我又有游戏的精力。假如有打架的必要，我能够打得同从前一样(并且打得比从前还好)。这种革除，并不使人变成怯懦。它不会如此。因为恐怖也在被革除之列。我看到我在任何种听众之前，都不畏怯。在少年时候，我曾站在一棵树下，忽然这棵树给雷打劈了，我受了震吓，我后来始终不能免除那一回震吓的影响，一直到解脱愁虑以后才免除。从此以后，我遇着雷电交加的环境，就是像从前那样会使我大愁虑、大难受的，我也不觉得愁虑，也不觉得难受。惊骇之情也大改变；出乎意外的景象或声音没有从前那么容易使我惊跳起来。

"就关于我个人说，我现在并不顾虑这个解放的心态的结果如何。我相信'基督科学'所追求的完全健康，也许是可能中之一；因为我看到我的胃吸收我给它食物的样子有种显著的进步，并且我深信胃在歌声中比在皱眉的摩擦之下会工作

更好。我现在也不浪费这个宝贵时间去结构一个对于未来生命或未来天堂的观念。我内心所有的天堂，同曾经允许给我的，或我自己能想象到的任何天堂一样可爱。并且只要愤怒和它的族类没有帮同招引这个发展到歧途去，我情愿让这个发展要向什么地方，就到什么地方。”⑩

比较旧的医学常常说人由身体疾病恢复起来，有两种方式，一种逐渐的，叫做渐瘥(lysis)；一种突然的，叫做骤愈(crisis)。在精神界，也有渐进的与突进的两种内心统一的方式。托尔斯泰和班扬又可以给我们做例证，碰巧都是渐进的例；不过我们开头就必须承认要穷究别人心坎的这些曲折是很难的，并且，我们觉得他们的话没有披露他们的全部秘密。

无论如何，托尔斯泰继续疑问不休，似乎来到一层又一层的澈悟。最先他知道他以为人生无意义这个信心，只对这个有限的生命说。他正在从一个具有限性质的事项的价值中寻求另一事项的价值，所以整个结果只有弄到像数学中那些归结于“零等于零”的不定方程式之一。可是这是无理性的情操或信仰不提出无量界(the infinite)之时，推理智力独自所能达到的结果。假如能像平常人那样相信有无量界，那么，生活就又成为可能的了。

“因为任何曾经有生命的地方，都曾有人类；所以也必定曾有使生活可能的那种信仰。信仰就是生活之感——因为有此感，人才不自戕而继续活下去。生活之感，是我们所借以生活的力量。假如人不相信他必须为某一件事活着，他就不活了。一个具无限性的上帝，灵魂的神圣，人的行为与上帝的融合，这些观念是人类思想之无限的、秘密的深处所精炼出来的

> 观念。这些是没有它，就没有生活的观念。”托尔斯泰说，“没有它，我自己也不存在。我现在悟到我没有权利依靠我个人的推理，而忽视这些出于信仰的答案，因为只有这些是这个问题的答案。”

可是，平常人民是沉浸于极粗陋的迷信之中的，我们怎么能同他们信仰一样呢？这是不可能的——然而他们的生活！他们的生活！这个生活是正常的，是快乐的！它是这个问题的答案！

渐渐地，托尔斯泰达到一个定见（他说他经过两年才达到），就是：他的困难不是对于一般生活，不是对于平常人民的平常生活，而是对于在上的、知识的、艺术的阶级的生活，他个人一向过着的生活，那种大脑的生活，习例的、矫饰的以及私人野心的生活。他一向生活是错误的，所以他必须改变。为动物性的需要而工作，绝不说谎，绝不虚夸，解救平常的缺乏，简朴，信有上帝快乐；就在这些之中。他说：

> “我记得在早春有一天，我独自在树林里，正倾听树林中好多神秘的声音。我倾听，我思想又转到最近三年所不断苦思的事情，就是寻求上帝。可是上帝的观念，我说，我怎么得到这个观念呢？
>
> “并且，与这个思想相连的，我心上又起了喜悦的、进趋生活的热望。我内心件件都警醒起来，得到一种意义。……为什么我望再远的地方去呢？我内心一个声音这样问。他就在那里：没有他，我们就不能活的。承认上帝和生活，是同一件事。上帝就是生活的本质。那么，生活去，寻求上帝去，没有他，不会有生活的。……

"从此以后,在我内心和我周围,事态都比从前更加清明,并且这个光明始终没有完全消散。我免却自杀了。这个变化刚刚如何发生并在何处发生,我不能说。可是,就像生活的力量在我内心不知不觉地渐渐地消散,弄到我走到我的道德的死地上;同样,生活的力量也一样渐渐地不知不觉地恢复。并且,奇怪的是:这个恢复的力量并不是新东西。这就是我的老旧的少年时代的信仰力,以为我生活的唯一目的是要进步(to be better)这个信仰。我放弃习俗界的生活,看破它并不是生活,只是生活的一种游戏的仿作,正是这种生活的多余事件使我不领悟生活",——从此,托尔斯泰采取农民的生活,此后他总觉得妥善、快活,至少比较这样。[11]

照我对他忧郁的解释,这个忧郁,不只是他心境的偶然变坏,虽然无疑也是这个。他内心性格与他的外部活动和目的之间的冲突,照道理,会引起这个忧郁。托尔斯泰,虽然是个精于文学艺术者。但他是那些禀性简朴的人之一,他觉得我们这个温文的世界的浅薄与虚伪,贪婪、纠纷和残忍都极不满意;并且他认为永久的真理是在比较自然的并比较动物性的事情。他的转机,在于把他的灵魂整理好,发现它的真正的居处和职责,并从虚伪逃到他所认为真理之路之内。这是驳杂的人格迟延地缓缓地找到它的统一和平衡的一例。并且虽然我们中并没有好多人能够学托尔斯泰(也许因为我们骨子里的原始人的精髓不够),但我们大多数至少可以觉得如果我们能够,那就更好。

班扬的恢复,似乎还要慢些。接连好多年,他一会一会被圣经的文句所缠扰,有时抑塞,有时发扬,但最后他感到由基督的血得救而越来越得解脱。

“我的安静，一天会忽得忽失二十回；此刻适意，一会又困苦；现在安静，但还没再走一小段路又满怀觉得有罪和恐怖。”在他领悟一段好的经文之时，他说，“这可以给他两三小时的鼓励；”或说，“这是我的一个好日子，我希望我不会忘记它；”或说，“这些文字的光荣在那时候压我那么重，我觉得坐下时候要昏过去；可是不是因为悲伤与困苦，而是由于切实的喜乐与平和；”或说，“这使我的精神起一种奇怪的剧变；它带来光明，使我心内的一切那些扰乱的思想肃静下去——这些思想从前确然像无主的狞狗在我内心大叫大吼，发一种极可恶的声音。这指示给我看，耶稣基督并没有完全放弃我，扔掉我的灵魂。”

这种时期累积多了，到最后他可以笔述如下：“现在只剩下暴风雨的在后部分了，因为雷已经远离我了，只有几滴雨还在，一会一会滴落我身上。”——并且最后：“现在我的锁链确实从我腿上掉开了；我从我的苦痛和手铐松放了；我的诱惑也跑走了；因此从那时候以后，那些可怕的上帝的经文不再烦扰我了；现在因为上帝的慈悲与亲爱，我也回家作乐，……现在我能够看见我自己同时在天堂和尘世上；虽然我的身体或人是在尘世，但我由于我的基督，我的头，我的正义与生活，我是在天堂。……在那一夜，在我灵魂看，基督是一个宝贵的基督；我因为经由基督所得到的欢乐，安静和胜利，几乎不能躺在床上。”

班扬变成一个宣传福音的教士，并且虽然他有神经病的性格，又因为不从国教被拘留在监狱内十二年，但他的生命以后得到积极的用处。他是一个和解者，为善者，并且他所写的那部不朽的寓言曾使英国人深切感到宗教的忍耐之真正精神。[甲]

可是，班扬与托尔斯泰都不能够变成心态健全者，他们喝到苦的酒杯的太深处了，不能够再忘记它的味儿，所以他们的得救度，是进到两层似的世界。他们每人都证悟到能把他的悲惨的锋芒打坏的一种好处，可是，这个悲惨还留在克服它自身的信仰之中心，作为信仰的次要成分。我们认为有趣味的事，就是：事实上，他们能够，并曾经，找到有件东西(something)，从他们意识的内心深处涌上来，能把这种极剧烈的悲惨克服下去。托尔斯泰把这件东西叫做人们所凭借以生活的东西，这很好；因为这正是这东西，一个刺激，一个兴奋，一种信仰，一种再灌输积极生活的意志的力量，纵使不久以前使生活觉得忍受不了的，那些对于恶的知觉还完全存在。因为托尔斯泰对于恶的知觉，似乎在这些知觉的范围内依然不变。他的后来的作品，表示他对于官式价值的整个组织绝不妥协：时髦生活的卑鄙、帝国的污浊、教育的虚伪、各专业的虚妄自大、大成功必须有过的卑污与残忍以及个个这个世界的别种文饰的罪恶和诈欺的制度。他的经验，在他看来，是永远消灭一切对这种事情的忍受。

班扬也把这个尘世付给仇敌。他说：

“我必须先对可以正当地叫做这个生命的事物的件件东西宣布死刑，甚至把我自己，我的妻室，我的儿女，我的健康，我的娱乐以及一切认为死了，并且认为对于他们，我也死了；关于未来的世界；必须由基督信赖上帝。并且关于这个世界，必须认坟墓为我的住房，把我的床放在黑暗中，对腐烂说，你是我的父亲，并且对尸虫说，你是我的母亲和姐妹。……离别我的妻室和我的可怜儿女，屡次像把我的肉从骨头上扯开一样苦痛，特别是离别我的可怜的盲目小孩，他是我心爱的，比我的一切其他都亲切。我自己想，可怜的孩子，你在这个世界的份儿大概是什么样的悲哀啊！你一定会被打，一定要行乞，一定要挨饿，受冻，赤条条的，以及千百种灾难，虽然此刻我不忍让风吹你。可是我必须冒险把你们一切付与上帝，纵使离别你们，使我惨痛，也要这样做。"⑫

这些话确然有"决心的色彩"，可是可怜的班扬的灵魂似乎始终没有得到那种能引起出神状态的解放作用的高潮冲过。

这些例证够使我们对于专门名词所谓"皈依"(conversion)的现象，有一般的认识。在下一讲，我要请你们对于皈依过程的特性和相伴的现象，作相当详细的研究。

① 例如爱默生"精神的法则"(Emerson：Spiritual Laws)说："我们的青年都因为原始罪孽、恶之起源、前定(Predestination)如此等类的神学问题患了毛病。这些始终不是任何人的实际困难。——假如人不走僻路去找这些，这些始终不会把任何人的大道遮黑的。这些都是灵魂的耳腺炎、麻疹和百日咳"云云。

② 《人生随记》(Notes sur la Vie)，第一页。

③ 例如，波廓(F. Paulhan)在他一八九四年出版的书《性格论》(Les Characteres)把平衡的、统一的(Les Equilibrés，les Unifiés)与不安的、矛盾的、散漫的、崩溃的(Les Inquiets，Les Contrariants，Les Incohérents，Les Emiettés)相对衬，认这些为许多不同的心理型。

④ 贝三特,《自传》(Annie Besant:an Autobiography)第八二页。

⑤ 贝克(Smith Baker)在《神经病与精神病杂志》(Journal of Nervous and Mental Diseases)一八九三年九月号内。

⑥ 谷敦(Louis Gourdon)在他的《论圣奥古斯丁的皈依》(Essai sur la Conversion de Saint Augustine,Paris,Fischbacher,1900)文中由分析奥古斯丁紧接他皈依时候(公元三八六年)之后的文字。证明他在《忏悔录》(Confessions)内所述的,说得太早。在花园内的转关,是他确实由他从前生活转而皈依新信仰的标记;但是所皈依的,是新柏拉图派的唯心论,只是转向基督教的半途阶段。他显似过了四年,才完全地彻底地皈依基督教。

⑦ 《忏悔录》第八卷,第五,第七,第十一各章,节录。

⑧ 朱伏瓦(Th. Jouffroy)《哲学新杂著》(Nouveaux Mélanges Philosophiques)第二版,第八三页。我下面加两个由某一时刻开始的反皈依的例子。第一例是由斯塔柏教授手写稿集录内取来,写的是个女人。

"我相信,在我心坎的深处,我一向对于'上帝'(God)是多少怀疑的;在我少年的整个早期,怀疑态度像一道潜流似的生长着,可是被我的宗教发展的情绪成分节制住,遮盖住。我在十六岁进教,被问过我爱不爱上帝。我照例并依人们所预期地答应,'是'。可是立刻有个什么一闪似地在我内心说,'不,你不爱上帝。'我好久因为我的不诚实并不爱上帝的邪恶自愧自恨,又怕也许有个要报复的上帝,用可怕的方式惩罚我。……十九岁的时候,我得扁桃腺炎。在我完全恢复之时,我听说有一个凶暴的人把他太太踢下楼梯,并且继续踢她到她昏过为止。我深感这件事的可骇。立刻在我心上闪过这个念头,就是:'我用不着一个让这种事情发生的上帝'。这个经验之后,几个月,我对于我从前生活的那个上帝取斯多噶式的冷淡态度,又杂以积极憎恶他并相当自豪的反抗他的感情。我还想也许有上帝。如果这样,他大概要使我永远受罚,但我必须忍受。我觉得很不怕,并且不想去对他和解。自从这个痛苦的经验之后,我永远与他没有私人的关系。"

第二例显示在预备和潜伏的作用进到够远之时,只要新加多么小的刺激,就会使人心入于新的平衡状态。这就像俗语上所说的加在骆驼的重负上的最后一根干草,或是使超饱和的溶液内的盐忽然结晶的那个针尖的一碰。

托尔斯泰说:"某君(S),一个坦白的、晓事的人,告诉我他如何断绝信仰的情形如下：

“他那时候二十六岁。有一天在打猎的行程中，睡觉时间到了，他照他从小遵守的习惯开始祈祷。

“他一个同胞弟兄，当时同他一同打猎，躺在干草上，看着他。当他祈祷完，要去睡的时候，这个弟兄对他说，‘你还做这个吗？’并没再说别的话。可是，从那天起，现在已经三十多年了，他始终没有再祈祷，也没有参加圣餐札，也没有到礼拜堂去，一切这个，并不是因为他当时听到弟兄的信条，就在那时那地采纳它；也不是因为他在灵魂内下任何新决心，只是因为他弟兄的话好像对一扇倾斜的，已经因为它本身的重量快要倒塌的墙用一个手指轻轻一推一样。这些话只是指点给他看，他以为宗教在他内心所占的地位已经空虚好久，所以他祈祷时所说的语句，所做的叉手和鞠躬，只是毫无内心意义的举动。既然悟到这些言动的没道理，他不能够继续再做了。”《我的忏悔》(Ma Confession)，第八页。

⑨　见所引书，第三札，节录。

我附加我得到的一个文件，它很生动地代表大概是一种常见的“皈依”，假如与“陷入情网”(falling in love)相反的“断爱”(falling out of love)也可以叫做“皈依”的话。陷入情网，也常常依照这个类型，就是往往先有一个潜伏的、无意识的预备的过程，然后忽然觉悟已经铸成大错，不可挽回了。下列叙述的坦白的、流畅的口吻，不问而知是诚实的。

“这一次经两年之久，我经过一个很坏的经验，差不多要逼我发疯。我因为一个女子陷入情网；她虽然年轻，但会卖弄风情，像一只猫似的。现在我回想到她。我恨她，很不了解我当时怎么会降低到那样，竟然会被她的姿色撩乱到那步田地。可是，当时我当真是发热，不能想到别的事情；每在我单独之时，我就想象她的容貌，在我应该工作之时耗费极大部分的时间去追想我们以前的会面，并想象未来的谈话。她很漂亮，温和，极高兴，并很喜欢我的赞赏。她不肯给我确定的回答，是或否；奇怪的，是：当我向她求婚之时，我暗暗自己知道她不适于做我的太太，并且知道她始终不会答应这件事。我们在同一个寄膳所用膳一年之久，所以我不断看见她，并且很熟。但我们比较亲密的关系大部分都是秘密的，这件事以及我对于另一个叹赏她的男子的妒忌，并我自己良心因为我这个不能自制的弱点看我自己不起，这些使我很心神不安,睡不着,弄到我真以为我会发疯。我很了解报上屡屡登载的那些青年男子谋杀他们的爱人的心理。可是当时我实是极热烈地爱她,并且在某些方面,她配得我爱。

"奇怪的是:一切这些忽然地出乎意外地停止了。有一天早晨,我吃早饭后,正要去工作,照例想到她并想到我的苦恼;忽然恰像有个外力抓住我似的,我发现我自己回头,差不多是跑到我房间里;到那里,我立刻把我所有的一切对于她的纪念品通通拿出来,包括一点头发,一切她的小简和书札,和玻璃肖像,我把前者烧了,后者用脚跟踏碎了,带着一种猛烈的报仇和惩罚的痛快。现在我完全憎恨她鄙夷她了;至于我自己,我觉得似乎忽然脱除我担负的一大堆的病。那是了结了。在此后多年,我始终不再对她说话或写信给她,并且我对于这好多个月完全占据我心坎的人,始终没有一刹那的亲爱想头。其实,我总是相当憎恶对她的回念,不过现在我能看出我在这方面未免不必要地过火。无论如何,从那一天快活的早晨以后,我恢复了我自己的本有灵魂,并且此后并不曾上了同类的当。"

这在我看,似乎是一个非常明白的例子,表示两个不同的人格阶层,它们的命令是互相冲突的,但那么势均力敌,弄到这个人的生活好久充满着不调和与不满意。最后,并非渐渐地,而是突然地转关,不稳定的平衡消除了,并且这个那样出乎意外地发生,用自述者的说话,好像"有个外力抓着他"。

斯塔柏教授在他的《宗教心理学》第一四一页上述一个相似的例,并一个相对的憎恶变成亲爱的例。参看他在一三七至一四四页所引的其他极奇怪的不关宗教的,在习惯和性格的忽然改变。他以为一切这种突然的变化是由于特种大脑作用无意识地在发展,到了它们有控制全局的能力,就闯到意识生活内来。到了我们讨论忽然的"皈依",我要尽量应用这个无意识的潜伏作用之假设。

⑩ 伏勒却:《心灵修养,或真正生活的入门》(H. Fletcher: Menticulture, or the A-B-C of True Living)。纽约和芝加哥,一八九九年,二六至三六页,节录。

⑪ 在我的译文,我把托尔斯泰的原文删节好多。

⑫ 在我所引班扬的文,我把原文的有些中间的部分略去。

甲 译者按:这是指班扬作的《天路历程》(The Pilgrim's Progress)。

第九讲　皈依

皈依，更生，蒙神恩，体验宗教，得到安心立命之处，(to be converted, to be regenerated, to receive grace, to experience religion, to gain an assurance)这许多短语都是代表一种过程——由这一种过程，或逐渐地，或突然地，一向分裂的，并自觉为错误的、卑劣的、不快乐的自我，因为它对于宗教的实在得到更牢固的把握而变成统一的并正当的，优越的，快乐的。无论我们是否相信必须有个直接的神的作为，才可以引起这种精神上的变化，至少就一般说，这是皈依的意义。

在未对这种过程作更详细的研究之先，让我用一个具体的例子将我们这个定义的了解力激励一番。我选出一个奇怪的例，即那个无教育的布拉德黎(Stephen H. Bradley)，他的经验记录在一本少见的美国小册子内。①

我拣这个例子，因为它指明在这些内心变化，一层之下又有意想不到的深层，好像人性的各项可能，安排成一组的阶层或壳层，对于这些一重一重的存在，我们未曾预先知道。

布拉德黎以为他在十四岁之时已经完全皈依基督教了。

"我以为由于信仰，我看见救主现为人身，在房间里，约历一秒钟，他的两臂伸着，似乎对我说，'来吧'。第二天，我喜乐得发抖；一会儿以后，我的快乐那么厉害，我至于说，我要死；如我所知道的，这个世界在我的情感之内没有位置，并且每天在我看来，都像安息日那样严肃。我有一个热烈的欲望，希望一切人类都能觉得像我一样，我要他们通通极端爱上帝。在这时期之前，我很自私，并自负为善人；可是，现在我希望全人类的福利，并且以仁慈的心饶恕我最恨的仇敌；我觉得我情愿忍受任何人的嘲侮和轻蔑，并且假如我能够在上帝手里充作使一个灵魂皈依的工具，我情愿为上帝的缘故受任何种痛苦。”

九年之后，于一八二九年，布拉德黎听到有个宗教奋兴会在他的近邻开始。他说，“年轻的新皈依者，当开会之时，好多来看我，问我到底我有没有宗教；我的答复普通是，我希望我是有的。这不像能满足他们的意思；他们说，他们知道他们有宗教。我请求他们替我祈祷；我自己想假如我自命为基督徒那么久之后，至今还没有宗教，这是我应该得有宗教的时候了。并且希望他们的祈祷会有益于我的灵验。

“有一个安息日，我去听那个监理会徒在学院内宣讲。他说到普遍审判的日子来临；并且他把这个说到那么严重而可怕，我从来不曾听过说得这样动人。审判日的场面活像已在面前；我心灵的一切官能都那么激动，因之我像费立克斯（Felix）一样，在我所坐的板凳上不自主地发抖，虽是我心上不觉得什么。第二天晚间，我又去听他。他由‘启示录’（Revelation）选出这句讲题：‘并且我看见了死过的人，小的和大的，站在上帝之前’。而且他描写审判日的可怕情状那么逼真，似乎就是铁石心肠也会熔化。当他宣讲完了之后一个老翁转面对我说，'这真是我所谓宣教'。我也这样想，可是我的感情并未被他的话所激励，而且我并不享有宗教，但是我相信他享有宗教。

"我现在要叙述我对于圣神(the Holy Spirit)的能的经验，这发生于同一天的夜里。假如任何人前此告诉我说，我能够像我这样经验到圣神的能力，我不会相信，并且会以为对我这样说的人是在妄想。在这个会之后，我立刻回家；到家之时，我奇怪为什么我觉得这么蠢笨。到家后不久，我就去安息，并且觉得宗教的事情毫无关系，一直到了我开始受圣神的作用之时，这事在大约五分钟之后开始，其状如下：

"其初，我觉得我心脏忽然跳动得很快，这使我最初以为也许我要生病，不过我不害怕，因为我没感到痛苦。我心脏跳动越厉害了，由于这现象对我的影响，我一会儿就深信这是圣神。我就觉得极其快乐谦逊，并觉得自己卑鄙，从来我不会感到如此剧烈。我不能不出声说话，我就说了；我说，'主，我不配这个快乐'，或是表示同一意思的话。同时有一道什么流(觉得像空气一样)进入我的嘴和心里，比喝什么的感觉还真切些；这些感觉经过(我尽力作准确的估计)五分钟或更久；这个现象似乎是我这种心跳的原因。这个完全占据了我的灵魂，并且我确信在这期间，我希望主不要再给我快乐；因为我对于已有的快乐已经受不了，我心脏好像要炸裂样子，可是它并不停止，一直到了我觉得我受上帝的爱和恩典到了不可言宣的程度。在我受这样作用的期间，我心上起了一个念头，就是要问这个具什么意义呢？立刻，好像回答这疑问似的，我的记忆变成极端清明，我觉得好像新约在我面前开着一样，开着的是罗马书(Romans)第八章，并且很亮，好像有只烛燃着，使我看到那一章的第二十六、二十七节，我看到这些字‘圣神以不可出口的呻吟补救我们的弱点。’并且在我心跳的全期间，神使我像个痛苦的人那样呻吟(这种呻吟，不很容易停止)，虽是我毫无痛楚。我兄弟在另一间房子睡，他来开我房间的门，问我是不是牙痛。我说没有，告诉他可以去睡。我设法停止呻吟。我觉得自己不愿意睡着，我那么快活，怕我要失掉这种快乐——我内心想：

‘我心甘意愿的灵魂情愿停留
在像这样的间架里头。’

并且我心脏停止跳动之后，躺着反省，觉得似乎我的灵魂充满着圣神之时，我想也许有天使们绕我的床飞翔。我觉得正像我要和他们交谈，最后我说，‘慈爱的天使们，如何你们能够对我们的福利感到这么多的兴趣，而我们对我们自己的福利这么不关心呢?’此后，我经过困难，睡着了；我第二天早上醒来之时第一个念头就是：我的快乐变成怎么样呢？我觉得我心里还有一些快乐，我就请求加多，上帝就像思想那样快地给我更多的快乐。我随后就起床，穿衣服，但我仅仅能够站得稳，这使我大大骇异。我觉得似乎这是地上的一个小天堂。我的灵魂觉得好像完全解脱对于死的恐怖，就像解脱怕睡着一样；并且我像个笼中的鸟，想要(假如这是上帝的意旨)脱离我的肉体，与基督同处；不过我愿意活着造福人，并警告罪人，使他们忏悔。我下楼去，觉得像失却我的一切朋友那样严重，并且自己想着在我未先翻看新约之前不告诉我父母知道。我立刻走到书架，翻看罗马书第八章，节节文字似乎几于会出声，而且证明它真是上帝的话，并且好像我的情感和这个话的意义相应。我随后告诉我父母这件事，并且我告诉他们我以为他们必须见到我说话之时不是我自己的语气，因为我还觉得实在如此。我的说话似乎完全受在我内心的神的控制；我不是说我说的字不是我自己的，因为这些字实是我的。我以为我受作用，就像圣灵降临节（Pentecost）的使徒们一样（不过有转授别人并做他们所做的能力罢了）。进早膳之后，我出去与我的邻人谈宗教（前此，给钱雇我，我都不干这件事），并且他们请求我之后，我就和他们祈祷，虽是我从前不曾在众人前祈祷过。

“我现在觉得我已经由说实话而履行了我的本分事，并且希望由上帝的祝福，这事可以对一切看这个的人有些益处。上帝差遣圣神降临于我们的心里，或至少于我心里，他在这件事上，曾经履行他的诺言，所以我现在对世上的一切超然神论者（Deists）和无神论者（Atheists）挑战，请他试试摇动我对于基督的信仰。”

对于布拉德黎君和他的皈依过程，就说这么多了；这个皈依对他后来生活的影响，我们不知道。现在我们要对于皈依过程的构成素作更仔细的考究。

假如你把任何种心理学书中的论联想（Association）的那一章

翻看，那么，你会看到章内会告诉你说：一个人的观念、目的、宗旨构成了各个比较互相独立的内部集团和系统，他所追求的每个目的，都唤起某一特种的关切的兴奋，并且结集了某一特团的观念，这些观念隶属于这个目的，作为它的陪从；假如这些目的和兴奋是不同类的，它们所唤起的观念团也许很少共同点。当一团在心上独占了这个人的兴趣之时，一切与其他集团相连的观念可以完全摈逐于心界之外。美国总统，在他拿着船楫、猎枪和钓竿到荒地住营幕，过假期之时，他的观念系，由顶到底，完全变换了。总统职务上的愁虑完全掉在脑后了；做官的习惯由自然人的习惯取而代之；所以只认识他是勤勉的长官的人们，假如看见他正在住营，将要不认识是同一个人。

假如他始终不回去，始终不让政治的兴趣再支配他，从实际方面说，他将要成了永久变质的人了。我们平常的性格变换，在我们由我们的一个目的转到另一目的之时所发生的，普通不叫做变质，因为每个这种变化很快地又跟着在相反方向的变化；可是，每遇一个目的发展得那么稳固，至于确实把它的从前敌对的目的排除于个人生活以外之时，我们易于把这个现象称为“变质”(transformation)，也许我们对它惊奇。

这些变换，是一个自我分裂的最完全的方式。一个比较不完全的方式就是两个或更多的不同的目的集团同时存在，其中有一集团实际上霸占着门路，激发活动，而其他集团只是虔诚的愿望，在实行上始终不会有任何实现的。在前一讲所说的圣奥古斯丁追求更纯洁的生活的志望，就一时说，就是一个例子。又一个例子，就是总统在他做总统正极端高兴之时，怀疑这个不都是虚荣，怀疑砍木头的生活不是更有益身心的归宿。这种稍纵即逝的志望，只是妄想，怪念头。它们存在于人心的比较辽远的边缘上；这个人的真正自我，他能力的中心，却专注于另一个完全不同的系统。在生命进展下去之时，我们兴趣不断变化，因之我们的观念系也不断易位，由意识的比较中心的部分变成比较边缘的，又由更边缘的变成更中心的。例如，我记得在我年轻之时有一晚上，我父亲朗诵一种波斯顿的报纸所载的吉福德（Gifford）遗嘱要创设这四个讲座的那部分。在那时候，我并不想做哲学教授，所以我所倾听的话离我的生活，简直像它说火星的事情那么远。可是，现在我在这儿，吉福德的组织成了我真正自我的紧要部分，并且在这一时，我的一切能力都专注于要使我与这个组织成为一体的努力做到成功。我的灵魂现在植立在从前它认为实际上不真实的对象上，而且由这个对象说话，好像由我灵魂的真正的住所和中枢说话一样。

我说“灵魂”，你们无须以为我是用本体论的意义，除非你们喜欢如此；因为在这种事情，我们自然而然地会用本体论的词语；可是佛教徒或休谟派（Humians）也能够用他们偏爱的现象论的术语描写这些事实而完全成功。在这帮人看来，灵魂只是一串先后相继的意识野（field of consciousness）：但是每野有一部分，或称子野（sub-field），充作焦点，含着兴奋作用，目的似乎是由这个子野取来的，像由个中心取出一样，我们讲到这部分，不知不觉地会应用透视（perspective）的名词，把它由其余部分分别出来，我们说“这里”、“这个”、“现在”、“我的”或“我”；其他部分，我们给与“那里”、“那时”、“那个”、“他的”变成“这里”，并且是“我的”的事物与是“非我的”的事物，可以互换位置。

引起这种变化的，是情绪激荡的变迁的方式。今天对我们热烈而根本紧要的东西，明天会变成冷冷的。在我们看来，其他部分的样子，好像是从意识野的热的部分看它的；并且个人的欲望和意志是由这些热的部分散播出来的。简言之，这些部分是我们动的能力的中心，而冷的部分，我们对它是漠视的，被动的——漠视和被动的程度，与它的冷度为比例。

这种说法到底是否严格地准确，此刻无关紧要。假如你们由你们经验能够认识我想用这种词语指出的事实，它就够准确了。

也许情绪的兴趣有重大的变动；热的地方也许会在人的眼前移动得那么快，像走过燃烧的纸上的火星一样。这样，我们就有我们在前一讲所常听到的那种摇移的、分裂的自我。或是，兴奋和热烈的焦点，我们所从取得目的之观点，也许弄到永久住于某一系统之内；并且，假如变化是宗教的变化，我们就称为皈依（conversion），假如变化是急转的，或突然的，尤其要这样称说。

一个人的意识的热的地点，即他所献身的，并他所从以工作的观念集团，让我们此后称它为他的个人的能力的惯集的中心（the habitual center of his personal energy）。到底他能力的中心是他的这一组观念还是那一组，对这个人有大关系；并且就他所可有的任何组观念说，到底这些观念在他是变了中心的或还是边缘的，对这些观念有大关系。说一个人"皈依了"，从这个看法说，是指：从前在他意识内是边缘的宗教观念，现在占据了中心地位，并且宗教的目标形成了他能力所惯集的中心。

假如你们问心理学，在一个人的心理系统内，兴奋如何移动，并原是边缘的目的何以到某一刹那会变成中心的，那么，心理学必须回答说，虽然它对于发生的事变能作个普通的描写，但是在某一特例，它不能够准确地解释一切有作用的力量。无论是旁观者，是经过这个过程的本人，都不能充分解释特殊经验怎么能够改变本人的能力中心那么断然，或是何以这些经验常是必须待时而后发生这种效力。我们屡次起个念头，或是施行一件行为，可是只在某一天，这个念头的真正意义才第一回透澈我们的心，或是这件行为忽然变成了道德上的不可能。我们所知道的，只是有死的感情，死的观念，冰冷的信仰，也有热而活的信仰；并且一个信仰在我们内心变热而活跃之时，一切事物都必须以它为中心而从新结晶起来。我们可以说，这个热与活跃只是指这个观念的"动作的效力"（motor efficacy），好久延搁了而现在才发生的；可是，这种说法本身只是冗词，因为这种忽然有的动作的效力怎么来的呢？再说下去，我们的解释变成那么空泛，那么普通，人就更加悟到这整个现象是极富个性的了。

最后，我们要弄到只能用陈腐的机械的平衡状态这种象征了，心是一个含着观念的系统，每个观念都带着它所引起的兴奋，和彼此互相阻碍或援助的那些冲动的和抑止的倾向。在经验增进之时，观念集团因增多或因减少而变换；人更老之时，倾向也变动。一个心理系统因为这个各部间隙的变化，会崩溃或削弱，就像一所房屋一样；但是一时只由于死板的习惯还直立住。然而一个新的知觉，一个突来的情绪震击，或一个披露机体的变化的事变，会使全部组织完全崩倒；此后重心就落到一个更稳定的姿势，因为那些在重新安排时期到达中心的新观念现在似乎锁定在那里，因之新的构造就成为永久的。

在这种平衡的变换之中，已成的联想，通常是阻滞的因素。新的知识，无论是如何得到的，在这么变化中，都有促速的效力；并且我们的本能与心向，在“时间的不可想象的摩弄”(the unimaginable touch of time)之下的渐渐的改变，有极大的影响。并且，一切这些影响也许会潜意识地或半无意识地发生作用。[②]假如你遇到一个人，他的潜意识的生活(对这个，我必须不久说得更详细)很发达，并且在他，动机惯于在静默中成熟，那么，对这种人的情形，你就始终不能作充分的解释，并且在本人和旁观者看来，也许似乎有一个神奇的成分。情绪的事变，特别是剧烈的，对于激起心理上的重新摆布，是极有效的。恋爱、妒忌、犯罪、恐怖、悔恨或愤怒突袭人的那种忽然的爆炸的样子，是人人知道的。[③]为皈依过程的特色的情绪：希望、快乐、安全、决心，也可以有同等爆炸性。并且这样爆炸地来到的情绪，很少能让它们所遇的事态依然如故。

斯塔柏教授在他近年出版的论宗教心理的书内，曾用了一种统计的研究，证明那种发生于在教会环境长大的少年人的通常“皈依”过程与一切界的人的青春期(adolescence)的一个正常阶段(即那种进展到一个比较广大的精神生活的成长过程)在表面上的相类似，是多么密切。年龄是相同的，通常落在十四岁和十七岁的中间。症象是相同的——觉得不完全和不圆满的感想、沉思、抑郁、病态的内省以及罪孽之感；对将来的忧虑；因为怀疑而起的烦恼，诸如此类。并且结果也是相同的——由于各种官能对于更大的展望的适应而自信力加强，因而发生快乐的慰安并客观倾向。在自然发生的宗教觉醒(奋兴式的例子除外)，并在青春期的常见的暴发与紧张和“脱换时期”(moulting time)也会发生神秘的经验，这些经验的突如其来,使本人也诧异,就像奋兴会式的皈依一样。其实,两方的相类似是完全的;斯塔柏对于这些普通的少年期的皈依现象的结论,似乎是唯一的稳健的结论,就是说:皈依主要是一种常态的青春期现象,是由儿童的小世界转到成年人的较大的理智的并精神的生活的过渡时期的连带现象。

斯塔柏说,"神学接受青春期的倾向,在这些倾向之上建设起来;神学看到青春期的发展的主要事情在于把这个人由儿童心境引出来,进到成人的新生活和对于自我的洞见。因此神学将那些会加强正常倾向的当作工具来使用,它使暴发和紧张时期的历时缩短"。按照这位研究家的统计,"自认有罪之感"这种皈依现象所经历的时间,只有青春期的暴发与紧张现象的五分之一那么长久(对后种现象,他也得到统计);可是前种现象比较强烈得很多。例如,身体的随伴现象,失眠和失食欲,在皈依过程中更常见得多。"主要的分别似乎在于:皈依过程由于把本人弄到一个确定的关头,使这个过渡期加强,同时也使它缩短。"④

斯塔柏在这儿所说的皈依,当然大部是很平常的人的皈依,由于教诲、恳告和榜样,使这种皈依遵循预定的格式。这些人所表现于外的特别方式,是暗示和模仿的结果。⑤假如他们是在别种信仰和别个国家里经过他们的发展上的关头,那么,虽然变化的要点是相同的(因为这个变化大部是免不了的),但它的附带事件却会不同。例如,在天主教的国土,和在美国的主教统治制的(Episcopalian)宗派内,这种愁虑和罪孽之感并不像在那些鼓励奋兴现象的教派内那样常见。在这些比较严格地具教会组织的团体内,他们比较更倚赖圣礼(sacrements),只须较少的作用就可以加重个人自己对救度的接受而到达这个救度之域。

可是,个个模仿现象一定是一度有过它的原型,所以我提议在将来的演讲,我们尽量接近比较更亲身的、更原始的经验方式。这些更会见于单独发生的成人例子。

刘把教授,在一篇有价值的论皈依的心理的文内,⑥将宗教生活的神学方面几乎完全认为是它的道德方面的附件。他对于宗教感觉的定义是:“不健全,道德上不全备,罪孽(用专门名词说)之感,伴有祈求由统一来的安恬的渴望”。他说,“‘宗教’这个名词越变越是指出于罪孽之感和解脱此感的那一团的欲望和情绪”;并且他举好多的例子(就中,罪孽有种种不同,由酗酒起,至精神方面的自负止),证明罪孽之感会困扰本人,使他渴望解脱,就像患病的肉体或任何种身体的困苦的痛楚那么迫切需求解脱。

无疑,这个概念可以包举很多的例子。一个可作例证的过程就是哈德黎君(S. H. Hadley)的经验;他在皈依之后,变成了一个活动的、有用的拯救纽约的酗酒徒的人。他的经验如次:

“一个星期二的晚上,我坐在哈滥(Harlem)的一家卖酒店里,——一个无家可归的,无朋友的,要死的‘酒鬼’。我已经把一切可以换酒的东西当掉或卖掉了。除非我死醉了,我是睡不着的。我前好多天都没吃东西,并且前四夜,我患了酒疯(delirium tremens),或是醉怖(the horrors),由半夜一直到早上为止。我以前常说,‘我永远不做浮荡者。我始终不要陷于绝境,因为那个时期一到(假如它一天会到来),我就以河底为安身之所’。可是主这样安排,使得那个时期真真来到之时,我还不能将到河的路走到四分之一。当我坐在那儿思想之时，我似乎觉得有一个伟大的、强有力的什么在旁。当时我不知道它是什么。后来我才实在知道它是耶稣，罪人的朋友。我走到酒柜，用我的拳头打它，一直到我打得玻璃哗哗地响。站在旁边喝酒的人看着我，都对我鄙视而惊奇。我说，就是我死在街上，我也永远不再喝一口酒，并且我实在觉得好像我在早晨之前要死。有什么人对我说，'假如你要实践这个诺言，你去，让人把你锁起来'。我就走到顶近的拘留所，使我自己被锁闭起来。

"我关在一间窄狭的牢监里；好像一切能找得地方的魔鬼都跟我到那间房子内。可是，这并不是我所有的伴侣全数。不，赞美主！那个亲爱的，在酒店来到我旁的神也在旁，而且叫我祈祷。我真就祈祷；虽是我不觉有大帮助，我还继续祈祷着。我一能够离开牢监，就被带到警察局里，但又带回到牢监里去。最后我被释放，就找到我兄弟的家里，在那儿，我受百般的照料。在躺在床上之时，劝诫的神总不离开我；第二天安息日早晨，我起来之时，我觉得那一天要决定我的运命；快到晚上，我想起要到马柯黎(Jerry M'Auley)的传教会。我去了。房子挤满了人，我经过大困难，才走到靠近演坛的地方。在那里，我见到这个拯救酒鬼和堕落人的救星——那个上帝的人，马柯黎。他站起来，在极端肃静之中叙述他的经验。这个人有一种真诚，使人起信，我发现我自己在说，'我不知道上帝能救我不能'？我听到二十五到三十人的作证，他们个个都由喝莯蒙(rum)的酒癖救出来；我就下决心一定要得救，否则就死在那里。当请祈祷之时，我跟一群酒徒同跪下。马柯黎

第一个祈祷。随后马柯黎太太又替我们热烈地祈祷。啊，我的可怜的灵魂起了多么厉害的冲突哇？一个赐福的耳语说‘来呀’；魔鬼说，‘小心’！我只迟疑一顷刻，随后我的心都碎了，我说，‘亲爱的耶稣，你能帮我吗’？我始终不能用凡人的舌头形容那一顷刻。虽然到那顷刻止，我的灵魂充满着不可形容的忧郁，我在此刻觉得正午太阳的荣光照射进我的心坎。我觉得我是个自由人了。啊，那宝贵的安全之感，自由之感，靠托耶稣之感；我觉得基督带着他的一切光明、一切权力来到我的生活内，我觉得实实在在旧东西消灭了，一切东西都更新了。

“由那刻到现在，我始终不想喝一口威司忌(whiskey)，并且我始终没见过够使我喝一口的钱。那夜里，我答应上帝假如他除却我要喝烈酒的欲望，我愿意替他工作一辈子。上帝已经尽他的责任；我也始终努力做我的职务。”⑦

刘把教授说，在这么一个以绝对需要一个高级的援助者始，以觉得他曾帮助了我们之感终的经验，含着很少的教义的神学。他又举其他酗酒者皈依的事例，纯乎道德上的，照所记载的，毫不含有任何种神学的信条。刘把教授说，例如苟敷(John B. Gough)的皈依实际等于无神论者的皈依——既不提到上帝，也没提到耶稣。⑧然而，虽然这种含着很少的理智上调整，甚至没有这一类调整的更生过程很重要，这位作家确然把这一种更生弄得太垄断一切了。这相当于那种集中于主观方面的病态抑郁——班扬和阿莱因就是例子。可是我们已在第七讲见到也有客观型的抑郁；在这种，世界缺乏合理的意义，至少人生如此，这件事是压迫这个人的重负——你们记得托尔斯泰就是这样。[9]因此，皈依含有不同的成分，并且它们对于个人生活的关系是应该分别开的。[10]

例如，有些人始终不会皈依宗教，也许无论在什么境地，总不能使他们皈依。宗教观念不能够变成了他们精神能力的中心。他们也许是优秀的人，在实行方面是上帝的好佣仆，但是他们不是上帝国的子民。他们或是不能想象无形的存在；或是，用信徒的术语说，他们是一辈子“硗瘠”(barren)和“干枯”(dry)的人。这种不能有宗教信仰的心理，在有些事例，也许是起源于理智方面。他们宗教官能的要膨胀的自然倾向受阻碍，也许是由于抑制性的对于世界的信仰，例如悲观的和唯物主义的信仰，由于信仰这些，许多在从前会随便让他们的宗教倾向发展的好人，在今日，发现他们自己好像冻凝似的；或是阙疑论的，对信仰的否认，以为信仰是懦弱的并可羞的事情，我们中许多人现在蹲伏于这种否认之下，在害怕而不敢用我们的本能。在好多人，这种抑制始终没有被克服。一直到生命的终结，他们不肯信仰，他们的一己的能力总不达到它的宗教的中心，因之这个中心永远是不活动的。

在其他人们，困难比较更深刻。有些人在宗教方面是犯了失感觉病的(anaesthetic)，宗教感觉力是残缺不全的。就像一个无血性的人物，无论多么有善意，总不能得到那些有血性的人所有的不顾危险的“动物气”(animal spirits)；精神上硗瘠的人也许会赞叹并羡慕别人的信仰，但始终不能得到那些性情宜于信仰的人所受用的热情和安恬。可是，一切这个，最后也许与暂时的抑制有关。就是在晚年，也会有一点溶化，一点解放，在最硗瘠的胸中，也许有某种闪电打进去，因而这个人的硬心肠会软化而发出宗教感情。这种事便引起了“突来的皈依是由于神迹”这个观念，比任何别项事例都更会引起。只要有这种事例，我们必须不要幻想我们所讨论的，是固定到不可变动的种类。

在人类，有两种心理作用，会发生皈依过程上的一个重大的不同，——这种不同，斯塔柏教授曾说到。你们都知道要追忆一个忘掉了的名字之时的情形。通常，你追求它，在心上把与这个字有关的地方、人和东西念一遍。可是有时这样努力也失败：那么，你们就觉得好像用力越苦，希望越少，似乎这个名字被挤弯了(jammed)。朝它的方向加以压力，只有使它更难记起来。在这种情形之下，相反的法子往往有效。完全放弃这种努力；想完全不同的事情；半小时以后，忘掉的名字逍遥自在地来到你心上，如爱谋生所说的，像个不速之客那样不经意地来到。以前的努力，在你心上，引起了某种隐藏的作用；努力停止之后，这个作用还继续进行，达到结果，看来好像自动出来的样子。斯塔柏说，有个音乐师在她学生明白知道他们该做的动作，但尝试不成功之后，对他们说：“不要再试，这个自己会来的！”⑪

这样，得到心理结果有两种方式，一种是自觉的并有意的，一种是不知不觉的，无意的；这两方式都见于皈依的历史内，因之有两种皈依过程，斯塔柏称为立意型(volitional type)和委心型(type by self-surrender)。

在立意型，更生的变化，通常是逐渐的，在于一点一点地建立一组新的道德的和精神的习惯。可是其中总有临界点，在那时期，前进似乎比较快得多。斯塔柏对于这个心理事实，曾举出丰富的例证。我们在任何项技能上的教练，显似以一跳一掷地进步，正如我们身体的生长一样。

> “一个运动家……有时忽然悟到这个游戏的微妙处，因而对它感到真正的愉快，活像皈依宗教者忽然领会宗教的好处一样。假如他继续玩这个游戏，有一天这个游戏会忽然自己在他身上玩起来——在某个重要的竞赛，他会忘形地动作。同样，音乐家会忽然到了一个时期，在那时，对于音乐的技术的愉快消散了，并且在一个神来之顷，他变成音乐所从流出的器具了。作者偶然听见两个不同的结婚的人，他们的结婚生活从开始就是美满的，他们说：到了结婚一年或更久之后，他们才觉悟到结婚生活的幸福的全面。我们正在研究的这些人的宗教经验也这样。”⑫

不久我们会听到关于潜意识的成熟，其结果忽然被意识到的心理过程之更奇异的例证。韩弥顿和爱丁堡的雷柯克教授（Sir William Hamilton and Professor Laycock of Edinburgh）最先说到这一类的结果；可是喀喷脱博士（Dr. Carpenter）造了“无意识的大脑活动”（unconscious celebration）这个名词（假如我没记错），从此这个名词就成了通俗的解释。现在我们所知道的事实，比他当时所知道多得多了，并且“无意识的”（unconscious）这个形容词，对其中好多事实几乎是完全错误的名目；最好用比较广泛的名词，“潜意识的”（subconscious）或“意识阈下的”（subliminal）代替它。

关于立意型的皈依，很容易举例；⑬可是这些大抵不及委心型的皈依有趣味；在委心型，潜意识的结果更多，并且往往使人惊异。所以我要赶快说委心型，因为这两型的不同毕竟不是根本的，因而我更要这样做。就是在最是立意修到的更生过程，也有部分委心作用穿插在内；并且在大多数的皈依，意志竭力使一个人快要得到所望的完全统一之时，似乎真正最后一步必须留给其他力量去做，必须不经意志的活动而实施。换言之，到那时，委心就成了不可少的了。斯塔柏说，“个人的意志必须放弃。在好多事例，在本人不停止抵抗或停止朝他要去的方向努力之前，总不会得到和缓。”

> 斯塔柏的通信人之中有一个说，“我说过，我不肯放弃；可是在我的意志消沉之时，事情全完了。”——又一个说，“我只说：‘主，我已经尽我的力量；我把整个事情让你做’，立刻我得到大安静了。”——又一个说，“我忽然想到假如我不再想自己做全部事情而跟随耶稣，我也可以得救：我不知如何就卸掉了我的重责了。”——又一个说：“我最后不肯抵抗，就投降了，虽然这是艰苦的奋斗。渐渐地，我觉得我已尽我的职责，并且上帝愿意尽他的责任。”⑭——纳尔逊(John Nelson)⑮由于愁虑的为要避免永远沉沦而奋斗，精疲力尽了，他嚷，“主，你的旨意必要实现；无论沉沦或得救”；在那一顷刻，他的灵魂就充满着安恬。

斯塔柏对于最后一顷刻的委心所以不可少的理由，作了一个有趣的，而且我以为是对的解释(假如这么简略的概念可以有点对)。在候补皈依者的心上，有两件事：第一是现在的不完全或错误，他所切望避免的“罪孽”(sin)；第二，是他希望实现的积极理想。但是，我们中极大多数人，觉得我们现在错误之感，比对于我们所能祈向的任何积极理想的想象，是个更清楚得多的意识。其实，在大多数人，“罪孽”几乎占据了注意的全部，所以皈依，“与其说是一个奋发要为善，无宁说是挣扎要免罪孽的过程”。[16]一个人的有意识的智慧与意志，就它向理想奋发前进这限度内说，是祈向只是模糊地不准确地想象到的东西。可是，在一切这个期间，他身上的纯乎机体成熟作用的力量，继续进展到它们预想的结果，并且他的自觉的努力解放了背后的潜意识的助力，这些力量照它们的方式工作以求得新布置；并且一切这些深层的力量所倾向的新布置很可以必是确定的，而且确然与他有意识地设想并决定的布置不同。因此这种新布置也许会真被他的离开真正方向斜出的有意努力所牵掣（所挤弯，好像我们想要记起忘却的字，努力太过之时的情形）。

斯塔柏说，运用个人的意志，就是还活在最注重不完全的自我的区域内；他这话似乎中肯。反之，在潜意识的力量领导的区域内，指挥行动的，更会是较好的可能的自我。在这个情形之下，它自己是能组织的中心，并不是由外界笨拙地，模糊地认为目标的东西。那么，这个人必须怎么样进行呢？斯塔柏说：“他必须松弛，那就是说，他必须倚靠从他自己本心涌出的为善的较大权力，让它照它自己的方式成全它已开始的工作。……从这个观点看，委心的行为，在于将一个人自己献于新的生活，把它作为一个新人格的中心，并且将前此从客观方面相对的新生活，从内心体验它的真实性。”[17]

这个需要委心的事实，神学用“人趋极端，是上帝的机会”这个话表示；照生理学的说法，就是：“让一个人尽他的力量，那么，他的神经系会把其余做到完了。”这两个话所承认的，是同一件事实。[18]

用我们自己的象征法说，就是：在个人能力的新中心经潜意识地孵育(incubated)得够长久,刚刚够使它如花之怒放之时,"放开手"(hands off)是我们应守的唯一规律,它必须不经助力而自己开花!

我们上文用了心理学的模糊的、抽象的词语。可是,因为用任何种词语说,所描写的转关,在于将我们有意识的自我投靠于(无论是什么)比我们实是更理想的并做到为我们赎罪的那些权力,你们可以见到为什么就宗教生活是精神的,不是外部动作和仪节圣餐等等的事情这方面说,委心曾经被认为,而且永远必须被认为,宗教生活的主要的转关。人可以说,基督教朝着向里工夫的整个发展过程,除了对这个委心的关头加以越大的注重之外,所余无几。由天主教到路德主张(Lutheranism),再到加尔文主义(Calvinism),再由它到卫斯理主义(Wesleyanism);由它,完全在严格所谓基督教之外,到纯粹"自由主义"(liberalism)或超绝的理想主义(无论是否属于医心派),中间包括中世纪的神秘主义者、寂静派(quietists)、虔诚派(pietists)、教友派(quakers),我们可以看到进步到一个直接的精神的助力这个观念的各阶段——这种助力,是个人在厄穷之时经验到,并且不根本需要教义的工具或对神和解的机构的。

这样,心理学和宗教,到这里止,是和合的,因为二者都承认有似乎在有意识的个人之外而能使他的生活得到救度的力量。然而,心理学认定这些力量是"潜意识的",说它们的影响是由于"孵育"或"大脑活动"(cerebration),隐含这些力量并不超出个人的人格之上这个意思。在这一点,心理学与基督教神学不同——后者坚持这些力量是神的直接的、超自然的支使。我提议我们此刻不要认为这个歧异是确然如此，而暂时不谈这个问题。——继续研究也许能使我们除掉这个貌似冲突的一部分。

那么，这一会儿，我们再回到委心态度的心理。

你发现一个人活在他意识的破碎边缘，困在他的罪孽、缺乏和不全备状况之内，因而无可安慰；你假如只告诉他说，他一切都好好的，他必须阻止愁虑排除不满意，放弃忧虞；在他看来，你所说的似乎都是纯乎荒谬之谈。他所有的唯一个实在意识告诉他一切都不好，你所提议的较好方法好像只是冷心的欺骗。“信仰意志”(The will to believe)不能够拉扯到这么远。我们能够使自己更相信我们已有点底子的一种信仰，可是，假如我们的知觉积极地保证相反的信仰，那么，就是有充足材料，我们也不能创造一种信仰。在这种情形之下，对我们提议的更好的心灵，显然是一种对我们所有的唯一的心灵的纯粹否定；我们不能主动地立下要个纯粹否定的意志。

只有两种方法，可以排除忿怒、忧虑、恐怖、绝望或其他不利的情感。一种是有个相反的情感非常强烈地压倒我们；另一种是我们挣扎到精疲力尽，不得不停止——由是我们下场，放弃，再不管怎样了。我们司情绪的脑中枢罢工了；我们陷于暂时的无情状态了。实有文件证明这个暂时疲竭状态常常是皈依关头的一部分。只要病态灵魂的利己的忧虑把住门，信仰的灵魂的扩大的自信心就进不来。可是，让前者消散，就是只经一顷刻，后者就能够利用这个机会，并且一回得了机会，人就会保有它。喀莱尔的魔糟先生(Teufelsdröckh)由永远的“否”(No)进到永远的“是”(Yes)之时经过了“淡漠的中心”(Center of Indifference)。

让我给你们关于皈依过程的这件特色举一个好例证。那个真正的圣徒,布冷纳(David Brainerd)形容他自己的转关如下:

> “有一天早上,我正在照常在一个孤寂的地方散步,我立刻见到一切我用以求得解脱和救度的机构和计划完全无用;我完全陷于停顿了,因为我发现我完全不知所措了。我见到了要我做任何会帮助或解放我自己的事情始终是不可能的,并且我已经作一切我终古所能做的请诉了;而且我的一切诉求都是枉然的,因为我见到了,以前是利己心使我祈祷,我始终不曾一回因为敬仰上帝的光荣而祈祷。我见到我的祈祷与神的施慈悲,其间没有必然的关系,这些祈祷并不使上帝有一点赐我恩典的责任,祈祷并没有比我用手在水里鼓动这点事更多的美德或善行。我见到前此我是在堆积我的崇奉于上帝之前,禁食,祈祷等等,假装我是求上帝的光荣,甚至有时当真以为如此;事实上,我始终没有真正志在这个,而只是志在我自己的幸福。我见到因为我并没有替上帝做过任何事,因为我的伪善和侮弄;除了沉沦,我不能对上帝要求什么。在我明白见到我只注意我一己的利益,我宗教功课都显得是恶性的侮弄,一串不断的诳语,因为整个只是自我崇拜,并可骇的辱骂上帝。
>
> “我记得,我继续在这种心境中,由星期五早晨,一直到了其后的星期日晚上(一七三九年七月十二日),那时候我又在同一僻静地方散步。在这儿,我怀着悲伤的、抑郁的心态,我正在企图祈祷;可是觉得没有心想做那个或任何别种功课;我

前此的关切，修炼和宗教感情现在完全没有了。我以为上帝之神完全离开我了；但是我还不苦恼；然而我忧郁，好像天上地上没有什么可使我快乐。这样企图祈祷（不过，我以为是很笨拙，很没有意义）几乎半小时；随后，在我在密林中走路之时，我的灵魂似乎感悟到说不出的光荣。我并不是指任何外界的光明，也不是指一个发光体的想象（这是我对于上帝一个新的内心领会，我从来没有过的），也不是任何项与光体一点点相似的东西。我并没有对三位一体中的任何一个，无论是圣父，圣子，或圣神，有什么特别感受；可是这个似乎是神的光荣。我的灵魂，由于看见这么一个上帝，这么一个光荣的神人而起不可言宣的喜乐；并且因为他是在一切之上，万劫长存的上帝，我内心觉得喜悦、满足。我的灵魂被上帝的尽善所抓住而快乐得很厉害，简直是我被吞没于上帝内了；至少使得我不想到我的得救问题，几乎不想起世界有我这个人。我继续在这个内心的喜乐、安静并惊奇的状态，一直到天要黑的时候，不觉得差减；随后就开始思索并考究我所见过的；并且第二天整晚上，觉得我心里甜美地恬静。我觉得自己居于一个新的世界内，并且一切我周围的东西显示与平日的样子不同的形状。在这时候，我觉悟这个得救的方法是无限地明智、适宜、优越的，使我奇怪我何以会想到任何其他得救方法；我自己骇异何以我从前不放弃我自己的机构，不顺从这个可爱的、快乐的、优美的方法。假如我从前能够用我自己的宗教功课或任何种我自己设计的其他方法而得救，现在我的灵魂总不肯这样做。我奇怪何以全世界人不会完全由于基督的正义而见到

这个得救方法并遵行它。”[19]

在上面的报告的大部分，也许是其中的大多数，报告者说得好像低级情绪的枯竭高级情绪的到来是同时的，[20]但是他们又说得好像高级情绪积极地将低级的赶出去。如我们一会儿要见到的，好多例子无疑是如此。可是，往往两个条件——一种情感潜意识地成熟和另一种情感的枯竭——必须同时合力，才能得到结果：这是很少疑义的。

有个被纳朵顿（Nettleton）说得皈依的人，T. W. B.，弄到自己到由深信有罪而来的猛锐的激动心态中，整天不吃，在晚间把自己锁闭在自己的房间里，完全绝望，大叫道：“主呀！多么久，多么久？”他说：“在反复说了这个和相似的话几回之后，我似乎陷于无知觉的状态之中。到我回过来之时，我正在跪着，为别人祈祷，不是为自己。我觉得愿顺从上帝的旨意，愿意他照他见解以为好方式处理我。我对自己的关切，似乎完全被吞没于对别人的关切之内了。”[21]

美国伟大的奋兴传教家（revivalist）芬纳（Finney）自叙说：“我对自己说：‘这是什么？我一定是把圣神弄到完全伤心走去了。我失掉了我的一切信心了。我对我的灵魂漠不关心；必定是圣神离开我了。’我想：‘啊！我一生绝没有对我自己的得救问题这么不关切。’……我企图追忆我的信心，追回我前此挣扎于其下的罪孽重负。我企图使我自己愁虑，但不成功。我那么肃静，那么安恬，所以我努力想要对那件事关切；为的是，害怕这种状态是因为我把圣神弄得伤心走开了。”[22]

然而，毫无容疑地，有些人，完全无须经过本人感情的官能枯竭，甚至绝没有事前的任何剧烈的情感，只是高级的心态到了应有的强烈程度，就冲突决破一切藩篱，像一片忽然涌来的洪水似地横冲进来。这些就是最可注目并最可纪念的事例，是顷刻的皈依过程——神的恩典这个概念最特别与这些皈依相连。我已经详述一例，布拉德黎的皈依经过。可是我最好把其他事例和我对于这个题目的评论保留到下一讲再说。

①　见于《布拉德黎略传》，由五岁到二十四岁，包括他在一八二九年十一月二日晚上感到圣神的权力的奇异经验。康纳迪克州，马迪生，一八三〇年版（A sketch of the life of Stephen H. Bradley, from the age of five to twenty-four years, including his remarkable experience of the power of the Holy Spirit on the second evening of November, 1829, Madison, Connecticut, 1880）。

②　朱伏瓦（Jouffroy）是一个例子："是顺着这个斜面，我的心智久已滑溜下来；渐渐地，离它的最初信仰很远了。可是这个阴沉沉的革命并不在我意识的青天白日下发生；太多的顾忌，太多的指导和神圣感情使我觉得这种革命可骇，所以我不肯自己明认它的进展。它在静默中进行，由于一种无意的经营——对这种经营，我并非同谋；虽然实际我久已不是基督徒，但是因为我的用意纯朴，我假如猜疑到这个，就会战栗，并且假如有人告我这样堕落，我要认为是诬告。"此后，朱伏瓦就叙述他的反皈依——这，已于第八讲引过。

③　几乎无须举例；可是恋爱的例，请看第八讲注 9；恐怖的例，请看第七讲篇末和注 19；悔恨的例，请看谋杀案后的阿提洛（Othello）；愤怒的例，请看柯德利亚（Cordelia）对他的第一次说话之后的李尔王（king Lear）（译者按：这两例都见于莎士比亚戏剧中）；决心的例，请看第八讲内福斯特的经验。下引是一个病态的实例，忽然爆发的感情是有罪（guilt）之感："有一夜里，我在上床之顷，忽然起一阵寒战，就像瑞典保（Swedenburg）所描写的，他忽然感到

圣洁之时的那种寒战;可是我所感的,是有罪。那整夜里,我不断寒战;并且由寒战的开始,就觉得我是受上帝的咒诅。我一生始终没有做过一件本分的事——从我能记得的时候起,就都是敌对上帝与人类的罪孽——是一个具人形的野猫。”

④ 斯塔柏:《宗教心理学》(E. D. Starbuck:The Psychology of Religion)第二二四页,二六二页。

⑤ 爱德华斯(Jonathan Edwards)已经知道这个道理,没有人比他知道得更明白。比较平常一种的皈依记载,总必须加以他所提示的“折扣”。“一个为公共同意已接受并已成立的规则,对于好多人形成他们关于他们自己经验的过程的观念有很大的影响;不过这个影响是不觉得的罢了。我知道很清楚他们对这件事进行的情形,因为我常有机会观察他们的行为。很常见的是:他们经验最初好像纷乱一团,可是后来那些最近似所坚持以为必须有的那种特殊阶段就被选择出来;并且这些部分,在他们心上常常想到,一会一会说到,到了这些在他们眼中越变越显著,而其他部分,被忽视的,就越变越模糊了。这样地,他们所经验的,就不知不觉地变形,使它与他们心上已成立的模型刚刚一致。并且,传教士,要应付那些坚持方法必须清晰明白的人的,也这样:这是很自然的。”见他的《宗教影响论》(Treatise on Religious Affections)。

⑥ 《对于宗教现象的心理学的研究》(Studies in the Psychology of Religious Phenomena),见《美国心理学杂志》(American Journal of Psychology)第七卷第三〇九页(一八九六年)。

⑦ 我把哈德黎君的叙述缩短。要看酗酒徒的其他皈依过程,请看他的小册子《救人的传教工作》(Rescue Mission Work),纽约城的老马柯黎水街传教会(The Old Jerry M'Auley Water Street Mission)出版的。刘把教授的论文后的附录,也有一组显著的例。

⑧ 一个饭馆的堂倌临时充作苟敷的“救主”。蒲司将军(General Booth),创设救世军(The Salvation Army)者,以为拯救堕落者的第一个紧要的步骤,在于使他们觉得还有个好好的人对他们关切,够使他们对他们起来或沉下这个问题关心。

⑨ 约翰·穆勒(J. S. Mill)自记他曾陷入无情的抑郁的变态——觉得

没出息——他由于读到麻蒙特的《忆旧录》(Marmontel's Memoirs)(请原谅!)和吴伟士(Woodsworth)的诗,才解脱这种抑郁:这是又一个理智的并一般的形而上学的抑郁的例。请看他的《自传》,纽约一八七三年版,一四一页,一四八页。

⑩　斯塔柏除了“解脱罪孽”(escape from sin)之外,又挑出“精神的洞明”(spiritual illumination),作为另一种不同的皈依经验。见他的《宗教心理学》,第八五页。

⑪　《宗教心理学》第一一七页。

⑫　《宗教心理学》第三八五页。再参看第一三七至一四四页,又二六二页。

⑬　例如芬纳(C. G. Finney)着重于意志的成分:“就在这时候,福音式救度(Gospel salvation)这整个问题,以我当时觉得是极奇异的样子显现于我心上。我以为我那时候见到基督的替人赎罪是真实并充分的,我一生中也不过见到这么清楚。福音式救度,在我看来,似乎是给我们以应该接受的事情,并且我所必须做的,只是我自己要同意排除我的罪孽,接收基督。在这个清晰的启示在我心上停留了一些时候之后,似乎起这个疑问:‘你现在,今天,肯不肯就接受它呢’? 我答应:‘肯;我今天定要接受它,不然我愿为这种努力而死!’”他此后就走进树林子里,他描写他在那儿的奋斗。他不能够祈祷,他的心上的自矜并不减少。“我随后因为我在离树林子之前答应委心于上帝而自责。到我要委心之时,我发现我不能如此。……我内部灵魂后面牵挂着,我的心并不归向上帝。觉得‘我那一天要委心于上帝,不然愿为这种努力而死这个诺言太冒失’这个念头,在压迫我。我觉得好像那个诺言对我的灵魂有强制执行的效力;可是我要破弃我的许愿。我感到重大的沉忧和失望;我觉得几乎太软弱,不能直身跪着。就在这顷刻,我又以为听见有人走近我;我就睁开我的两眼看是否如此。就在那儿,‘我的自矜是使我不能委心于上帝的大障碍’这件事很清楚启示给我看。我感到害羞,怕人看见我跪在上帝之前这个恶性感得那么剧烈,我至于极力大声喊叫;嚷说,就是一切世上的人和一切地狱内的魔鬼都在我周围,我也离开那个地方。我说,‘什么! 像我这么一个卑污的罪人,跪下对伟大而圣洁的上帝忏悔我的罪孽,而觉得害臊,怕有人(并且像我一样的罪人)看见我跪下,并企图与我所得罪的上帝和解吗!’这个

罪孽似乎是可骇的、无限的。它使我在主之前身心完全崩溃了”。他的《忆旧录》(Memoirs),第一四至一六页,节录。

⑭ 斯塔柏,上引书,第九一页,又一一四页。

⑮ 由《纳尔逊君的日记》(Journal of Mr. John Nelson),伦敦版,无年代,第二四页摘出来。

⑯ 斯塔柏上引书,第六四页。

⑰ 斯塔柏书第一一五页。

⑱ 斯塔柏书第一一三页。

⑲ 爱德华和徒哀特《布冷纳传》(Edward's and Dwight's Life of Brainerd)纽哈文(New Haven),一八八二年版,第四五至四七页,节录。

⑳ 假如把整个现象比做平衡的改变,我们可以说新的心理能力向个人中心的移动与旧能力向边缘的撤退(或是有些对象升到意识阈之上,与其他对象降到其下)只是描写一件不可分开的事情的两种方式。无疑,这个话往往是绝对实在的;斯塔柏说,“委心”(Self-surrender)和“新的决心”(new determination),虽然才看好像是这么不同的经验,是“实际同一件事。委心是将这个变化从旧自我的观点看;决心是将它从新自我看”。见上引书第六〇页。

㉑ 邦那:《纳朵顿和他的工作》(A. A. Bonar: Nettleton and his Labors),爱丁堡,一八五四年版,第六二一页。

㉒ 芬纳:《自述的回忆录》(Charles G. Finney: Memoirs Written by himself)一八五六年版,第一七页,一八页。

第十讲　皈依(续)

在这个演讲,我们要说皈依这个题目,要先讨论那些显著的顷刻皈依的例子——就中,圣保罗是最著名的;在这种皈依,往往在重大的情绪激荡或感官的扰乱之中,一眨眼间,新的生活与旧的生活完全就分离开了。这一类的皈依是宗教经验的一个重要方面,因为它在新教(Protestant)的神学上曾经有重要的贡献;因此我们应该细心地研究它。

我想我最好在开始更关于通则的讨论之先,引两三个这种皈依的例。人必须先知道具体的例子;因为,如阿葛西(Agassiz)教授常说的,一个人由通则内所见到的,不能比他前此对于特例的知识所能使他领会的更深远。所以我要再举阿莱因为例,引他一七七五年三月二十六日的报告——在那一天,他那可怜的分裂的心得到永久的统一。

"约莫在日落之时我正在野外走来走去,对我苦恼的,沉沦毁灭的状况兴哀,几乎被我的重罪压沉:在这个时候,我以为我的现状的痛苦,是从前任何人始终没受过的。我回家去;在我到门,刚刚踏过门槛之顷,下列的印象来到我心上,像个强有力,但是微小而肃静的语声。'你一向在追求、祈祷、改革、工作、阅读、倾听、思索;但你由这种功夫,对于救度自己的工作,有何成就呢?你现在是不是比你才开始之时更靠近皈依心态呢?你是不是比你开始追求之时对于升天堂的资格更有准备,或是更配出现于上帝的公正的法庭之前呢'?

"这个使我深信,弄到我不得不说我并不以为我比最初更近一步,而是同从前一样该沉沦,一样在危险中,一样苦恼。我在内心大喊,'主上帝,我沉沦了,并且假如你,主,不找出新方法(我不知道任何新方法),我永远不会得救,因为我派定给自己遵行的途径与方法通通对我失效,而且我愿意这些失败。主哇,请发慈悲——主哇,请发慈悲!

"这些发现继续在心上,一直到我走进房子里,坐下去为止。我坐下之后,心上大乱,像个要淹死的人刚要放手,让自己沉下去,并且几乎在惨痛之中;我突然在我椅子上转回头,看见放在另一椅子上的一本旧'圣经'的一部分,我赶紧拿到手;并且事先毫无思索地把它开起来,看到第三十八'诗篇'(the 38th Psalm)——这是我第一回看见上帝的话;这个话感动我极其强烈,好像透过我的整个灵魂,似乎上帝在我内心祈祷。约在这时,我父亲叫全家去祈祷;我也去,但并没注意他在祈祷内说些什么,我只继续以诗篇中的那些话祈祷。我喊,'啊,帮助我,帮助我!你赎回灵魂者;救我,否则我永远完了;今夜里,假如你喜欢,你能够用你的一滴血赎我的罪,而和解一个生气的上帝的盛怒。'当我献一切给上帝,让他随意处理我,并且发愿上帝随他所欲来宰制我那顷刻,能够赎罪的慈爱,随着重念的经文袭入我的灵魂,那样剧烈,至于我的整个灵魂好像给爱溶化了;罪过和沉沦的重负卸除了,黑暗除去

了,我的心觉得卑屈,并充满着感激;我的整个灵魂,几分钟以前呻吟于群山似的死亡之下,对一个不认得的上帝求救,现在充满着不灭的慈爱了,现在托着信仰的羽翼高翔,摆脱死亡和黑暗的束缚,大喊:'我的主,我的上帝;您是我的磐石和我的碉堡,我的盾牌并我的高垒,我的生命,我的欢乐,我现在的并永久的运命。'我仰着,以为我看见那同一的光(他从前主观地看见明亮的火光,不止一回),不过似乎不同;并且我一看见这光,照他所允许的,我领会这意旨了;我不自主地喊叫:'够了,够了,神圣的上帝!'这个皈依的过程,这个变化,以及它表现并不比那个我看见的光,或任何种我见过的东西更有疑义。

“在我的灵魂解放得自由之后不到半小时,我正在十分快乐,主就披露给我知道我传教的工作并散播福音的职务。我喊,'实心所愿! 主,我愿去;差遣我,差遣我'。那一夜的最大部分时间,我都在欢乐的出神状态之中,因为上帝的不吝惜的无限度的恩惠,我长久赞美并崇拜他。我已经在这种神往于天堂的心境那么久,我的身体似乎必须睡眠,由是我想闭眼一会儿;那时候,魔鬼就闯进来,告诉我假如我睡去,我会失掉一切,并且我明天早上醒来之时会发现这些只是幻想和妄念。我立刻喊,'啊,主上帝,假如我是被骗,请提醒我'。

“随后我闭眼几分钟,并且似乎睡眠使我精神恢复;在我醒来之时,第一个发问,就是'我的上帝在哪里?'顷刻间,我的灵魂似乎在上帝之内醒来并与上帝同醒,并且被永久的慈爱的臂膀环抱着。约莫太阳出来之时,我高兴地起来告诉我父母上帝对我灵魂的成绩,公布给他们看上帝的无穷恩惠的神迹。我拿起一本'圣经',指给他们看上帝在前一晚上铭印于我灵魂上的文字;可是当我翻开'圣经'之时,我看来它似乎全是新的。

"我极渴望我对于基督的宗旨,福音的传布,有用处;因之好像我不能再安闲着,必定要出去告诉世人这个能赎罪的慈爱之奇迹。我对于世间的快乐,和世间的伴侣完全失掉兴趣,所以能够舍弃它。"①

这位年轻的阿莱因君,只等过了极短的时间,除他的《圣经》之外没有书卷的学问,除了他自己的经验之外没有任何教育,这样就成了基督教的传教士,并且从此以后,他的生活,就它的方严专一而论,配得与最虔诚的圣徒同列。可是,虽然在他辛勤工作之中,他变成很快活的人,但他始终没有恢复他对于世俗的快乐的赏味;就是最无害的快乐,他也不感兴趣。我们必须将他像班扬和托尔斯泰一样,归在灵魂给抑郁的铁镣留下永久遗痕的这一类人之内。他的被赎回,是到了这个纯乎自然的世界之外的另一世界,所以在他看来,人生总是一种阴惨的、耐久的历试。多年以后,他还在他的日记内记下这一段话:"十二日,星期三,我在结婚典礼中传教,我借此排除世界的欲乐,觉得满意。"

第二例是刘把教授的一个通信者,载在已引过的他在《美国心理学杂志》第六卷的论文内。这个人是牛津大学的毕业生,一个传教士的儿子;他的经历,在好多方面,像著名的、大约人人知道的迦丁纳上校(Colonel Gardiner)的经历。下文是他的自述的节录:

"在我离开牛津到我皈依基督这中间的时期,我始终没踏到我父亲的教堂的门,可是八年中我同他住在一起,我靠新闻工作挣得我要用的钱，把这个钱与任何肯跟我坐在一起拼命喝酒的人喝到精光。我这样过活，有时整整一星期沉醉，随后又极厉害地懊悔，至于一整月不碰一滴酒。

“在这个全部期间，就是一直到三十二岁，我始终没有想要为宗教的理由而改过自新。可是，我的痛苦完全是因为我常常在大喝酒之后所感到的剧烈的悔恨，自恨我是有高等才能和教育的人，何以蠢蠢地把一生这样断送掉。这个可怕的悔恨，有一夜里，使我头发灰白了，并且每一回如此悔恨，第二天我就看得出是头发更灰白些。我这样所受的痛苦，是言语所不能形容的。这简直是地狱之火，夹着它的一切最可怕的酷刑。屡次我发誓假如我‘这一回’过去，我一定痛改前非。可叹！约莫三天之内，我完全复元了，还是挺快乐的。这样一年一年地下去；可是因为我身体像河马那样结实，我总是会复元，并且只要我不喝酒，没有人能赶得上我这样能够享受。

“我皈依基督教，是在我父亲的教区长住宅内我自己的卧房里，刚刚在一个七月的热天(一八八六年七月十三日)下午三点钟。我完全健康，几乎一个月没有喝酒。我并不对我的灵魂发愁。其实，那一天，我心上并不想到上帝。一个年轻的女朋友送来一本徒拉门教授所作的《精神界的自然法则》(Drummond's Natural Law in the Spiritual World)，请我表示意见，只就这本书的文学价值说。我自负我的批评力，并且要想使我这个新朋友更尊重我，我就把这本书带到我卧房，为的是要清静。我立志把它细看，然后把我对它的意见写信给这位朋友。就是在这里，上帝同我会面——我总不会忘掉这一回会面。'有人子(the son)的人有永生;没有人子的人没有生命'(He that hath the son hath life eternal;he that hath not the son hath not life)。我从前念过这句话已经几十遍,可是这一回完全不同。我现在在上帝面前,并且我的注意绝对'焊'在这一节文字上,在未把这些话的真实含义加以应有的考虑之先,不容许我再看下去。只在这个之后,才容许我看下去;在这个全期间,我觉得有别个人物在我卧房内,不过我看不见罢了。这个肃静很可惊异,并且我觉得非常快乐。在一秒钟内,上帝绝无疑义地使我看到,我从来没接触过永生者:假如我那时死了,我一定免不了要沉沦。我是毁灭了。我当时知道这个,同我现在知道我得救了一样明白。上帝之神以不可言喻的爱指示给我;这件事并不可怕;我觉得上帝对我的爱极剧烈,所以我只有一种大苦恼,就是,我失掉一切,都是因为我自己的愚蠢;那么,我应该怎么样呢?我能做什么呢?我甚至不懊悔:上帝始终不曾教我懊悔。我只觉得'我毁了',并且上帝就是爱我,也不能帮助我。这不是全能的上帝的错处。我一直是极端快乐的:我觉得像个小孩子在他父亲之前一样。我做过错事;可是我父亲并不骂我,而反爱我到极端奇异的程度。然而我的沉沦是判定的了。我一定是沉沦了:因为我赋性英勇的,我并不对此丧胆,只是对过去怀深哀,同时惋惜我的丧失;这种悲哀钉在我心上;想到一切都完了,我的灵魂就在我内心震荡。此后,极和缓地,极慈爱地,决无可疑地,有一个解脱的方法来到我心上,到底是什么方法呢?又是老老的故事,说得顶简单地:'除了主耶稣基督的名字,天下没有别的名字能使你得救'(There is no name under heaven whereby ye can be saved except that of the Lord Jesus Christ)。并不是对我说什么话;我的灵魂似乎看见我的救主之神,并且由那时到此刻,几乎九年了,我始终没有在我生活上有一点不相信主耶稣基督和上帝天父在七日的那天下午,他们俩都在对我加工夫,用不同的方式,但都挟有最完全的可以设想到的爱;我在那地那时很快活地与他们接谈,这个接谈非常可异,不到二十四小时,全村的人都听到了。

"可是还有一个困难时期没来到。我皈依之后一天,我到草场,帮助收割;因为我没有答应上帝戒酒或节饮,我喝了太多,醉了回家。我那可怜的妹子伤心极了;我觉得自愧,立刻走到我的卧房;我妹子跟来,哭得眼泪汪汪的。她说,我已经皈依了,但立即堕落。可是,虽然我喝得很多(但还不糊涂),但我知道上帝在我开始的工作不会是白做的。约莫在中午,我跪下对上帝祈祷,这是二十年中我第一次的祈祷。我并不求赦罪;我觉得那是无益的,因为我一定会再失足。那么,我做什么呢?我把自己交给上帝,极深信我的个性要被毁灭,上帝要把我所有的一切拿走,并且我情愿如此。圣洁的生活的秘密就在这种投诚。从那时起,饮酒对我并不起恐怖:我始终不碰它;始终不想它。对于吸烟,也一样:我由十二岁起不断吸烟,那时候立刻不想吸了,这个欲望始终不再起。件件人所知的罪恶也如此,每事的解脱都是永久的、完全的。自从皈依之后,我没有遇过诱惑,上帝似乎把撒旦关出去,不能来引诱我了。撒旦在其他方面可以自由施展,但在肉体的罪恶,他始

终无力量。因为我把对自己生活的所有权完全交与上帝，他在几千方面指导我，并且替我开了路径——在没享到一个真正投诚的生活的大福的人看来，这种开路方式的奇异，几乎是不可信的。”

在这个牛津的毕业生，你们看到皈依的一个结果，将一个起源很古的人类贪欲完全打消，对于他，我们不再讨论了。

我所知道的忽然皈依的最奇怪的记载，就是阿芬西·拉提斯本君(M. Alphonse Ratisbonne)的记录——他是自由思想的法国犹太人，于一八四二年在罗马皈依天主教。他在几个月以后写给一个教士朋友的一封信内，留下一个关于皈依情境的动人的记述。[②]使他倾向于皈依的条件似乎很轻微。他有一个哥哥，已经皈依，那时是一个天主教士。他自己是反宗教的，对于这个变节的兄弟抱反感；并且通常不喜欢他这种职业。在二十九岁之时，他在罗马遇见一个法国人，那个人想使他做天主教的新信徒，可是这个人的成功只是使他(一半戏谑地)绕脖子挂一个宗教的徽章，并接收一份对圣女的短篇祈祷文并念它。他自述在这些谈话中，他的话只是不庄重的嘲谑；可是他记下这件事实：好几天，他不能够把这个祈祷文的话摈除到心外，并且在皈依关头前一夜，他有梦魇，梦像中有一个黑的十字架，但没有基督在上头。可是，一直到第二天的中午止，他心上并无挂碍，只在说些微末的事情。我现在引他自己的话：

“假如在这时候有人对我说：‘阿芬西，在一刻钟之内，你要崇奉耶稣基督做你的上帝和救主；你要在一个简陋的教寺内平伏，脸面碰地；你要在教士的脚底撞胸；你在狂欢节(the carnival)要在一个耶稣会(Jesuits)学院里预备受洗礼,要献身于天主教;你要舍弃世间及它的尊荣和快乐;舍弃你的财产,你的希望,并且如有必要,你的未婚妻,以及你家属的爱情,你朋友的敬重,和你对犹太民族的依恋;你除了跟随基督,负荷他的十字架到死之外没有志望,'我说,假如一个先知来告诉我这个预言,我就判定以为只有一个人会比他更疯癫——就是任何相信这种无意义的蠢行为有实现的可能的人。可是,那种蠢行为现在是我唯一的智慧,我仅有的快乐。

“我正由饭馆出来,碰着B君的车(B君就是要阿芬西信天主教的人)。他停住,请我上车乘一程,可是先请我等几分钟,因为他要到圣安得烈教堂(Church of San Andrea delle Fratte)履行一种课务。我不在车上等,自己也到教堂里去看看。这个教堂很朴陋,窄小,又空虚;我相信当时几乎只有我一个人在那里头。没有美术品引起我的注意;我机械地眼睛扫过教堂的内部,并没有任何念头停住我。我只能记得有只全黑的狗,在我沉思之时跑过,并在我面前转回头。顷刻间,狗不见了,整个教堂消灭了,我再看不见什么东西了,……或是说得更真确,我只看见,我的上帝呀,唯一物。

“天哪,我怎能够说起它呢?啊,不!人的语言不能做到能表达这不可表达的。任何无论多么宏伟的描写,只是对于这个说不出的真理的亵渎。

“我在那里,平伏于地上,眼泪汪汪地洗面,我的心迷乱的,在这时B君把我叫醒,我对于他一句又一句的问话,都不能回答。可是,最后我拿起我挂在胸前的徽章,在我的灵魂极端感奋之中,我吻徽章上的满射柔美的圣女像。呵,实在是她!(他看见过的是圣女的现身。)

"我当时不知道我在哪里;我不知道我是阿芬西,还是别人。我只觉得我自己变了,并且相信我是另一个我;我从我自己找自己,但没找到。我觉得我灵魂的最深处爆发起顶热烈的喜乐;我不能说话;我不想披露发生过的事情。可是我觉得我内心有种严肃的,神圣的东西,这使我请求见一个神父。我就被引到一个神父之前;在那里,单独地,在他给我积极的命令之后,我尽力说明,跪下,我的心还在战栗。我不能对自己说明这个我已得到知识和信仰的真理。我所能说的,只是顷刻间我眼睛的绷带脱落去了;不止一种绷带,一大套我自幼受训练而成的绷带都脱落去了;它们一个一个地很快消灭;正像泥和冰见灼热的阳光而消灭一样。

"我好像由坟墓内出来,由黑暗的深渊出来一样;而且我是活着,完全活着。可是我哭;因为在那个深坑的底,我看见我刚被一种无限的慈悲所救脱出来的极端痛苦;我见到我自己的邪恶,就起战栗。我被惊奇和感激的情绪弄昏了,溶化了,压倒了。你也许要问我怎么样会得到这个新澈悟;因为实际上我前此始终没翻过一部宗教的书,甚至《圣经》的一页也没看过;并且原始罪恶这个教义,现代的犹太人完全否认或忘掉了,所以我对这件事很少想到,我怀疑我曾知道这个名词。可是,那么,我如何能觉到这种罪恶呢?我只能这样回答:进教堂之时,我完全在黑暗中;出来之时,我看见完全光明。我解释这个变化,只好比做极深的睡眠,或是生来盲目的人忽然开眼见白昼的天光。他看见,可是他不能将沉浸他,使他看见引起他惊奇的东西的光加以定义。假如我们不能解释物质的光,我们如何能够解释就是真理自身的光呢?并且我以为当我说我毫无宗教义理的文句的知识,我现在直觉地知道它的意蕴和精神,我并没有超越实话的限度。我觉得(felt)那些隐藏的事情,比我看见得还分明;我由于这些事情发生于我身上的不可解的影响而觉到它。这个完全发生于我的内部心灵之内;那些印象,比思想还快,摇荡我的灵魂,好像绕它转并使它转到别的方向,由别的路径转到别的目标。我将我意思说得不明白。可是,主,难道您愿意我将只有内心能了解的情操,用恶陋的、硗瘠的言语来传达吗?"

我可以增多这种例子,几乎到无定限;可是,这些例子已经够指示给你们看,在有忽然皈依的经验的人看来,这种皈依是多么实在,多么确定,多么可纪念的事情。在他自己看来,无疑地,在这种皈依的高潮的全期间,他似乎只是对于由上方加于他的一种骇人的作用之被动的旁观者或遭受者。关于这事情的证据太多了,不容易对它有任何怀疑。神学将这件事实与神选和神恩(election and grace)的教义合起来,断定在这些感荡心灵的时刻,上帝之神依一种特别神迹似的方式与我们在一起,与在我们生活的任何其他时期不同。神学相信在那顷刻,一种绝对新的性质吸到我们的内心;我们变成了也有神的特质了。

照这个见解,似乎皈依过程应该是顷刻的;摩拉威派新教徒(Moravian Protestants)似乎是最先见到这个逻辑的结果的人。监理会徒不久就学他们,假如在教义上不如此,在实行上总是如此。在他死前不久，卫斯理这样写：

> “只在伦敦一个地方，我发现我们会内有六百五十二人，他们的经验是极端清楚的，并且我不能看到有任何理由疑心他们的自述。这些人中个个人（没有一个例外）都宣说他的解脱罪孽是顷刻的；变化一刹那间就成功了。假如这些人有一半或三分之一，或二十分之一，说在他们，这个变化是渐渐地成功的，我会相信在他们是如此，以为有些人是渐渐解除罪孽的，有些人是顷刻的。可是，因为在那么长久时间，我没发现一个人这样说，我只能相信解除罪孽通常是（假如不永远是）顷刻的工夫”。郃尔门卫斯理传（Tyerman’s Life of Wesley）第一卷第四六三页。

在这一切期间，新教的比较普通的宗派没有这样重视顷刻的皈依。在他们，如在天主教一样，基督的血，各项圣礼以及个人的通常的宗教功课，在实际上以为足够使他得救，就是他没经验到剧烈的对自己绝望和投诚以及此后的缓和这种关头也一样。反之，在监理派，除非有这一种转关，救度只是被给予，并不曾有效地被接收，因之基督的牺牲，在这限度内说，是不完备的。监理派在这一点（假如不是遵从比较健全心态者）是遵从大体是比较深远的属于精神的本能。监理派抬出的个人模范，认为具代表性并配得模仿的模范，不特在情节上比较有趣，而且在心理上比较完备。

英国和美国的发展完全的奋兴派（Revivalism）就采用由这个见解出发的“法典化的”并死板的手续。虽然实有一次降生的圣徒，人也可以不经过剧变，渐渐成为圣洁，虽然分明有好多纯乎自然的美性“漏”到救度的计划内，但奋兴派总假定只有它自己这一种宗教经验能够达到完善:你必须钉在自然绝望和惨痛的十字架上,然后一眨眼间就神迹似地解放。

亲自经历过这种经验的人会觉得它不是自然过程,是个神迹,这是很自然的。往往他们听到语声,见到异光或异象;发生自动的(automatic)动作,并且舍弃个人的意志之后,始终好像一个外来的更高的权力冲进来占满了他的心。不特如此,觉得更新、安全、清净、正义之感可以那么神奇、那么愉快,至于能够好好证明本人以为得有一种根本上新的本质这个信心。

> 新英伦的清教徒阿雷因(Joseph Alleine)写道:"皈依不是嵌进一块一块的圣洁;在真正皈依者,圣洁是组织在他的一切能力,一切主义,一切实行内的。诚实的基督徒由基到顶,完全是个新结构。他是个新的人,一个新的创造物。"

> 爱德华斯(Jonathan Edwards)也用同样口气说:"那些由于上帝之神的恩典作用,完全是超乎自然的——完全与未曾更生的人所经验的不同。那些不是改进,或自然的资性或要素所会产生的影响;因为它们不特在程度上或情况上与自然人所经验的件件事不同,而且在种类上不同;并且是更优越得多的。因此,在神恩的影响,〔也〕有在性质和种类上完全与'同一'圣徒在解脱罪孽之前所经验的不同之新的知觉和感觉。……圣徒对于上帝的可爱性的那些概念,和他们从可爱性所得的快乐的种类十分特别,完全与自然人所能有的,或所能对之有正当观念的任何事不同。"

并且像这样的光荣的变质当然必有绝望在先,爱德华斯在另一段指出。

> 他说："在上帝把我们从罪恶并会受永久的殃祸的境况解救出来之先，他使我们很为深切地感觉到他要救我们出来的那种祸恶，因之我们能够知道并觉得救度的重要，能够领会上帝愿替我们施行的事的价值：这当然不是不合理的。因为得救的人先后在这两种极不同的状态之中——先在于被判定有罪的状况，然后在于被宣告无罪并受福的境况之内——并且上帝救人之时是把人认为合理而明智之物，那么，应该使得救的人觉到他们在这两项不同境况之中的性质，这似乎与这个明智的精神相合。先应该使他们觉察他们被判为有罪的状况，然后使他们觉得他们的得救和快乐的状况。"

为我们的讨论计，这种引述将这些变化的教理的阐释表示得够明白了。无论在激励了的集会中的男女，暗示和模仿在引起这些变化有多大作用，在无数的个人，它是一种新颖的、非外借的经验。就是我们没带任何项宗教兴趣，从纯粹自然研究的观点叙述心的发展史，我们还要记下人类的会忽然完全皈依这种性质，认为是他的最奇的特性。

我们自己对这个问题必须作何感想呢？顷刻的皈依是不是上帝在场（凡是人心的变化不这么显然突来的，他都不在场）的神迹呢？是不是就在显然更生的人们，也有两类的人——一类真正分得基督的心性，另一类只是好像这样呢？反之，说整个的更生现象，就是在这些惊人的顷刻的例子，也许是严格地自然的作用，它的结果当然是神圣的，但有的更神圣些，有的不那么神圣，而且在它的纯乎成因和机构方面，比人的内心生活的任何其他高的或低的作用也不更神圣,也不更不神圣。这个话对不对呢?

在未答这些问题之先,我必须请你们再听些心理学的讲论。在前一讲,我曾解释过人类个人能力的中心的在内移动和新的情绪关头的爆发。我曾把这些现象这样解释,以为一部分由于分明有意识的思想和意志作用,但大部分由于生活经验所存留的动机在潜意识内的孵育并成熟。到熟了,结果就孵出来,或开花。我现在必须将这种胎花作用在其中进行的潜意识区域说得更切实些。只可惜我这里的时间限度这么短。

“意识野”(field of consciousness)这个名词是近年才流行于心理书内。在最近以前,最常说到的心理生活的单位是单个“观念”(idea),并且以为它是有确定界限的东西。可是,此刻心理学者倾向于(一)承认真正心理单位更会是整个心理状态,整个的意识波涛,或是在任何时期在心上的对象的整个场野,并且(二)明白要把这个波涛、这个场野的界限划得确定些,是不可能的。

我们心理野先后相继,每野都有它的兴趣中心:在这个中心的周围,我们越来越不注意的对象渐渐微淡,到了边缘就那么微淡,它的限界就指不出了。有些意识野是狭小的,有些是广大的。通常,在我们有个广大意识野之时,我们是在高兴,因为我们那时同时看到好多群的真理在一起,并且往往瞥见到我们不大看清而只是猜测到的关系(因为这些关系指到这个意识野以外,到了客观界的更远的部域,这些部域,我们似乎只是快要知觉到,而非真正知觉到的)。在其他时期,如困了要睡,生病,或疲倦,我们的意识野可以缩小,几乎成了一点,并且我们觉得自己被压迫、被收缩的程度与这个缩小度相当。

各特殊个人，在意识野的大小这方面，根据于性格的不同，伟大的组织天才都是惯有广漠的心理眼界的人——在这个场野内，将来工作的整个计划同时已具大势，四面辐射得很远，朝各个确定方向前进。平常人对于一个题目，始终没有这种宏伟的广包的旷览。他们蹒跚地前进，好像暗中摸索，由这一点摸到那一点，并且屡屡完全停止了。在某些病态之中，意识只是一个火星，既没有对过去的回忆，又没有对将来的预想，并且现在缩小到单个情绪或单个身体的感觉。

这个“场野”(field)公式所记的重要事实，就是边缘的不定。边缘所包含的事情虽是仅仅不经意地觉到；但实际在那里，对于指导我们的行为和决定我们注意力的次一步动向上都有贡献。这个场野在我们周围，像个“磁场”(magnetic field)一样，在这场内，当意识的现在阶段改变为次一阶段之时，我们的能力中心像根罗盘针似地转动着。我们记忆的前此的储蓄整个浮泛在这边缘之外，一触即来，并且构成我们经验的自我的那整圈的剩余能力，冲动和知识，它们伸展不绝，一直到这边缘外边去。在我们意识的生活的任何刹那，实现的与只是可能实现的作用，其间的界限那么模糊，因之要对于某些心理元素说，到底我们觉得这些元素，或是不觉得，始终是很难的。

通常的心理学，虽是完全承认很难划定这个边缘的界线，但却假定(第一)一个人现在所有的一切意识，无论是中心的或边缘的，注意的或不注意的，都在此刻的“场野”内，不管这场野的界线多么模糊不能指定；(第二)绝对在边缘外的，就是绝对不存在的，它绝不会是一个意识事实。

我讲到了这一点,现在必须请你们追忆我在前一讲对于潜意识的生活所说的话。你们也许还记得,我说那些最初注意这些现象的人不能有我们现在所知道的关于这现象的事实。现在我的第一个职务就是告诉你们我说这个话是什么意思。

我不能不以为心理学内,从我做这一科的学生以来,最重要的进步,就在于一八八六年第一次发现的下列事实:至少有些人,不特有对于通常场野(具有它的通常中心与边缘的)之意识,而且还有一组在边缘外的记忆、思想和情感,这些完全在第一种意识(the primary consciousness)之外,但是必须认为是一类能够由不容置疑的符号表示其存在的意识事实。我将这个叫做最重要的进步,因为这个发现不像心理学的其他发现,它使我们知道人性的构造内有个完全猜不到的特点。没有心理学上的其他进步能够自命有这种功劳。

特别是,这个关于在意识野外的一种意识(即迈尔斯君〈Mr. Myers〉所谓存于意识阈下〈subliminally〉的意识)的发现,使我们对于宗教传记上的好多现象更能了解。这是我所以现在说起它;不过要我在这儿叙述何以承认有这种意识的证据,当然是不可能。你们会找到好多近出的说明这种证据的书,比纳的《人格变换》[3](Binet's Alternations of Personality)是可以介绍的,也许是至少同任何别的书一样好的书。

供作这种意识的例证的人,到此刻止,颇为有限,并且至少一部分是怪僻的人,即那些非常易受暗示的催眠术被验者,和协识脱离病的患者。可是,人类生活的基本机构可以假定是很一律的,所以经证明是有些人有高度,大概人人都有一点,并且在少数几个人也许到非常高的程度。

有这种高度发展的边缘外的生活，最重要的结果，就是：这个人的通常意识野容易有本人不知其来源的，由这边缘外生活来的作用侵入；因为他不知道，所以在他看来，是来历不明的要动作的冲动，或是禁止动作的抑制，强迫观念，甚至幻象幻声。这些冲动也许是自动的言语或写作，本人就是在表达这种言语文字之时，自己也不知道它的意义。迈尔斯君把这个现象推广，将这个由于出自人心的意识阈下部分的能力“上冲”到普通意识内的作用全部，称为自动作用（automatism），感觉的或动作的，情绪的或理智的自动过程。

自动作用的最简单的例，就是所谓继续暗示（post-hypnotic suggestion）的现象。你对一个被催眠的人，催眠感受性够高的，发一个命令，叫他由催眠状态醒来之后做一种指定的行为——是平常的，是奇怪的行为，没有关系。在信号来之时，或是你告诉他应该什么时候做这个动作的时间到了之时，他会准时地做这件事；——可是，他这样做之时并不记得你的暗示；并且假如动作是奇怪的，他总会临时为他们行动捏造一种理由。甚至可以对一个被催眠者暗示他醒来之后过了多少时间会看见或听见什么；到了那个时候，他就看见所暗示的幻象或听见所暗示的语声，他完全不意想到它的来源。比纳，庄纳，善罗耶，伏娄德，梅孙，蒲林斯（Janet，Breuer，Freud，Mason，Prince）及其他对于患协识脱离病者的阈下意识的那些惊人的探究，使我们看到整队整队的暗地生活——这是由于痛苦的记忆，隐埋在第一种意识野之外，过一种寄生的生活，但会把幻觉、痛觉、抽搐、感觉上或动作上的麻痹，以及整串的协识脱离病的身体的或心的症状冲到那意识野之内。用暗示改变或打消这些潜意识的记忆,患者立刻就好了。他的症状就是迈尔斯君所谓自动作用。这些临床纪录,才看好像神仙的故事,可是要不相信这些纪录的正确,是不可能的;这些最先的观察家一旦开路之后,别人也得到同类的观察。这些观察使我们对于人类的本然性格得到一种完全新的了解,这是我说过的。

并且,我看来似乎这些观察免不了要再进一步。我以为假如用已知的类例来解释未知的,那么,此后凡是自动现象,无论是动作的冲动,或是强迫观念,或是不知来由的乱想,或是妄想,或是幻觉,我们必须首先查究它是否在通常意识野之外,在心的阈下区域之中裁制成的观念爆发而冲到这些意识野之内。因此我们应该从本人的意识阈下生活寻找它的来源。在催眠之时,我们自己用暗示创造这个来源。所以我们直接知道它。在协识脱离病人,产生自动现象的已失记忆,必须用一些巧妙的方法从患者的阈下意识抽出来——要看这些方法的说明,你们必须参考专书。在其他病态,例如疯狂的妄想,或精神病态的强迫观念;来源还不知道,可是由类推,来源也应该在意识阈下的区域——将来我们方法再改进,可能找到它。按逻辑,应该假定有个机构——可是这个假定需要进行一大堆有计划的证实工作;在这种工作内,人的宗教经验一定有它的贡献。④

所以我又回到顷刻的皈依这个特殊题目了。你们还记得阿莱因,布拉德黎,布冷纳和在下午三点钟皈依的牛津毕业生这几个例。还有许多同类的事例,有些见到异光,有些没有,但通通有惊人的快乐之感与受一个高层势力作用的感想。假如我们完全撇开这些事实对这个人的将来精神生活的价值这个问题，专说它们的心理方面，那么，它们所有的特性好多使我们想起皈依现象以外所见到的，所以我们不免要把它们与其他自动作用归为一类，并且猜度以为忽然的皈依者与积渐的皈依者所以不同，不一定在于前者含有神迹，后者只有比较不那么神圣的东西，乃在于一个简单的心理上的特性，就是，在更属顷刻的皈依的人，有个心理作用可以在阈下进行的大区域，由这区域会有经验侵入第一种意识，颠覆它的平衡。

我不见到监理派有何理由必须反对这种见解。请追忆在最初一个演讲想要你们承认的那些结论。你们也许记得那时候我如何反驳事物的价值可以由它的来源来决定这个观念。我说，我们的精神判断，我们对一件人类的事变或情况的意义与价值的意见，一定要专用经验的理由来判定。假如皈依状态在生活上的结果(fruit for life)是好的，纵使它是自然的心理学的一件事，我们也应该认它为理想，并敬重它；否则无论是什么超自然的人物所鼓舞成的，我们也应该对它不要重视。

那么，这些结果到底如何呢？假如我们除开那一流名字垂光史册的著名圣徒，只论平常这一帮“圣徒”，开铺子的教堂会员和寻常的青年的或中年的顷刻皈依者(无论是在奋兴会或是监理派式发展的自然历程中皈依)，那么，你们大概会同意：没有与完全超自然的人相称的荣光由他们射出来，或是使他们自别于从来没受过这个神恩的凡人。假如忽然皈依的人本质上，像爱德华斯所说的，[5]因为他直接分得基督的实质，与自然人完全不同类，那么，应该确然有一种精致的类征(class-mark)，一种与众不同的光耀，就是这一类中的最低下的人也应该有;并且我们中没有人会不感觉得这个光耀;这光耀在它的限度内,会证明他比纯乎自然人中的天资最高的人也更好些。可是,分明没有这种光耀。皈依者,将他们作一类看,与自然人并无分别;甚至有些自然人在结果上比有些皈依的人还优越;并且没有任何不知道教义的神学的人,能够只用天天观察他眼前这两类人的"偶然相"(accidents)就能推测他们的实质的不同,跟神的实质与人的实质间的不同一样大。

相信忽然的皈依具有非自然的性质的人,曾经实际上承认并没有不会看错的记号,为一切真正皈依者所特有。那些超乎平常态的事件,如听见语声,见到异象,感到忽然来的《圣经》文句的意义那种非常强烈的印象,以及与皈依关头相连的使人软化的情绪和扰乱的感情,通通可以由自然原因产生,或是还要更坏,由撒旦假造。皈依过程有神助的真正见证,只在于真正的上帝子民的性格,有永久忍耐的心,而且自利心完全消除这些事。人不得不承认这种性格也见于没经过急变的皈依过程的人,甚至完全在基督教之外也可以发生。

爱德华斯在他的《宗教影响论》内对于超自然方面所感召的心境,有非常丰富并微妙的描写;但在他这个描写的全部,没有一个确然的特性,没有一个记号,可以使这个心境与也许只是非常高度的自然性善有不会看错的分别。其实,关于以为"各类的人的优美之间并无鸿沟,在这方面同在其他方面一样,自然界呈现接连不断的差异,因之,生与更生只是程度之差"这个主张,人很难看到比爱德华斯这本书不知不觉地贡献的辨证更明白的对这主张的辨证。

然而一切这种否认实际划然可别的两类人的话,不应该使我们不知道一个人皈依这件事对于这个人自己是非常重要的。每个人的生活的可能性有高限度,又有低限度。只要洪水淹过了一个人的头,它的绝对高度没有多大关系;假如我们达到我们的高限度,在我们自己的最高的能力中心过活,那么,无论别人的中心更高多少,我们可以认为我们自己得救了。一个微末的人的得救,在他看来,始终是一件伟大的救度,并且一切事件中最伟大的一件。在我们通常的传教事业的结果似乎使人失望之时,我们应该记着这个。谁知道假如这些精神方面的虫蚁,这些“阿猫阿狗”(Crumps and Stigginses)所受的这种低级的神恩始终没碰到他们,他们的生活会多么更不理想呢?⑥

假如我们把人粗粗地分成多类,每类代表人的优美的一阶段,那么,我相信我们会发现在每类内都有自然人,也都有忽然皈依者与积渐皈依者。所以更生的变化所达到的形式没有一般的精神上的意义,只有心理学上的意义。我们已见过斯塔柏的费力的统计研究表示皈依与通常精神的发展认为同类的倾向。另一个美国心理学家,柯教授(Prof. George A. Goe)⑦曾把他所知道的七十七个皈依者,或从前是候补皈依者的经过加以分析,结果显明地证实忽然皈依与其人有个活泼的意识阈下的自我有关。他把他的被验者的催眠感受性,并如临睡幻觉(hypnagogic hallucinations),奇怪冲动。约在他们皈依之时宗教的梦境等这一类自动作用加以检查,发现这些现象在那一组变化“显然”(striking)的皈依者更常见得多——所谓显然的变化是指“虽然不一定是顷刻的,但在本人看来似乎明明与生长作用(无论多么快)不同的变化”。⑧你们都知道,在奋兴会的候补皈依者往往失望;因为他们没经验到任何显然的作用。柯教授的七十七人中有些人是这一类的;在用催眠术检查之时,证明他们几乎都是属于他所谓“自发的”(spontaneous)小类——就是说,他们富于自己暗示(self-suggestion)与经过“显然”变化的人所属的“被动者”(passive)小类有别。他的推论,以为前一小类的人对自己暗示他本人不可能受影响,因此使比较“被动的”人容易得到他们所求的结果的那种环境不能影响他们。在这些地方,明划的区别是很难的,并且柯教授检查过的人数很少。可是他的方法是仔细的,并且结果与我们预期的相合,这些结果似乎大体使他在实际方面的结论言之成理;他的结论就是,假如你使一个具备三个条件——(一)高强的情绪敏感性,(二)会现自动作用的倾向,(三)被动性的暗示感受性——的人感受能引起皈依的那种影响,那么,你可以稳当地预测结果会发生忽然的皈依,显然的变化。

忽然皈依起源于个人气质这件事实,会不会减低这种皈依的意义呢?柯教授说得好,丝毫不会;因为“宗教价值的最后标准并不是任何种心理的,任何关于如何发生方面,而是道德的,只可用达到什么这些话来表示的”。⑨

我们越穷究下去,就会见到忽然皈依者所达到的往往是完全新的精神活力的阶层,比较英勇的阶层——不可能的事情变成可能,本人表现出新的能力,新的耐力。人格变了,这个人真是再生了,不管是否他的心理上的怪僻地方使他的变化有这个特别形式。“圣洁化”(sanctifiction)是指这种结果的专门名词;不久我要举出好些关于这种结果的例。在这个演讲,我只须对于在变化之时所觉得的安全与平静之感加几句话。

可是，在说到那一点之前，还要说一点，免得我用潜意识的活动解释忽然皈依的基本用意被误会。我实在相信假如一个人没有这种潜意识的活动之倾向，或是假如他的意识野的边缘有个硬壳，使此外的变化无从侵入，那么，倘若他皈依，这皈依过程必定是积渐的，必定像养成习惯的简单作用。所以，有个发展的潜意识的自我，并有个漏洞的或可透过的边缘，是一个人会忽然皈依之必不可少的条件。可是，假如你们以正统的基督徒的资格来问我，就心理学的立场说，把一个现象认为是由于潜意识的自我的作用，是否完全与神的直接参与这个观念不相容，那么，我必须坦白地说，我以心理学者的资格来说话，我不见得何以那种解释会不容有这个观念。固然，潜意识的较低的表现，是在于个人的可利用的资源之内；他的通常的感觉内容，当时不注意，但潜意识地记住并配合的材料，可以解释他的通常的自动作用的全部。可是，正像我们第一种清醒的意识将我们的感官开放，接受物质的对象的感触一样，同理，按逻辑可以假定假如真有高层精神动力能够直接感动我们，那么，它们发生这个作用的心理的条件可能是，我们有个潜意识的区域——只有这个区域可以让这些动力接近。我们醒时生活的喧扰也许会把在梦迷的潜意识状态的半开的或全开的门关闭起来。

这样，皈依过程的主要特色，那个觉得是由于外力的支配之感，无论如何，在有些事例，可以照正统派的解释，就是，以为超乎有限性的个人之上的势力可以对他作用，假如他是我们也许可以叫做一个“阈下的人”（subliminal）。可是，无论如何，这些势力的价值，要以它们的结果来决定；仅仅他们是超个人的这件事实，不能作为理由断定它们大概是神的作用,不是魔鬼的伎俩。

我此刻明说我情愿把这个题目这样搁下;到了我很后的一个演讲之时,我希望再把这些掉下的线索收拾在一起,组织成更有确定性的结论。潜意识的自我这个观念,在我们研究的这个阶段,当然不应该认为是会与任何项更高感通(a higher penetration)这个观念不相容。假如真有高层权力能感动我们,这些权力也许只能由意识阈下的门来到我们心里(请看本书结论的最后一段)。

现在让我们回到直接占据皈依经验的时间的那些感情。第一个要讲到的感情,就是这个觉得有高层支配力之感。这个感情不是总有的,但很屡屡有。我们已见到阿莱因,布拉德黎,布冷纳及其他的人有这个感情。需要这么一个高层支配力这一点,那个著名的法国新教徒摩诺(Adolphe Monod)对他自己的皈依关头的短述内说得很明白。这个转关,是发生于拿柏勒斯(Naples),在他壮年的早期,在一八二七年夏季。

> 他说:"当时我的悲惨是无限的,并且这个悲惨既完全占据了我,我的生活就由最无关紧要的外部动作到最深秘的念头都充满了悲惨;这悲惨把我的感情,我的判断,和我的快乐从它们的源头就败坏了。就是在那个时候,我觉悟要想用我的本已有病的理性和意志把这个扰乱停止,结果一定像一个盲人自己以为能用那一只同等瞎了的眼睛改正他的这一只眼睛一样。当时我除求助于一个从外来的势力之外,别无办法。我记起圣神的许诺来了。并且福音的积极宣告始终不能使我领会的事情,我最后由于实际必要倒学到了。我一生中现在第一回相信这个许诺,只就它满足我灵魂的需要这个意义而

论——这个意义就是:有个真正外来的超自然的作用,能够赐予我思想,也能够剥除我的思想,并且这种作用是由一个真是我心的主宰,同他是自然界其余的主宰一样的上帝所加于我的。由是我放弃了一切功德,一切力量,放弃了我的一切凭借,并且除了我自己的极端苦恼之外,我并不以为我有任何其他可以当得上帝慈悲权利;这样我回家跪下去祈祷,比我一生中的祈祷都要更恳切。由这一天以后,我开始一种新的内心生活了:并不是我的抑郁消灭了,乃是它失掉它的伤痛力了。希望来到我的心;一次进到路径内之后,我那时已经学到委身投靠的那个耶稣基督的上帝就把其余的事渐渐做完。"⑩

我用不着再对你们说:新教的神学与这种经验所指示的人心构造非常相合。在极端抑郁之中,意识地现有的(consciously is)自我绝对无能力。这个自我完全破产,毫无能事,并且它能做的工作都是无益的。由这种主观的状况救赎出来,一定是一种无代价的赠赐,否则是不可能;而由基督的已成的牺牲而来的神恩就是这一种赠赐。

路德说:"上帝是卑屈的、痛苦的、被压迫的、绝望的人的上帝,他是那些甚至灭亡的人的上帝;并且上帝的本性,在于要使盲人得看见,要使伤心人得安慰,使罪人解脱罪孽,要救极端绝望和沉沦的人们。可是恶性的并毒害的,以为人自己是正义的(不肯做个不洁净、苦恼和该死的罪人,而自命为正义的、圣洁的)这个意见,不肯让上帝做他自己的自然的而正当的工作。因此上帝必须拿锤(我的意思指戒律)在手,把这个挟着虚骄的自信心的野兽打得粉碎,以至消灭,使得它最后可以由它自己的痛苦觉悟它是完全无望，并沉沦的了。可是困难在于：当一个人吓坏而丧气之时，他很难再爬起来，说，‘现在我是够受伤，够受磨折了；现在是受神恩之时了；现在是倾听基督之时了’。人心的愚蠢极厉害，所以在那时候他宁可为自己找到更多的戒律为自己良心辩护。他说，‘假如我活着，我一定要修正我的生活；我要做这个，我要做那个’。可是在这里，除了你做完全相反的事：除了你把摩西和他的戒律送走，并且在这些恐怖与这个苦恼之中抓住替你的罪孽死去的基督，你不要想得救。你的僧帽，你的剃光的头顶，你的贞操，你的服从，你的贫穷，你的工作，你的功德，一切这些会做成什么呢？摩西的戒律有何益呢？假如我，可怜的、该沉沦的罪人，由于工作或功德，能够爱上帝之子，因而来归他，他要替我交出他自己，用得着什么呢？假如我，可怜的，该沉沦的罪人，可以由任何其他代价得救，要给予上帝之子什么呢？可是，因为没有其他代价，所以他不交出羊、牛、金、银，而交出上帝自身，完全‘为我’，就是‘为我’，我说，为这一个苦恼的、可怜的罪人。因此现在我安心应用这个于我自己。并且这个应用法正是信仰的真正力量与权能；因为他所以死，不是要解脱正义的，而是要解脱不正的，使不正的成为上帝的子女。”⑪

那就是说，你越是当真沉沦，你就越真是基督的牺牲所已救的人。我想天主教的神学没有什么曾经对于病态的灵魂，同这个出于路德的个人经验的教训说得一样直截。因为新教徒并不都是病态的灵魂，当然，后来在他们的宗教内，倚赖路德很得意地叫做一己的功德的粪土，一己的正义的污泥的风气又抬头了；可是他对基督教的见解是会满足我们人类的心理构造的深处这件事,可是由这个见解在它是新出世而使人激奋的观念之时那样像烈火种似的传布这个情形证明。

基督真正已完成他的工作这个信仰,是路德所谓信仰之一部人;到此刻止,是个对于一件由理智所设想的事实的信仰。可是,这个只是路德的信仰的一部分,另一部分更根本得多。这个另一部分不是理智的作用,乃是直接的、直觉的,就是,"我,这个我,就是照我的现状,并不用辩诉或其他,现在已经得救了,而且永久得救"这个坚信。⑫

刘把教授主张由于概念的关于基督的工作之信仰,虽然很常是有效的并常是皈依的前事,其实是附属的,非主要的,并且"深觉快乐之感"(joyous conviction)也能够由于这个概念差得很远的途径而来:他这个主张无疑是对的。他只对于"深觉快乐之感"自身,觉得个人自己一切都好这种信心,他才加以真正信仰这个名称。

> 他写道:"当拦围人在一个界限狭小的自我内的那个生疏之感打破之时,个人觉得'与万物为一'(at one with all creation)。他活在宇宙的生活之内;他与人类,他与自然,他与上帝,都是一体。那个跟随道德的统一完成之后的自信心、信赖、与万物一体的心态,就是信仰状态(Faith-state)。各种对教条的信心,在信仰状态来到之时,突然得有确然性,表现新的真实性,变成信仰的对象。因为在这里,信心的根据不是出于理性的,假如辨证是不对题的。可是,因为这种信心只是信仰状态的偶有的枝节,所以设想信仰状态的主要实际价值在于它能使某些特殊神学的概念获得实在性的力量,那就是大

错误。[13]反之,信仰状态的价值只在于它是把交战的欲望化为同一方向的生物的发展过程之对关的心理作用(psychical correlate)——这种发展表现于新的感情状态与新的反应;表现于比较广大的,比较高尚的,更像基督的活动。那么,对教条的特殊信心的根据是个感情的经验。甚至信仰的对象很荒谬;感情的激流也会把这些对象飘浮前进,使它们获得颠扑不破的实在性。感情经验越可惊异,它越似乎不可解,也就越容易使它作为运载无根据的观念的工具。"[14]

这个感情的经验,我以为要避免歧义,应该不叫做信仰状态而叫做安心状态(the state of assurance);它的特性,可以很容易列举出来,虽是除非一个人自己曾经过这种经验,大概很难领会到它的强烈。

这个经验的主要特性,就是一切忧虑的消亡,觉得对于一个人自己,万事最后总是好的,纵使外界环境还是一样,仍是安静,和谐,愿意这样(willingness to be)。觉得上帝的"恩典"(grace),"免罪"(justification),"救度"(salvation)是确然的。这种感想是基督徒所有的通常会跟随皈依而来的客观的信仰;可是这个信仰可以完全没有而感情还是一样——你们会记起那个牛津毕业生的情形:并且我还可以举出关于个人得救的信心只是后来的结果的好多例子。一个愿意的顺受的、赞叹的热情,是这个心态热烈中心。

这个经验的第二特性就是觉得领悟了前此未知的真理之感。如刘把教授说过的,人生的神秘明白了;并且,它的解决,屡屡是——不,通常是——多少是言语所不能表示的。可是,这些比较属于理智的现象可以等到我们讨论神秘主义之时再说。

安心状态的第三特性，就是这世界往往似乎起了客观上变化。“一种新鲜的样相使个个外物美化”；这正是那另一种的新之反面，那种新就是抑郁的患者所觉得的世界不实在并生疏到可怕之感；对这种情感，我已举过几个例。[15]这种觉得内界外界都是清静的，美丽的新鲜性之感，是皈依记述内的最常见的纪录之一种。爱德华斯描述他自己的经验如下：

“此后，我对于神圣的事物之感渐渐增加，越来越活跃，并且越带有那种内心的甜美。件件外物的形态都变了；好像几乎一切东西都有一种恬静的、甜美的色彩，或是神圣的光荣的形象。上帝的尽善，他的明哲，他的纯洁和慈爱，似乎表现于万物之中；在太阳，月亮和群星中；在云片和青天中；在草、花和树中；在水和一切自然界中；这种感想常大大使我的心神凝定。并且在一切自然物之中，几乎没有东西会比雷电更会使我觉得它那么可喜；从前我觉得没有东西比雷电更可怕。前此，我常常给雷吓得非常厉害，看见雷雨来到，就吓得不得了：可是现在，刚刚相反，雷雨使我高兴。”[16]

菩雷(Billy Bray)，一个很好的、微末的、无教育的英国的传教家，记述他的新鲜之感如次：

“我对主说：‘你说过，求的人将要得着，寻觅的人将要找着，并且对敲门的人，门将要开着；我有信心相信这个话。’顷刻间，主使我那么快乐，至于我不能够说出我所觉得的。我欢喜得大叫，我一心一意赞美上帝。……我想这事发生于一八二三年十一月，可是在那一天，我不知道。我记得这个，就是件件东西，人民、田野、牛羊、树木，我看来都像是新的。我像一个新世界中的新人。我用我时间的大部分赞美上帝。”⑰

斯塔柏和刘把都引述了这个新鲜之感的例证。我由斯塔柏收集的手写稿引出下列两例,一个是女人,她说:

“我被带到一个营幕会,母亲和教里朋友想要我皈依,替我祈祷。我的情绪生活被激动到最深处了;自认邪恶并请求上帝救我解脱罪恶,这些事使我忘却一切环境。我求慈悲,并且深切地觉得我已经被赦罪;觉得我的心性更新了。当我跪了起来之时,我喊,‘旧的东西消灭了,一切东西都更新了’。这好像进到另一世界,一个新的生存状态。自然的东西得到光荣了,我的精神的眼光那么明亮,因之我从宇宙中的件件物质的对象都见到美丽,树林都发出天乐;我的灵魂因为爱上帝而得意,并且我要人人共享我的快乐。”

第二例是一个男人:

“我不知道我怎样回到营幕里,但发现我自己东倒西歪地走到某教士的圣洁会会幕里;当幕内充满着求道的人并有可怕之声,有些人呻吟,有些人发笑,有些人大嚷之时,在一棵离幕十尺的大栎树旁边,我在一条板凳边伏下去,脸朝地,要祈祷。但是我每回呼上帝,就每回像有个人的手勒住我的喉咙,要使我窒息。我不知道有没有人在我周围或近旁。我以为假如我得不到救助,我一定会死。可是我要开始祈祷多少回,我也觉得那只无形的手在我喉咙上多少回,并且觉得我的呼吸被勒到没有了。最后有个什么说道:‘冒险去赎罪,因为就是你不如此,无论如何,你总是要死的。’所以我作最后的奋斗,叫上帝施慈悲,一样觉得抑勒窒息,但决定就是我勒死也要说完求慈悲的祈祷;那一回我记得的最后事情,就是摔倒在地上,那只无形的手还在我的喉咙上。我不知道我躺在那儿多么久,也不知道发生什么事。我家里人都没有在场。当我醒来之时,有一群人在我周围赞美上帝。天似乎开了,倒下光明和荣耀的射线。不止一顷刻,而是整天整夜地,光明和荣耀的洪流似乎冲透我的灵魂,啊,我多么变了,一切东西都更新了。我的马和猪,以及人人都变了。”

这个人的经验使我们想起自动作用这个特色——自从爱德华斯、卫斯理和惠斐德(Whitfield)之时自动作用成为传布福音的照例工具以来,暗示感受性高强的人的自动现象就成了奋兴会引人惊异的特色。最初以为这些自动作用是对于圣神的“能力”的半神迹的证明;可是过一会儿,关于它们,就发生很不同的意见了。爱德华斯在他的《关于新英格兰宗教奋兴的感想》(Thoughts on the Revival of Religion in New England)那部书内,就不得不反驳批评这些作用的人而为它们辩护;就是奋兴的各教派内,对于它们的价值也久成争论之点。⑱无疑,这些作用并没有根本属于精神上的意义;并且虽然有了这些作用,使皈依者以为他的皈依更可纪念,但始终没有人证明有这些作用的皈依者,比那些皈依之时只有比较不剧烈的伴随现象的人更持久或更富于善果。大体说,不省人事、抽搐、见异象、不自主的发言以及窒息,必须只认为是由于这个人有个广大的意识阈下的区域,并带有神经方面不稳定的性质。这个,往往也是他本人事后对这些作用的见解。例如,斯塔柏的一个通信者说:

“我经过所谓皈依的经验。我对此事的解释如下:要皈依

的人把他的情绪鼓动到爆炸点,同时又抑止这些情绪的身体表现,例如脉搏加快等等,随后又忽然让它们完全控制他的身体。此后的松弛是件很美妙的事,本人经验到这些情绪的极高度的快乐结果。"

有一种感觉的自动现象,也许值得特别注意,因为它是常见的。我是指幻觉的,或半幻觉的光明现象,即心理学者所谓幻光(photisms)。圣保罗所看见的炫目的天上异象似乎是这一种现象;君士但丁帝(Constantine)所见的天上十字架似乎也是这样。我所引的最后例以前的一例提到光明和荣耀的洪流,阿莱因也说起一种光明,但他似乎不能说定这光是在外界。迦丁纳上校也看见一道发烈焰的光。芬纳会长说:

"忽然间,上帝的光荣射到我身上,到我周围,几乎神异的样子。……一道不可消灭的光照射进我的灵魂,这个光几乎把我摔在地上。……这个光好像太阳在四方八面射出的光明。它太强烈了,眼睛不能看它。……我以为我当时由于实在经验,知道那个在保罗要到达马斯加的路上使他仆地的光的情形了。这个光确然是一种我不能久视的光。"⑲

其实,关于幻光的这种报告绝不是不常见的。下文是斯塔柏所收集的又一例,光看来分明是外界的:

"我在差不多两星期中,有时去,有时不去地,参加一组的奋兴礼拜会。我已经被请到讲坛几回了,总是越来越被深切地感动,最后我决定我必须做这个,否则我就沉沦了。皈依的实证是很生动的,好像我心上卸下一吨的重负似的;我看见一道奇异的光,似乎把整个房间照亮(因为那时天是黑的);我觉得一种至高的幸福，使我念‘荣耀归主’(Glory to God)念了好久。我决心一生做上帝的小儿，舍弃我所偏好的野心、财富和社会地位。我以前的生活习惯有点阻碍我的发展，可是我用力有计划地克服这些习惯；一年之内，我的整个性情变了，那就是说，我的野心变成另一种的了。”

下文是斯塔柏收集的另一例，含有个光明现象：

“在二十三年前，我已经明明皈依了，或是，应该说，矫正了。当时我的更生经验是清明的，精神的，并且我未曾退转。可是，在一八九三年三月十五日，约莫在上午十一时，我证验到完全的圣洁化。这个证验的特殊伴随现象完全出乎意外的。那时我正在家静坐，歌唱圣灵降临节歌选。忽然间好像有个什么扫进我身上，膨胀我整个人——这种感觉我从来没有过。在这个经验来到之时，我似乎被领导着，走过一间大的、宽敞的、很明亮的房子。当我与我的无形的领导者同行四顾之时，我心上起了一个明白的念头，‘他们不在这里，他们去了。’虽然没有说话，这个思想一经确然在我心上，圣神使我觉得我是在观察我自己的灵魂，那时候，我一生才第一回知道我洗净了一切罪恶，并且充满了上帝的丰富。”

刘把述某个皮克(Peek)君，他的光明感觉很像墨西哥人叫做“默思客勒”药(mescal)的醉人的仙人掌(cactus)芽所引起的色彩幻觉：

“当我早上到田里工作之时，上帝的光荣出现于他的一切有形的创造物之中。我记得很清楚我们在收割雀麦，雀麦的每秆和每穗，都好像排成一种虹霓似的光色，或是，假如我可以这样说,都在上帝的荣耀中发光。”[20]

皈依关头的最特有的成分,我最后要说的,就是所发生的快乐的出神状态。我们已经引过关于这种状态的记载,但我要再说两个。芬纳的描述很生动,所以我下文引他的一大段:

“一切我的感情好像腾涌而流出;我心坎的流露,是:‘我要把我的整个灵魂向上帝倾倒出来。’我灵魂的腾涌那么厉害,至于使我冲到前面办事室的后房去祈祷。那房间里没有火,也没有灯;可是在我看来似乎完全明亮。当我走进去,关起门之时,好像我当面对着主耶稣基督。那时候,我不觉得这个完全是心理作用,此后一些时间也不觉得。反之,我当时觉得似乎我看见他,就像我看见任何别人一样。他不说什么,但那样注视我,使我软倒在他的脚边。此后我总以为这是挺可异的心理状态;因为我觉得他当真在我眼前,并且我倒到他脚边,将我的灵魂倾泻与他。我大声哭,像个小孩一样,并且用窒息的口气所能说的话来忏悔。我看来好像我用眼泪洗他的脚;可是我不记得我当时有清楚的我碰着他这种印象。我一定继续在这个状态中相当久;可是我的心太专注于这个会面,因此不记得我说的任何话。可是,我知道,我的心一到够平静,能终止这个会面之时,我回到前面办事室里,发现我用大柴块生的火几乎烧光了。可是当我转身,要坐在火边的一个位置之时,我受到一种强烈的圣神的洗礼。我并不曾预期这件事,也不曾想过我可以有任何这样的遭遇,也不记得我听见过世上任何人说起这种事情;圣神降于我,好像透过我的身体和灵魂一样。我可以觉得这个印象,像电波通过又通过我。

其实，它好像流质的爱一浪一浪地来到，因为我不能用别的话来表示它。它好像正是上帝的呼吸。我记得很清楚它像绝大的翅膀扇我。

“没有什么能够表示出那个神妙的流出于我心坎上的爱。我为喜和爱而大哭；我不知道，但我应该说我真是吼出我的心坎的说不出的涌泉。这些浪冲过我，接二连三，一浪一浪地，最后我喊，‘假如这些浪继续冲过我，我要死了’。我说，‘主，我再受不了’；可是我并不怕死。

“我继续在这个状态，这个洗礼继续从我滚过，从我穿过的状态多么久，我不知道。可是，我知道到了我歌咏班的一个会员（因为我是歌咏班的领袖）来到办事室看我之时，是晚上很晚的时候了。他是教堂的一个会员。他看见我正在大哭，对我说，‘芬纳君，你怎样了’？我好些时候回答不出。他随后说，‘你痛吗’？我极力提起精神，回答说：‘不痛，可是快活到我活不了了’。”

我刚引过菩雷；我最好在这里引他对皈依后情感的简述：

“我不得不赞美上帝。当我在街上走之时，我举过这一脚，它好像说‘光荣’！我举起那一脚，它好像说‘实心所愿’（Amen）；我在走之时，两脚一直继续这样。”[21]

在我结束这个演讲之前，我要对这些忽然的皈依是短时的或永久的这个问题简单说一下。我觉确然你们中有些人知道了有好多皈依了的人后来退转而复萌故态，就把这种情形作为阐明这整个题目的统觉群，因之带着怜悯的微笑把这许多人认为“协识脱离病者”（hysterics）就算了事。可是，这个是肤浅的看法，从宗教方面说是如此,从心理学方面说也是如此。这个看法没有把着具有重大的意味之点——这一点只小部分关乎人的性格向较高阶层的这些移动的久暂,主要是与这些移动的性质与品级有关。人无论到了什么阶层都会失堕——我们用不着统计,就知道这个。例如,大家深知爱情并不是不能打消的,但是,无论它有恒或无恒,当它存在之时,它总是启示新阶层并新领域的理想性。这些启示无论它的历时长短,都是恋爱对于男女们的意义。皈依经验也这样;这种经验使一个人知道他一己的精神能力的高限度是在哪里,就是只经一点点时间,也还是启示他知道;这件事是皈依经验的重要所在——虽然持久也许会增加这个重要,但退转不能够减少它。事实上,一切比较动人的皈依,就如我所举过的,都是永久的。也许最令人怀疑的例(因为它很像是羊痫风的发作)就是拉提斯本。可是我间接知道拉提斯本的整个后来生活都是那几分钟的陶铸结果。他放弃结婚的计划,变成一个神父,在他卜居的耶路撒冷创设一个尼姑传道会,劝犹太人皈依基督教。他并没表现要利用他皈依的特异情况使他得到名气以便私图的倾向(而且,他每说起这个皈依,很少不下泪),简言之,他一直到死(假如我记得不错,死在一千八百八十几年间)还是基督教的模范儿子。

我所知道的关于皈依的历时久暂的统计,只有约翰斯顿女士(Miss Johnstan)替斯塔柏教授收集的。这个统计只包含有一百个人,都是传教的教会分子,过半数是监理会徒。据这一百人的自述,几乎人人都曾经有这样或那样的退转,女人占百分之九十三,男人百分之七十七。斯塔柏把这些收集的材料更细看以后,发现只有百分之六的人是失坠了他们皈依之时所崇奉的宗教信仰,并且，在其中的大多数人所自怨的退转，只是情感热烈度的涨落。这一百人中只有六个报告他们改变了信仰。斯塔柏的结论如下：皈依的结果使皈依的人发生“一种改变的人生观，虽然情感有变动，这个态度是相当恒定并永久的。……换言之，经过皈依的人，一度采取宗教生活上的立场以后，无论他们的宗教的热情多么减退，总有觉得他们自己与这个立场是一体的倾向”。[22]

① 《生平与日记》(Life and Journals)，波斯顿，一八〇六年版，第三一至四〇页，节录。

② 我的引文是见于一八四三年在阜赖拉(Ferrara)出版的《拉提斯本传》(Biografia del Sig. M. A. Ratisbonne)内的这封信的意大利文译本摘出，我要感谢罗马的柯康耐(D. O'Connell)君引我注意这部书。我把原文删节过。

③ 在国际科学丛书(International Scientific Series)内。

④ 读者这里请注意：我在前一讲，完全依赖一个滋长的经验所积贮的动机在潜意识的“孵育”这个解释，我是遵守尽量利用已公认的解释原理这个方法。潜意识的区域，无论它是什么别种作用，总是心理学者现在认为具下列性质的区域：这个区域的机能在于积蓄无论是不注意过或注意过的感觉经验的遗痕，并且依通常的心理学的法则或逻辑法则形成了结合——这些结合最后达到很高的“紧张”(tension)，因之有时会侵入意识内，有点像爆发一样。所以将一切不能有别种解释的侵入性的意识变化认为是到达爆炸点的潜意识的记忆的紧张的结果，是“科学的”。可是，假如要坦白，那么，我要承认有些不容易证明有任何长久的潜意识的孵育的结果，有时也会爆发到意识内。我在第三讲用为觉得有无形者在旁之感之例的，其中有些例(如著者的密友，《灵学会杂志》所载及其后两例，斯塔柏所收教士的信)就是属于这一类，到我们讲神秘主义之时，会看到其他这类经验。布拉德黎，拉提斯本的经验，也许不容易这样简单地解释。迦丁纳上校的，圣保罗的，可能也不容易如此解释。因之，这种结果必须认为是由于纯乎生理的神经暴动一种像羊痫风那样的

“发泄的伤痕”(discharging lesion),或是,假如它是有用的,合理的,像最后两例,必须用某种更属神秘的或神学的假设来解释。我说这个话,使读者知道这个题目实是很复杂。可是,此刻我尽量维持比较“科学的”见解;只在到了后来演讲,局势加紧之时,我才考虑这个见解是否绝对能解释一切这类事实这个问题。但潜意识的孵育可以解释其中的大部分,这是无疑的。

⑤　爱德华斯在别地方说:“我大胆说上帝使一个灵魂皈依的工作,与这个工作的起源、基础和价值以及它的利益和最后结局连起来看,是上帝的比创造整个物质宇宙那件事更光荣的工作。”

⑥　爱谋生说:“我们看见一个人,他的动作是庄严的、娴雅的,并可喜如玫瑰花的,这时候,我们必须感谢上帝这种事物能够存在并实际存在,并且我们不要怏怏地对天使说:‘嗥叫地抵抗他的一切内在的魔鬼的阿猫是个更好的人’”。很对。可是阿猫也许正是因为他的内部冲突和二次降生而真正成为更好的阿猫;那个一次降生的“庄严”人物,虽是总比可怜的阿猫好些,但也许远不如只要他有些像阿猫那样的对他自己的特有的魔鬼式行动(无论这些行动多么娴雅、可喜、并总是绅士样的)自感悔恨的能力之时他个人能做到的品格。

⑦　见他的一九〇〇年在纽约出版的《精神生活》(The Spiritual Life)。

⑧　上引书,第一一二页。

⑨　上引书,第一四四页。

⑩　我把摩诺在《生平》(la Vie)书内的一段引述,并见于一八八五年出版的《阿多甫,摩诺:卷一,对他生平的回忆》(Adolphe Monod:I.,Souvenirs de saVie)这本书第四三三页的一封信合在一起。

⑪　《加拉太书的注释》(Commentary on Golatians)第三章第十九节,又第二章第二十节,节录。

⑫　在有些皈依经验,这两步是不同的;例如,下举的例:

“我阅读传教的讲论,不久,突然‘基督的完成工作’这一句话引我注意。我自问,‘何以著者用这些名词’?何以他不说‘这个赎罪工作?’以后,我心上现着‘这是完成了’这些字。我问,‘完成了的,是什么呢?’立刻我的心答应,‘一种对罪恶的完全赎回,完全的满意经赐予了,代替人还了债了。基督替我们的罪恶死过;不特为我们的,而且为一切人的罪恶。那么,假如整个工作完成了；一切债还了，还剩什么给我做呢？'过了一顷刻圣神将光明冲过我的心，给我以为无须做什么，只要跪下，接受这个救主和他的爱，永远赞美上帝这个喜乐的信心"。《戴勒自传》(Autobiography of Hudson Taylor)。我由沙朗(Challand)(日内瓦，无出版年代)的法文译本又译成英文；英文原本找不到。

⑬ 托尔斯泰的情形是这些话的好注解。他的皈依几乎没有神学。他的信仰状态只是恢复了觉得人生的道德上意义是无限的之感。

⑭ 《美国心理学杂志》第七卷第三四五至三四七页，节录。

⑮ 上文第一五二页。

⑯ 见徒爱特《爱德华斯传》(Dwight：Life of Edwards)，纽约，一八三〇年版，第六一页，节录。

⑰ 布恩：《王子，菩雷的回忆》(W. F. Bourne：The King's Son，a Memoir of Billy Bray)伦敦(London；Hamilton，Adams&Co.)一八八七年版，第九页。

⑱ 参考斯蒲拉格：《关于宗教奋兴的演讲》(William B. Spraque：Lectures on Revivals of Relivgion 纽约，一八三三年版)的很长的附录，载有好多教士对于这事的意见。

⑲ 《忆旧录》(Memoirs)第三四页。

⑳ 这些关于感觉的幻光的报告渐渐更动，最后到了明明只是觉得新的精神明澈之感的比喻性描写，例如，布冷纳这样说："在我散步于密林之时，说不出的光荣好像给我的灵魂领会到了。我不是说任何种外部的光明，因为我没看见这种东西，也没看见任何种第三重天的一个光体的意象，或任何项那种性质的东西，可是它是我得到的一种新的对于上帝的内心领会"。

像这第二例，由斯塔柏收集的手稿取出来的，所谓黑暗放光，大概也是比喻的：

"一个星期日晚上，我下决心在我回到在我工作的牧场的家里之时，我要将我自己连同我的官能及一切献与上帝，专给他用并专为他而用。……天正在下雨，并且道路很泥泞，可是这个愿欲变成很强烈，至于我就跪在路边，告诉上帝一切，随后想要起来，走回去，像对于我祈祷的任何特别回答，并不曾来到我心上(我已经由信仰皈依)，可是毫无疑义地得救了。当我在祈祷之时，我记得我对上帝伸出我的两手，告诉他这两手要为上帝工作，我的两脚要为他走,我的舌要为他说,诸如此类,只要他肯用我做他的工具,并给我一种满意的经验。——这时,忽然间,夜的黑暗似乎变为光明——我觉得,我体会,我知道上帝听到并回答我的祈祷。我感到很深的快乐,我觉得我被受纳到上帝所爱的人的亲信团内了。"

在下例,闪光也是比喻的:

"在晚间礼拜完结之时,曾请大众作祈祷会。教士以为我被他的宣讲感动了(这是误会——他是无意味的人)。他过来,把他的手放在我肩上,说:'难道你不要将你的心献与上帝吗?'我作肯定的答复。随后他说,'到前面的坐位来'。他们同我歌唱,祈祷,说话。我只经验到不知来源的苦况。他们宣言我所以不'得平静'(obtain peace),是因为我不肯献一切与上帝。约莫两小时之后,教士说我们要回家了。在要睡之时,照例我祈祷。我大感苦恼,这一回我只说,'主,我已尽我的力量,我整个事情随你处置。'立刻,像一道闪光一样,我大感平静;我起来,走到我父母的卧房,说,'我实在觉得快乐得到那么奇妙的田地'。这个,我认为是皈依的时刻。这是我确信已得神的接受和情眷的时刻。就我的生活说,这个只引起很少的立刻的变化。"

㉑　我再附加几个记载:

"有一天早上,深感苦恼,刻刻害怕我要堕入地狱,我不得不迫切地哭求慈悲;主就来和解我,使我的灵魂解脱罪恶的负担与罪恶的自觉。我整个身体由头到脚都发抖,我的灵魂安享甜美的平静。我那时觉到的愉快是不可形容的。这种快乐经过三天。在这个期间,我始终没有对任何人说起我的感情。"《单杨自传》,斯徒烈克兰编辑(Autobiography of Dan Young, edited by W. P. Strickland)纽约,一八六〇年版。

"立刻,我极深切地感到上帝照顾信赖他的人这件事,因之经过一小时,全世界都是晶莹的,天是清明的,我跳着站起来,开始啼哭并又发笑。"毕策(H. W. Beecher),刘把所引。

"我愁苦的泪变成喜乐,并且我躺在那里,赞美上帝。那种快乐到出神之感,只有过来人才会体验到。"——"我不能够说出来我觉得怎样。好像我从黑暗的牢狱中,升到太阳光内。我喊叫,并且对爱我而洗涤我罪恶者歌颂。我不得不退藏到僻静地方,因为我真流泪,不愿我的店内同事知道,可是,我对这事,不能保守秘密"。——"我感到快乐,几乎要哭"——"我觉得我的脸上一定发光，像摩西(Moses)一样。我有一种普遍的浮扬的感觉。这是我有幸运经验到的最大的快乐。”——“我哭了又笑，笑了又哭。我很轻，好像在空中走。我觉得似乎我已得到比我前此期望要经验的都更大的安静与快乐。”斯塔柏的通信者。

㉒ 《宗教心理学》，第三六〇页，三五七页。

第十一第十二第十三讲　圣徒性

前一讲把我们留在期待的状态中。像那些我们听到的那样快乐动人的皈依，对人生的实际效果会如何呢？我们工作的真正重要部分，就在这个问题开始；因为你们记得我们着手于一切这种探讨，不止要在人类意识的发展史内插入一章奇怪的内容，毋宁是要对于我们所见过的一切关于宗教的困苦与快乐的整个价值和积极意义得个判断。所以，我们必须先叙述宗教生活的结果，然后进而判断它。让我们不再作什么引论，就开始描写的工作。

这个工作应该是我们在这些演讲内的任务的最可喜的部分。固然，这个工作的有些小部分或许是可痛的，或是表现人性的可哀方面的；但是大部分将要是愉快的；因为宗教经验的最好结果是历史所能展览的最好东西。这些结果从来是被认为最好的；假如任何处有真正奋斗的生活，那就是在这里；并且想起一串的像我最近历览过的这种例子（虽然只是阅读它），就觉得是被鼓舞，被提高，被荡涤于较好的道德空气之中了。

人性所奋飞到的最高级的慈善、虔诚、信赖、忍耐、勇敢，都是为宗教的理想而飞越到的。关于这个，我最好引述圣勃夫（Sainte-Beuve）在他的《波洼阿修道院历史》（History of Port-Royal）内对于皈依（或说蒙神恩）的状态所说的一些话。

他说："就是从纯乎人类的观点看，蒙神恩这个现象，就它的性质和结果说，一定还是够非常，够优越，够罕见，值得更细密的研究。因为由于这个现象，灵魂达到某一恒定的、无敌的状况；这个状况是真正英勇的，并且灵魂所能做的最伟大的事业，都是从这个状况而出。在一切不同类的与神感通，并一切不同类的有助于产生这个状况的方法之中（无论是由宗教庆典，还是由普通忏悔，或由独自祈祷并感情迸发而达到这个状况），很容易认出在精神上并在效果上，根本只是一个状态。从情境的歧异之下再深究一点，就可以明白见到在不同时代的基督徒，始终只有同一种的变化影响他们；确实只有一种基本的、同一的虔诚和慈善的精神，为受过神恩的人所共有的；这一种内心状态，首要是仁爱和卑屈，对上帝无限信赖，对自己严格，而对别人慈柔的心态。这个灵魂状态特有的结果，在彼此远隔的地域，在彼此不同的环境，在一切人都有同一种气派，在阿维拉的圣脱利莎（Saint Teresa of Avila）恰像在亨核特的任何摩拉威教徒（Moravian Brother of Herrnhut）一样。"①

圣勃夫在这里只考虑到皈依的比较显著的例子；当然这些例子，是我们也应该考虑的可以增加了解的例子。这些热烈的教徒所走的历程往往与别人那么不同，所以假如我们用世法判断他们，我们也许要认他们是远离自然的途径的怪物。因此，我先提出一个普通的心理学问题，就是：会使一个人的性格与另一个人的性格差得极远的内心状态是什么呢？

我立刻回答说，就那与理智有别的性格而论，人与人间的不同，主要是由于我们感受情绪激动的能力不同，以及由这种不同的感受力而来的不同的冲动和抑制（impulses and inhibitions）。让我把这个说得更明白些。

一般地说，我们在任何一定时候的道德的和实行的态度，始终是我们内心的两组力量的结合——一组是推动我们朝某方向去的冲动，另一组是牵制住我们的阻碍与抑制。冲动说，“是！是！”抑制说，“不！不！”没有明白想过这件事的人很少能领会这个抑制因素多么不断地支配我们，这个因素如何以它的拘束的压力包围我们，模型我们，好像我们是关在瓶里的流质一样。这个因素的作用那么毫无间断，因之它变成潜意识的了；例如，你们此刻坐在这里，通通受一种拘束，但完全没有明知这件事，这是因为这个时会的影响。假如你一个人在这房间里，你们个个大概会不知不觉地移动肢体，使姿势更舒服些。可是，假如有任何项剧烈的情绪激动来到，那么，礼节和它的抑制作用就会忽然断绝，像蛛网一样容易。我看见过一个好修饰的人，因为对面的房子失火，他满脸盖着刮脸的胰子泡跑到街上；假如是要救她小孩或她自己的生命，女人会披着睡衣跑到陌生人中间。再说到懒散女人的一般生活。她会被她的不舒服感觉所加的种种抑制屈服，睡到很晚才起来，靠茶或溴化药物过活，冷天关在家里不出门。她对每件困难的“不”都顺从。可是，假如她做母亲了，她如何呢？完全受母性激奋的支配，她现在能够忍受失眠、疲倦、劳苦，没有一顷刻的犹豫，一句话的埋怨。凡是她小孩的利益有危险的场合，痛楚对她的抑制力也消灭了。如兴顿(James Hintom)说过的，这个小孩所引起的种种不方便，变成了一种大快乐的炽烈中心；其实，这些不方便现在正是使她得到最深切的快乐之条件。

这就是你们已经听说过的“高级情感的驱除力”(expulsive

power of a higher affection)之一例。可是，无论情感是高级是低级，没有关系，只要它引起的激动够剧烈，就行。在杜拉门(Henry Drummond)的讨论之中，有一处，他说到有一次印度发生水灾，偶然有一块高地，上面有一所茅屋的，未被淹没，除人以外，还有一些野兽爬虫也逃避在那里。在某时刻，有一只雄伟的孟加拉老虎(Bengal Tiger)游来，到达这块高地上，爬在地上，在人群中间喘气；它还在吓坏的状态中，所以一个英国人能够安详地拿一支枪走过去，打破它的脑袋。这只老虎惯有的凶猛，暂时被恐怖情绪压住了；恐怖变成高于一切的，成了它性格的新中心了。

有时没有一种情绪是高于一切的，而是好多相反的情绪混做一团。在这种情形之下，一个人又听到好多“是”，又听到好多“不”；那么，要请“意志”(will)来解决这个冲突了。例如，一个兵士；他怕做懦夫，这使他前进；他的怕死又使他要脱逃；而他模仿的倾向又推动他照他的同伴的样子行动。他这个人就成了一大团的互相干涉的势力的竞争场；并且一时他或许只是游移，因为没有一个情绪占优势，可是总有一个强度顶点，假如任何情绪到达它，就会使那一个情绪独生效力，把它的敌对情绪与其一切抑制作用扫荡净尽。他同伴冲锋的猛气，他一沾染到，就会使他达到这个勇敢的顶点；他们败走的恐慌，会使他达到这个恐怖的顶点。在这些至高的激动之中，通常不可能的事情变成自然的事情，因为抑制作用都被打消了。这些作用的“不！不！”不特没听见，简直不存在。在这种时候，障碍就像马戏班的跑马师所穿过的松纸环——实际并不是障碍；这个激流比这些障碍所成的堤坝还高些。某个特队兵对于他的皇帝被掳，正在狂怒，有人提到他的妻子，他嚷道：“假如他们饿，让他们讨饭！”有些关在走火的戏园里的人竟然用小刀从群众中杀出去。[②]

有一种情绪感性，在构成强健的性格上，是极其重要的；因为它特别能破除抑制。我意思是指：就较低的说，是仅仅暴躁、易怒、好斗的脾气；就较精微的说，是缺忍耐、倔强、热烈、方严。热烈(earnestness)是说，纵使强健会引起苦痛，也情愿过强健的生活。这个苦痛或许是加于别人的，或许是加于自己的——这没有多大关系；因为一个人在抗斗的心境之时，目的是在于破坏东西，无论是谁的东西，是什么东西。没有什么能够像愤怒这样把抑制作用以不可抵抗的方式毁灭；因为，如毛奇(Moltke)论战争所说的，单纯的破坏是它的根本质素。这是愤怒所以是件件其他情欲的极可贵的援军的原因。最可意的快乐，一成为引起我们较高尚的愤激的那种主义之阻碍，就被激昂地踏破了。到那时候，绝交，放弃根深蒂固的特权和财产，破除人群的关系，都毫不费事。反之，我们从这个紧缩和蹂躏，感到一种冷酷的愉快；并且所谓性格懦弱，似乎大多数都是不能有这种牺牲的精神——一个人的低级自我及它的偏嗜的柔弱，一定常是这种精神所射击的目标和牺牲品。[③]

到此刻止，我所说的，是同一个人的时常变换的激动所产生的暂时改变。可是，各人的性格间的比较固定的差异，也可以用恰恰相同的方法解释。在一个易起特种情绪的人，整批整批的抑制照例消灭(这些抑制在别人还生效)，别种抑制取而代之。假如一个人有感受某些情绪的天赋，他的生活与常人的生活会不同到奇异的地步，因为通常吓退常人的事物都不能制止他。反之，仅仅想望成为一种性格的人，与天生的恋爱者、战斗者或社会改革者，那种这些情欲是他的天赋的人相比，只有证明一件事，就是，有意的动作，比本能的动作简直“望尘莫及”。前一种人必须刻意地克服他的抑制作用；后一种似乎绝不觉得抑制，他全没有那种内心的摩擦与神经力的浪费。对一个佛克斯，一个加里波底(Garibald)，一个蒲司将军，一个约翰·布朗(John Brown)，一个路易·米诘尔(Louise Michel)，一个布拉罗(Bradlaugh)，那些对旁人是万能的阻碍，对他们简直不存在。假如其余的世人也能够那样不理会这些阻碍，世上许会有好多这种英雄；因为好多人也有为同类理想生活的愿望，只是缺乏充分的消灭抑制作用的锐气罢了。④

所以立志与仅仅发愿之间，有创造力的理想与有只是望慕并悔恨的理想之间的不同，只在于长久把性格向理想方向推动的“蒸汽压力”的分量，或是暂有的理想的激动的程度。要是有某分量的恋爱愤激、慷慨、大度、崇拜、忠诚或委身投靠的热情，结果是一样的。那整批怯懦的障碍，在无气的人并在麻木的心境是对行动的绝大阻力的，立刻消沉了。我们的习俗，⑤我们的腼腆、懒惰、吝啬，我们的需求先例与准许，担承与保证，我们的琐细的猜疑、怯弱、绝望，现在何处去呢？像蛛网似的切断了，像水泡在日光中炸破了——

“至于那愁虑和需要，
昨天还使我衰弱的，现在何在呢？
我在晨光中为它自愧。”[甲]

飘浮我们的洪水轻轻地把这些卷下去，那么轻，所以都不觉得碰着它。解脱了这些，我们就浮泛着，翱翔着，歌唱着。这种晓光似的宽旷与高举，使一切创造的理想带有一种光明的并欢歌的性质;这种性质,没有什么情形会比支配的情绪是宗教情绪之时更显著。一个意大利的神秘主义者说:“真正的修士,除了他的琴,绝不带东西。”

现在我们可以由这些心理学的通则转到这一讲的本题,就是说,那些出于宗教心态的结果。活在他的个人能力的宗教中心,并为宗教热情所推动的人与他的从前世俗的自我,有完全明确的不同。燃烧于他胸中的新热诚,把从前围困他的低级的许多“不”消灭于它的烈焰内,使他不会再被他本性中的全部下流部分传染。从前不可能的豁达大度现在容易了;一度压迫他的琐屑的习例和卑鄙的动机完全无权了。他内部的石垣倒了,他心坎的刚硬打破了。我想:其余的人类,假如追忆我们在那些由于实际生活的艰苦,或是观剧,看小说有时使我们达到的暂时的“柔化心境”(melting moods),就可以想象宗教的心态。特别在我们啼哭之时——因为在那时候,好像我们的眼泪冲透一个日久的顽强的内心堤坝,把一切种类的原始罪恶性和道德的污滞都扫荡去,使我们现在洁净,心软而肯接受一切比较高尚的动机。在大多数人,惯有的刚硬很快又回来,可是圣徒就不然。好多圣徒,就是像脱利莎和罗约拉(Loyola)那样强健活泼,都有教会习例尊称为特种神赋的,即所谓流泪的天才。在这些人,柔化心境,似乎几于不断支配他们。流泪和柔化心境如此,其他激扬的情感也如此。这些心态的统制,可以由积渐发展而来,也可以由剧变而来;可是,无论是怎样来的,它都可以“来了就不去了”。

在前一讲的末尾,我们已见到:高级洞悟的一般优势也有这个

持久性；纵使在情绪激动低落之时比较卑鄙的动机也许会暂时得势，也许发生退转现象，还是如此。可是，除了短时的情绪之外，低级的诱惑会长久完全打消，好像人的惯有的性情改变了一样：这也许有某些例子内的文件可以证明。在未说到更生的人格的一般发展史之先，让我举一两例，使你们相信这件奇怪的事实。最多的例就是革新了的“酒鬼”。你们会记得前一讲所说的哈德黎君；马柯黎水街传道会(Jerry McAuley Water Street Mission)也富于同类的例子。[6]你们也记得那个牛津毕业生，下午三点钟皈依基督教，第二天在草场上又喝醉了，但是此后永久戒绝酒癖。“由那时刻起，酒不使我恐怖：我始终没碰它，始终不要它。吸烟也同样，……吸烟的欲望立刻消灭，永远不再来。件件人所知道的罪恶也如此，在每事，解脱都是永久而完全的。自从皈依之后，我没有受过什么诱惑。”

下文是一个同类的例，由斯塔柏收集的手写稿内摘出的：

“我到那个老的阿德斐场(Adelphi Theatre)里，在那里有个‘圣洁会’(Holiness Meeting)……我开始说‘主，主，我必须有这个恩赐。’随后我觉得像个听得见的语音说：‘你肯献一切给主吗？’并且问题源源而来；对一切这些诘问，我说：‘是，主；是，主。’最后又听说：‘为什么你不现在就接受这个恩赐呢？’我就说：‘我接受，主。’——我没觉得什么喜乐，只是一种信赖。就在那时刻，会就散了；当我走出到街上之时，我遇着一个男人吸一根很好的雪茄烟，一道烟气掠到我脸上，我吸很长的、很深的一口气，赞美上帝，我吸烟的嗜欲完全消失了。随后在我走过街上，经过酒家，酒气从那里冒出来之时，我发现我对于那个祸人的东西的嗜好和欲望完全没有了。荣耀归主！……〔可是此后〕十或十一长年，我在荒野中，升沉无常。我喝酒的嗜欲始终不曾再来。”

著名的迦丁纳上校的例，就指明一个人能在一小时内戒绝了性的诱惑。他对斯披斯君(Mr. Spears)说：“我的一切要犯那个罪过的倾向都有效地治好了，这个罪过，我陷溺得那么深，至于我想只有枪弹穿过我的脑袋才能够把我治好；并且一切对这个的欲望和倾向都排除了，就像我是一个吃奶的小孩那么完全；这个诱惑至今也没有再来过。”韦柏斯特君(Mr. Webster)对于同一件事这样说：“我常听这个上校说的一件事，就是他未皈依宗教之先，很沉溺于渔色。可是，他一得上天的启发，他觉得圣神的威力使他性情变化得那么神奇，因之他在这方面的圣洁化，似乎比在任何其他方面都更可注意。”⑦

这样迅速地把来源很古的冲动和倾向排除，很像人们曾经观察过的催眠术暗示的结果，因此很难不相信意识阈下的作用，在这些突然的心肠变化，恰如在催眠一样，有决定性的功用。⑧ 有些常久牢固的坏习惯，假如只用通常的道德的与物质的方法，患者只是枉然奋斗；但暗示治疗法常常只须几回受术就治好。嗜酒和好渔色曾经用这法治好过；所以经由意识阈下的区域的作用，似乎在好多人，有引起比较稳定的变化的特能。如果上帝的恩赐发生神迹，那么，它大概要由意识阈下的门户用工夫。可是，到底任何作用在这区域如何生效，还没有解释，我们现在最好完全撇开变化的过程(process)——假如你们喜欢，可以说让它还作为一个心理学上或神学上的大神秘——将注意转到宗教的状态的结果，无论这些结果是如何产生的。[9]

宗教在性格上的成熟结果的总名就是圣徒性(saintliness)。[10]在圣徒性格,宗教的情绪是个人能力的惯集中心;并且有一种关于普遍的圣徒性情的拼合相,在一切宗教都是相同的这个拼合相的特色可以很容易描写。[11]

这些特色如次:

(一)一种觉得处于比这个世界的自私的微末利益的生活更扩大的生活内之感;并一种确信有一个理想的权力之心——这个信心不特是理智的,而且显似是感觉到的。就基督教的圣徒说,这个权力总是被人格化为上帝;可是,抽象的道德理想,市的和国的理想,或是对于圣洁或正义的内心,知见也可以被觉得是我们生活的真正主宰及扩大者,其方式如我在论"实有无形者"的演讲中所描写的。[12]

(二)一种觉得理想的权力与我们自己生活有善意的联络,并且我们情愿委身于这个权力,受其支配之感想。

(三)一种在拘束性的自我状态的界线溶化之时所得的高度得意和自由。

(四)关于非我的要求这方面,情绪中心向慈爱与调和的情感,向"是,是",而离开"不,不"的一种移动。

这些基本的内心状态有如下的特有的实际效果:

甲、苦行(Asceticism)——委身〔于理想的权力〕也许会那么热烈,至于牺牲自己。在那场合,委身态度会把肉体的通常抑制作用压倒,因之这个圣徒觉得牺牲和苦行有积极愉快,认为牺牲和苦行可以计量他对于那高级权力的忠诚的程度，并可以表示这个程度。

乙、灵魂的武健(Strength of Soul)——生活扩大之感可以提高人，至于使通常极强有力的私人动机和抑制作用变化成太微末不足置意，而得到新增的忍耐与坚忍。恐怖与忧虑去了，幸福的恬静取而代之。让天堂来，让地狱来，现在都没有关系了！

丙、纯洁(Purity)——情绪中心的移动，首先就附带来纯洁的增进。感觉精神上不和谐的敏度增大了，因之将生活涤除去残暴的和肉感的成分变成必要了。圣徒设法避免与这些成分接触的机会：他的生活必须增加他的精神上的一贯，维持着不染世界的污点的状态。在有些气质，这种求精神纯洁的需要趋于自苦的方向，因之肉体的各项弱点受了严厉到冷酷的处理。

丁、慈善(Charity)——情绪中心的转移，其次引起慈善的增加，引起对人类的爱怜。引起嫌恶的寻常动机，通常将人与人间的爱怜心加以很严的限制的，被抑制住了。圣徒爱他的仇敌，并且将可厌的乞丐当做他的弟兄看待。

现在我必须对宗教心之树所生的这些结果举出一些具体的例证。困难只在于选择，因为例证很多。

因为觉得有个在上而抱善意的权力相接近之感似乎是宗教生活的基本特色，我就由这个说起。

在上引关于皈依的记载内，我们见到在皈依者的眼中，世界会显似放光明并现宝相；⑬并且撇开任何极端宗教的心态不论，我们通通有觉得宇宙的生命似乎以善意包藏我们的时刻。在年少并健康之时，在夏日，在树林内，或在山上，都会有些日子，好像天气完全安闲地对我们低语，有些时刻，生存的善和美，像干燥温暖的气候包裹我们，或经过我们身上发出和谐之声，好像我们的内心耳朵深妙地唱着世界的安全一样。托洛(Thoreau)写道：

> “有一次，在我来到树林子之后几星期，我经过一小时怀疑自问：要过平静而健全的生活，与人类比邻会不是必要的条件吗？独自一个人觉得有些不适意。可是，这些思想正盘踞我心上之时，来了一阵柔和的雨，我忽然觉得自然界中，就在雨点的滴沥中，在我房舍四围的每个景象每个声音中(一种无限的、莫知其源的友谊忽然像空气似的支持我)，使假想的与人类为邻的利益成为微末不足道，并且从此以后，我永远不想到这些利益。每个小松针都有同情在扩张着，膨胀着它，并且与我为友。我被提醒，很清楚地觉得有个与我一体之物，因之，我以为没有一个地方会再使我觉得它是陌生的了。”⑭

在基督徒的意识中，这个觉得周围的友好之感变成极体己的、极确定的。有个德国作家说：“对于失却人那么不情愿放弃的那种个人独立之感的补偿，乃是那从生活来的恐怖的完全消灭，那完全不可形容的，不能言传的觉得一种内部安全之感——这种感态，只能自己经验，但是一度经验之后，始终不会忘记掉的。”⑮

我找到浮瑟君(Voysey)的一篇宣讲内有很好的对这个心态的描写：

> “千万的信赖的人觉得在他们来来往往之时，在夜里，在白天，上帝不断在他们近旁，这种感觉是绝对安息和信赖的镇静之来源：这是这千万人的经验。这种感觉把一切对于他们

会遭逢的事变的恐怖都驱除掉。上帝的这种接近，是一个常久的防止恐怖和忧虑的保障。这并不是说他们的身体的安全得了保证，或是以为他们受别人得不到的一种慈爱保护着，乃是说他们在于一种心态，无论安全或遇损害都一样不推辞。假如他们遇损害，他们也安心忍受；因为主是保护他们的；没有主的意志，他们不会碰着什么。假如主的意旨，那么，对于他们，损害是一种福祉，绝不是祸殃。这样地，只有这样地，信赖的人是受保护，受掩蔽，不致被伤害。我绝不是一个钝感的或无情的人，我一已对这种办法绝对满意，并且不愿得到可免危险和灾害的任何别种方式。我就同最敏感的生物一样怕痛，但我还觉得其中最坏的已经被克服了。并且痛楚的苦处完全排除了：这由于我相信上帝是我们的慈爱的、永久警醒的守护者；假如不是他的意旨，没有什么能伤到我们。”⑯

比较更激动的描写这个状态的文字，在宗教文章内有好多。我很容易以这些单调文字，使你们听到厌烦。下文是爱德华斯太太的一段叙述：

她说：“昨天夜里是我在我一生中最甜美的一夜。我从前没有这么久在灵魂内领略那么多的天赐的光明、安宁和甘美，而且始终没有一点身体上的扰乱。这一夜的一部分时间，我躺着没睡，有时睡着，有时半睡半醒。但是整夜里我不断地、分明地、真切地觉得基督的优美的慈爱具有天堂似的甜美，觉得他接近我，觉得他亲爱我；我灵魂完全安息于他，得到一种甜美到说不出的镇静。我自己觉得似乎感觉到一团神爱的烈焰由天上基督的心下来，不断流进我的心，像一派或一条的光。同时,我的心和灵魂通通流出去爱基督,因之好像如天的爱不断的流去流回;我自己觉得在这些明亮的甜美的光线之中浮着或游泳着,像微尘在日光中,或在它的从窗子进来的光流中浮游着一样。我想我每分钟觉得的比我一生所享受的一切外部舒适和快乐合起来,都值得多些。这是没有一点暗苦,也没有间断的快乐。这是一种完全浸没我灵魂的甜美;似乎我脆弱的体格只能承当这么多的喜乐。无论我是睡着或醒着,没有多大关系,但是假如有关系,那么,就是我睡觉之时最甜美。[17]我第二天很早醒来之时,觉得似乎我已经完全放弃我自己了。我觉得世人对于我的意见毫无关系,并且觉得我自己的任何外部利益对我的关系并不比我从来不认识的人的这种利益的关系更大。上帝的光荣似乎把我心的一切愿望与一切欲求吞没了。……上床休息并睡了一会儿之后,我醒来了,并且使我想到上帝对我们的慈悲,在好多年赐予我肯死的愿力;而且此后又使我愿活着,去进行任何项他要我在世上做的,遭受任何项他要我在这儿忍受的事情。我也想到上帝如何慈惠地使我对于我应得何种何法的死这一点完全听从他的意旨;使我无论死在拉肢架(rack)上,死在火柱上,并假如是上帝的意志,死在暗中都情愿。可是现在我想起了我从前常常想不要活得比人类的通常寿命更长久。这使我自问,难道我不情愿留在天堂之外更长久些;我一心似乎立刻回答说:是,一千年,并且假如最合于上帝的尊荣,那么,就一千年在恐怖中,我身体的苦痛那么重大,那么可骇,那么压迫,至于没有人能忍受住在看见这种景象的地方,并且我心上的苦痛更大得多多，我都情愿。我觉得我情愿假如最合于上帝的荣耀就应该如此之后，我就得到完全愿意、恬静和灵魂的活泼，因之我心内并没有迟疑、疑虑、晦昧不明白。上帝的光荣似乎克服我，把我吞没了；件件想得到的痛苦，以及件件会大伤我本性的事物，似乎一遇到上帝的光荣，就化为乌有了。这种顺受态度继续地很分明，很明亮，经过那一夜的其余时间，并第二天整天，并第二夜，以至星期一的下午，没有间断，没有减低。”⑱

天主教的圣徒编年史记着很多同这个一样具出神的快乐的心态，或比这个更要出神的心态。关于马丁圣尼(Sister Séraphique de la Martinière)，有人说：“屡屡，神爱的袭来弄得她几乎死去。她常常和柔地对上帝为此事诉苦。她常常说：‘我禁不得这个。请对我的脆弱宽容，否则我要死在你的猛烈的爱情之下了。’”⑲

让我其次说到慈善和博爱(Brothertly Love)；这两者是圣徒性的一种常有结果，从来被认为主要的宗教的美德，不管那特种神学所指令的服务种类多么有限。照逻辑，深信上帝善意地在我们近旁这种信赖心，定会产生博爱；我们人都是弟兄这个观念，是个直接出于上帝是一切人的父那个观念的推论。在耶稣说下列格言：“爱你们的仇敌，为咒诅你们的人祝福，对憎恶你们的人行好事，并且为恶意地看待你们，并追逐你们的人祈祷。”(Love your enemies, bless them that curse you, do good to them that hate you, and pray for them which despitefully use you, and persecute you.)他所说的理由是：“庶几你们可以作为你们的在天之父的儿女：因为他使他的太阳出来给恶人并给善人，并且送雨给义人并不义的人。”(That ye may be the children of your Father which is in heaven: for he maketh his sun to rise on the evil and on the good,and sendeth rain on the just and on the unjust.)因此,人也许弄到把自己卑屈并对别人慈善认为有神教的信仰的一切平等化的精神之结果——这种卑屈与慈善是宗教兴奋的特征。可是,这些情感实在不仅是有神教的产物。这些也见于斯多噶主义、印度教、佛教;并且在佛教内达到最高的可能程度。这些与父道的有神教(paternal theism)调和得极好;可是也与一切以为人类依靠普泛的原因的思想相调和;并且,我们必须认为这些不是我们正在研究的那个重大的复杂的兴奋状态的下级成分,而是它的平等成分。宗教的狂喜,道德的热情,宇宙本体的惊奇,世界的情绪,通通是统一的心态;在这种心态之中,自我性的粗糙倾向于消灭,而慈柔情绪易于统制一切。最好是将这个状态整个地认为人性易受的一种特有的影响,一个我们觉得可以安居自若的区域,一个供我们游泳的沧海;而不要自负能够极巧妙地由它这部分引申出那部分,就这样把它的各部分解释。像恋爱和恐怖一样,信仰状态是个自然的心理复合体,它由本有组织的效果附带来慈善。欢欣是一种扩张的情绪;一切扩张的情绪,在它们存在的全期间,是忘我的、仁慈的。

我们见到就是这些情感有病态的起源之时也如此。仲马(Georges Dumas)在他的益人神智的书《悲愁与欢乐》(La Tristesse et la Joie)[20]那部书内将循环癫狂(circular insanity)的抑郁期和喜乐期互相比较,并且证明自私是前者的特征,利他的冲动是后者的特征。没有人像在抑郁期的玛丽(Marie)那样悭吝,无益于人！可是，喜乐期一开始，“同情和仁善就变成她特有的情绪。她表示一种普遍的善意，不特在用意上，而且在实行方面。……她变到对他病人的健康很关切，想要把他们弄出医院，要得到毛线替有些病人打袜子。自然她受我观察以来，我始终没听见她在喜乐期发表过任何不慈善的意见。”[21] 并且其后，仲马论一切这种喜乐的状态说，“只有不自私的情操和慈柔的情绪，是见于这些状态中的情感。这个人的心对妒忌、憎恶、报复欲都深闭固拒，并且完全化为仁爱、宽恕和慈悲了。”[22]

这样，喜乐与慈柔有一种有机的联系；所以两者在圣徒生活中相伴而起，这件事绝无须惊异。皈依的记述内，屡屡说到与皈依之乐相连的慈柔加深的现象。“我开始替别人工作”；——“我对我家属和朋友抱更慈柔之情”；——“我立刻对我前此惹我发怒的人说话”；——“我与人人同情，并更加爱我的朋友”；——“我觉得人人都是我的朋友”；——这许多表示都是由斯塔柏所收集的记录中引来。[23]

> 爱德华斯太太在我刚才引过的那篇记述内接下去说：“我在安息日早晨起来之时，觉得一种对一切人类的爱，这个爱的强烈和甜美是完全特别的，远胜我从前觉过的爱。那个爱的力量似乎不可言传。我想纵使我被发泄他的恶毒和残忍于我而使我极苦的仇敌包围住，要我除了爱、怜悯和切望他们有幸福之外，另对他们抱着什么别种感情，也还是不可能。我从来没有像那早晨那样绝没有评判并责难人的心向。我也异常地、很活跃地悟到基督教的很大部分在于我们彼此互相履行群居的与相对的义务。同一种喜悦之感继续了这个整天——

一种甜美的对上帝和一切人的爱。”

无论慈善应该如何解释，慈善会把一切通常的人间畛域抹消。㉔

例如，下文由李却韦皋(Richard Weaver)的自传引来关于基督教的不抵抗主义的例子。韦皋是个煤矿工人，在年轻时，是个半职业的拳斗家，后来成了人很爱好的传教士。酒后打架似乎他最初觉得他体质最顽梗的罪恶。在他第一次皈依之后，他又犯了，就是他把一个侮辱一个女子的人椎打一顿。他觉得既是一回失足了之后，假如以无罪而被罚，不妨多犯罪而被罚，所以他就喝醉了，去把新近对他挑战的人的下颏打坏，而且因为这个人因他是基督徒这个理由不肯对打，就嘲骂他怯懦；——我讲这些事，为的是要指明他后来的行为是真正的气质变化；他描写他后来的行为如下：

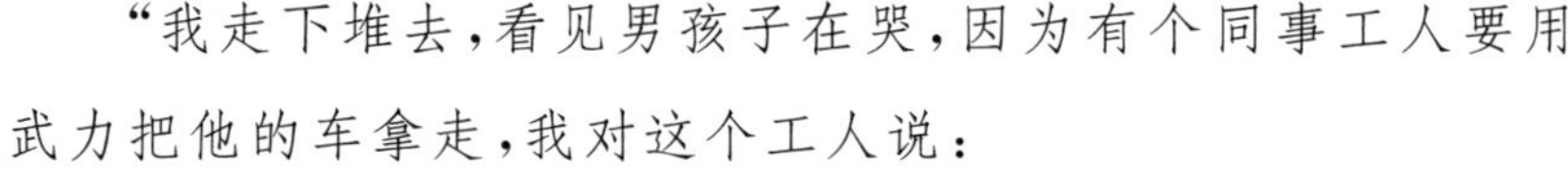

“我走下堆去，看见男孩子在哭，因为有个同事工人要用武力把他的车拿走，我对这个工人说：

“‘汤姆(Tom)，你一定不要拿那辆车。’

“他咒诅我，骂我是个监理会派魔鬼。我告诉他上帝没嘱咐我说让他抢我的东西。他又咒诅，并且说他要把车子从我身上推过。

“我说：‘好，让我们看看到底魔鬼同你是不是比主同我还强有力。’

“果然，主同我比魔鬼同他更强有力，他不得不走开，否则车子就要滚过他身上了，由是我把车子给这孩子。那时候，汤姆说：

“‘我很想重重打你一个嘴巴。’

"我说:'好,假如那对你有好处,请你打。'由是他就打我一个嘴巴。

"我把那一边的嘴巴朝着他,说'再打'。

"他打了又打,打了五次。我转我的嘴巴第六次;可是他走开了,一面咒诅我。我跟他后头喊:'愿主恕你,因为我恕你,并且希望主赦你。'

"这事出在星期六,我由煤坑回到家之时,我太太看见我脸肿了,问我怎么一回事。我说:'我同人打过架,并且我给他一顿好惩罚。'

"她忽然哭了,说:'李却,你为什么打架?'随后我就告诉这件事的始末;她就感谢上帝,因为我没回手。

"可是,主回手了,并且他的打击比人的打击更有效。星期一到了。魔鬼就来诱惑我,说:'你让汤姆在星期六那样对待你,旁人会笑你。我嚷:'滚到我后头,撒旦';——我就朝矿坑走。

"我看见的第一个人就是汤姆。我说:'早上好',但得不到回答。

"他先下去,到我下去之时,看见他坐在车路上等我,我很诧异。到我走到他跟前之时,他忽然流泪,说:'李却,你肯恕我打你吗?'

"我说:'已经恕你;你求上帝恕你吧。主祝福你。'我伸手给他握手;我们就分头去做各自的工作。"[25]

"爱你们的仇敌"。注意,不单指不是你们朋友的人,乃是指你们的仇敌(enemies),你们的积极的,并且在活动的仇敌。或是,这只是东方人的夸饰语，一点语言上的过分，只是说我们应该尽量减轻我们的仇恨心，否则这句话是至诚的、当真的。除了某些亲密的私人关系之外，这个话很少被人认真过。可是，这句话使人提起这个问题，就是：一般地说，能不能有一个情绪阶级，那么有统一力，那么能打消人与人的争持，假如积极的怀善意能达到那么极高度的兴奋，受它左右的人简直是超人了。他们的生活，就道德方面说，定要与别人的生活不同；既然没有确有的积极经验（因为在《新旧约》内很少有生气的例子而佛教的例子都是传说[26]），很难说结果会怎么样：这些结果可能改变这个世界。

就心理，并就原理而论，"爱你们的仇敌"这句教训并不是自相矛盾的。它只是一种我们相当熟悉的豁达大度的极限，即对于压迫我们的人加以怜悯的宽恕。可是，假如彻底遵守这个教训，那么，我们必须与我们的本能的行为动机全部以及现世界的局面决裂到实际上要超过一个临界点，使我们更生在另一个世界。宗教的情绪使我们觉得那另一界密迩，我们够得到它。

本能的厌恶反应被抑制，不特见于对仇敌施爱，而且见于对任何身体可憎厌的人施爱。在记述圣徒行为的编年史内，我们见到朝这方向推动的各样动机的奇怪混合。苦行主义有它的贡献；并且伴着单纯的慈善，还有卑屈，或放弃名位而平伏在上帝之前的共同地平上之欲望。当阿西西的佛兰息，和罗约拉与污秽的乞丐交换衣服之时，断然三个动机都在作用。在天主教僧尼献身于看护麻风者或其他特别可厌恶的疾病之时，三种动机也通通发动。看护病人，就是撇开教会的传统注重它这件事实不论，也还是僧尼似乎很爱做的工作。可是，在记载这种慈善行为的年鉴中，我们看到爱护过火到怪僻的地步，这只可用同时这个人陷于自残以献的狂惑来解释。阿西西的佛兰息与他的麻风患者接吻；玛丽·阿拉克，哈维埃，上帝的圣约翰（Magaret Mary Alocoque Francis Xavier，St. John of God）以及别人用舌头把他们的病人疮疡舔干净；并且像匈牙利的伊利莎伯和程达夫人（Elizabeth of Hungary and Madame de Chantal）的这类圣徒的记传充满着显似很喜欢医院内脓腐的行为，使我们读了很难受，一面赞叹，但一面战栗。

对于信仰状态所引起的仁爱，就这样说完了。让我其次说到这个状态所引起的恬静、顺受、坚忍和忍耐（Equanimity，Resignation，Fortitude and Patience）。

"一个内心平静的乐土"（A paradise of inward tranquility），似乎是信仰的通常结果；并且，就是一个人自己不信教，也容易了解这个。前一会儿，在讨论觉得上帝接近之感的时候，我说到在这种时期或许有的，但来源不明的安全之感。其实，假如一个人感觉到无论他此刻的困难显然怎么样，他生活的大局总有他可以绝对信赖的一种权力在保护着，那么，这个怎能够不安定他的神经，不冷却他的发热，不缓和他的愤激呢？深在信宗教的人，把自我完全付与这种权力，是热烈的。凡是不止说"上帝的旨意流行"（God's will be done），而且觉得这样的人，就是披了防护一切弱点的铠甲；并且历史上有一大队殉道者，传教士，宗教改革家，证明委身于宗教可以使他们在自然要扰乱或苦恼人们的环境之中能够心平气和。

当然，恬静的心情，随这个人在气质上是沉郁的或是喜悦的心型而不同。在沉郁的人，这个恬静更带顺受和服从的性质；在喜悦的人，它就是高兴的同意。为前一种心情示例起见，我引拉岳教授(Professor Lagneau)的信的一部分——他是个受人敬重的哲学教授，是个伟大的患痼疾者，新近死在巴黎。

> “我的生活(你祝它成功的)将要到它所能到的状况。我对它不求什么，也不期望什么。到现在多年了，我生存，思想，行为，并且值得我所值得的，只是靠着这个绝望——这个绝望是我唯一的力量，我唯一的据点。愿这个绝望，就是在我要遇到的这些最后的艰苦试验之时，为我保存那不祈求解脱的欲望的勇气。我不向一切力量所从来的源头请求什么，并且假如这个准许我了，你的祷祝会成已实现了的。”㉗

这个话有点是悲惨的、定命论调的(fatalistic)，可是这个论调有保护个人防止外来打击的能力，是很明白的。帕斯卡(Pascal)是又一个带悲观的气质的法国人。他将委身的顺从心情表示得更多：

> 他在祈祷文中说：“主，使我解脱对我的爱己心使我应有的苦况之悲惨，可是使我也有像你自己那样的悲惨。让我的苦况和缓你的怒气。使我的苦况作为我的皈依并得救的机缘。我向你不求健康，也不求疾病，不求生，也不求死；但请你用我的健康和疾病，我的生与死，为你的光荣，为我的得救，并为教会和你的圣徒(我愿由你的恩典成为你的圣徒之一)的使用。只有你知道什么是方便于我的；你是至尊的主人；随你的意旨处置我。赐予我，剥夺我，都可以，只求我的意志顺合于你的。我只知道一件事，主，顺你是好的，逆你是坏的。除了

这个,我不知道在任何事,什么是好的,什么是坏的。我不知道那一件最有利于我,健康或疾病呢,富有或贫穷呢,也不知道世上的其他事情。那种种见识是超乎人或天使的能力之上的,是藏在你的命令的秘密之中的——这些秘密,我赞叹,但不求测知。"㉘

说到了比较乐观的气质,顺受就不是那么被动的了。历史上有繁富的例子,我尽可以不引证就说下去。就是这样,我随手攫取第一个来到我心上的例子。瞿扬夫人(Madame Guyon)体质上是个柔弱的人物,但具有喜乐的天性。她经历好多危险,但精神恬静,令人赞叹。在因为持异说,被送到监狱之后,她写道:

"我的朋友中有些听说这件事,哭得很苦,可是我的服从及顺受的态度到了这件事并不使我流泪的地步。……当时似乎我完全忘记了关于我一己的事情(在我知道我是如此),所以任何项我自己的利益都不能使我大苦大乐;我总是要为我自己只立志要实现或愿望实现要上帝所做的那件事。"在别的地方,她说:"我们碰巧必须渡过一条河,渡河之时几乎通通淹死。车在流沙中陷下去。与我们在一起的旁人惊吓得极厉害,从车上乱摔出去。可是我发现我的思想那么专注于上帝,对于危险,觉得很不明白。固然,要淹死这个念头经过我心上,但我没有任何别的感觉或反省,只是这个——我觉得十分满足,并且假如这是我天父的定夺,我愿意如此。"她由尼斯(Nice)乘船到热诺亚(Genoa),遇着风暴,在海上十一日。她写道:"当怒涛撞击我们周围之时,我心上不能不感到相当的满意。我想到上帝做的一切事情都不错,这些造反似的巨浪是受他命令的，大概会给我一座水坟。我这样看见我自己受高涨的水冲击，打来打去，觉得愉快，或许有太过之处。同我一起的人都看到我的勇敢。”㉙

宗教热情所产生的轻视危险的态度，还可以更畅快。我由布伦（Frank Bullen）的《与基督在海上》（With Christ at Sea）那部移情的近出的自传内引一个例。他在这自传内叙述他在船上皈依了，两天之后。

“风很紧”，他这样述，“我们正张着好多布帆，要向北走出坏天气之外。四下钟打了不久，我们拉下三角帆；我跳出去，跨在帆杠上去卷它。我正坐在帆杠上，但忽然间，帆杠带我掉下去了。三角帆从我手中滑去，我向后倒，头向下，在船头下面的发亮的浪花的沸腾的中心之上。只有一只脚挂住。可是我对于我确信要得到永生这件事大为得意。虽然我离死只有毫发之隔，并且我深知这件事实，但这件事使我除了快乐没有任何其他感觉。我猜想我挂在那里不会多过五秒钟；但在这时刻内，我享了一整代的快乐。可是我的身体自作主张，拼命用体操似的动作，又上到帆杠。我怎么卷帆，我不知道；可是我用极高调的声音唱赞美上帝的歌，歌声散播于黑暗的一片汪洋之上。”㉚

在殉道编年史，当然要让宗教的镇静心态显著地擅场。让我引一个卑微的受苦者，在路易十四（Louix XIV）时代因为是呼格诺教徒（Huguenot）而被迫害的人的自述作例证：

布朗诗·伽门（Blanche Gamond）写道：“他们把所有的门通通关了，我看见六个女人，每人都有一捆柳条，粗到手刚刚拿得了，柳条有一码长。他命令我‘脱去衣服’，我就脱去。他说，‘你还留着内衣；你一定要脱掉。’她们很不耐，所以她们自己把它脱去，因此我自腰以上是赤裸的。她们带来一条粗绳，就用绳子把我绑在厨房的木梁上。她们尽力把绳子拉紧，然后问我，‘你觉得痛吗’？随后她们在我身上出气，她们打我，同时喊说，‘现在你祈祷上帝吧’！是轮盘赌的女人这样说。可是，在此刻，我得到我一生所能得到的最大安慰，因为我有荣幸为基督被鞭打，而且蒙戴了他的慈悲与他的慰劳。为什么我不能够记下我内心觉得的意想不到的势力、安慰与和平呢？要了解这些，一个人必须经过同样的磨折；这些安慰等等极重大，因之我欢喜欲狂，因为苦痛多之处，神恩也丰厚。那些女人枉然喊，‘我们必须加倍打她，因为她不说话，也不哭’。可是，我正在快活昏了，我怎么会哭得出呢。”[31]

由紧张、自承责任和愁虑转到恬静、顺受及平和是内心平衡的一切变动（那些我已经屡屡分析过的个人能力中心的变动）中之最神奇的；主要的可奇之点就是：这种变化常常不是由作为而来，而是只须松弛，把重负放下。这种放弃自承责任的态度，似乎是专是宗教的（与道德的行为有别的）行为的基本动作，这种放弃起于有神学之前，并且不是出于哲学。医心运动、通神术（theosophy）、斯多噶主义和通常神经学的卫生术坚持这种放弃，同基督教一样注重，并且这种放弃能够与个个理论的教义作最密切的结合。[32]基督徒具有很强烈的这种安心的，活在所谓“凝想”（‘recollection’）之中，绝不忧虑将来，也不愁今日的结局。有人说，热诺亚的圣卡塔林（Saint Catherine），“她注意事物，只在这些先后呈于她前之顷，一刹那一刹那地”。在她的圣洁的灵魂看来,“神圣的顷间就是现在的顷间,……并且当现在之顷,按它本身并按它的各种关系估计,并且它所含的义务经履行了之时,就放它过去,好像它始终不曾存在一样,让其后那顷刻的事物和职务来到。”[33] 印度教、医心运动和通神术都很着重于这种把意识集中于现在刹那的心态。

我要注意的次一个宗教的症象就是我所谓生活的纯洁。圣徒变成极不能堪内部的不一贯或不和谐,所以他再不能忍受混杂和纷乱状态了。心的一切对象和事务必须依照现在是它的主旨的特别精神兴奋去安排。凡是没有精神性的,都是会污染灵魂的净水,并且是可憎的。与道德敏感性的这种增高作用相杂的,还有一种为所爱戴的神牺牲掉一切与他不称的事物之热忱。有时宗教的热忱高于一切,弄到一下就达到纯洁——我们已经见过些例子。通常,纯洁是比较积渐的胜利。布雷戒绝吸烟的经过是后一种成就的一个好例。

> “我从前是酒鬼,也是个吸烟的人,并且我常是爱好我的烟丝,同爱好我的猪牛肉一样;我宁可没吃大膳下煤坑去,不可没有烟斗。在古时,主假借他的奴仆,众先知的嘴讲说;现在他由他的儿子之神对我们讲。我不特有了宗教的情感部分,而且我可以听见微细的、静穆的语音,〔良心〕在内心对我说。我拿烟斗要吸烟之时,这个话就来到我内心,就是说‘这是一个偶像,一种肉欲;你要用洁净的嘴崇拜主’。因此,我觉得吸烟不对。主又差遣一个女人来说服我。有一天,我在房子里,拿出我的烟斗要在火上点着;玛丽·郝克(Mary

Hawke)——为那是这个女人的姓名——就说，‘难道你不觉得吸烟不对吗？’我说我觉得我内心有什么告诉我这是一个偶像，一种肉欲；她就说，那就是主。随后我说，‘这样，我必定不吸烟，因为主正在内心告诉我，这个女人又在外边告诉我，所以烟一定要去，无论我怎么爱它’。在那地方，那时候，我就将烟由口袋拿出来，扔到火里，并且把烟斗踩在脚底下，‘灰归灰，尘归尘’。并且，从此以后我就没有吸烟。我发现要革除旧习惯很难，但我向主喊救，他就给我力量，因为他说过，‘在困难之日来见我，我会解救你’。(Call upon me in the day of trouble, and I will deliver thee.)在我戒烟后一日，我牙痛很厉害，不知如何是好。我以为这是因为戒烟。可是我说就是我的牙通通丢掉，我也始终不再吸烟。我说，‘主，你曾告诉我们“我的轭是容易的，我的担负是轻的”(My yoke is easy and my burden is light.)；我说那个话之时，一切痛楚没有了。有时吸烟的念头又来到我心上，很强烈；但主加强我反抗这个习惯的力量；赞美他的名字，我从此不吸烟”。

为布雷作传者述说在布雷戒绝吸烟之后，他想他要稍微嚼烟，可是他也革除这个腌臜的习惯。布雷说，“有一回，在希克斯·穆尔(Hicks Mill)的一个祈祷会，我听见主对我说‘用洁净的嘴崇拜我’。因此，在我跪了起来之时，我把所嚼的烟由嘴里拿出来，扔在长凳下。可是，到我们又跪下之时，我又放一撮烟到嘴里。那时，主又对我说，‘用洁净的嘴唇崇拜我’。因此，我又把所嚼的烟拿出来，扔在长凳下。并且说，‘是，主，我情愿’。从那时起，我戒绝吸烟，也戒绝嚼烟，始终是个自由人。”

求诚实与生活纯洁的冲动所现的苦行方式，往往很可悲。例如，初期的教友派对当时教会的基督教的随俗与不诚实之反抗，是很艰苦的。可是，使他们受伤最甚的战役，大概是由他们要保持他们自己用“thee”“thou”（你），并不脱帽或称呼头衔以实现社交上的真实与精诚的权利而起的战争。佛克斯深感这些循例的习惯是诳语和诈伪；由是许多他的信徒摈绝这些习惯，作为对真理的献牲，并且要使他们的行为与他们所自命的精神更相和合。

佛克斯在他的日记内说：“当主差遣我到这世界上之时，他禁止我对任何人，无论尊的卑的，脱帽；并且他要我对一切男女称“thou”与“thee”，不管他贫富贵贱。并且在我来往之时，我不应对人说‘早安’或‘晚安’，我也不可以对任何人倒退鞠躬。这个使各教派各事业的人大怒。啊！看那牧师们、长官们、教授们以及各种人民的大怒，尤其在牧师与教授：因为虽然对单人称“thou”与他们的字形变化和文法相合，也与‘圣经’相合，但他们受不了听见这个字：并且因为我不能对他们脱帽，这使他们通通大生气。……啊！看那来的轻蔑、热狂、怒气多么凶！那些我们因为不对人脱帽所受的敲扑、拳挞、接连打击并囚闭多厉害！有些人的帽被硬摘去，扔掉，因此他们弄到失掉帽子了。我们因为这事所受的恶骂和恶待遇很难说得明白，并且我们有时还有因为此事丧失生命的危险。这还是来自重要的自认是信基督教的人们——因此发现他们不是真正信徒。并且虽然在人看来，只是小事；但引起在一切教授和牧师中间的非常的纷乱：可是，应该赞美主，好多人因此觉

悟对人脱帽这风俗的虚妄，觉得真理反对这习惯的力量。”

爱渥德(Thomas Elwood)，一个初期的教友派，一度是弥勒顿(John Milton)的秘书，他自传内有个关于他因为遵行佛克斯的真诚的规则在本国和外国所受的艰苦的一篇奇异的并坦白到精致地步的叙述。这些奇闻太长，不能引；可是他在比较短的一段文字内表示他对于这些事的感想，是对于精神的敏感性的一种特有的表现；我要引他在下面：

爱渥德说，“那么，由于这个神圣的洞悟，我见到虽然我没有普通的不纯洁、放荡、慢神和世俗的污邪待摈除(因为由于上帝的大德和公民的教育，我前此有了防护，免了这些比较粗大的恶行)，但我有好多别种恶德要排除，要停止；其中有些居于邪恶中(《约翰一书》第五章十九节)的世俗人并不认为恶，可是由于基督的教训，我明白它是恶，因而我判定它为恶。

“特别是那些见于服饰的虚荣，和多余出于骄矜的结果；这是我喜欢过度的。我必须排除我行为中的这个恶习；而且判断要加于我，以至我革除为止。

“我除去我衣服上的那些花边、丝带和无用的纽扣，这些毫无真正用处，只是为世俗误称为装饰的目的附加上去的；并且我也不再带指环。

“其次就是对那些他与我中间并没有可假定那些‘恭维’的称呼适用的任何关系的人，对他这样称呼。这是我惯犯的恶德，并且人家认为我是此道的熟手；因此这个恶也是我必须革除的。由是此后我不敢说：‘公’‘公子’‘大人’‘夫人’(Sir, Master, My Lord, Madame)这一类称呼；也不敢对与之无真正佣仆的关系的人自称'尔仆'(Your Servant)——我从来不曾做过谁的佣仆。

"其次,用脱帽,并屈膝或鞠躬问候以示敬于人,也是我惯有的行为;这是世上的虚妄的风俗之一,世俗的风气引用它以代替真正的尊敬(这个风俗是真正尊敬的假代表),被彼此并无真正敬意的人用为彼此相敬的符号以互相欺骗的;并且,这是一切人应该对全能上帝表示的那个神圣的敬仰之一种,并且是正当的表现;凡是以基督教的名字自名的人,当他们对上帝祈祷之时要取的姿势,所以不应该给人家这样敬礼;——我发现这是我犯了太久的那些恶德之一;因此现在我必须排除,不再做这个。

"其次就是对单个人用多数,对一个人称"you",不称"thou"这个腐败的不妥当的说话方式;这是与那种纯粹的、朴实的、并单一的表真理的语言,即对一个称"thou",对多数称"you"的原则相反;上帝对人,人对上帝,以及人类彼此间从有史以来始终是这样用;到了后来腐败时代,腐败的人为了腐败的目的,才开始用以"you"称一个人这个虚伪的无意义的说法恭维人,献媚于人,利用人们的腐败性质;从此以后,这个说话败坏近代的各国语言,将人的精神弄到堕落,人的礼仪弄到污邪;我同别人一样大胆犯了这个恶习惯,现在我是从这个习惯被唤出来,并且必须革除它。

"这些以及好多其他恶习惯,都是在黑暗里,由一般背弃真理与真正宗教的行为发生的;因为这个神圣洞悟的纯光照入我的良心,我渐渐地发现这个恶习是我应该停止,应该避免，并应该做反面的见证的。”[34]

这些初期教友派信徒当真是清教徒（puritans）。公开信仰与行为之间的一点点不一贯，就会使他们中有些人受撞击，起而做积极的抗议。吴勒门（John Woolman）在他的日记内说：

“在这些旅行之时，我曾经在很多布匹在染色的地方住过；并且有几回，在很多染料流去的地方走过。这个使我心里起了一种渴望，要人们达到精神的清净，身体的清净，以及他们房屋和衣服的清净。因为染料的发明一部分是要好看，一部分是藏垢纳污，所以我在经过污浊之地，触着有害健康的臭气之时，曾在这个卑弱的状态中感到一种强烈的欲望，要把染布去掩藏垢污的性质加以更详细的考虑。

“洗衣服，使它好看，是整洁的行为；可是要把垢污藏在衣服里是与整洁相反的。因为容许把垢污藏在衣服里，弄得要藏匿不适意的事情这一种精神就增强了。真正的整洁习惯与圣洁的人民很相称；但是，染衣服把不洁掩藏，似乎与诚实之美相反。有几种染料使布变成不那么有用。并且，假如染料的价值，染布的费用，以及它对于布的损伤通通加起来，而且把这个成分用来保持一切的好看与清洁，那么，真正整洁会多么更流行于世上呢？

“屡屡想到这些事情，穿戴经损害它的染过的帽子衣服，在夏天穿太多不必要的衣服，使我越来越不好受；相信这些不是根据于纯粹明哲的习惯。考虑到与我亲爱朋友违异，对我是一件困难；所以，我与我的判断反背，继续用这些东西约莫九个月。随后我想弄到一顶有兽毛的天然颜色的帽子，但怕被认为故意立异这个忧虑使我觉得不舒服。因此，在一七六二年的我们春季大会之时，我心上极紧张，切望得到正当的指导；既然在主前低首下心了，他使我情愿顺受我所怕的要我做的事情；在我回家之时，就买一顶有兽毛的天然色的帽子。

"在到会之时，这种与众违异，是一种艰苦的试验；尤其在这个时候，因为有些爱追随屡变的服发式样的人都戴白帽；并且有些朋友，不知道我为什么戴这种帽子，都与我生分，我觉得一时我在传教的路径走不通了。有些朋友怕我戴这种帽子带有故意立异的气味；对于善意地与我交谈的人，我大都用几句话使他知道我相信我戴这种帽子并不是出于我自己的意旨。"

到了求道德上的一贯并纯洁的渴望发展到这个程度之时，这个人很会觉得外部世界所有的打击太多，住不得；要统一他的生活，保持他灵魂的清白，只有退出世界，才可以。美术家用只需摈除会冲突的，或会起不调和之感的成分这个法子达到他章法上的调和；那个法则，在宗教生活上也流行。斯提芬森说，省略是文学的唯一技术："假如我知道怎样省略，我就不求任何别种知识了。"并且，生活，在满是扰乱、松懈和空泛的余赘之时，不能够有我们所谓特性，就像文学在相似的情形之下不能有特色一样。所以修道院和同情的信士团体开门以待，并且心灵圣洁的人，从它们的不变的秩序（省略就像动作一样是这秩序的特色）里头找到那种平顺与清净——他觉得这种平顺与清净到处被世俗生活的不调和与残暴所侵扰，简直使他痛心疾首。

为要纯洁而起的拘谨,会弄到极其怪僻:这是一件必须承认的事实。在这一点,它与苦行很相似;现在我们最好转到圣徒的这一个症象,人们用"苦行的"(ascetic)这个形容词泛指起于各种不同的心理阶层的行为;我最好先把这些阶层彼此分别开。

一、苦行也许只是体质耐苦,厌恶过分的舒服。

二、食肉饮酒有节制,衣服简朴,贞洁,一般不作身体上的纵欲,也许是由于爱好纯洁,因而任何种带肉感的事情对他都是打击这种心性。

三、这些事也许是亲爱情绪的结果,那就是说,这些,在这个人自己看来,也许是他喜欢对他所承认的神明供献的牺牲品。

四、苦行的窒欲和自寻苦痛,也许是对自己的悲观情感,与关于赎罪的神学上信仰结合而起。修行的人也许觉得他现在的忏悔,是正在为自己赎得自由,或是逃脱将来的更酷烈的受苦。

五、精神病态的人们的自苦行为也是由于不合理的动机,起于一种强迫或固定的观念;这种观念挟着挑惹激动的性质而来,必须让它发泄;因为只有这样,这个人才可以使他内部意识觉得平复。

六、最后,苦行的行为,在极少数的例内,也许是由于身体的感觉性真正反常,使这个人当真觉得通常引起痛感的刺激是快意的。

我要对上列的每种,依次举一个例;可是很不容易得到纯净的例,因为在够显著,可以立刻的认为是苦行的例,通常都有上列动机中好几种在作用。并且,在未举任何例之先,我必须请你们先听对于这些例通通适用的某些一般的心理讨论。

在十九世纪内,我们西方世界整个经历了一种奇怪的道德的变化。我们现在不再以为我们应该能够泰然自若地受着身体上的痛楚。我们不期望一个人应该忍受痛楚，或是以多量痛楚加于他人；听到人说痛楚的实例，使我们毛骨悚然，不特身体上悚惧，精神上也如此。我们祖先将痛楚看做世界组织的永有成分，并且他们以施痛楚，受痛楚，当做日常工作的当然的一部分：这种状态，使我们惊骇，我们怀疑任何人能够这样冷酷。这个历史上变动，结果就是在古式基督教会（Mother Church），苦行的修炼，就它作为一种功课这方面说，是具有固定的传统的威望的地方，这种修炼纵使不至于不名誉，也大都废绝。现在一个鞭挞自己或使自己羸弱的信徒，引起旁人的惊奇并恐怕，比引起竞争还更厉害。好多天主教的作家，承认在这方面时代已经变了的人，顺受地承认这个；并且进而说，也许最好不要虚耗感情惋惜这件事，因为回复古时的勇敢的肉体锻炼也许未免过分。

在追求容易的并适意的事情似乎是本能的（在人，这似乎是本能）之场合，任何种立意追求纯乎艰难的、苦痛的、并且为艰苦而求艰苦之倾向，很会使人觉得是纯乎变态的行为。可是，假如烦难不过分，人性也会自然追求烦难的事情，并且通常是要追求这样的。只是这个倾向的极端，才可以认为奇怪。

这件事的心理上理由很浅显。假如我们撇掉抽象观念，而考察所谓实行中的意志，我们就知道它是一个很复杂的作用。它含有刺激与抑制两种作用；它遵循一般化了的习惯；它有反省的评判护送它，并且它随着实行的方式，留下一种对它自身的好受的或难受的余味。结果，绝不提任何感觉的经验会给予我们的立刻愉快这一点，我们自己对于追求或阅历这个经验的一般道德的态度也引起一种次起满足或厌恶。固然，有些男人女人们，能够靠微笑和

"是"(yes)字过活。可是,在别人(其实在大多数人),这是一种太温和的、太松懈的道德气候,被动的快乐是松弛的,无味的,不久就变成可厌,并且不可忍受。必须有些严峻和冬天似的否定性,有些粗糙、危险、紧迫与努力,有些"不! 不!"在里头,才能够产生觉得生活有特性,有结构,有力量之感。在这方面的个人差异的范围是极大的;可是,无论"是"与"不"的混合是什么样子的,这个人找到对他是适度的混合之时,他总会知道,万无一失。他觉得,这是我的正当职业,这是我生活的最宜条件(optimum),我生活的定律,我应过的生活。在这儿,我找到我所需要的那个程度的平衡、安全、恬静和闲适;或是在这儿,我找到我灵魂的精力如果没有它就会消失的那种挑战、热情、抗斗与艰苦。

简言之,个个人的灵魂,就像个个机器或生物一样,有它自己的最好的生效条件。某一架机器在某一度的蒸汽压力之下,某一安培量(amperage)之下,动作得最好;一个生物在某一种饮食定程,某一量体重,或某一种操练之下生活得最好。我听见一个医生对一个病人说,你好像在动脉血压一百四十毫米之时过得最好。我们各个人的灵魂也恰恰一样:有些人在清静的天气最快活;有些人需要感到紧张,觉得强烈的决心,才可以使他觉得活跃、健康。在这些人,一天一天所得到的任何事物,都必须有牺牲和抑制做代价,否则他们所得的就觉得太无价值,并且没有香味了。

在这种人信教之时,他们易于把他们对努力和否定的需要这种刀锋,向着他们自然的自我;结果,就演展成了一种苦行的生活了。

丁陀勒教授(Professor Tyndall)在他的一篇演讲内告诉我们

说，喀莱尔在柏林冰冻的冬天，每天早上把他泡在澡盆内，他所说的是最低级的苦行之一种。就是没有喀莱尔，我们大多数人也觉得为我们灵魂的健康起见，必须每天的生活由泡在很冷的水里开始。在这阶梯上更上一层的，是如下文所说的，这是由我的一个通信者得来的，他是一个存疑主义者：

"屡次在夜里，正睡在我的暖烘烘的床上之时，我觉得那样依靠温暖是可耻的；任何时候，这个念头来到我心上，无论是夜里什么时候，我就必须起来，冻了一分钟，只是要证明我有丈夫气。"

像这些的例只是属于上列的第一种。次举的例，大概是第二种与第三种的混合——苦行更有计划，更明确得多了。写的人是一个新教徒，他的道德能力的感觉，无疑不能用更低的方式来满足；这个例是从斯塔柏收集的手稿内采来的：

"我实行戒食并抑止肉体之欲。我秘密做一件粗麻布的衬衣，并且把粗毛搁在贴身那边。又在我鞋里放小石子，然后穿上。我要好多夜里把背平贴地板上睡，并且毫无盖覆的东西。"

罗马教会曾把一切这种事情组织在一起，编成法典，并且给它一种"市价"，认做"功德"(merit)。可是，我们看到艰苦修炼，出现于各个地方，各个宗教；因为它是人品的自然发生的需要。我们看到记载上说到陈宁(W. Channing)才做一神派的传教士之时的情形如下：

"现在他比从前更简朴了，并且似乎变成了不能够在任何方面自寻快乐。虽然他可以很容易占得一个更亮的、更通气的、并在一切方面更适宜的房间，但他拣房屋内的最小的房间作书房；并且拣一间顶阁做睡房，跟他的弟弟同住。这房间的家具尽可以做为一个隐士的斗室内的陈设，只有一张粗床架，上面铺一领坚硬的床荐，朴陋的木头椅桌，地板上铺着草席。房间没有生火，而他又一生极怕冷；可是他始终不埋怨或显现有一点觉得不方便的样子。他弟弟说，我记得有一天夜里极冷；第二天早上，他这样戏谑地说到他的受苦：'假如我的床是我的国家，我就有些像拿破仑：除了我所占的那一部分，我都不能控制；我一移动，冰霜就侵占来了。'只有在患病之时，他才暂时换住房，接受几种舒服的事情。他惯穿的衣服也是顶坏的；他常穿世人会叫做下贱的衣服，不过几乎女性的整洁习惯，使他没有一点像疏忽马虎的样子"。[35]

陈宁的苦行，照当时的样子说，分明是耐苦和爱纯洁两件的结合。出于对人类的热诚的民主精神（democracy），无疑也是一部分的动机（这种民主精神，我以后在论贫穷崇拜时要说到）。他的苦行确然没有悲观的成分。次一例含有很强的悲观成分，所以它是属于第四种。森匿克（John Cennick）是监理会的第一个非教士的传教家。在一七三五年，他在期柏塞（Cheapside）走路之时深感有罪过。

"立刻戒绝唱歌、打牌和看戏。有时他想要到罗马教的修道院里，过虔诚的隐遁的生活。在其他时候，他渴望住在洞里，睡在落叶上，吃树林内的果实。他常常禁食，并且绝食得很久，又每天祈祷九回。……他设想对于像他这样的大罪人，干面包是太大的享乐，他就吃白薯、槲实、螃蟹和草；屡次希望

他可以吃树根和药草过活。最后，在一七三七年，他与上帝讲和了，很高兴地在进行。”㊱

这个可怜的人有病态的忧郁与恐怖；他所做的牺牲是只要洗净罪恶，买得安全。基督教神学对于肉体以及一般自然人（the natural man）的绝望态度，把恐怖系统化，使它成了一种很重大的自苦的动机。可是，虽然这个动机屡屡因为劝告之用，流于图利，但把它叫做图利的动机是不公平的。要赎罪并以自苦表示忏悔，在它的最初用意，是对自己绝望并愁虑的极直接、极自发的表现，不能受任何这种斥责。最严厉的苦行修炼，表现为出于挚爱的牺牲。表现为消耗我们所有的一切以示我们的虔诚这种行为的，也许是很乐观的宗教感情的结果。

维恩纳君（M. Vianney），亚尔（Ars）的教区长，是一个法国的乡村神父；他的圣洁是可以做模范的。在他的传内，有下列的对于他内心需要牺牲的叙述：

维恩纳君说：“‘走这条路，只是第一步费事，自苦以窒欲，含有一种香并一种味，一回知道之后，一个人没有这种香味就不能过活。委身于上帝，只有一个方法，就是完全献出自己，不为自己保存任何东西。一个人所留的一点东西刚好来烦扰他，使他受苦。’因此，他勉强自己始终不闻花香，极渴时候不喝水，不驱逐苍蝇，对可憎的东西不表示厌恶，凡与他个人的舒适有关之任何事情，始终不埋怨，永远不坐下，跪下时候不靠他的肘。这个亚尔的教区长很怕冷，可是他始终不想法子御寒。在某个严寒的冬天，他的一个传教士在他的忏悔室做假地板，把一个金属热水盆放在地板下。这个诡计成功了，这个圣徒受骗了：他感激地说道，'上帝很好；今年，经过整个冷天，我的脚总是温暖的'。"[37]

在这一例，自发的为纯乎爱上帝而作牺牲的冲动，大概是首要的有意动机。所以我们可以把它归在第三种。有些作家以为牺牲冲动是主要的宗教现象。这确然是一个显著的、一个普遍的现象，比任何特种教条起源都更深。下文所引，似乎是牺牲冲动的自然发生的一例，只是表示当时觉得的在个人与上帝之间的应有关系。新英格兰的清教派的教士马脱（Cotton Mather）通常被认为相当怪诞的迂腐者；可是，什么会比他对于他太太要死时所发生的事情的叙述更纯朴动人呢？他说：

"在我见到我此刻被主遣召到什么样的顺受的地步，我决心藉主的帮助在这事上尊荣他。因此，在我可爱的配偶死前两小时，我跪在她床边，我把亲爱的手，世上最亲爱的手握在我两手里。这样抓她在我手中，我严肃地、诚意地把她交给主：并且为我的真正顺受天命起见，我轻轻地把她推出我手外，把这个最可爱的手放开，下决心永远不再碰它。这是我所做过的最难的动作，也许是最勇敢的动作。她……告诉我，她对我的顺天行为'签名并盖章'了。并且虽然在这事以前，她不断喊我，此后她始终不再要我到她跟前。"[38]

维恩纳神父的苦行，从整个看，只是高度宗教的热情不断潮涌而渴想为自身得到实证之结果。罗马教会以无比的方式把一切要苦行的动机搜集起来，编成法典，使得任何要达到基督教的完善（perfection）的人可以由一些现成的手册任何一本找到为他安排好的一种实行计划。[39]教会的首要的对于完善之观念，当然是消极的免除罪孽的观念。罪孽起于贪欲，贪欲出于我们的尘俗的情欲与诱惑，这些之中，主要的是自负(pride)，一切种类的肉感追求，以及爱好世俗的刺激与财富。罪孽的一切这些来源必须抵抗；并且锻炼与禁欲是极有效的对付这些罪源的方法。因此这些书里总有几章，讲自苦以窒欲。可是，凡是一种手续编成法典了，那么，这个手续的比较精微的精神就消散了；假如我们要看到浓厚的苦行精神——轻蔑自己的烈情，对可怜的肉体出气的；以及崇奉之神圣的无理性，把肉体所有的一切(它的那些敏感)作为献于所崇奉的对象之牺牲品的——那么，我们必须到自传或其他私人的文件内寻求。

十字架的圣约翰(Saint John of the Cross)，是一个西班牙的神秘主义者，显达(flourished)，——应该说，存在(existed)，因为他有很少事情有显达的样子——于十六世纪中；他有一段文字，对于我们的题目很切用。

> “首先一件事，小心地在你自己引起一种习惯的、诚挚的、在一切事情模仿耶稣基督的志愿。假如有任何适意的事物呈于你感官之前，但不是同时会促进上帝的尊荣的，那么，舍弃它，为爱基督起见离开它——基督一生除了实现他天父(他称为他的肉与滋养品的)的旨意以外没有任何其他嗜好或愿望。例如，假如你喜欢听到与上帝的光荣无关的事情，那么，不许你自己得到这种满意，把你要听的欲望惩治掉。假如你喜欢看见不会使你心灵提高到上帝之前的东西，那么，不许你自己得到这种愉快，把你眼睛转开去。对于谈话如其他事情也一样。尽力对一切感官的作用做同样的行为，努力使你自己脱

离它们的羁绊。

“彻底的补救在于将喜乐、希望、恐怖和悲哀这四件重大的自然情感抑制掉。你必须想法使这些情感毫无满足，好像把它们放在黑暗与空虚中似的。所以，让你的灵魂始终是：

“不转到极容易的，而转到极艰难的；

“不转到极好味的，而转到极坏味的；

“不转到极可喜的，而转到极可憎的；

“不转到慰意的事情，而宁可转到悲苦的事件；

“不转到休息，而转到劳作；

“不欲更多，只欲更少；

“不志向最高并最可贵的，而志最卑并最可贱的；

“不愿任何事物，只愿毫无事物；

“不求一切事物的最好的，只要最不好的，使你为爱基督之故可以达到完全窘乏，精神上完全贫窘，并且绝对舍去世界一切事物。

“尽你的灵魂的一切力量实施这些行为，在短时间内会得到大的快乐并不可言传的慰安。

“看轻你自己，并且愿望别人看轻你；

“说不利于你自己的话，并且愿望别人也这样；

“以为你自己不好，并且别人对你有一样想法之时，你觉得很好；

“享受一切事物的味儿，但不对任何事物感兴味；

“知道一切事，学不知道任何事；

“有一切东西，决心不蓄有任何东西；

"是一切东西，但愿意不是任何东西；

"做到你不喜好任何东西的地步，经过一切你不喜好的经验；

"学不知道任何事，走到你无知之处；

"得到你所没有的，到凡是你毫无所有之地；

"做你不是的人物，经验到你不是的经验。"

这后来几行是要那种自相矛盾的使人眩晕的诺言的，——这是神秘态度极喜好的。下引文句是完全神秘的，因为圣约翰在其中由上帝转到比较更形而上学的对于一切有(the All)的观念。

"在你停顿在一件事之时，你就不再接受一切有了。

"因为要达到一切有，你必须放弃一切有。

"并且假如你达到保有一切有了，你必须保有它，要无所有。

"在这种剥夺之中，灵魂找到它的恬静与安息。它深根蒂固地建立于它自己的无所有之中心，它不能够被从下来的任何东西攻击；并且因为它不再要任何东西，从上来的不能够降抑它；因为它的欲望是它的祸殃的原因。"[40]

现在我举一个更具体的关于第四第五种的例，其实是六种共同的例，这个例又指示一个精神病质的人可以在身体的自苦上走到不合理的极端；我要引的，是那个老实的苏素(Suso)对他自苦的叙述。你会记得苏素是个十四世纪的德国神秘主义者；他的自传，用第三人称写的，是个著名的宗教记录。

"他在少年，性情是充满着烈火与活力的；当他开始觉得这个之时，他极感痛苦；他寻求好多可以制服他的身体的法子。他穿一件马毛制成的衬衫并一条铁链，穿了很久，一直到了他流血，才不得不脱掉。他秘密地定制一件内衣；在这件内衣上，他缝定一条一条的皮革，在皮上安了一百五十个尖锐的快利的黄铜钉，并且钉尖总是向着肉的。他又使人将这件内衣做得很紧，并且可以包围他，在前面绑牢，使得可以更紧贴他的身体，并且尖钉可以刺进肉里；并且这件内衣上边够到他的脐。他夜里常常穿这件内衣睡觉。在夏天，天气很热，他因为旅行很疲倦，不舒服，或是当他担任演讲的职务之时，他有时在这样束缚住，被劳苦压迫着，被毒虫困扰着的时候，大声叫喊，使性愤怒，惨痛地来回扭转，像一个虫被尖钉刺透之时那样。屡屡由于虫的痛咬，他觉得好像他躺在蚂蚁堆上一样；因为假如他想睡，或是睡着了，这些虫就争着要来咬他。[41] 有时他诚心呼唤全能的上帝：'哀哉，慈和的上帝，这是什么样的死！一个人被谋杀者或被猛兽弄死之时，一会儿就过去了；可是我躺在这里受残忍的群虫的咬，但却死不了。'无论冬夜多么长，夏日多么热，却不能使他停止这种修行。反之，他又想进一步的法子——他造了两个皮环，他把手穿进去，将皮环缚到喉咙上，一边一个，并且绑得很牢，纵使他的住室失火，他也无法逃脱。他继续这样，到了他的手和胳膊因为吃力几乎发抖；随后他又想出别的机关，两个皮手套；他叫铜匠将这两个手套全面安上尖利的黄铜钉；他常常夜里把它戴上；因此假如在睡眠之时他要想法脱掉马毛的衬衫或是要避免恶虫的啮咬；铜钉就刺进他的身体。并且实际这种事情发生过。假如他在睡眠时想用手救助他自己，他就弄得尖钉刺到他的胸部；

扯破他的肉，弄到他的肉都腐烂了。到了几星期之后伤处长好了，他又弄破，又有新伤了。

“他继续这种苦痛的磨炼大约十六年。十六年的末了，他的血冷了，他脾气的烈火也消灭了，在圣灵降临日(Whitsunday)，他就见了异象，有一使者从天而下，告诉他上帝不再需要他这样做了。由是他就停止不这样，将一切这些家伙投到河流里去。”

苏素随后又说因为要与他的被钉死十字架的主的痛苦竞争，他造一个十字架，安上三十条突出的铁针和钉子。他昼夜都把这个背在赤裸的背上，在两肩之间。“第一回，他把这个十字架张在背上之时，他柔嫩的心起了大恐怖，他就把尖钉在石头上轻轻地磨秃一点。可是，一会儿他对这种女流似的怯懦追悔，又把锉将钉子锉尖，再把十字架背上。这使他背上有骨的地方血淋淋，而且弄到干枯。每回他坐下或站起来，都像箭猪皮在他身上似的。假如什么人不知而误碰他，或撞他的衣服，这十字架就扯破他的肉。”

苏素随后又述他把十字架敲打，使钉子更深入肉里，藉此忏悔，以及他的痛惩自己的事情——一篇可怕的故事——再后又说：“在这同一时期，侍者替他弄到一扇旧的破门；他常是夜里躺在那上面睡，毫无被盖使他舒服，除了他把鞋脱掉，把一件厚罩袍围他身上。这样，他得了一张极难受的床，因为他头枕在一团一团的豆萁上，十字架的尖钉刺进他的背，他的胳膊牢牢锁在手械内，马毛的内衣围住他的腰，罩袍也很重，门板很硬。这样，他很痛苦地躺着，不敢动，像根木料一样，并且他屡次对上帝兴叹。

“在冬天，他因为受冻很苦。假如他把脚伸出去，两脚就光着在地板上，冻僵了，假如他把脚缩起来，他腿上的血，就变成滚热，这个是很苦痛的。他的脚满是疮痛，他的腿患水肿，他的膝部流血并干枯，他的腰布满由于马毛弄伤的瘢痕，他的身体枯瘦，他的嘴因极渴都干焦了，他的手因为软弱在打抖。他在这些苦痛之中过他的昼昼夜夜；他忍受这一切，都因为他心里对神圣的、永存的智慧，我们的主耶稣基督（他想要模仿基督所受的极苦）的爱很大。过了一时，他放弃这个睡在门上的忏悔法，搬到一间很小的室内住，睡在板凳上，这条板凳很窄，很短，所以他不能够伸直。在这个小洞内，或在那扇门上，他夜里还带着常带的手械躺着，大约八年之久。在二十五年中，假如他是住在修道院内，他照例始终在冬天晚祷之后不走进任何温暖的房间，或到修道院内火炉边去取暖，除非他为其他理由要到这些地方。无论天气多么冷，都不去。经过一切这些年，他总不洗澡，无论是用水洗，或是蒸汗洗澡；他这样，是因为要惩服他的求舒服的身体。他久久实现严格的贫乏，至于他无论得不得许可，不受一文钱，也不碰它。经过相当久，他企图达到高度的纯洁，弄到他除了他的手脚之外不爬搔或接触他身子的任何部分。”[42]

我不提到可怜的苏素加于自己的忍渴的苦痛，免得你们听了难过。我们听到他四十岁之后，上帝由一串的异象指示他说，他已经把自然人破坏得够了，所以他可以停止这些磨炼。他的情形确是病态的，可是他不像得到减轻现象——就是，有些苦行者享受的

能当真将惨痛变成一种怪僻的快乐的那种感觉性的变化。例如，对于圣心团(The Sacred Heart Order)的创立者，纪传者说：

> “她爱痛楚，爱苦恼的心是无厌的。……她说假如她总有替上帝受苦的事情，她能够很高兴地活到末日；可是，活着不受苦，只是一天，都是不能忍受的。她又说她被两种不可减轻的热情侵吞了，一个是要圣洁的感通，一个是要受苦，要卑屈，要灭亡。她在她信内不断说：‘只有痛楚能使我的生活受得了。’”㊸

对于苦行冲动在某些人会引起的现象就说这么多了。在献身于教会的人，有三种次要的自苦行为曾经被认为求完善之必由路径。我是指僧侣发愿遵行的贞操、服从与贫乏；对于服从与贫乏这两题目，我要说几句话。

第一，是服从(Obedience)，在我们二十世纪的尘世生活开始之时，这个德行并不受人们大尊重。反之，个人要决定他自己的行为并从其行为之结果受利或受害的义务，似乎是我们现代新教的社会理想最根深蒂固的之一。这个到了那么高度，所以就是要想象自己有内心生活的人怎么会弄到以为应该将他的意志服从其他智能非无限的人物的意志，也是很难。我承认在我个人看来，这似乎是一个神秘。可是，这确是与好多人的一种深刻的内心需要相当，所以我们必须尽力想法了解它。

就最低的可能的阶层说，我们看到在固定的教会组织内，服从是很方便的：这件事一定是使服从被认为功德之原因。其次，经验指明在个个人的一生中都有些时候，由别人劝告比由自己出主意更好。不能决断，是精神疲乏的最普通的症象之一；把我们的困难看得更宽广的朋友，往往比我们看得更精明；所以请教并顺从医生、伙伴或太太，常常是一件美德的行为。可是，撇开这些低级的明哲保身的范围不论，我们见到在我们所研究的宗教兴奋之中有些兴奋，其性质是会使服从被认为理想的。服从可以产生于内心软化，投诚，并委身于高级的权力这种一般的宗教现象。人觉得这些态度那么省力，所以撇开实用不说，这些态度自身弄到被尊为理想；并且，虽然是服从一个我们明知他会错误的人，我们也可以觉得很像我们是在服从具有无限的智慧者。对这个，再加上对自我的绝望并自当苦痛的烈情，服从就成为一种苦行的牺牲，不管它有什么明哲保身的用处，还是适意的。

天主教的作家主要认服从是一种牺牲，是一个"自克"(mortification)的方式，以为是一种"人献于上帝的牺牲，在这场合，人自己又是祭司，又是牺牲品。人以贫乏牺牲他的外部所有；以贞洁牺牲他的身体；以服从完成牺牲的工作，将他还是自己的一切，他的两件最宝贵的财产，即他的理智与他的意志献于上帝。这样，牺牲就是完全的，毫无保留的，一种真实的燔祭，因为现在整个祭品为了上帝的尊荣而焚毁了"。[44]因此，天主教的训练，我们服从我们的上峰，不只因为他是一个人，乃是因为他是基督的代表。因为我们是立意服从他身上的上帝，所以服从很容易做到。可是，在编教科书的神学家把他们劝人服从的一切理由罗列在一起之时，我们听了觉得这种混杂的一团未免很怪。

一个耶稣会的宗师说："修道院生活的重大慰安之一，就是我们所得到的'我们服从，就不会过失'这种安心状态。上峰命令你做这件或那件事，他会犯过失。可是，你确知只要你服从,你不会错的,因为上帝只问你曾不曾好好执行你所受的命令,并且假如你在这方面能够呈缴清理的账目,你就完全无罪了。到底你做的事情是否合时,或是是否没有更好的事情可做,这些不是对你发问的问题,而是对你的上峰发问的问题。你的事一经从命地做完了,上帝就把这一项从你的账上抹消,记在你上峰的账上。所以圣耶洛默(Saint Jerome)庆幸服从的利益,说得好,'哦,至高的自由!纯洁而受福的,使人几乎无过的安全哪!'

"圣约翰·克莱马喀(Saint John Climachus)将服从称为对上帝求免罪的理由之时,他也有相同的感想。其实,在上帝问你为什么做这件或那件,你回答是因为我的上峰命令我这样做之时,上帝不会再要其他理由了。就像在一条有好领港的好船上的乘客不用担心,可以安眠,因为领港对一切负责,'替他看住';同样,一个活在服从的羁绊下的宗教徒好像在睡眠里上天堂,所谓睡眠就是说,他完全依靠他上峰的行为,这些人就是他船上的领港,不断替他测看着。实实在在,能够在别人的肩膀上和胳膊里渡过人生的风暴之海并不是小事,而这个正是上帝赐给活在服从的羁绊下的人的恩典。他们的上峰负起他们的一切担负。……某一个严肃的医生说:他与其由于自己负责的决定,从事最高尚的慈善工作,宁可因服从别人而消磨一生去捡枯草;因为无论一个人因服从做什么事,他都确知他是在遵循上帝的旨意;可是关于我们由自己动作而做的任何事,我们总不能自信到一样的程度。"[45]

假如要澈悟服从这个教义的全部精神,那么,就应该阅读伊迈绰罗约拉(Ignatius Loyola)提倡服从,认为是他所立的宗派的脊梁的那些信札。[46]这些信札太长,不能引;可是他的同伴把他的信仰在几段话内报告得很生动,所以虽然常常有人引过,我还要请你们许我再引它:

> 一个早期的纪传者述说过:"在才进教之时并其后,我应该完全将我自己交与上帝,与受上帝命令代表他的人。我应该愿望我上峰强迫我放弃我自己的判断,并克服我自己的心。我应该不对这个与那个上峰加以分别。……而承认他们在他们所代表的上帝之前通通平等。因为假如我将各人分别,我就把服从的精神减弱了。在我上峰的手里,我必须是软蜡似的,他任意要如何就如何的东西,无论是写信或复信,对这个人说话或不说话,如此等类;并且我必须尽力把我所受的命令热烈地准确地执行。我必须把我自己当作一个尸首,既无智力,也无意志;像一团物质,让人要放在哪里就放在哪里,没有抵抗;我必须同样地在这僧团的手下,照它所认为最有用的方式为它服务。
>
> "我必须永远不求上峰差遣我到一个特别地方,做一件特别事务。……我必须认为没有东西属于我个人,并且关于我所用的冻西,我必须像石像一样,让他自己被剥去衣服,不加抵抗。"[47]

罗芝格(Rodriguez)在我才引过的那一章内又说别的话。他说到教皇的权威之时说道:

> "圣伊迓绰(Saint Ignatius)在他是他团体的统率之时说,假如教皇命令他上他在罗马近边的阿西亚(Ostia)海口所看

见的第一条船驶出去，任它漂到大海中，没有桅杆，没有帆篷，没有任何件航海或生存所需的东西，他也服从，不特踊跃地，没有愁虑，没有厌恶，而且还是内心大满意。”[48]

对于我们所讨论的美德弄得过火的，我再引一个具体的例，然后就转到其次的题目。

“〔波洼阿〕的玛丽格雷儿修女(Sister Marie Chaire)大受第兰格(de Langres)君的圣洁和优美所感染。这位教长来到波洼阿不久，有一天看见她那么挚爱安琪丽修女院长(Mother Angélique)，就告诉她说，也许她不对这位院长说话，更好。她很愿意服从，就将这句轻率的话当作上帝的诏旨，从那天起，经过几年都没有对她的这个女道侣说一回话。”[49]

我们的次一题目就是贫乏，这是在一切时代和一切宗教都认为圣徒生活的一种美饰，因为蓄有(ownership)本能是人性中基本成分，所以贫乏是苦行的诹诡性之又一个例子。可是，人一想到高级的兴奋多么容易把低级贪欲抑阻住，这个就一点也不像诹诡，而是完全合理的了。我刚才关于服从这题目引起耶稣会徒罗芝格的话；为要立刻使我们对贫乏的讨论有具体的色彩起见，我要再引他关于贫乏的一段文字。你们一定会记得他是写对于耶稣会的僧侣的教训，一切都根据《圣经》本文“精神上贫乏的人受福了”(Blessed are the poor in Spirit)这句话。

他说：“假如你们中任何人要知道他自己是否真正地精神上贫乏，让他考察他是否爱好贫乏的常有的后果和影响，即饥、渴、寒冷、疲劳以及剥除一切的方便。看看你是否喜欢穿一件破烂的满盖补丁的衣服，看看在你的膳食缺少一盘菜之时，人家分这盘菜从你面前过去，不给你之时，你所得到的是你觉得难吃之时，并且你的住室残破没修理之时，你是否高兴。假如你不高兴这些事情，假如你不爱这些事而避免它，那么，这就证明你还没有完成你精神上的贫乏。"罗芝格随后又进而将贫乏的行为形容得更详细。"第一点就是圣伊迓绰在他的规约内所提议的话'任何人都不该使用东西，好像这件东西是他私人所有一样'。他说，'一个宗教徒对于一切他所使用的东西，应该像个石像，人可以替它披上衣衫，但人又把衣服剥掉，它毫不难过，也不抵抗。你应该对于你的衣服，你的书，你的住室，一切你所用的东西，都觉得这样；假如人家命令你放弃这些；或把它换别的东西，你应该并不比假如你是石像剥掉衣服之时更难过。这样，你就会免得使用这些，像是你私人所有的样子。可是假如你让出你的住室，或让出这件或那件东西，或将它换别的东西之时，你觉得讨厌不情愿，不像一个石像，那就证明你把这些东西看做是你是你私人所有一样。'

"并且这就是我们这个圣洁的创会者何以要僧长试验他们的僧众有些像上帝试亚伯拉罕(Abraham)的样子，将他们的贫乏与服从受试验，使得他们用这种法子可以自己知道他们德行的程度，因而得机会，在求完善这方面不断进步。……在一个僧人觉得他住室舒服，很爱好它之时，就叫他搬出去；另一个僧人喜欢一部书，就把它拿走；或是强迫又一个僧人把他衣服换一件更坏的穿。不然，我们最后会在一切这些东西上得有一种财产，由是那扇贫乏之墙垣，围绕我们，成为我们主要防线的，就渐渐弄倒了。古代沙漠上的教祖常常看待他们的同伴这样。……圣陀息兜(Saint Dositheus)，做病人的看护，要某一把小刀，问圣陀罗提(Saint Doretheus)要它，不是为自己使用，而是在他主管的病院内用。于是圣陀罗提回答他说：'嗄！陀息兜，这样说，你那么喜欢那把刀。你情愿做一把小刀的奴隶，还是情愿做耶稣基督的奴隶呢？你对于愿意一把小刀能做你的主人这件事不觉得惭愧脸红吗？我不让你碰这把小刀。'这个斥责和拒绝对这个圣洁的陀息兜影响极大，所以从此他始终不再碰那把小刀。"……

罗芝格继续下去说："因此，在我们住房里，除了一张床，一张桌子，一条板凳，和一只烛台之外必定没有任何家具，只有纯乎必需的东西，全没有别的。不许我们住室内有图书或任何别的装饰，不许有靠手椅、地毯、窗幔，也不许有任何种稍微好看的橱柜。也不许我们藏任何食物，不论是为我们自己，还是给来看我们的人吃。我们要到食堂，就是只要一杯水，也必须先求许可，最后我们不许藏我们可以写一行字或可以带出去的书本。人不能否认，这个样子，我们是很贫乏。可是这种贫乏同时是一种大安静并大圆满。因为假如容许僧侣有多余的东西，这些东西免不了会使他大关心，无论是想要得到它，是要保存它，是要增多它；所以完全不许我们有这些东西，就把一切这些不方便补救了。在何以这个僧团禁止俗人到我们住室内的许多好理由之中，主要的理由是：这样可以使我们更容易保持贫乏的情况。毕竟我们都是人；假如我们让俗人到我们住室内，我们就没有力量遵守所规定的限制，至少会想将住室装饰些书本，使来客更加觉得我们的学识很好。”[50]

因为印度教的“法乞儿”，佛教的僧人，回教的“得微士”(Hindu fakirs，Buddhist monks，and Mohammedan dervishes)与耶稣会士和佛兰息信徒(Jesuits and Franciscons)一致将贫乏理想化，认为是最高的个人境界，所以很值得查究这种似乎不自然的意见的精神上的根据。首先说最切近平常人性的根据。

有什么的人(The men who have)与是怎样的人(the men who are)相反衬，是自太古就有的。虽然良家子这个老式意义的绅士(gentleman)，事实上，通常是会掠夺并溺爱地产与货财的，但他始终不认他的本质就是这些所有物，而以为这个本质是他个人的优点，他自己生来就是勇敢、慷慨与自负。他感谢上帝，他永远脱离那些斤斤计较的考虑，并且假如在人生的不测事变之中，他因为不那样计较而陷窘乏，他很自喜以为只剩下他的魄力，他可以更自由地救度自己。勒星(Lessing)的寺卫士(Tempelherr)在《精明的拿探》(Nathan the wise)内说，“无论谁有点东西，我的天，我的天，我毫无所有！”无财产的良家子弟这个理想，具体地表现于游侠及寺卫士的风气(Knight-errantry and templardom)；虽然这个理想常常化到可憎的地步，它还垄断着军人的和贵族的人生观，假如不在实际上，那么，在情感上是如此。我们以为兵士是个绝对无挂碍的人而加以崇拜。因为他除他的赤裸裸的生命之外毫无所有并且任何时刻假如当前的主义运动要他出力，他都肯抛掷这个生命，所以他代表在理想方面的无碍的自由。劳动者，天天用他的身体还债，毫无投资于将来的权益，也很有这种理想的超脱。他像野蛮

人一样，可以在任何处容他枕在他的右臂上之地安寝，并且由他的简朴的运动家的观点看来，有点财产的人似乎是埋葬并窒息于可鄙的外物桎梏之中，简直是“涉足于腐草和垃圾之内，弄到没膝”。外物(things)所作的要求会败坏丈夫气，它是灵魂的抵押单据，是一个拉住我们的重锚，使我们不能飞到九天之上。

怀德斐(Whitefield)写道：“我所碰着的件件东西似乎都带着这句话——‘你去，传布这个福音；做个世界的巡礼者；不要有侣伴，并不要有什么住所。’我的心坎回响说，‘主耶稣帮助我遵行你的旨意或顺受它。当你看我要陷于想缩在巢里(nestling)——陷于怜悯——陷于温柔的怜悯——的危险之时，请你放一条荆棘在我巢内，使我不能进去。’”[51]

现在的劳动阶级越来越传染的对于“资本”(capital)的憎厌，似乎大部是这种稳健的对于单靠有东西的生活之反感。如一个无政府主义的诗人所说的：

“不是由于累积财富，乃是由于舍弃你所有的；

“你才会美化；

“你必须把包扎解除，不要藏在新包扎之中；

“不是由于加倍你的衣服，你才会使你的身体健全而康宁，乃是由于剥脱它……

“因为要参加战役的兵不寻求什么他能背去的新家伙，乃要知道他能遗留下什么家伙；

“明知每件加上去的，他不能自由使用并把弄的东西，都是一种阻碍。”[52]

总而言之，依靠“有什么”的生活比依靠“做什么”，或则“是怎样"的生活比较不自由;所以会感精神上兴奋的人,为便于实行起见,都放弃财物,认为是许多障碍。只有无私人利益的人,能够一直追求一个理想。我们要看守的每一块钱,每一磅金,都带着懈怠与怯懦慢慢进来。在一个新僧徒来到圣佛兰息前,说:"僧长,我假如有一本《诗篇》(the psalter),那就是对我的大慰安,可是纵使我们的团长让我有这个,我还想得你的许可。"佛兰息拒绝他,引查理曼、罗兰和阿黎浮(Charlemagne,Roland and Oliver)为例,说这些人辛苦流汗地追逐不信基督教的人,最后死在战场上。他说:"所以,不要想有书,有知识,但宁可想做善良的工作。"几星期之后,这个新僧徒又来提起他渴望一本诗篇,佛兰息说:"你得了诗篇之后,你又想要一本日课经(breviary);得了日课经之后,你又要坐在寺内座位上像教长一样,对你的僧侣说'把我的日课经拿过来'……此后,他拒绝一切这种请求,说:一个人只在学问由于他实践而来这个限度内才算有学问;一个僧人只在他的行为证明他是好传教士这个限度内才算是个好传教士,因为每株树都是由它的结果才知它如何。"[53]

可是,在不要有东西这个欲望之中,超出含在"做什么"并"是什么"这个比较更好的运动家态度之上的,还有更深刻的方面,与宗教经验的那个基本神秘有关的,就是由于绝对投靠更大的权力而来的满意。只要任何种世俗的保障还保留住,任何项余剩的保身符还抓住,投靠就不完全,生死的关头还没有过去,恐怖还在那里放哨,对神圣的不信赖还在:我们拉着两个锚,固然一方面有点仰仗上帝,可是一方面又靠在我们自己的机关。在某些医病的经验,也有同样的关头要越过。例如有一个酒鬼,或打吗啡或可卡因

(cocaine)极瘾的人,自己求治疗。他请求医生替他戒绝他的这种仇敌,可是他又不敢面对着完全戒断这件事。这种压迫他的药品还是抵挡逆风的锭锚:他把药藏在衣服里,秘密与别人布置好,可以在需要之时偷送进来。恰恰一样,不完全更生的人还倚赖着他自己的方策。他的钱财就像慢性失眠病者藏在他床边的安眠药水;他投靠上帝,可是假如他需要别种帮助,也在手边。人人知道这样不完全的并不生效的求自新的欲望的例子——那些酒鬼,虽然多么自责,多么下决心,人知道他十分不愿意当真永远不再喝醉的!真正放弃我们从前倚靠的东西,断然放弃它,完全地、永久地放弃,实是我们论皈依的那些演讲内所说的彻底的品格变化中之一种剧变。在这种改变,内心的人滚到一个完全不同的平衡地位,从此活在一个新的能力中心,并且一切这种作用的转机和关键通常似乎需要这个人诚意地接受某种赤条条的并空乏的境况。

因此,在圣徒生活的全部编年史中,我们屡屡听到这个说了又说的语调;毫无保留地,将你自己委于上帝的安排,——不关心明日的事,——将你所有的一切卖掉,施舍与贫人——只有忍心地不顾一切地牺牲,才能够真正达到高级的安全。让我由恩施娜·布理昂(Ancinette Bourignon)的传引一段,作为具体的例子;她是一个好的女人,当时大受新教徒与天主教徒的争逐,因为她不肯接受经过别人手的宗教。她是少女,还住在他父亲的房屋里之时。

“她整夜整夜地祈祷,屡次说:‘主,你要我做什么呢?’有一夜里,她在极深刻的忏悔心态之中,她极诚心地说:‘我的主哇!我必须做什么去博你的欢心呢!因为没有人教诲我。请对我的灵魂说,它会听到你的话的。’就在那顷刻,她听到好像另一个人在她内心说：'舍弃一切世俗的东西，离开对于人物的爱情，克制你自己。'她十分骇愕，不懂这种言语，对这三点，沉思了好久，找算她怎样可以实践它。她以为没有世俗的东西，她活不了，不爱人物，也活不了，不爱自己，也活不了。可是，她说，'凭借你的恩惠，主，我立志这样做'。但是，她要实践她的诺言之时，她不知道从什么地方开始。她想到在修道院的僧尼，用关在尼庵的法子舍弃一切世俗的事情，用克服她们的意志这个方法放弃爱己心，她就求她父亲允许她进赤脚卡默勒派(Carmelite)的尼庵，可是她父亲不准许，并且说他宁可看她搁在坟墓里。这个，她觉得是一件很忍心的事情，因为她以为在尼庵内，她可以找到她从前追求的真正基督徒，可是她发现她父亲知道尼庵的情形比她更明白，因为她父亲禁止她，不许她为尼，也不给她钱去进尼庵之后，她自己去见尼庵住持罗伦斯神父(Father Laurens)，求在尼庵里服务，做苦工换吃，只要有一点就可以，假如他肯收她的话。住持对她微笑说：'这是办不到的。我们必须有钱建筑；我们不收没钱的处女；你必须想法子弄到钱，否则不能进来。'

"这个使她大大诧异，由是她对于尼庵的情形才觉悟了，她就决心寓群索居，一直到上帝肯指示她应做什么并应到什么地方为止。她始终恳切地问，'我的上帝呀，什么时候，我会完全是你的呢？'并且她以为上帝还答应她说，'在你没有任何东西了，并对你自己就是死了之时'。'那么，主，我应在什么地方这样做呢'？上帝回答她'在沙漠上'。这个对她灵魂的印象极深，所以她切望这样进行；可是因为她是个只有十八岁的处女，她怕遭遇不幸的事情，并且她始终没旅行过，不认得路。她排除这一切疑虑，说'主，你会以你喜欢的方式和处所指导我。为的是你，我这样做。我要除掉我的处女服饰，穿隐士的衣服，这样可以不让人知道'。在她父母要使她嫁给一个法国的富商之时，她秘密制成隐士的衣服，并且延宕结婚时间；在复活节的晚上，她剪掉头发，穿上这种衣服，睡了一会儿，在早上四点钟由寝室走出去，只带一文钱，预备买那一天的面包吃。当她出去之顷，她听到说，'你的信心何在？在一文钱上吗？'她就把这个钱扔掉，求上帝赦免她的过失，说，'不，主，我的信心不在钱，只在你'。这样她走去，完全摆脱这个尘世的顾虑和利益的重累，并且发现她的灵魂十分满意，因之她不再想世上的任何事物，完全靠着上帝，只是怕她被人发现后，被迫回家；因为她已经觉得在这种贫乏状况之中，比她前此一生在一切世俗的快乐之中更惬意。"[54]

这个钱只是一个小小的经济上保障，但却是一个有效的精神上阻碍。只在把它扔掉之后，人格才能够完全安顿在新的平衡状态。

在委心投靠这个秘义之外，贫乏崇拜还有其他宗教的秘义。贵贫含有诚实这个秘义："赤裸裸的，我来到这个世界"云云，无论谁先说这个话，他就有这个秘义。我一己的赤裸的自体必须作战——伪装都不能救我。贵贫也会有民主精神的秘义，即在上帝前一切人物一律平等这个情操。这种情操（一般说，似乎在回教地域比在基督教地域更流行）有将人的通常的贪欲打消之倾向。有这种情操的人轻视体面与荣誉，轻视特权与势力，如我在前此一个演讲内说的，宁可平伏在上帝之前的共同地平上。虽然这个情操在实行上很近似卑屈情操，但并不恰恰就是卑屈。应该说它是仁心(humanity)，不肯享受别人没份儿的任何东西这种人道情操。有一个深刻的道德家，讨论基督的"卖你所有的一切，来跟我"(Sell all thou hast and follow me)这句话，说明如次：

> "基督的意思也许是：假如你绝对爱人类，结果你不会要任何种货利；并且这个似乎很会是事实。可是相信一句话很会是对的，是一件事；实在悟到它是事实，又是一件事。假如你爱人类，像基督那样爱他们，你就会悟到他的结论是件事实。这个结论就会显而易见。你会卖掉你的所有，并且对你没有损失。这些道理，虽则在基督与任何具有基督那样对人类的爱的人是当真的，但在比较胸襟细小的人，就变成只是寓言了。在每一代，都有些人，其初纯朴地并没有存心要成圣徒，发现他们自己由于他们对扶助人类的兴会，并由于从实行助人而来的了悟，被引到这个旋涡中，放弃他们的旧式生活，好像天平上的微尘。这个放弃是渐渐地、附带地、不知不觉地进行。因此，摒除奢侈这整个问题，是毫无问题的，只是别个问题的附件；这别个问题就是，我们完全服从勇往不悔的爱人的逻辑到什么程度。"[55]

可是，在一切这些关于情绪的事情，一个人必须自己是"过来人"(been there)，才能够了解它。没有一个美国人能够了解英国人对于他国王，或是德国人对于他皇帝的忠诚；也没有一个英国人

或德国人能了解美国人必须没有国王，没有皇帝，没有任何假造的无谓的东西夹在他与一切人的公共上帝之间才心安理得那种心态。假如像这些那么简单的情绪都是一个人必须生来就接受的禀赋，那么，那些我们刚才讨论的更精微的情绪多么更加如此呢？一个人永远不能够站在一个情绪外头探测它，或探测它的命令。可是，一到了热烈的兴奋时刻，一切不可解之处通通解决了；因之从外看来是极像哑谜的道理变成洞明易见的了。每个情绪都遵循它自己的逻辑，并且都引申出任何别种逻辑不能得到的演绎。虔诚与慈善，活在一个与世俗的贪欲和恐怖不同的世界，并且成了完全不同的能力中心。就像有重忧之时，较轻的烦恼会变成一种慰安；就像极热烈的爱情会使小牺牲变成一种赢利；同样，极深的信赖会使通常的保障反而可厌，并且在某些慷慨的激情正在热烈之时，保留私人财物的所有权显得卑鄙到不可言喻的地步。假如我们自己是在于这种情绪的圈外，唯一的稳健的办法在于尽力观察觉得这种情绪的人，并忠实地记下我们所观察到的；并且，差不多不消说，这个就是我想要在这最后两个描写性的演讲内做到的事情；我希望这两个演讲所论的范围够广博，可以满足我们眼前的需要。

① 圣勃夫：《波注阿修道院历史》(Saint Beuve：Port-Royal)第一卷第九五，第一〇六页，节录。

② 步智(Bourget)说过："假如恋爱不会弄到人犯罪，这个恋爱就不是恋爱。"同理，人可以说假如一种情欲不能弄到人犯罪，这种情欲就不是真正情欲(见史格勒：《教派的心理》Sighele：Psychologie des Sectes 第一三六页)。换言之，厉害的情欲会把"良心"所设置的通常抑制作用打消。从反面说，在

一切犯罪的人，实际活着的欺诈的、怯懦的、淫乱的或凶暴的人之中，也许没有一个人，他的犯罪冲动不会在某一时刻被他的性格也可有别种情绪压倒，只要那种情绪弄得够强烈。在这个特种的人，恐怖通常是最近便的可得这个结果的情绪。恐怖代替良心；在这个场合，可以很适宜地称为“高级的情感”。假如我们快要死，或是假如我们相信审判日很近，我们多么快地把我们道德的建筑整理好——我们不明白罪恶怎么会长久诱惑我们！老式的地狱烈火的基督教很知道怎么样从恐怖榨取与完全量相当的使人忏悔的结果，和它的使人皈依效力的全量。

③　例如：康斯丹(Benjamin Constant)屡屡被人惊奇，认为优等智力与劣等性格相合的非常例子。他写道(《日记》Journal，巴黎，一八九五年，第五六页)，“我被我的可哀的软弱来回投掷并拉拖。从来没有什么像我的犹豫不决那么可笑。一会结婚，一会独身；一会德国，一会法国，迟疑又迟疑，一切都因为毕竟我不能够放弃任何事情”。他不能对他的要选择的事情中的任何一件“发疯魔”(get mad)；一个被这么一种无所不好的和蔼性情所困扰的人的事业是无希望的。

④　高度受激性所赐予的大结果就是勇气(courage)，并且加上或减去某分的这种性质就可以弄成了一个不同的人，不同的生活。各种各样的激动会使勇气表现出来。有信赖的希望会这样；感人的模范会这样；恋爱会这样；愤怒会这样。虽然对大多数人，危险是重大的抑制行动的力量；但在有些人，天生的勇气极高，所以只要稍微有危险就能够激起勇气。在这种人，“爱冒险”(love of adventure)变成了一种统制的情欲。斯柯贝勒夫将军(General Skobeloff)说：“我相信我的勇气只是嗜好危险，只是轻视危险。性命的危险使我充满着过程的狂喜。同冒险的人越少，我越喜欢。我的身体必须参加这件事，才会使我感到充分的刺激。一切理智之事，在我看来是反射；可是，人与人的对敌，格斗，我可以头向前，挺身承当的危险，吸引我，激动我，迷醉我。我疯狂地想它，我爱它，我崇拜它。我追求危险，像人追求女人一样；我愿意危险永远不完。假如危险总是一样的，它也总会使我得到一种新的快乐。当我挺身做险事希望遇到危险之时，我的心因为事实的不可必而搏跳得厉害；我会愿意它立即出现，但又要迟延。一种苦痛的而又有味的颤动摇荡我；我的全人跑出去迎接这个危险，来势极凶，弄得我的意志要抵抗，也枉然”亚

当:《斯柯贝勒夫将军》(Juliette Adam:Le Général Skobeleff),一八八六年《新评论》(Nouvelle Revue),节录。斯柯贝勒夫似乎是一个残暴的为我主义者;可是,不爱私利的加里波蒂(假如我们可以根据他的《回忆录》(Memorie)判断)也是活在一种百折不回的同样追求危险的激奋的情绪中的。

⑤ 请看第三讲内那个二十七岁男子的自述;他描写他与神圣感通的经验,认为是"只在于通常掩盖我的生活的习俗行为暂时消失"。

⑥ 上文第九讲论哈德黎君的皈依处。"我所知道对于嗜酒狂(dipsomania)的唯一的彻底的补救是宗教狂(religiomania)",是我听过人家引一个医学家的一句话。

⑦ 突优列基的《伽丁纳上校传》,伦敦宗教文论会版(Doddrige's Life of Colonel James Gardian,London Religious Tract Society),第二三至三二页。

⑧ 例如下文是由斯塔柏的书采来的,在这一例,一种"感觉性的自动作用"(sensory,automatism)很快的做到祈祷与决心前此不能引起的事情。这个人是个女人。她说:

"我大约四十岁之时,我想要不吸烟,可是这个嗜好还压迫我,摆布我。我啼哭,并且祈祷,答应上帝不吸,可是不成功。我已经吸了十五年了。在我五十三岁之时,有一天,我坐在火炉边吸烟,有个语音来到我身旁。我并不是用耳朵听,更像是做梦,或是两重思想(double thinking)。它说,'鲁意萨(Louisa),革除吸烟'。我立刻答应,'你要我除去这个欲望吗?'可是它只是反复说'鲁意萨,革除吸烟'。随后我就起来,把我的烟斗放在火炉架上,从此不再吸烟,也不想吸,吸烟的欲望没有了,好像我从来不知道它,或从来不碰着烟一样。看见别人吸烟,以及烟的气味始终不曾使我有一点点想再碰烟的欲望"。《宗教心理学》,第一四二页。

⑨ 斯塔柏教授表示旧势力的彻底破坏,在心理方面,是高级与低级的大脑中枢间的联络断绝了。他说,"在这种状态,与精神生活相关的联引中枢(association-centres)与低级中枢隔绝;这种情形往往由通信者描写他们的经验的样子可以看得出来……例如:'外来的诱惑还打击我,但在内心没有什么对它们反应'。〔在这里的〕自我完全认为是那些高级中枢;它们的感觉性质,就是觉得在内心这种性质。另一个回信的人说:'从那时起,虽然撒旦诱惑我,但好像有扇铜墙在我周围,所以他的射击不能碰到我。'"——毫无疑问

地，这种功能上的排拒，一定是发生于大脑内。可是，由内省所能观察到的这方面看，它们的原因，只是精神兴奋的程度最后弄到那么高，那么强，结果，就统制了一切；并且我们必须坦白地承认我们不知道何以，或如何，这种统制状态会发生于这一个人而不发生于那个人。我们只能够用机械的比喻给我们的想象以虚假的帮忙。

例如，假如我们设想人心有各种不同的平衡可能性，有点像一个多面的立体，这个立体可以平定在各不同的面，那么，我们可以设想心理的转动，像这种立体在空间内的转动一样。比方说，假如用杠杆撬这个立体离开它甲面在下的位置，它会不稳定的翘起一半，经过一些时间；并且假如杠杆不再撬它，它会由于地心吸力的不断拉挽倒回去，回复它的故态。可是，假如最后它转到那么远，因而它的重心完全出于甲面之外，它会落在乙面，永久安定在这一面上。地心吸力向甲面的拉挽现在消灭了，可以不算数了。这个多面体现在可以免却再来的，吸它离开现在方向的吸力的影响了。

在这个比喻内，杠杆也许相当于启发新生活的情绪作用，地心吸力的开始挽力相当于导源于远古的人类缺点和抑制。只要情绪作用没达到某一个生效的程度，它所发生的变化是不稳定的，所以这个人会又回到他原来的态度。可是，新情绪一达到某个强度，就过了一个临界点，随后就来一种不能复原的转动，等于产生了新的性质。

⑩　虽然 Saintliness 这个字有时有一种“伪作圣洁”(sanctimoniousness)的意味，我还用它，因为没有别个字能将我以下演讲要描写的影响的那一种结合表示得恰好。(译者按：我们把这个字译为“圣徒性”，似乎不会常有“伪圣”的意义。)

⑪　茵芝(Dr. W. R. Inge)在他《对“基督教的神秘主义”的演讲》(Lectures on Christian Mysticism)，伦敦，一八九九年，第三二六页内说：“我们会看到具有显著的圣徒性的人们告诉我们说的话很一致。他们说，他们得到一种不可摇动的信心，不是根据推理，乃是根据直接经验——这个信心，就是以为：上帝是人的精神能够与之通意的一种神；并且他们所能想象的一切善，一切真，一切美都总汇于上帝；他们能够在自然界到处看见上帝的足迹，并且觉得上帝在他们的内心，是他们生命的命根，所以他们复他们的性到什么程度，他们就接近上帝到那程度。他们告诉我们说，使我们与上帝和快乐隔绝的，

第一是各种各样的自私；第二，各种的肉体之欲；这些都是黑暗及死亡之路，使我们看不见上帝之面；而正义之路是像一道亮光，越来越亮，渐渐就达到完全明如白昼了。”

⑫ “人道的热情”(enthusiasm of humanity)可以发生一种在好多方面与基督教圣徒生活相符合的生活。请看对德行会(Union pour l'Action morale)的会员提出的下列规条，见于一八九四年四月一至十五日的《德行会通告》(Bulletin de l' Union)。也请看一八九二年八月十三日的《蓝色评论》(Revue Bleue)。

“我们立意要在我们自身上表示规则、纪律、顺受和施舍的功用；我们要教人们，受苦是永远必要的，并说明受苦对于创造的贡献。我们一定要攻击虚妄的乐观；攻击要现成来到我们的幸福这种下流的希望；攻击单独以知识得救，或单独以物质文明得救这种观念——物质文明是文明的空虚的表象，是不安全的外部布置，不配代替灵魂间的密切联合和同意。我们也一定要攻击在公共的或私人生活上的恶德；攻击奢侈、苛求和过度细致；攻击一切易于促进我们需要增多到痛苦的、不道德的、并反社会性的地步的事情；攻击一切会激动起普通人民心里的羡慕和不悦，并会加强人生的主要目的在于自由享乐这个观念的行为。我们要用我们的榜样宣传对上辈和平辈的敬重，对一切人的敬重，宣传在我们与下辈和微细的人物的关系上的亲爱并简朴；宣传在只关于我们自己的权利之处很宽大，但只在关于对别人或对公众的义务之要求之处很坚决。

“因为普通人民是我们帮他们变成那样的；他们的恶德就是我们的恶德被注视，被羡慕，被模仿了的；并且假如普通人民回过来，尽量压我们，那只是公平的。

“我们禁止我们自己的一切对于声望的追求，一切要显得自己重要的野心。我们立誓不欺诈，无论是什么程度的，我们应允不用我们所说的或所写的，创生或鼓励对于可能之事的错觉，我们许诺彼此要以实际行动的诚实相处——这种诚实企求明白见到真理，永远不怕明说它所见到的。

“我们立约刻意抵抗时世式样的潮流，抵抗大众心理的暴发繁荣(booms)和恐慌，抵抗一切种类的软弱或恐怖。

“我们禁止我们自己用讽刺。对于严肃的事情，我们要严肃地不带笑地说，不谐谑，也不带谐谑的样子；——对一切事情也恰恰同样，因为心地和悦也有严肃的。

“我们始终显示我们的真我，简朴地并且没有虚伪的谦卑，也没有拘泥、造作或自矜。”

⑬　参看上文第十讲内那些皈依者觉得世界更新的例子。

⑭　托洛《窝顿》(H. Thoreau: walden, Riverside edition)，第二〇六页；节录。

⑮　希剔《快乐》(H. Hilty: Glück)，第一册第八五页。

⑯　《痛楚和死亡的神秘》(The Mystery of Pain and Death)，一八九二年版，第二五八页。

⑰　参较瞿扬夫人的话：“我的习惯是要在半夜起来，作虔诚的崇拜。……我觉得似乎上帝在准确时间来，唤醒我，使我可以享受他。在我不健康很疲乏之时，他不唤醒我。可是在这种时候，就是在我睡眠之时，我身上也觉得上帝的一种特别凭依。他极爱我，因而他似乎通过我的浑身，在我只能够不完全地觉得他的接近之时。我的睡眠有时中断——好像半睡着；可是我的灵魂似乎够清醒，可以认识上帝，在这时候，我的灵魂几乎不知道任何其他事情。”阿捧姆：《瞿扬夫人的生平及其宗教意见与经验》(T. C. Upham: The Life and Religious Opinions and Experiences of Madame de la Mothe Guyon)，纽约一八七七年版，第一卷，第二六〇页。

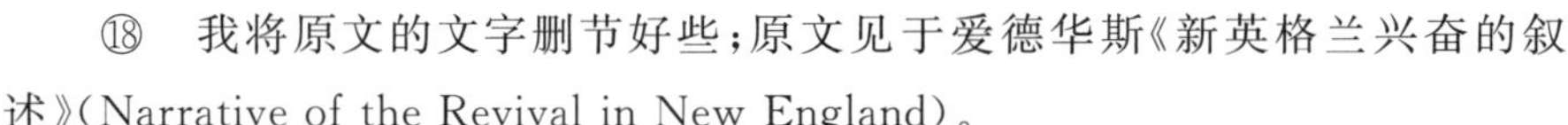

⑱　我将原文的文字删节好些；原文见于爱德华斯《新英格兰兴奋的叙述》(Narrative of the Revival in New England)。

⑲　布钩：《幸福的玛丽的历史》(Bougand: Hist. de la Bienheureuse Marguerite Marie)，一八九四年版，第一二五页。

⑳　巴黎，一九〇〇年版。

㉑　同上，第一三〇页。

㉒　同上，第一六七页。

㉓　见上引书，第一二七页。

㉔　也可以抹消人类与动物的界限。我们看到书上对于著名的波兰的爱国志士并神秘主义者陀维安斯基(Towianski)这样说：“有一天，他的一个朋友遇见他在雨中，抚摩一只大狗，这只狗正扑在他身上，把他沾上泥浆，弄

得极肮脏。朋友问他，为什么他让这只畜生把他衣服弄脏，他回答说：‘我此刻第一次遇见这只狗，他对我表示很大的友好之感，并且对于我认识并接受他的招呼，他很高兴。假如我赶走他，我就会伤他的感情，对他加了一种精神上的损伤。那就不特是对他开罪，而且是对在另一世界的一切与他同阶级的精神开罪。他对我衣服的损伤，拿来与假如我漠视他友好的表示所加于他的损害相比，就等于零。我们应该在凡是我们能够之时改进动物的境况，并同时使我们自己容易达到包有一切精神的联合——那种联合，就是基督的牺牲弄成可能的。”《陀维安斯基》(André Towianski)，意大利文译本，都伦(Turin)，一八九七年版私人印行本。我知道这本书和陀维安斯基，是由于我的朋友鲁托斯拉甫斯基(Lutoslawski)教授(他是《柏拉图的逻辑》Plato's Logic的著者)的指点。

㉕ 朴脱孙：《韦皋传》(J. Patterson：Life of Richard Weaver)第六六至六八页，节录。

㉖ 例如，说未来的佛，化身为野兔，跳到火中，让自己烧熟，给乞丐吃——也预先将自己身体摇了三回，使得他毛里的虫虱不至与他同死。

㉗ 《德行会的通告》(Bulletin de l'Union pour l'Action：Morale)一八九四年，九月号。

㉘ 帕斯卡：《为疾病的祈祷》(B. Pascal：Prières pour les Maladies)第十三，第十四段，节录。

㉙ 引自《阿捧姆瞿扬夫人的生平及其宗教意见与经验》。纽约，一八七七年版，第二卷，第四八页，第一卷，第一四一页，第四一三页，节录。

㉚ 见文中所引书，伦敦，一九〇一年版，第一三〇页。

㉛ 格拉巴雷与歌谛：《两个宗教的奇女子》(Claparèd et Goty：Deux Heroines de la Foi)巴黎，一八八〇年版，第一一二页。

㉜ 将下列三种不同对这个态度的说法比较：柯勒《当然的事》(A. P. Call：As a Matter of Course)，波斯顿，一八九四年版；杜勒瑟《靠精神过活》(H. W. Dresser：Living by the spirit)，纽约与伦敦，一九〇〇年版；斯密司：《基督徒幸福生活之秘密》(H. W. Smith：The Christian's Secret of a Happy Life)，是威拉德宗教论说贮藏所(Willard Tract Repository)出版的，现在好多人手里有这部书。

㉝　阿捧姆《卡太林亚陀娜夫人传》(T. C. Upham: Life of Madame Catherine Adorna)纽约，一八六四年，第三版，第一五八页，又一七二至一七四页。

㉞　《爱渥德的历史》，他自著(The History of Thomas Elwood, Written by Himself)，伦敦，一八八五年版，第三二至三四页。

㉟　《陈宁回忆录》(Memoirs of W. E. Channing)，波斯顿，一八四〇年版，卷一，第一九六页。

㊱　郃尔门：《约翰卫斯理教士的生平与时代》(L. Tyerman: The Life and Times of the Rev. John Wesley)，卷一中第二七四页。

㊲　沐嫩：《亚尔教区长，维恩纳传》(A. Mounin: Le Curé, Vie de M. J. B. Vianney)一八六四年版，第五四五页，节录。

㊳　温德勒：《柯顿马脱》(B. Wendell: Cotton Mather)，纽约，无年代，第一九八页。

㊴　初期耶稣会徒，罗芝格的手册，曾经译成一切种类的文字的，是最著名的手册之一种。一个方便的近代手册，编纂得很好的，就是黎贝：《基督教的苦行者》(M. J. Ribet: L'Ascétique Chrétienne)，巴黎，布西格(Poussielque)出版，一八九八年新版。

㊵　《十字架的圣约翰，生平与著作》(Saint Jeoan de la Craix, Vie et Oeuvres)，巴黎。一八九三年版，卷二，第九四页，九九页，节录。

㊶　"虫"那就是指虱，是中世纪圣徒境界的一个总有的符号，书上说到阿西西的佛兰息的羊皮衣，说"屡屡这个圣徒的一个同伴把他的衣服拿到火炉上去弄干净并把他消虫(dispediculate)；他说，他这样，因为这个天使似的教祖并不是虫(pedocchi)的仇敌，反之，把它们保留在他身上(le portava adosso)，并且认为带这些神奇的珍珠在衣上是名誉并光荣"。萨巴池编：《圆满鉴》(P. Sabatier: Speculum Perfectionis, etc.)，巴黎，一八九八年版，第二三一页注内引。

㊷　《受福的亨利苏素》，自著(The Life of the Blessed Suso, by Himself)。诺克斯(T. F. Knox)译本，伦敦，一八六五年版，第五六至八〇页，节录。

㊸　布钩：《幸福的玛丽的历史》，巴黎，一八九四年版，第二六五页，第一七一页。也参较第三八六页、三八七页。

㊹ 勒真《神秘生活引论》(Lejeune: Introduction à La Vie Mystique)一八九九年版,第二七七页。燔祭的比喻至晚起于罗约拉。

㊺ 罗芝格,《基督教之完善之修炼》(Alfonso Rodriguez s. J. : Pratique de la Perfection Chrétienne)第三部,第五论,第五章。

㊻ 函札集的第五十一札和一百二十札,布贻(Bouix)法文译本,巴黎,一八七〇年版。

㊼ 巴陀利,米奇尔(Bartoll-Michel)卷二,第一三页。

㊽ 罗芝格:见上引书,第三部,第五论,第六页。

㊾ 圣勃夫:《波洼阿修道院历史》(Saint-Beure: Histoire de Port Royal),卷一,第三四六页。

㊿ 罗芝格:见上引书,第三部,第三论,第六章,第七章。

51 腓理伯:《惠特斐的生平与时代》(R. Phillip: The Life and Times of George Whitefield),伦敦,一八四二年版,三六六页。

52 喀喷脱:《向民主主义去》(Edward Carpenter: Towards Democracy),第三六二页,节录。

53 《圆满鉴》,萨巴池编辑(Sabatier, Ed., Speculum Perfectionis),巴黎,一八九八年版,第十页,第一三页。

54 《为布理昂女士剖白》(An Apology for M. Antonia Bourignon),伦敦,一六九九年版,第二六九页,第二七〇页,节录。

另一例由斯塔柏收集的手写稿摘出来:

"在第二天早上六点钟的会,我听见一个人述他的经验。他说:主问他说,他肯不肯在与他同工作的开石矿工人中公开承认信仰的基督;他说,他愿意如此。随后主问他肯不肯献去他所储藏的四百元给主用;他说他愿意;这样,主就救他了。我心上立刻想起,我始终没有真正供献我自己或我的财物给主,总是想照我的方式奉事主。现在主问我肯不肯照他的方式侍奉他,假如他命令我,我肯不肯,没有钱,单独出去。这个问题逼得很紧,所以,我必须决断:舍弃一切而有主,或有一切而失却主呢。我不久就决定宁可有主;有福的安心状态就来了,我觉得他把我认为他自己的,并且我的欢乐圆满了。我由这个会回家,带着像小孩那样纯朴的感情。我以为一切人都会高兴听我说占据我心上的那种由于主的喜乐,因此我就说这件简单事情。可是,我大大诧异，牧师们（因为我到过三个教堂的会）反对这种经验，说这是信教狂，并且一个牧师叫他教堂的会员避开公认有这种经验的人；我不久就发现我的敌人就是我自己家庭内的人。”

㊺　柴柏门（J. J. Chapman）在《政治的培育所》（Political Nursery）卷四，第四页，一九〇〇年。四月号，节录。

甲　译者按：原文是德文诗。

第十四第十五讲　圣徒性的价值

现在我们已把人所认为真正宗教的结果并虔奉宗教的人的特性的那些比较重要的现象检阅过了。今天我们必须改变我们的态度，由描写的态度转到赏识的态度；我们要问，到底所说的结果能不能帮助我们判断宗教所增益于人生的事情之绝对价值。假如我抄袭康德的话，我们的论题一定是"纯粹圣徒性的批判"（Critique of pure Saintliness）。

假如在转到这个论题之时我们能够像天主教神学家那样挟着对于人以及人的完善之固定的定义并对于上帝之积极教义，从上而下降到这个题目，那么，我们的工作就很容易。人的完善就是实现他的目的；而他的目的就是与创造他的上帝会合。那种会合，人可以由三条路径追求，行动的，荡除的（purgative）和静观的；并且应用有限数目的神学的与道德的概念和定义，就很容易计量在任何一条路上的进步。这样，我们会听到的任何一点点的宗教经验，都几乎可以像数学似地得到手。

假如方便是唯一目的，我们现在应该因为不能利用像这个方法那么非常方便的法子而感痛惜。可是，我们在做那些我在第一讲说过的对于经验的方法的话之时实在已经有意地放弃这种方法了；并且我们必须承认经过那样舍弃之后，我们始终不能希望再得到明划的并经院式的结果。我们不能够把人清清楚楚地分开为一个动物的部分与一个理性的部分。我们不能够将自然的结果与超自然的结果分别开；在超自然的结果，我们也不能知道哪些是上帝的恩宠，哪些是魔鬼的冒充工作。我们必须不夹带任何特种先乎经验的(a priori)神学系统，必须只将事例收集在一起，然后由一堆零碎的对于这个那个经验的价值之判断(只有我们的一般哲学偏见，我们的本能，和我们的常识做指导的判断)断定大体说(on the whole)这一种宗教因为它的结果应被赞许，那种宗教因为它的结果应被排斥。我说“大体”，我们永远不能够避免这个限制——实行的人那么爱好的而思想系统家(Systematizer)那么憎恶的限制！

我也怕我这样坦白的自认，也许在你们中有些人看来，似乎我把指南针扔到海里，而倚靠反复无常的怪想做领港人。你们会以为像我采取的这种不成形式的方法，结果只是怀疑或刚愎自用的抉择。所以，在这里，讲几句话反驳这种意见，并将我所公然自认的经验的原则作进一步的解释，是应当的。

抽象地说，想要用纯属人类的价值名色计量一个宗教的结果的价值，似乎很不合逻辑。假如你不考究到底人以为在感召这些结果的上帝是否确实存在，你怎么能够计量这些结果的价值呢？假如上帝确是有，那么，人们所做的一切用以满足上帝的需要的行为必定是他的宗教的合理结果，——只有上帝不存在，这些结果才会成为不合理的。例如，假如你根据你的主观情操诋斥一个要求人或动物的牺牲的宗教，并且假如始终确有个神要求这种牺牲，那么,因为你默认没有这么一个神,你就犯了理论上的错误;你就也是弄出一种你特有的神学,像经院派哲学者一样。

到这个程度,到决然不相信某种类的神这个程度,我坦白承认我们必须也算做神学家。假如不信可以被认为也是一种神学,那么,我所选择来作为我们的指导的偏见、本能与常识,就使我们成为神学的党派;无论什么时候这些偏见等等,使我们觉得某些信仰是可恨的,就是这种情形。

可是,这种常识的偏见与本能自身就是一种经验的进化的结果。人们对于自然界和人类社会组织的见识发展得更进步,他们的道德的与宗教的节调就起变化;没有什么比这种世俗的变化更使人注目。在从前完全满意的对于神的观念,过了几代之后,心理的气候,就变成不利于这些观念了:旧式的神堕落到普通世俗的水平以下,人不能够再相信其存在了。现代,假如有个神,必须有流血的牺牲品才可以和解他的神,那么,人就以为他太凶残,不重视他了。纵使提出强有力的历史证件,为他辩护,我们也不看这些证件的。反之,前此有一度,他的凶残性自身就是证件。在人们尊重这种粗豪的表现威力的符号并且没有别种符号会得人了解之时代,这些凶残之欲,正是会积极地使人们的想象快意的。在那时代,这些神所以被崇拜,就是因为人们嗜好这种效果。

无疑,历史的事变对于后来发展总是有贡献;可是固定神的形性的原有因素,始终必定是心理上的。创立特殊教派的先知们,预言家们,信徒们所见证的神,对于这些人们自己,是有些价值的。他们能够利用这个神。这个神指引他们的想象,证实他们的希望,控制他们的意志,——或者他们需要这个神,作为一种防御魔鬼的保障，以及一种制止别人犯罪的工具。无论如何，他们所以选出这个神，是因为这个神似乎能供给的结果具有价值。这些结果一经显得很无价值，一与不可少的人类理想冲突，或是把其他价值阻挠得太甚；一经从反省看来似乎孩子气，可鄙，或不道德，这个神就陷于不荣誉，不久就被忽视，被遗忘了。正是这个样子，有教育的希腊人与罗马人不再相信他们的那些神；正是这个样子，我们自己批评印度教的、佛教的、回教的神学；新教徒对天主教的神之观念也这样对付，并且宽博的新教徒对于旧式的新教的观念也这样对付；中国人也这样判断我们；现代的一切人也要受我们的后人一样判断。到了我们不再对一个神的定义所蕴含的加以赞美或首肯之时，我们终于以为那个神不足信了。

很少历史上的变化，比神学上的意见的这些变化更奇怪。例如，君主式的统治权深印于我们祖先的心里，不可抹消，所以他们的想象似乎确实需要他们的神带有一剂的凶残和专断。他们把这种凶残叫做“报应的公道”(retributive justice)并且一个神不凶暴，一定会使他们深感他不够像“至尊”(sovereign)。可是，现在，就是施行永远的苦罚这个观念也使我们震骇。对拣出的各个人任意分别救度或定罚，爱德华斯自认他自己不特深信这种神性，而且有种“快意的深信”(delightful conviction)，以为是一种“极适意、光明、而甘美的”教义；在我们看来，假如这个教义是极端怎样，只是极端不合理并卑鄙的。较前几世纪所相信的那些神，不特他们的残暴使最近几世纪的人惊骇，而且他们的品格的琐细也如此。由天主教圣徒的历史内，可以看到这种例子，使我们新教徒擦眼睛惊视。在近代超绝主义者，以及具极端清教徒式的心理的人看来，一般仪节的崇拜，似乎它所对付的神是一个几乎孩子气到背理的程度，喜欢玩具店的陈设，小蜡烛和金线，花衣服，喃喃说话，假面跳舞这些玩意儿，并且觉得这些使他的“荣耀”放大到不可思议的程度；——恰像从反面说，在喜欢仪式的人看来，泛神论的无款式的空旷，显得很空虚，并且福音主义的各派（evangelical sects）的那种枯瘦的有神论似乎童秃、淡白、荒凉到不能忍受的田地。爱谋生说，假如路德想到他的那些论文后来会弄到波斯顿一神主义（Boston Unitarianism）的那种淡色的否定，他一定宁可将他的右手截断掉，不肯把他的论文钉在威顿堡（Wittanberg）大学门上。

到此为止，虽然（无论我们对经验主义的自负如何），一到我们要估计别人宗教的价值之时，不得不采用我们自己的一种关于神学的殆然性（probability）做标准，但是这个标准正是由普通生活的潮流而来。这是我们内心的人类经验的声音，将一切横挡它自觉它自己在进展的路径上的神审判定罪。经验，假如我们取它的最广义，就是那些被控告为与经验法矛盾的不信心的源泉。你们明白，这个矛盾是无关系的，并且这种控告可以不管。

假如你们由不信再论到积极信仰，我觉得似乎就是反对我们的方法，认为有一种形式的矛盾，也不能。我们拥护的神，是我们需要的并能利用的神，是其对于我们的要求会加强我们对自己的要求并对彼此的相互要求的神。所以，我建议要做的事，简言之，就是要用常识检验圣徒性，要用人类的标准帮助我们决定宗教生活可以被推尊为一种理想的人生活动到什么程度。假如宗教生活是可推许的，那么，任何神学的信仰，只要会激起宗教生活，在这限度内就是可信的。否则就会被打倒，并且只是依据人类的工作所试用的原理。这只是在人事上不适者消灭并在人事上最适者生存这些原理应用于宗教信仰；并且假如我们以坦白的并无偏的眼光看历史，我们必须承认究竟没有任何宗教曾经用任何别种方法被建立或被证实。宗教曾经证明(approved)它自己的价值；宗教救济在它们时代盛行的各项根本生活的需要。到了这些宗教侵害其他需要太厉害，或是有其他更能满足同种需要的信仰到来之时，它们就被排挤去了。

需要总是好多的，并且检验总不是明确的。所以对我们不得不用的经验法可以完全合理地指责的空泛性、主观性以及“大体”性质，毕竟是应付这些事情的整个人生应受的谴责。从来没有一个宗教的传布是因为它具有“自明的确实性”(apodictic certainty)。在后来一个演讲内，我将要提出到底对于一个已经实际流行的宗教，神学的推理能不能加上客观的确实性这个问题。

有人说假如我们遵用这种经验方法，我们就是陷于有计划的怀疑主义；我也要对这个责难说一点。

因为要否认我们的情操与需要有时代的变化，是不可能的，所以要断定我们自己的世代能够完全不受下一代的改正，是不合理的。因此，任何派思想家都不能排除怀疑态度，认为它是他们结论可以免却的一种可能；并且没有任何经验主义者应该自命能避免这种普通的可能。可是，承认一个人会被改正是一件事；飘流到放纵的怀疑之海，是另一件事。说我们执拗地自陷于怀疑主义，我们是不能受这种控告的。一个人承认他工具的不完善，在讨论他的观察之时为这个打折扣，比自负他的工具万无一失，就求真理这事上说，是处于好得多的地位的。换言之，独断的或经院的神学是不是因为它在法权上自命是无可疑的(它实如此自命)而在事实上就被怀疑得少些呢?并且,如若不然,假如这种神学不自命它的结论绝对真实,只说它们有相当的殆然性,它当真会失掉了真理的什么领土呢?假如我们自认只有相当的殆然性,那么,这就是爱真理的人在任何时刻所能望把捉到的全量了。很保得住这比我们不觉得我们会错之时所能得到的还要多些。

可是,独断主义无疑会继续因为我们这种自认而斥责我们。有些人觉得不易的真实性这个纯乎外表形式那么宝贵,在他们看来,明白放弃这个是办不到的。就是在事实极分明地指示这个看法的愚蠢的场合,他们也要做这个主张。可是,稳当的做法,当然是承认像我们这样的生存须臾的生物的一切见识,必定是暂定的。最聪明的批评家是一个在变化的人,会受第二天的更好的见识的改正,而且在任何时刻的不错,只是"到此刻止"(up to date)并且是"在大体上"(on the whole)的。在更大范围的真理开展出来之时,当然最好是能够使我们欢迎它,不受我们以往的自命所阻碍。"深切知道,在半神离开之时,神就来到了。"(Heartily know, when halfgods go, the gods arrive.)

因此,无论一个人自己要得到颠扑不破的真理的欲望怎么样,对于宗教现象的判断繁殊这件事实是完全不可避免的。但是撇开这件事实不论,还有一个更根本的问题,就是到底应该不应该预期人们在宗教这事上的意见要绝对一律。一切人是不是应该有同一宗教?他们应该不应该赞许相同的结果并遵循相同的领导?人在内心需要上是否那么相似,因之无论是刚强还是柔弱,是自负还是谦逊,是勤勉还是懒惰,是心态健全还是绝望,都需要刚刚相同的宗教动机呢？或是，不同类的人是否具有人类机体的不同功能，因之有些人会由一个慰安的并担保安全的宗教真理变得更好，而其他人会从一个恐怖的并叱责的宗教得到好处呢？可以设想也许是这样！并且我以为我们越讲下去，就会越忖度它是这样。并且如果这样，任何可能的鉴定家或批评家怎能够不偏袒最能满足他们自己需要的那个宗教呢？固然，他志望做到无偏无党；可是他太接近这个奋斗，不能不在某程度上是个参与者；所以对于别人的信教结果之中，他一定最热烈地赞许对于他自己味儿最好并且实是最富补养的结果。

我明知我所说的好大部分，听来显得很带“无政府状态”。我这样抽象地简短地说，也许好像我是对真理这个观念自身也不希望得到。可是我求你们保留判断，到我们看了这个方法应用于我们要讨论的细节后再说。固然，我确实不相信我们或任何别的凡人会有一日得到关于像宗教所应付的这种事情的绝对地无可改正的并无可促进的真理。可是，我排斥这个独断的理想，不是因为对于理智上的不稳定有一种怪僻的偏爱。我并不是爱好无秩序及怀疑本身。无宁是，我怕由于这个自命已经完全得有真理而反失掉真理。我们能够用不断遵循不错的方向移动这个法子得到越来越多的真理，这是我同任何别人一样相信的；并且我希望在这些演讲结束之前使你们全体赞成我的想法。在那时之前，我祈求你们不要使你们的心思硬化到不可改变的地步，因而不接受我所主张的经验方法。

所以，我不再浪费言语去在抽象方面为我的方法辩护，而立刻就将这个方法应用于事实。

要对宗教现象的价值做精审的评判，那么，坚持认为私人的作用的宗教与认为制度的、团体的或部落的产品的宗教之间的区别，是很重要的。你们也许记得，我在第二讲曾做这种分别。通常用法所谓"宗教"是有歧义的。对历史作个概览，就知道大抵宗教的天才会吸引门徒，并且引起一群的同情者。到了这一群强盛到能把他们自己"组织"(organize)起来，它就变成教会的机关，挟有它自己的团体野心的组织的了。到那时期，政争的精神和独断的统制的大欲就易于侵入，把原来纯洁的东西弄污浊了；所以我们现在听到"宗教"这个名词，我们就不免想到这个或那个"教会"(Church)；并且在有些人，"教会"这个名词暗示很坏的诈伪和残暴、卑鄙，以及牢不可破的迷信。所以他们很囫囵不分皂白地而且很得意地说他们完全反对宗教。就是我们属于教会的人也不承认我们教会以外的教会可以免掉这个广泛的谴斥。

可是，在这一组的演讲内，教会的组织差不多与我们无关。我们所研究的宗教经验，是在私人心胸内度过一生的经验。这种身受的个人经验，从目击它产生的人看来，总似乎是一种异端的创立。赤裸的，这种经验来到世界，而且孤单的；并且，至少在一个时期，总把有这种经验的人赶到荒地，往往是当真门外的荒地——这是佛陀、耶稣、穆罕默德、圣佛兰息、佛克斯以及许多别人不得不去的地方。佛克斯对这种孤立状态说得很好；我最好在此刻把他日记的一页念给你们听；这一段是说他少年时代宗教才在他内心切实地酝酿之时期。他说：

"我常常禁食，在外头僻静地方走了好多天，并且屡屡拿了我的《圣经》，坐在空心的树内和寂静的地方，一直到天黑；并且常常在夜里独自悲哀地走来走去；因为在主对我内心最初作用之时我是个愁苦的人。

“在这个全期间，始终没有人同我一起认受宗教，我把自己完全付与主，抛弃了一切恶伴侣，告别了父母，以及其他亲族，在大地上作一个陌生人来往，随主使我的心想到哪里就到哪里；在我所到的城市，自己一个人住一间房室，在一个地方有时多耽搁，有时少耽搁：因为我不敢在一个地方长住，也怕自认信教的人，也怕不信教的人，怕像我这样一个柔弱少年人，同这两种人中任何一种多接谈，会受损害。因为这个理由，我常充做陌生人，由主追求天国的智慧和知识，离开外界的东西，完全依靠主。就像我抛弃牧师们一样，我也离开分离派的传教士(the separate preachers)，以及所谓最有经验的人；因为我见到一切他们中没有一个能够应付我的状况。我对他们并对一切人的希望通通丧失了，弄到我毫无外界的什么东西可以帮助我，也说不出要怎么办；在这个时候，呵，正在这个时候，我听见有个语声说，‘有一个人，就是耶稣基督，能够应付你的状况’。我听见这个，我的心因快乐而大跳动。随后主使我见到何以世上没有人能够应付我的现况。我与任何人没有共同的利害，无论是牧师，是公开信教徒，是任何种的分离派的人。我怕一切世俗的谈话和谈话的人，因为除开腐败，我看不到什么。当我陷于深渊，完全闭压在下之时，我不能相信我会克服它；我的困难，我的悲哀，和我的诱惑那么大，所以我屡屡以为我应该绝望，我受了这样诱惑。可是，当基督

开示给我看他如何受同一魔鬼的诱惑而克服这个魔鬼并且伤他的头，而且由基督和他的权力、生命、恩惠和精神，我也会克服魔鬼，我就信任基督的话。假如我享受一个国王的膳食、宫室和使令，一切也不值得一点点；因为除了主由他的权力所赐以外，没有什么能使我舒适。我看见公开信教徒、牧师以及人民在那种对我是惨苦的状况中平安自在，并且他们喜欢那种我立志要破除的事态。可是主实是把我的欲望固定在他身上，并且我的注意完全在他。"①

像这样的一个真正的亲身的宗教经验，从目击它的人看来，一定是个异端，这个先知显然只是个孤立的狂人。假如他的主张结果很富传染性，能传布于任何别人，那么，它就变成了一个确定的并有标记的外道。可是，假如结果它还要再传布，能够克服所受的迫逐，它就自己成了一个正统学说；并且假如一个宗教变成了一个正统学说，它的向内心的日子就过去了：泉源就干枯了；忠实的信徒就完全过间接的生活，并且他们转而迫击其他先知们了。这个新教会，无论它也许保育任何种人性的善良点，从此以后可以算做在一切要压灭自发的宗教精神的企图之中的一个顽强的同盟——在更纯洁的时代，这个新教会由这个泉源得到它自己的灵感，可是它反而把这个泉源的一切后来涌泉塞住了；除非它假如采纳精神的新动向，能够利用这些动向，以促进它的利己的团体的谋略！关于迅速或迟缓决定的这种政治的自保行动，罗马教会制度对付好多个别圣徒和先知的办法可以供给够多的榜样，做我们的教训。

分明的事实是这样：就像人屡屡说过的，人心的结构是含着水泄不通的间隔的。人心虽是多少宗教的，但除了它们的宗教之外，它们还有好多别的事情在内，因之免不了有不圣洁的胶葛和牵连。所以很常被认为宗教的劣迹的那些卑鄙行为，几乎完全不应归罪于宗教自身，而应该归罪于宗教的邪恶的实际同伴，即团体垄断的精神。并且那些顽固的执著，大多数可以归罪于宗教的邪恶的理智伙伴，即独断的凌压之精神，以一个绝对闭塞的理论的体系之方式定下法律之情欲。一般的教会精神就是这两种垄断精神的总合；我恳求你们始终不要把教会精神所呈现的纯乎部落的或团体的心理现象，与为我们研究的唯一题目的纯乎内心生活的那些表现相混。对犹太人迫逐，对阿比真斯派和窝顿斯派（Albigenses and Waldenses）的搜捕，对教友派的投石和把监理派投水，谋杀摩门教徒（Mormons）并屠戮阿弥尼亚教徒（Armenians），毋宁说是表示那种原始的人类畏新病（neophobia）——那种我们通通有遗迹的反抗性，并那种生成的对外来事物的憎恶并且把怪异的与不从众的人认为外人的心习，并不是表示这许多犯者的积极的虔诚心。虔诚只是假面具，内部的势力实是部落的本性。虽然德国皇帝在他的军队要到中国之时对他们说那种基督教的高调的演说，你们一定同我一样不相信他所揭示的以及其他基督教的军队比他的军队做得还过分的行为，与参与这种行动的人的内心宗教生活有任何关系。

这样说，我们假如要把前此的残暴行为归罪于宗教的虔诚心，并不比把上述这一件残暴行为归罪于它，更有理由。至多我们也不过可以把不能够制止我们的自然情欲，并有时供给这些情欲以伪善的文过托词这个罪名加于虔诚心。可是，伪善也摊派些义务，并且通常与托词连带的，有个限制；并且在情欲的怒潮过去了之后，这个虔诚心会引起一种悔恨的反动——这种反应是无宗教的人所不会表现的。

所以，好多曾经归罪于宗教的那些历史上的狂妄行为，不应该怪宗教自身。可是，说信奉狂(fanaticism)是宗教的弱点之一这个谴责，我们不能够使宗教完全避免，所以我第二步对于这一点要说一下。可是，我要在这个讨论之前作个绪论——这个绪论与下文的好多话有关。

我们对于圣徒性的各现象的检阅，无疑在你们心上起了一种过火印象。在我们把实例看了一个又一个之时，你们中有些人会问，完全像那样善良到怪诞地步，是必要吗？我们没有要做到比较极端的圣洁的任务的人，假如我们的卑屈、苦行和虔诚实际是比较不是那么抽搐似的一种，在末日的审判，当然也可以放过。这实际等于说在这个范围内好多理应赞美的事情，不必模仿，并且宗教现象，像一切其他人事现象一样，也遵循中道(the golden mean)的法则。在各国的历史上，政治改革家，由于他们暂时对其他潮流盲目不见，成就了他们的事业。美术的大宗派发展完它们使命要披露的效果，所出的代价就是陷于一偏；这种一偏，其他派别必须补正。我们接受一个约翰·郝倭德，一个玛志尼，一个薄提策黎，一个米诘尔·安琪洛(a John Howard, a Mazzini, a Botticelli, a Michal Angelo)之时多少带着宽容的态度。我们喜欢有他们指示我们那条路径，但我们也喜欢还有其他看人生并过人生的方法。对于我们所看过的圣徒中的好多人，也同样。我们见了一个人能够那样热烈地趋于极端，觉得与有光荣；可是假如要我们劝告别人模仿他

们的榜样，我们就退缩不敢。我们怪责我们自己不模仿的行为，比较更近于人生力行的中道。这种行为不那么随特殊信仰和主义为变。它的性质，是在好些不同时代都行得通的，是在不同地域一切论人者所能够奖励的行为。

换言之，宗教的结果，像一切人类产品一样，会有过度的毛病。常识必须评判这些结果。常识无须归罪于信徒；可是，它只可以有条件地称赞他，认他为依照他自己的光明忠心行动的人。他指示给我们一方式的英勇；可是，无条件的好方式乃是不必请求人宽容的方式。

我们发现过度这个缺点是个个圣徒的德性都会犯的。在人的材性上的过度，通常是指一偏或缺少平衡；因为只要有其他一样强盛的材性与某一个基本材性合作，就很难想象这一个材性会太强。强盛的情感需要个强盛的意志；强盛的实行能力需要个强盛的智力；强盛的智力需要强盛的同情，才能使人生稳定。假如有平衡，那么，就没有一个材性会有太强之可能——只是比较强盛的十全的性格罢了。在术语所谓圣徒的生活中，宗教方面的材性很强；但考察了之后，事实上引起过度的印象的，通常是智力的相当缺乏。凡是其他兴趣太少，并且理智太窄的人，宗教的激动就会成为病态的。一切圣徒的德性都有明示这种情形的事例——虔诚爱上帝、纯洁、慈善、苦行通通会引到迷途。我下文要依次说到这些德性。

最先让我们说虔诚（Devoutness）。虔诚假如没有平衡，它的劣点之一，就是信奉狂。信奉狂（假如不只是教会的野心的表现）就是忠诚走到抽搐似的极端了的。在一个极忠诚并心胸狭窄的人一被“有个超人的人格配得他专一虔奉”这个感情所把捉住之时，最先发生的事情之一，就是他把这种虔奉本身认为理想。他弄到把充分领悟这个偶像的功德这件事，认做崇奉者的唯一大功；并且他对于这个神的牺牲和卑谄，比自邃古以来部落人民用以表示他们对酋长的忠心的那些牺牲与卑谄还要超过，在要充分颂赞他的企图之中，名词使用尽了，语言弄到改变了；假如死能引到他深切的注意，死就被认为是得利；个人对他崇奉者的态度，变成了人几乎可以称为一种在这部落内新的高级专业。[②]缠绕圣洁人的那些传说都是这个要赞美要颂扬的冲动之结果。佛陀[③]，穆罕默德，[④]与他们的伴侣，以及好多基督教的圣徒，都被一大堆的奇闻像珠宝似地镶嵌着——这些奇闻，本意是要表示崇敬，但其实只是无味并愚蠢，并且是误入歧途的人类称扬癖性之一种可悲的表现。

这种心境的一个直接结果，就是为神的尊荣而起的妒忌。信徒表示他的忠诚，怎么能够有比由在这方面的敏感表示它更好的方法呢？圣徒对极微末的对神的侮慢或轻忽必须愤怒，神的敌人必须受耻辱。在心思过度狭窄并意志过度活泼的人们，这种忧虑可以变成了他们唯一的事业；并且人曾经宣传要出发十字军(crusade)，曾经煽动大屠杀，只为了要消除一个他们幻想别人曾加于他们上帝的轻蔑。将神形容做顾惜他们的体面的那些神学，以及抱有帝国主义的策略的教会曾经同谋，把这种脾气煽动到炽热发火，因此不容恕(intolerance)和迫逐异己者，变成了在有些人必定以为与圣徒心性相连的恶德。这些恶德，无疑是圣徒心性常犯的罪过。圣徒的脾气是道德的脾气，而道德的脾气往往是残忍的。它是党派的脾气，而党派的脾气是残忍的。一个大卫(David)不知道他自己的仇敌与耶和华的仇敌有何分别；一个急于要把是她那时代的污点的基督徒的内讧停止的细恩那的卡塔林(Catherine of Siena)不能想出比出兵去屠杀土耳其人这件事更好的联合基督徒的方法；路德对于把再洗礼派(Anabaptist)首领弄死的残忍的非刑，并不抗议或表示惋惜；一个格某威尔赞美主，因为主把他的仇人交付给他去施刑(execution)。固然，在一切这种事例，都有政治的关系；可是虔信心也觉得这种合伙不太不自然。所以，在“自由思想者”告诉我们说宗教与信奉狂是“双生子”之时，我们不能够对这个谴斥做无条件的否认。

由是，只要教徒的智力还在要有那种专制的上帝才满意的阶段，我们必须认信奉狂是宗教的缺点。可是，上帝一被认为对他自己的体面和光荣不那么重视，信奉狂就不再有危险了。

只有这个人是专横而好侵略的，才会患信奉狂。在温和的人，信教极虔诚而智力薄弱的，他们就是把想象专注于爱上帝，不顾一切实际上的人事；这种专诚，虽是很无害，但也是太一偏，不配得称美。一个太窄的心灵只有可容一种感情之地。在爱上帝的感情占有了这种心灵之时，这种感情就把一切爱人类并为人类效用的心排除掉了。对这种可怜的过度虔奉，英文内没有名字，因此我把它叫做“奉神病状态”(theopathic condition)。

幸福的玛格勒·玛丽可以作为一个例子。近人在她的纪传内说：

> “在大地上这里被爱，被一个尊贵的、高尚的、著名的人爱；被忠实地、虔诚地爱——这是多么使人迷醉呀！可是，被上帝爱！并且被他爱到神魂颠倒(aimie jusqù'à la folie)——

玛格勒想到这么一件事，就被爱软化了。就像从前尼黎的圣腓立伯(Saint Phillip of Neri)或是像圣哈维埃(Saint Francis Xavier)一样，她对上帝说：'我的上帝呵！请把冲压我的这些潮水遏止，不然，就把我受纳它的容量扩大。'"⑤

玛丽所接受的上帝的爱，最显著的证明，就是她的视官的、触官的和听官的幻觉，而这些幻觉的最明显的证明，就是基督的圣心的各种显现，这颗心"有比太阳还要更灿烂的光线环绕着，并且像个结晶那么透明。基督在十字架上所受的伤痕显然见于这颗心上。有一顶荆棘编成的冠围着这颗神圣的心，并有一个十字架在心上头。"同时，基督的语音告诉她说他不能再包藏他对人类的爱之火，他由一种神迹选她去传布关于这种爱火的知识。他于是就将她的凡心取出来，把它放在他自己的心里，使它发火，然后再放回她的胸内，又说："此刻以前，你受了我奴仆这个名字，从今以后你要称为我的圣心所钟爱的门徒。"

在后来一个幻象中，救主详细显示给她看，他要利用她做工具以建立的"伟大计划"(great design)。"我请你实现下列计划，就是：在圣餐的星期之后的每第一个星期五，要作为一个特别圣日，用一般的感通并用意在对我的心所受过的不体面作尊敬的弥补之仪式来崇拜我的心。并且我答应你，我的心将要扩大，把它的爱的势力多多流给一切对我的心表示这种崇敬的人，或使别人作同样崇拜的人们。"

布钧君说："无疑，这个启示，是自从基督化身(the Incarnation)和主的晚餐(the Lord's Supper)这两件以后的一切启示中的最重要的。……圣餐以后,来了这个圣心的至高振作。”⑥但是,这个启示对于玛丽的生活的好效果是什么呢?显然除了受苦,祈祷,忘其所以,昏倒,以及出神状态以外很少事情。在寺院里,她变成越来越没用,她专注意于基督的爱。

> “这个一天天地越来越厉害,使她越来越不能够作外部的职务。他们请她在附设医院试试,但也没有多大成功,虽则她的慈仁、热情和专诚是无限的,并且她的慈善发为那么英勇的行为,会使读者不忍听说这些事。他们又让她在厨房内试试,但不得不放弃这个办法,认为无望,因为件件东西都由她手上掉下来。她用那可称赞的谦卑弥补她的笨拙,但这不能不使这个妨害一个团体内必须有的秩序与规则性。他们将她派在学校内,校内的小女孩爱戴她,从她的衣衫剪下一块一块〔作为圣物〕,好像她已经是个圣徒,可是她太专心向内,不能作必要的照料。可怜的宝贝的小妹,她在她看见幻象之后比在这样以前更不像是地上的居人,因此他们不得不让她活在她的天堂中。”⑦

真正是个可怜的宝贝的小妹!也可爱,也好,可是理智的眼光那么薄弱,对我们受过新教的并近代的教育的人,要叫我们对她所实现的这种圣徒性除了大量的怜悯还有什么别种感情,未免请求太多了。奉神病的圣徒性的还要更低的例子就是圣格图德(Saint Gertrude),她是个十三世纪本纳迭派修女(Benedictine nun);她的《启示录》(Revelations)是部著名的神秘主义的权威,大部都是证明基督对她这个不配的人的偏爱。基督对格图德个人的保证他爱她,以及一种极怪诞的极孩子气的亲密、抚摩和敬意,成了这个小心眼的自述的内容。[8]我们读了这么一部叙述，觉悟到十三世纪与二十世纪之间有个鸿沟，并且我们觉得假如圣徒性与这种低下的理智的同情相连，圣徒性会产生几乎绝对无价值的结果。一方面由于科学，一方面由于理想主义，一方面由于民主主义，我们的想象变成了需要一个性情与我们祖宗很满意的那个上帝完全不同的上帝——他们的上帝是专门喜欢颁赐私人的恩宠的。因为我们那么受社会的正义这个理想的感动，所以一个除了受谄媚之外毫不关心，并且极偏爱他个人的私昵的上帝缺少一个重要的成分——宏大；就是以前几世纪的最好的专精的圣徒品格，因为它受这种概念所限制，在我们看来，也似乎非常浅薄，不可为训。

例如圣脱利莎是我们有记载的在好多方面最能干的女人之一。她具有一种高强的实行方面的智力。她写过值得赞美的状述的心理学(descriptive psychology)，具有可对付任何事变的意志，有从事政治从事营业的天才，有活泼的性情，并有第一等文章作风。她坚忍地求上进，并且将她的一生献于她的宗教理想，为它服务。可是，照我们现在的看法，这些理想那样琐屑；所以(虽然我知道别人曾经有不同的感想)我承认我读她文字所得的唯一感想，只是对她这么大的灵魂生活力用于这种卑下无价值的工作觉得可怜。

尽管她受了好些痛苦，她的材性总有一种奇怪的浅薄气味。有个柏明罕(Birmingham)的人类学者卓丹博士(Dr. Jordan)将人类分成两类，一类，他叫做“悍泼者”(shrews)，另一类叫做“非悍泼者”。[9]悍泼类的定义是具有一种活泼的激动的性情。换言之，悍泼者是“运动型者”(motors),不是“感觉型者”(sensories)。[10]并且他们的表情大都比显然引起这些表情的情感还要强有力些。圣脱利莎,从这种名词用法看,是个典型的悍泼者,尽管这么一个判断听来多么的诡怪。她的生活以及她的文字作风一样证明这件事。她不特必须由她的救主接受从来没听过的私情和精神的恩宠,而且她必须立刻记述下来,利用它在职业方面投机,并且运用她的专精去教练不那么荣幸的人。她的絮聒的扬己行为;她的不是对于基本恶性(如实在悔过的人所有的)而是对于她的多数的散见“过失”和“缺点”(‘faults’and‘imperfections’)的感觉;她的刻板似的谦卑和自反,例如每回觉得上帝对这么一个不配得的人又新表示特别优待,她就心神“纷乱”,这些都是悍泼性的特色,一个极端善感的人在同样情境必定会客观地专诚感激,默然无言。固然,她有些为公的本性;她憎恨路德派(Lutherans),渴望教会打胜他们;可是,大体说,她对宗教的观念似乎是一种完不了的奉神者与神之间的恋爱式的卖弄风情(假如我们可以这样说而没有渎神的意味);并且除了用她的榜样和训导的感召帮助比她年轻的修女也走这条路之外,她绝没有什么对人类的用处,或任何一般的关心人事的表现。可是,她那时代的精神,不特绝不诋斥她,反而抬高她,认为她是超人的。

对于积功德而成的圣徒资格这整个观念,我们必须下相似的判断。任何上帝,会愿意对个人的缺点记下一笔拘谨的细账,又会感到那种偏私,将那种无味的恩眷标记隆重地加在特定个人之身,实是心眼太小的上帝,不配得我们的崇信。在路德以他阔大的丈夫气的方式把上帝对各个人记下借方贷方的细账这个观念一挥手就完全扔掉之时，他是把人的灵魂的想象扩大，将神学从儿戏状况中拯救出来了。

这些信奉行为是脱离那些会引导信奉行为产生有用的人事结果的理智概念的。对于这种信奉行为，就说这么多了。

第二种会过度的圣徒美德就是纯洁(Purity)。在像我们刚才讨论的这种奉神病的人们，爱上帝必须不与任何别种的爱混合。父母、姊妹、兄弟和朋友都觉得是扰乱的分心对象；因为感觉灵敏和心胸狭窄合在一起之时(实际这两件往往合在一起)，最要紧是需要一个简单化的世界供这个人居住。变化和纷纭，是他们不能作舒服适应的。可是，进取的虔诚信徒得到内心的统一是从客观方面，由于用强力把纷乱和歧异排出，而隐退的虔信家得他的心灵统一乃是主观地，把大世界的纷乱撇下，另造一个世界，让他自个儿住，完全剔除纷乱成分。所以，与攻进式的具有囚牢、侦缉队和审讯方法的教会并存的，还有逃避的教会(church fugient)(我们可以用这个名称)，有它的隐居所、修道院以及各教派的组织——两种教会都追求同一目的，即统一生活。[11]并把呈于灵魂的景物简单化。一个极怕内心不调和的人会把外界关系一个一个地放弃，认为它会妨碍他，使他不能够专心于宗教的事情。娱乐必须先除去，其次习俗的"社交"(society)，其次业务，其次家庭的义务，到了最后，蛰居一室，把一天分成若干时间，每时间做规定的宗教功课，只有这个是他受得了的生活。圣徒们的生活，是一个先后陆续舍弃纠纷的历史，与外界生活的接触，一种一种地除掉，为的是要保全内心节调的纯洁。[12]一个年轻的修女问她的上峰说"假如我

在消遣之时完全不说话，免得冒了因说话而陷于我不知不觉的一种罪孽的危险，难道不更好吗？”⑬假如他们的生活没有一点社会性，那么，参加的人必须遵守同一条的规律。包藏在这种单调之中了，热求纯洁者才觉得他自己又是清净并自由，在某些教派的寺院的或寺外的团体内所保持的一律，达到那么琐细的地步，在多见世面的人看来，几乎是意想不到的。服装、语法、时节和习惯绝对固定，并且无疑有些人生成会觉得这种稳定是一种无比的心理安息。

我们没有时间，引繁多的例子，所以我只引根查加的圣鲁易(Saint Louis of Gonzaga)的行为，作为一种纯洁过度的类型。我想你会同意以为这个青年将排除外界的不调和的事物这件事弄到那个田地，使我们不能够无条件地赞美它。为他作传者说，在他十岁之时，

> “他忽然有了这个灵感，要把他自己的童贞，献于圣母(Mother of God)——这是圣母认为可能的呈献中最可喜的。由是，他没有迟延，并且极尽热诚，又心里快乐，并且爱火燃烧似地，发愿要永久贞洁。玛利亚接受他的纯洁的心这个贡献，替他由上帝得到非常的恩赐，作为酬报，这个恩赐就是他一生永远不觉得丝毫妨害纯洁性的诱惑。这是一种断然非常的私恩，就是圣徒们也极少得到，并且因为鲁易始终住在宫廷里并在大人物中间，这种危险和机会是非常多的。固然鲁易自从他极小时候起，就对于任何种许会不纯洁或反童贞的事情，乃至异性的人之中的任何种关系都表现一种天然的憎恶。可是这使他发愿以后的行为更加可怪，因为他特别是自从发愿以

后，觉得必须采用许多方法保护他这样供献的童贞，就是只有危险的影子也避免。人会设想假如有任何人会认为一切基督徒立下的通常戒律已经满足，那么，这个人必定是他。可是不然；他在使用保护法和防守工具，在避免极轻微的机会，以及个个危险的可能这方面，就像在使他肉体自苦这方面，比大多数圣徒都更进一步。虽然由于上帝恩赐的异常保护，他始终不曾受诱惑，但他步步防备，好像四方八面都有特殊危险威胁他似的。从此以后，无论是在街上走，或是在与别人一起，他总不抬起眼睛。不特比从前还要更拘谨地避免一切与女性交涉的事情，并且，虽然他的父亲想法叫他参加，他也完全不肯同女性接谈或同作任何种消遣；并且他未免太早地就使他的纯洁身体受一切种类的刻苦。”⑭

这篇传内说，这个青年，在十二岁之时，“假如他的母亲偶然遣她的一个侍女送信给他，他总不肯让她进房，只把门开了一点点，听她说话，并且立刻叫她走。他无论是在饭桌或谈话不喜欢单单同她母亲一起；别人一退去，他也造作一个理由告退。……有几个贵妇，他的亲戚，他甚至避免熟到看见就认得；他与父亲像订条约似地，约定只要完全免他去见妇女，他就很快地、很乐意地顺从他父亲的一切意旨。”（同书，第七一页）

当鲁易十七岁之时，他进了耶稣会；⑮他父亲曾经热烈地请求他不要进，他并不听；他父亲所以不要他进，是因为他是一个王室的世子。一年以后，他的父亲死了，他将这个丧失，认为是上帝对他本人的“特别注意”(particular attention)，并且他写信给他伤心的母亲，信内满是高自位置的忠告，好像是个教会的上峰对她说话一样。不久他就变成一个那么完善的僧人，弄到假如有人问他有多少兄弟姊妹，他必须想一下，将他们数一数才能回答。有个神父有一天问他说，难道他始终没有家庭的念头来打扰他，他只回答说，"除了在替他们祈祷之时永远没想到他们。"从来没有人看见他手里拿一朵花或是任何项芳香的东西来欣赏。反之，在病院内，他常常寻找一切极可厌的东西，很切望地把疮疡的绷带由他同伴的手上抢过来。他避免世俗的谈话，立刻将一切谈话转到奉教的题目，否则他默默不说话。他有计划地不肯注意他的环境。有一天，他被差遣到斋堂内院长的座位上拿一本书，他要问院长坐在哪里因为在他那里吃面包吃了三个月的全时间，他很小心地防阻他的眼睛，所以他没看到那个座位。有一天，在休假之时，他偶然看到他同伴中的一个人，他就自责，好像犯了不守礼防的重罪似的。他保持缄默，以免口舌的罪孽；并且他的最大忏悔就是他上峰对他身体上的自苦所立的限度。他追求诬枉和不公平的谴责，认为是实行卑屈的机会；他的服从到了那样程度，弄到一个同房住的人没有纸问他要张纸，他都觉得必须先得上峰的许可才可以给他——他认上峰的资格是代表上帝，传递他的命令的。

鲁易的圣徒行为，除了这几种结果之外，我不能找到任何别种结果。他死于一五九一年，活了二十九岁，并且在罗马教会里，被认为一切少年人的保护者。在他的节日，在罗马的某教寺内供奉他的教堂内的祭坛"用许多排得很精致的花包围着；并且人人可以看见一大堆的信放在坛脚，这些信都是青年男女写给圣鲁易的，通信处是写'寄乐园内'(Paradiso)。这些信据说应该是没有看就焚烧的，这些只给圣鲁易看，他从这些好看的小简，有时用绿带绑住，表示希望，有时用红带绑着，象征爱情……的，一定会看到奇怪的请愿。”⑯

我们对于像这个人的这种生活的最后评价，大部要看我们对上帝以及他在世人的行为中最喜欢哪一种行为。十六世纪的天主教很不注意社会的正义；并且救度他自己的灵魂而让世界归与魔鬼，在那时代，并不算不荣誉的方策。现在，由于我说过的在道德情操上的一种时俗的变迁，无论方向是对是错，大家认为在一般人事上有裨益，是人品价值的一个主要因素；并且个人有某种公共上或私人上的用处，也认为是一种神圣服务。其他早期的耶稣会士，特别是他们中的传教士，如哈维埃、步雷柏、卓格之流（Xaviers，Brébeufs，Jogues）都是具客观的心性的人，他们各按他们的方式为世界的福利奋斗；所以他们的模范到今日还能感动我们。可是假如智力本来不比针孔大，像这位鲁易一样，并且所抱的对上帝的观念也那么小，那么，就是表现那么多英勇行为，结果大体说还是可厌的。我们从这个实例教训看来，纯洁并不是唯一必需的东西；并且一个人生与其因为它要努力免除污点而失了有用性质，不如染上好多垢污。

我们探讨宗教的过度之工作再前进，就到了温情和慈善（Tenderness and Charity）的过度了。在这方面，圣徒情性必须承受它保存不宜者并滋生寄生虫和乞丐这个罪名。“不抵抗凶恶”，“爱你们的仇敌”，这些都是圣徒的格言，世俗的人觉得很难说到而不表示不耐的。世俗的人是对呢，或是圣徒是得有更深的真理呢？

要有简单的答案是不可能的。假如在任何方面，人会觉得道德生活的复杂，以及事实与理想互相纠结的方式之神秘，那么，人在这方面会觉得如此。

完善的行为是三项间的关系：行为者，他所用而行为的工具，[甲]以及接受这件行为的人。要使行为抽象地完善，用意、执行和接受这三项都应该互相适合。假如最好的用意用错误的工具进行，或是施于错误的人，它就会失效。所以，没有一个对行为的价值的批判者或评价者能够只问行为者的意志，不管这行为的其他成分。因为没有一个比被听者误会的真理更坏的假话，所以在我们对付人中的鳄鱼和毒蛇之时，合理的辩证，引通豪侠心肠的刺激，感召同情或公道心的理由都是愚蠢。圣徒也许由于他的太信赖人，只是把世界弄到仇敌的掌握中去了。他也许由于不抵抗而把他自己的生存都断送了。

斯宾塞(Herbert Spencer)告诉我们说：完善的人的行为，只在环境也是完善之时才会完善；它对于低劣的环境都不适宜。我们可以把这个话改样子，客气地承认圣徒的行为在一切人都是圣徒之地会成为最完善的行为；但是要再说，在很少人是圣徒，并且很多人正是圣徒之反的环境，圣徒行为是不相宜的。因此，我们用我们的经验的常识和通常的实事上的成见，必须坦白地承认在眼前实在的世界，同情、慈善和不抵抗这些美德表现得过多，并且实曾屡屡过多。黑暗之势力曾经有计划地利用这些美德。整个近代对于慈善事业的科学的组织，就是因为单单施舍是失败的。宪政的整个历史都说明最好抵抗凶恶，并且有人打你一边嘴巴之时，你也打他；不要又把那边嘴巴转给他打。

你们会对这个话大体同意，因为尽管基督教的福音(the Gospels)，尽管教友派的主张，尽管托尔斯泰如何，你们都相信以武力与武力抗斗，都相信打倒侵夺者，冻死流氓和骗子。

可是，你们像我一样确信：假如世界只有用这些硬头的、硬心的、硬拳的方法，假如没有一个人急急先帮助一个弟兄，然后再看看他值不值得帮助；没有人因为怜悯对不起他的人而情愿抹消他的私怨；没有人宁可屡次受骗而不愿总是猜疑别人不好；没有人宁可热情地冲动地待人而不喜欢用一般明哲保身的方略对人，那么，这世界将要成为比现在实际世界更坏得无数倍的不堪居住的世界。这样，一个将来由某种方式产生的时代（不是已死的时代），黄金律（the golden rule）[乙]变成很自然的时代之温柔的优美，必定是我们所想象不到的了。

这样生存的圣徒由他们的过度的爱人情绪，也许会预示将来。不，在无数次，他们实际曾有预示的。他们对他们所遇的人，不问他的过去，不问一切外部的表现，总认他是好的，这样他们刺激这些人真正变好，由他们的光明的模范及他们期望的激发，把这些人像神迹似地变质了。

从这个观点看，我们可以承认一切圣徒所有的慈善，以及有些圣徒有得太甚的慈善，是一种有真正创造力的社会势力，有使只有它肯认为可能的那个程度的美德实现之倾向。圣徒是造作善好，创生善好，增加善好的人。人类灵魂的发展的可能，是深不可测的。好多似乎硬心到不可救药的人，实际曾经被柔软化，曾经皈依，更生；更生的方式使本人惊骇比使旁观者诧异更厉害。所以我们永远不能够事先断定任何人要从爱力得救是无望的。我们并没有权利说人中的鳄鱼和毒蛇是固定的不可救药的人。我们并不知道人格的复杂，以及正在闷住的情绪火焰，性格多面体的其他平面，意识阈下区域的资源。好久以前，圣保罗对我们祖先宣称个个灵魂实际上是神圣的。他说，因为耶稣是替一切人死，没有例外，我们必须对任何人不绝望。这个相信人人根本是神圣的信仰，在现在表现为各种各样的仁慈风俗和感化机关，以及人对于死刑及酷刑的增加憎恶。圣徒们，有过度的慈仁的，正是这个信仰的伟大传授者，是斧头的尖刃，是驱除黑暗的人，就像飞到一个浪头或潮水的前边很远而在阳光中闪耀的水点一样，圣徒们指示前路充作先锋。世界还跟不上他们，所以在世俗的事故之中，他们似乎是怪诞的。可是他们是充实世界者，是把为善的可能活跃化而热烈化者——这种可能假如不是因为他们，就要永远潜睡着。在他们经过我们面前之时，我们要十分像我们自然那样的那么卑鄙，就不可能了。一个火点着又一个火；假如没有他们所表现的那个过信人类善性的态度，其余人类必定会困在精神停滞之中。

由是，就暂时看，圣徒也许浪费他的慈仁，因为他的慈仁热而成了笨伯并牺牲品；可是他的慈善在社会进化上的一般功用是根本的、首要的。假如世事有一时候前进，必须有个人情愿走第一步，冒这第一步的险。任何人不肯把慈善来试，把不抵抗试试，像圣徒总肯试那样的，不能说定到底这些方法能不能成功。到了它真成功了，这些方法比武力或世俗的明哲保身的方策更有伟大的成功。武力毁灭敌人；明哲的最优点也不过能保全我们所已有的。可是，不抵抗成功之时，能变仇敌为友好；慈善能使它的对手方更生。像我说过的，这些圣徒的方法，是创造的能力，真正的圣徒从他们信心给予他们的高尚激荡得到一种权威并感人力——这使他们在比较浅薄的人不用世故的戒慎自保就完全不得了的情境之中，能有不可抵抗的力量。这个实际的对于可以安全地超过世故的智略这件事之证明，正是圣徒对人类的魔术似的赠赐。[17]不特他想象一个更好的世界的幻见，使我们对于世上广泛流行的朴陋和贫瘠得到慰安；而且就在我们就大体说，必须承认圣徒与环境不适宜之时，他也使一些人信受奉行他的方法；并因为他的做法而环境确得到进步。他是一个有效力的酝酿善行者，一个缓进的将尘世变成更像天国组织的人。

从这一点看，好多当代的社会主义者和无政府主义者所任情幻想的乌托邦式的迷梦，虽是不切实际并不适宜于现在环境的条件；但是与圣徒认为有个天国存在的信心相类似。这些梦想对于打破一般流行的硬心肠的边隅这种工作加以助力，并且是缓缓的酝酿一个更好世界的酵母。

再次一个题目就是苦行——我想你们都肯不用辩论就认为这是一种容易过度的美德。如我在别处已说的，近代人的想象所具的乐观和细腻已使教会对于肉体自苦的态度变更了；现在一个苏素或一个阿堪塔拉的圣彼得(Saint Peter of Alcantra)，[18]在我们眼中，与其说是使我们起敬的具健全心理的人，毋宁说是可悲的大言欺人者。我们会问，假如内心是对的，何必来一切这种使身体苦痛，这样糟蹋外形的行为呢？这种行为未免把外形弄得太重要了。任何人，真正从肉体解放了的，一定会将快乐与痛苦，富足与贫乏认为同等不相干并无关紧要。他可以做实际行动并享受快乐而不怕腐化或成为这些的奴役。正如《薄伽梵偈》(Bhagavad-Gita)所说的，只有内心还留恋世俗的行为的人才必须舍弃这种事情。假如一个人实在不恋恋于行为的世界，他可以安心地与世人混在一起。在前此一讲，我曾引过圣奥古斯丁反戒律的话：只要你够爱上帝，你可以安稳地随你的一切意思行动。喇麻颉尸那(Ramakrishna)的一句格言说，"只要提到哈黎(Hari)名号，内心就感动到流泪的人，用不着崇拜的功课"。⑲佛陀在对他弟子指示他所谓中观(the middle way)之时，他告诉他们要避免的两极端，过分的肉体自苦，同纯乎欲望和享乐是一样虚幻并不好的。他说，唯一的圆满生活，是内心明澈的生活，这个使我们觉得这件事与那件事一样无关系，这样就使我们进入安息平静，入于涅槃(Nirvâna)。⑳

因此，我们见到当苦行的圣徒年纪长大，当他们这些指导良心的人更有经验之时，他们通常都表示不那么注重特种身体上自苦之倾向。天主教的传教师永远公认一个原则，就是：因为要为上帝服务而有效率，必须健康，所以必须不要因为自苦而牺牲健康。现在宽博的新教信徒的一般的乐观并健全心态，使我们憎恶为自苦而自苦的行为。我们对残忍的神不再表同情；我们觉得"上帝会因为看见人用自受苦痛以表对他的敬意而高兴"这种观念是极可恨的。因为一切这种动机，你们大概会倾向于以为除了我们能够证明某个人的锻炼有特种用处之外，一般的苦行倾向是病态的。

可是，我相信对整个事情加以更小心的审察，将一般的好的苦行志愿与"它会有特种行为有些是无用的"这件事分别开看，应该使我们又会敬重苦行。因为就它的宗教上的意义说，苦行恰恰代表二度降生的哲学之主要质素。苦行象征(虽然无疑微弱地，但却是诚恳地)这个世界有一个当真不对的成分在内这个信心——这个不对，不应该被蔑视，也不应该闪避，乃是必须激引灵魂的英勇之气去堂堂正正地对付它，克服它，并且用受苦抵消它，扫荡它的。与这个见解相反的，那一种异常乐观的一度降生的哲学，以为我们可以用蔑视不理会的方法对付祸恶。这种哲学以为：让由于幸得的健康和环境，免却他身受任何大量的祸殃的人，对于他私人经验之外的更大世界所有的祸殃，合眼不看，那么，他就可以完全免祸，就能够一生在健全心态的基层上快乐地驶进。可是，在我们讲忧郁那个演讲内，我们已见到这种企图必定很不稳当。并且，这只是就个人说；还不提他个人以外为他哲学所不救济不照料的祸恶。

没有任何这种企图，能够成为这个问题的普遍解决；在心思沉郁而自然觉得人生是个悲剧的神秘之人看来，这种乐观是浅薄的闪避或卑鄙的脱逃。这种企图接收了纯乎私人的偶然幸运，一个脱逃的罅隙，并不是一种真正的救度。它撇下一般世界，让它没有救济而且还放在撒旦的掌握。二度降生的人坚持真正救度必须是可以普遍应用的。痛苦，罪过，死亡，必须正面应付，并用更高的奋发克服它们；否则这些事情的毒害力量根本还没有打消。假如一个人曾一度把这个世界史有很多可悲的死亡——冻死、淹死、活埋、野兽、更坏的人，以及可怕的病——好好地考虑，在我看来，似乎他很难继续他一个人的世俗繁荣而不疑心以为在一切这些时候他不是真正参与这个运动比赛，以为他也许缺乏伟大的"入社"经验（initiation）。

这正是苦行主义的观点；所以它自动地"入社"。它说，人生不是嘲笑剧，也不是文雅的喜剧，而是我们必须穿丧服坐守，希望它的苦味可以洗净我们的愚蠢的东西。其实，粗野的和英烈的，是人生的极根本部分，所以仅仅健全心态和它的滥情的乐观，几乎没有任何有思想者会认为是正经的解决。整齐、安逸、舒服的语句始终不能成为对人生之谜(the sphinx's riddle)的答案。

我讲这些话，只是偏向于人类共同的求现实的本能——这个本能事实上总是认世界主要是一个英烈行为的剧场。我们觉得人生的神秘是藏在英烈之中。我们不能容忍任何一点不能够在任何方向英英烈烈的人。反之，无论一个人在别方面有多大弱点，假如他肯为他所选择的事情冒死亡的险，并且尤其假如他死得英烈，这件事就使他成为永久神圣的了。虽是在这方面或那方面不及我们，但是假如我们贪生，而他能够"扔掉生命像一朵花似的"，好像毫不在乎，那么，我们深深地承认他是天生胜于我们的人。我们人人都亲切觉得宅心高尚，不顾生命，会补偿了他一切缺点。

"死是吞并人类的；一个人能把死吞并，他就是极显著地并极优越地生活，并且最能满足世界的秘密需要"这个形上的神秘是常识承认的，也就是苦行主义忠实拥护的真理。死在十字架的愚蠢行为，用理智不能解释的，还是有它的不可磨灭的严肃意义。

所以，就代表上，并象征上说，撇开旧时代的不开明的智力让苦行主义弄到的迷妄不论，我相信我们必须承认苦行与比较深刻的处理人生的方式相连。自然主义的乐观，与它相比，只是软润，卑谄、轻松。因此在我们看来，就宗教徒的资格说，我们切实的行为方针似乎不是像现在大多数人那样只转背不睬苦行的冲动，毋宁是应该替它找个出路，——这出路的结果，表现于困乏和艰苦的，可以在客观方面有用。旧式的修道院的苦行，专做无用到可哀地步的事情，或是终止于纯乎个人的增进一己的完善之为我主义。[21]可是，我们是可能放弃大多数的这种旧式的自苦行为而还可以找到更健全的可供激引这种苦行的英烈气概发泄的路线吗？

例如，崇拜物质方面的繁华和富有，成了我们时代“精神”的那样重大部分；难道这种崇拜不会多少使人柔软无丈夫气吗？现在大多数儿童，专用同情和嬉笑养大，这与一百年前的教育（尤其在传教士的界内的）大不同：这种教育法，虽然有好多利益，难道没有使人的魄力腐脆的危险吗？难道在这些地方没有一些可以应用一种革新的、订正的苦行锻炼之点吗？

你们中好多人一定会感到这种危险，可是会指出运动、军国主义，以及个人的和国家的企业和冒险，作为补救方法。这些当代的理想激引英勇的生活标准那么剧烈，同当代的宗教忽视这些标准的样子完全同样可异。[22]战争和冒险确实使一切参加的人不太怜惜他们自己。这些活动需要这种意想不到的努力，需要在程度上并在长久上的深之又深的奋勉，弄到行为动机的整个尺度都变了。不舒适和烦扰，饥饿和淋湿，苦痛和寒冷，秽浊和垢污不再有任何种制止行动的作用了。死变成了一件平常的事情，并且死的常有的遏止我们行为的能力消灭了。与这些惯常的抑制作用的打消同时的，就是一阵一阵的新能力发泄出来，并且生活似乎投在一个更高的阶层上了。

战争在这方面的美点，就是它与通常人性那么相和。人类祖先的天演过程，将我们通通弄成了潜在的战士；所以，一个极微末的人，一投到作战的军队之内，就断绝了他原有的任何程度的对他自己娇贵的人身的过度爱惜，并且会很容易变成了一个冥顽不灵的怪物。

可是，我们把军人式的自苦与苦行的圣徒的自苦比较，就发现一切它们的伴随的精神作用有天渊的差别。

一个脑筋清楚的奥地利军官说："'活并让人活'（Llive and let live）不是军队的策略。看轻自己的同伴，看轻敌人的军队，并且，最要紧，凶狠地看轻自己的人身，这是战争对人人的要求。一个军队太野蛮，太残暴，太粗犷，比心肠太软并在人事上太循理好得多多了。假如一个兵要在当兵这方面有点用处，他必须刚刚与讲理的并会想的人相反。他好不好的量尺，就是他在战争方面的可能用处。战争，甚至太平之时，需要兵士有绝对特殊的道德标准。新兵带来普通的道德观念；这些观念是他必须立刻除掉的。在兵士看来，必须将胜利、成功，认为就是一切（everything）。人类的最野蛮的倾向，在战争之时复活了；并且，为战争的用场，这些倾向是再好没有了的。"㉓

这些话当然是句句真确的。正如些奇说过的，兵士生活的直接目的是破坏，并且只是破坏；战争引起的任何种建设都是辽远的并且非军事性质的。因此，兵士对于一切那些寻常的有利于保存对人或对东西的同情与尊重，不能够练成太冷淡无情。可是，战争是一个奋斗生活和英勇的训练所这件事实还在；并且因为战争与原始人的本能相合，它是到此刻止唯一的普遍可利用的训练所。然而到了我们严肃地自问，到底这个混同的背理和罪恶的组织是否我们唯一的防止柔弱化的堡垒之时，我们对这个想头就要骇愕，就会更同情于苦行的宗教。人们听说过热之功当量（the mechanical equivalent of heat）。现在我们要在社会范围内发现的，乃是战争之道德当量（the moral equivalent of war）：要有一件英勇的事情，会像战争一样能普遍激引人，但会与人的精神的自我相和的程度，就像战争实际上与它不相合的程度一样的。我常常以为旧式的修士的崇拜贫穷，尽管它有迂腐的害处，也许有些像那个我们要寻求的战争的道德当量。难道自动接受的贫穷，不能作为无须蹂躏比较柔弱的人民的“奋斗生活”(the strenuous life)吗？

实在，贫穷是这种奋斗生活——没有铜器军乐队，没有制服，没有疯狂的民众喝彩，没有说谎，没有绕弯说话的。我们一见到发财成了深入我们这一代人的骨髓的理想，我们不敢说将“贫穷是一个高尚的宗教天职”这个信仰复活起来，不会就是“战争勇气的转变”(the transformation of military courage)并且是我们时代极需要的精神上改革。

特别在我们英语民族之中，必须再大胆歌颂贫穷。我们变成了当真怕贫穷了。我们对于任何自愿贫穷以求他自己的内心生活简单化并求得救度的人加以轻视。假如他不与挣钱的市侩共做广泛的夺取和喘息，我们以为他是没有精神并没有志气。我们就是想象古人以贫穷为理想有何意义也不能，这意义是：解脱物质的留恋，保全不受贿赂的灵魂，养成更丈夫气的不在乎态度，用我们是什么或做什么而不用我有什么的资格来付我们前进的路费，在任何时刻随随便便扔掉我们的生命——比较更具运动家的风度，简言之，在道德上奋斗的姿态。到了我们所谓优秀分子见到物质上的丑陋和艰苦就害怕，比从前人都怕得更厉害，到了我们延宕不结婚，要等到能够将我们的房屋弄得华美，并且一想到有个儿女没有银行存款而必须做苦工，就战栗，这是有思想的人应该反抗这种太不丈夫并太反宗教的意见的时候了。

固然，假如财富使人有时间追求理想的目的，并使理想的能力有行使的机会，财富是比贫穷好，并且人应该求富。可是只在实例的一部分，财富能够做到这样。在其他实例，发财的欲望和失财的恐怖是产生怯懦，并传染腐化的主要原因。有好多好多的时机，富人必定会变成奴隶，而不怕贫穷的人变成自由人。试想想假如我们信受奉行一种大众不欢迎的主义，那么，个人对于贫穷不在乎，会使我们增加多少力量；我们就无须噤若寒蝉，也不怕投革命党或改革家的票。我们的股票可以跌价，我们升级的希望可以消灭，我们的薪俸可以停发，我们的俱乐部可以闭门不纳我们；可是只要我们活着，我们可以很镇定地证明精神高于一切，并且我们的模范会帮助我们这一代人得到自由。主义固然需要钱款，可是，我们为主义服务者的效力却是与我们个人情愿贫穷的程度成正比例的。

我介绍这个意思，请你们严肃考虑；因为现在有教育阶级大多数怕穷，是我们的文明所患的最坏的道德病。

现在我已经说完了我对于宗教表现于圣徒生活的各种结果要说而有用处的话。所以我要做一个简短的批评，然后再说到我更广泛的结论。

你们会记得我们的问题是：到底由宗教表现于圣徒性格的结果看来，宗教是否得了证明。固然，圣徒的某些单个属性也许是由于个人的气禀，也见于非教徒。可是，整群的这种属性成了一种结合；这种结合是宗教的，因为它似乎是从对于神圣之感流出，就像这神圣的是它的心理中心似的。凡是这种感想很强烈的人，自然而然地会以为这个世界的极小的事物都由它们与一个无形的神圣组织的关系而得有无限的意义。对这个神圣界的感想，给予他以一种优越的快乐，并一种无比的心神坚定。在人与人的关系，他的勇于助人是可作模范的；他是富于帮助人的冲动的。他的帮助是兼内心与外部的，因为他的同情达到灵魂像达到身体一样，并且激发灵魂内前此没猜想到的能力。他不把快乐附在常人所附的地方，即舒适，而附在一种更高的内心激动，这种激动使不舒适变成高兴的原因，使不快乐打消。因此，无论多么不讨好的义务，他不辞避；在我们需要帮助之时，我们能够把得稳圣徒会助一臂，比任何别人都更靠得住。最后，圣徒的谦逊和他的苦行倾向使他没有那些大大阻碍通常社交的琐屑的个人自大，并且他的纯洁使我们从他得到一个清净的人做同伴。愉快、纯洁、慈善、忍耐、严于律己——这些是极好的美德；而在一切人中，圣徒是表现这些美德到最完全的。

可是，如我们已见到的，一切这些总合起来，并不能使圣徒万无一过。假如他们的智力狭窄，他们就陷于各种各样的圣洁过度，信教狂或奉神病态的忘其所以、自残身体、过于守礼、拘谨、易受欺骗以及病态的不能应付世事的状况。一个圣徒，假如因为他的智力低劣，使他对于那些琐细的理想忠实太过，他会比在同一情境内的一个浅薄的俗人更可厌，更该死。我们一定不要只感情用事地判断他，也不要孤立地判断他，我们必须用我们自己的智力标准，将他置于他的环境中，而估计他的整个功用。

说到智力标准，我们必须记得假如我们总以为心胸狭窄是个人的恶德，那就是不公平了；因为在宗教的和神学的方面，个人大概是从他那一代人染到这种狭窄。而且，我们切不要将圣徒性的要质（即那些我说过的普通热情），与圣徒性的偶然表现（即在任何历史时刻的这些热情的特殊限制）相混。在这些限制方面，圣徒通常是顺从他们民族的暂时偶像。在中世纪，逃到修道院内是民族的偶像，就像现在参与世间的事业是这种偶像一样。圣佛兰息或圣柏纳（Saint Bernard），假如今天还活着，无疑必是过一种圣洁的生活，但他们不会过隐遁的生活，是一样无疑的。我们对于特殊历史的表现的反感，必须不使我们放弃圣徒冲动的要质，让敌意的批评者去处理。

我所知道的对于圣徒冲动的最恶意的批评家就是尼采（Nietzsche）。他把圣徒与掠夺的军人的性格所表现的世俗的情欲相对衬，结果完全有利于后者。我们必须承认天生的圣徒有种什么东西，往往使世俗人恶心；所以值得把这个对衬考究得更详细些。

不喜欢圣徒性，似乎是利于生存的欢迎首领并矜夸自己部落的酋长这个本能的一种反面结果。酋长，假如不是实际的专制魔王，必是可能的专制魔王，他是主人样的专横的掠夺者。我们自认不及他而俯伏于他之前。我们只要被他看一眼，就会畏缩；但是同时我们因为有这么危险的主人而自豪。这种本能的并服从的英雄崇拜，在原始的部落生活，一定是不可少的。在当时的无数战争之中，要部落生存，首领是绝对必需的。假如有没有首领的部落，这些部落不会留下后代去叙述他们的厄运了。首领总是无愧于心的，因为在他们，良心与志愿合一。并且人一看他们的脸，就会对于他们毫无内心拘束。这一点大惊奇，就像对于他们表面行为的勇猛会大敬畏一样。

与这些尖喙利爪的攫取世界者比起来，圣徒只是草食的动物，驯良无害的村鸡罢了。有些圣徒，假如你要，简直你可以拔下他们的胡须而不受责罚。这种人并不会引起恐怖的惊奇心；他的良心充满着顾忌与自反；我们并不惊奇他的内心无拘束，也不骇异他的表面威力；除非他在我们内心找得一个完全不同的崇拜性向可以激引，我们就会轻蔑他。

事实上，他是激引另一种性向的。风、太阳和旅行家的寓言，重演于人性之中。[丙] 男女两性表现这种差异。男人越粗暴，女人越崇拜似地爱他；统治者越一意孤行，越叵测，人就越奉之如神。可是，反之，女人由她美中带柔的神秘，把男人驯服了；圣徒总是用一种相似的方式使世人心醉。人类会在相反方向受影响，受暗示，并且各种势力的竞争是不休的。圣徒的理想与俗人的理想，在文学内争斗相寻，同在实际人生内一样。

从尼采看来，圣徒所代表的，几乎全是卑怯与奴性。圣徒是矫揉造作的病夫，第一号的腐化者，生活力不足的人。圣徒之多，会使人型堕落。

> “病人是健康人的最大危险。使强者毁了的，是较弱的人，而非较强的人。我们要看见减少的，并不是对旁人的恐怖；因为恐怖会激发强者自己也变成可怖，这样就保存了艰苦挣得的并成功的这一类型的人。我们应该比任何恶运都更怕的，不是恐怖，而是大嫌厌，不是恐怖而是大怜悯——对我们同类的人的嫌厌与怜悯。……病的人（the morbid）是我们的最大威胁——并不是‘坏’人（the bad men），也不是侵夺的人。生来不正常的、流产的、残缺的——是他们这些最弱者，损坏人类的生活力，毒害我们对于人生的信赖，使人类成问题。他们的每看一眼，都是一声叹气——‘但愿我是另一个什

么！我是病的，对我的现状厌烦极了'。在这个自薄的污泥之中，一切毒草都繁荣起来，并且一切都那么小，那么秘密，那么不诚实，并那么可怜惜地腐败。在这里，感觉过敏的和悻悻的虫蚁群聚着；在这里，空气因含着秘密，含着不应承认的事情而带了可厌的气味，这里织缠着最卑鄙的阴谋，织着受苦者反对成功并胜利者的阴谋之网到无限止；在这里，就是胜利者的容貌都被憎恶——好像健康、成功、强盛、得意和权力之感自身就是邪恶，是人最后应该苦苦赎罪的事情。呵，这些人多么喜欢他们自己来实施这种赎罪，他们多么渴望自己来做绞刑手！并且在一切这个期间，他们表里不符，始终不承认他们的憎恶是憎恶。"㉔

可怜的尼采的反感自身就是够病态的了，可是我们都懂得他的意思，并且他将两种理想的冲突说得很清楚。食肉性的"健者"(strong man)，成年的男子汉并食人者，从圣徒的温和与刻苦只能看出臭腐与病态，对他只有厌恶。整个冲突主要是集中下列两点：有形的世界，还是无形的世界应该作为我们主要的适应区域？以及我们在这个有形世界的适应法必须用攻取呢，或是用不抵抗呢？

这个争论很严重。在某一意义并到某一程度，两种世界都必须受承认并顾到；并且在有形世界中，攻取和不抵抗都是必需的。问题在于注重的程度，在于或多些，或少些。到底更理想的，是圣徒这个类型呢？还是健者这个类型呢？

前此往往有人以为世上只能有一种真正理想的人品，就在现在，我想大多数人还以为如此。人设想某一种人必定是最好的人，绝对地，撇开他能事的有用无用，撇开经济的理由不论，还是最好的，圣徒型与武士型或绅士型(the knight's or gentleman's type)始终是争取这种绝对理想性者。在军队式的宗教团的理想中，这两型是作某一种混合的。可是，依照经验主义的哲学的看法，一切理想都是相对的。例如，假如拉小车，赛跑，生小马，以及拉商人的小货包慢慢来往，还通通是马的功用的不可少的各别部分，那么，要想得到"理想马"的定义，就是不合理的了。也许你可以认你所谓普通的一切都能做的马是一种调停结果，可是，它必定是在某一特别方面不及任何匹更专门化的马。此刻在讨论圣徒性之时，我们动问圣徒是否一种理想的人格，我们必须不要忘记这个。我们必须用圣徒性的经济的关系来试验圣徒性。

我想斯宾塞君在他的《伦理学资料》(Spencer:Data of Ethics)这部书内所用的方法可以帮助我们决定我们的意见。行为的理想性完全是适应的问题。一切分子都是永远侵略的社会，由于内部摩擦，一定会自取毁灭；并且在一个有些分子是侵略的社会，其他分子必须不抵抗，假如要有一点秩序的话。这就是现在的社会组织；并且由于这种混杂，我们得到好多好处。可是，社会内的侵略的分子总是易于变成恶霸、土匪、骗子；没有人相信我们现在所居的这种状态的社会就是极乐时代。同时，我们很可以设想一个假想的只有同情与公道而绝无侵略的社会——任何小团体的真朋友现在就已经实现这种社会。抽象地看，大规模的这种社会必定会成为极乐世界；因为在那里，不用起摩擦，就可以实现件件好事。对于这么一个极乐的社会，圣徒必定会做完满的适应。他的和平的请求方法对于他的同人会生效，并且没有现存的人会利用他的不抵抗以便私图。所以，抽象地看，圣徒是一种高于"健者"的人；

因为无论最高的可能的社会能不能具体实现，他是能适应那种社会的。健者假如在这种社会，就会使这种社会衰败。这种社会，除开具现状的人所喜爱的某一种战斗的刺激以外，在一切方面都是低劣的社会。

可是，假如我们由抽象的问题转到实际情境；就见到特个圣徒也许适应得很好，也许不善适应，要看特别环境如何。总而言之，圣徒品格的优美并没有绝对性。我们必须承认就这个世界而论，任何将自己炼成彻底的圣徒的人是自己冒险。假如他不是一个够广大的人，因为他是好圣徒，他也许比假如他还是俗人之时看来似乎更琐细，更可鄙。[25]因此，我们西方各国很少把宗教做得彻底到奉教者不能把它与一些世俗的心肠混杂起来，宗教总找到能够遵循它的大多数冲动的人，可是这些人一到要不抵抗之时就停住不肯不抵抗了。基督自己有时很凶猛。格林威尔、斯敦倭·贾克生、哥登之流（Cromwells，Stonewell Jacksons，Gordans）证明基督徒也可以是健者。

世上既是有那么多种环境，有那么多种对适应的看法，怎么样可以绝对地计量成功的程度呢？成功是不能够绝对计量的；所得的判断会随所采的观点而变更。由生物学观点看来，圣保罗是失败的，因为他被砍头。但是他对于那个历史上的大环境，是适应得极好的；就任何圣徒的模范都是酝酿世上正义的酵母，并使圣徒的习惯更流行于世上这一点而论，无论他的直接受到的厄运如何，他总是成功。最伟大的圣徒，人人承认的宗教英雄，如佛兰息、柏纳、路德、罗约拉、卫斯理、陈宁、谟第、格拉国黎、腓力·步路克司、阿尼·庄斯、玛格勒·哈拉罕、杜拉·帕提孙之流（The Francises，

Bernards, Luthers, Loyolas, Wesleys, Channings, Moodys, Gratrys, the Phillips Brookses, the Agnes Joneses, Magaret Hallahans, and Dora Pattisons),开头就是成功。他们证明他们自己,并且毫无问题;人人觉到他们的力量与伟大。他们所有的见到事物神秘之感觉,他们的热情,他们的善良,辐射于他们的周围,既扩大他们的界线,又使这种界线柔和。他们像有氛围有背景的图画;并且,只是这个世界的(不是任何别种世界的)健者,跟他们相对,看来好像同槁木一样干枯,同石块砖片一样硬,一样粗。

所以,一般地,"大体地",㉖我们放弃了神学的标准而用实用的常识和经验的方法考核宗教的结果,还是将宗教留在它在历史内所占的高超地位。从经济方面说,圣徒所有的这一批品性是世界福利所不可少的。伟大的圣徒是立刻成功者;比较小些的圣徒至少也是前兆与先驱,并且也许是酝酿出更好的世界秩序的酵母。所以,无论我们是否看得出地并暂时有成就,假如我们能够的话,让我们做圣徒。可是,在我们天父的宅内有好多大厦,所以我们每个人必须为他自己找到与他所自信是他的能力并觉得是他的最真实的使命并职务的事业最相称的那种宗教并那个程度的圣徒品行。假如我们遵用经验派哲学的方法,就不能担保必定成功,也不能为各个人发出固定的命令。

这是我到此刻为止的结论。我知道在你们内有些人的心目中,这会使你们奇怪这种方法怎么会应用于这种题目,并且尽管我在第十三讲开头对经验主义说了那么多话,你们还是这样想。㉗你们说,宗教是相信有两种世界并有无形界的,怎么可以只用它的结果适应这个世俗界的程度，将它评价呢？你们会坚持，我们的判断应该根据它是否真实(truth)，不根据它是否有用。假如宗教是真实的，那么，纵使它的结果在世俗实际是一律不能适应的，并且只是充满着悲惨，也是好的结果。所以，究竟又回到神学真妄的问题。不可避免地，局势对我们紧张起来；我们不能免却理论的研究。因此，我表示我们必须肩起这个责任到某程度。虽然宗教徒不是一律自命由一种特别方式见到真理，但往往这样自命。那种方式叫做神秘主义(mysticism)。所以我现在要把神秘现象讨论得相当详细，再后，要讨论宗教哲学，不过只能比较简短地讨论。

① 佛克斯《日记》菲拉德菲亚出版(George Fox:Journal,Philadelphia)，一八〇〇年本，第五九至六一页，节录。

② 基督教的圣徒各人都有专门虔奉的对象：圣佛兰息奉基督的伤痕；帕都亚的圣安敦尼(Saint Anthony of Padua)奉基督的儿童时代；圣柏纳奉基督的人性；圣脱利莎奉圣约瑟(Seint Joseph)，诸如此类。什叶派回教徒(Shiite Mohammedans)崇拜穆罕默德的女婿阿黎(Ali)，而不崇拜他的妹婿阿菩·贝喀(Abu-bekr)。范贝黎(Vambéry)描述一个他在波斯遇着的回教修士，说，"他在三十年前庄严地发愿他除了永远念他的特爱的阿黎的名字以外始终不用他的语言器官。他要这样对世界表示他是最虔奉那个死了一千年的阿黎。在他自己家里，同他太太、小孩们和朋友说话之时，除了'阿黎'之外，他的嘴唇并没有发出别的话。假如他要吃或要喝或要任何别的东西，他还是用念'阿黎'来表示他的需要！他在商场上求乞或购买，也总是念'阿黎'。无论人虐待他或善待他，他还是反复念他的单调的'阿黎'。近来他的热狂到达那么高度，弄到他像疯人似的，整天在市街上跑来跑去，将他的拐杖高扬在空中，不断高声喊叫'阿黎'。人人尊敬这个修士，认为是圣徒，并且到处受到最大的荣誉。"见范贝黎，他自述的生平与冒险(Arminius Vambéry, his Life and Adventures, written by Himself), 伦敦, 一八八九年版, 第六九页。在阿黎的儿子胡森(Hussein)的逝世纪念日, 什叶派回教徒还大叫他的名字和阿黎的名字。

③ 参看倭伦:《译本中的佛教》(H. C. Warren: Buddhism in Translation), 美国, 剑桥(Cambridge), 一八九八年版。散见书内各处。

④ 参看默立克《希谒·物·古虚柏的硕尔传说中的穆罕默德的生平与宗教》(J. L. Merrick: The Life and Religion of Mohammed, as Contained in the Sheeah Traditions of the Hyat-ul-Kuloob), 波斯顿, 一八五〇年版, 散见书内。

⑤ 布钩:《幸福的玛丽的历史》, 巴黎, 一八九四年版, 第一四五页。

⑥ 布钩: 上引书, 第三六五页, 二四一页。

⑦ 布钩, 上引书, 第二六七页。

⑧ 例如:"她患头痛, 因为要归荣于上帝, 就企图用含某些芬香的物质在她嘴里, 以除头痛; 这时, 主就显现, 亲爱地斜倚她身上, 并且他自己也觉得这些香气适意。他轻轻地吸了香气之后, 就站起来, 并且好像对他刚做的事很满意, 高兴地对诸圣徒说:'请看我的未婚妻刚赠我的新礼物!'

"有一天, 在礼拜堂内, 她由超自然的方式听在唱'圣呀, 圣呀, 圣呀'(Sanctus, Sanctus, Sanctus)这些话。上帝子像个可爱的恋人一样斜倾于她身上, 并给她的灵魂最温柔的接吻, 在唱第二字'圣呀'之时对她说:'在这个对我唱的"圣呀"之时, 你由这个吻受纳我的神性与我的人性的一切圣性, 并且使这个对你成为走到圣餐桌的充足的准备。'并且, 在下个星期日, 正在她为这个恩眷感谢上帝之时, 看呀, 上帝子, 比几千个天使还更美丽, 用两臂拥抱她, 好像他因为她而自豪, 在于那种他赠予她的完满的圣性之中, 上帝子引见他于上帝天父之前。并且, 天父对这个为他独子这样引见的灵魂极高兴, 因之好像不能再自禁的样子, 他赐她他自己的圣洁所给他的圣性, 圣神也赐她他自己圣洁所给他的圣性——并且这样她禀有绝对充满的圣性之福, 这是神的全能、智慧、亲爱赐予她的。"《圣格图德启示录》(Révélations de Sainte Gertrude), 巴黎, 一八九八年版, 第一卷第四四页, 第一八六页。

⑨ 卓丹:《家世与父母关系中的性格》(Furneaux Jordan: Character in Birth and Parentage), 初版。后来各版, 把名词改换了。

⑩　关于这个分别，请看鲍尔温的小本书《心的故事》(J. M. Baldwin: The Story of the Mind 一八九八年版)内的极好的实用的叙述。

⑪　关于这个题目，我要引穆立施君的书(M. Murisier《宗教感情的病患》Les Maladies du Sentiments Religieux 巴黎，一九〇一年版)；他把内心统一认为整个宗教生活的主要动力。可是，一切富于理想性的兴趣，无论是宗教的或非宗教的，都会使心内统一，并会把这些兴趣弄得高于一切事情。由穆立施君的书，人会推断以为这种形式上条件是宗教所特有，并以为研究宗教之时在比较工作中可以几乎完全不问内容。我相信我这些演讲会使读者相信宗教特有的内容很多，并且这种内容比任何普通的心理上形式更重要得多。但尽管这种批评，我觉得穆立施的书极会增人神智。

⑫　例如："在这个侍奉者苏素(The Servitor Suso)的内心生活的开头，他已经用忏悔正当地洗净他的灵魂之后，他在心理划定三道防线，在这些防线内，他藏起来，像藏在精神的堡垒内一样。第一道防线是他的住室，他的礼拜堂和歌咏班。当他在这道防线之时，他自己觉得似乎完全安稳。第二道防线是整个修道院，至外门为止。第三道并最外围的防线就是那个大门；在这儿，他必须十分小心。当他走出这些防线外头之时，他觉得他自己好像处于一只出穴的野兽被猎队包围的危境，因而需要这种野兽的全部狡猾与机警。"《幸福的苏素的生平》，自著，诺克斯译本(The Life of the Blessed Henry Suso, by Himself, Translated by Knox)，伦敦，一八六五年版，第一六八页。

⑬　《南锡·多明尼克教团的最初期多明尼克僧侣的生活》(Vie des primiéres Dominicaines de la Congrégation de st. Dominique, à Nancy)南锡，一八九六年版，第一二九页。

⑭　默时敕《根查加的圣鲁易传》，勒贝勒企的法文译本(Meschlèr's Life of Saint Louis of Gonzage, French Translation by Lebréquier)一八九一年版，第四十页。

⑮　在他童子气的记事本内，他称赞修道院的生活，因为他避免罪恶，并因为他使我们能够积蓄那些不可消灭的"在上帝眼中，使上帝成为我们万古的恩人的功德之"宝藏。见上引书，第六二页。

⑯　《摩黎小姐》(Mademoiselle Mori)，一部被哈尔《罗马散步记》(Hore's Walks in Rome 一九〇〇年版)卷一第五五页所引的小说。

我忍不住要从斯塔柏的书内第三八八页再引一个用剔除外界以求纯洁的实例。这例如下：

"圣徒化的人所表现的变态症象是常见的。这些人与别人不和；他们往往与教堂断绝往来，以为教堂都是太世情；他们变成了对于别人太苛论；他们渐渐不注意他们社交的、政治的和财务的责任。这种人的例，我可以举一个六十八岁的女人，作者曾经加以特别检讨的。她从前是在大城的一个热闹地方的最活动的并最进步的教堂之一的会友。她的牧师形容她，认为已到好挑剔的阶段(the censorious stage)。她已经越来越与教堂失同情；她与这个教堂的关系最后只参加祈祷会；在这会上，她的唯一忠告就是斥责别人过低级的生活并判定他们有罪。最后她与任何教堂都断绝关系。作者发现她独自住在一个便宜的公寓最高层楼的一间小屋内，完全断绝一切人事关系，但似乎很快活地享受她的精神的幸福。她的时间专用于写讲论圣洁化的小册子——全书都是梦想的热狂话。其实，她是属于一小集团的主张整个得救过程包括三步，不止两步的人；不特应该有皈依与圣洁化，而且应该有第三步，他们叫做'大磨炼'(crucifixion)或叫'完全的救度'(perfect redemption)并且他们以为这事对圣洁化的关系，与圣洁化对于皈依的关系相同。她叙述圣神如何对她说，'不要再到教堂。不要再到圣洁会(holiness meetings)。到你自己的房里，这样，我要教你'。她自命完全不要大学，或传教士，或教会，只要听上帝对她说的话。她对她经验的描写似乎完全一贯；她很快活，满足，并且她的生活，她自己认为完全满意。在听她自述之时，人会被吸引，并且忘记了这些事是出一个不能够与她的同类共同过活的人的生活内。"

⑰ 最好的传教生活很多能把不抵抗与个人权威联合得很成功。例如帕顿(John G. Paton)在新黑布烈第(New Hebrides)的美拉尼西亚(Melanesia)的食人的蛮人中间，因为有这种联合，能够保持一种有呵护的生活。到了有切身的危险之时，没有人敢当真打击他。他所感动的土著信徒也表示同类的德性。"我们酋长之一，内心充满了基督所激发的追求并救度人类的欲望，送了一封信给一个内地酋长，说他和四个随从在安息日要来告诉他们耶和华上帝的福音。回信到来，严厉地禁止他们前去，并且说任何基督徒近他们的村落一定要死。我们的酋长回了一封慈爱的信，告诉他们耶和华曾教基督徒以德报怨，并且他们不带兵器去，只要告诉他们上帝子如何降临世上并

如何为祝福并救度他的敌人而死。那个异教的酋长立刻再送来一封严厉的答复，说：‘假如你来你就要被杀死。’在安息日早晨，基督教的酋长同他的四个同伴在村外会见那个异教酋长，这个酋长就再请求并威吓他们。可是他们说：

“‘我们来到你们这儿，并没带武器！我们来，只是要告诉你们耶稣的事情。我们相信他今天会保护我们。’

“当他们坚定地走向村里之时，那村人就对他们扔长枪。他们避开有些的枪，因为他们除了一个人之外都是巧练的战士；别的枪，他们当真用空手接到并且拨开，那样子简直使人不能相信。那些异教徒看见这些人不带武器来到，甚至不把他们接到的枪扔回来，显然惊呆了，他们扔了那个老酋长叫做‘一阵枪雨’之后，只为惊骇就停止不扔了。在他和他的伴侣走到他们中间，在那村的公共会场之时，我们的基督教酋长就嚷说：——

‘耶和华这样保护我们。他把你们的一切枪都给我们！假如是从前，我们一定要把它扔回去，刺死你们。可是，我们来，不是为打仗，只是要告诉你们关于耶稣的事。耶稣把我们的黑暗的心变换了。他现在叫你们放下你们的一切这些别种武器，来听我们所能告诉你们的关于上帝，我们的伟大天父、唯一的活上帝的爱。’

“这些异教徒完全惊骇过度了。他们分明认为这些基督徒有个无形者保佑他们。他们第一次肯听福音和十字架的故事。我们亲身看见那个酋长和他的全部落坐在基督的学校里。并且，在皈依基督的一切人之中，在这些南洋群岛之中也许没有一个岛没有同类的皈依基督教者的英勇行为。”帕顿《新黑布烈第的传教师的自传》(Missionary to the New Hebrides, An Autobiography)第二卷，伦敦一八九〇年版，第二四三页。

⑱　圣脱利莎在她的自传内(法文译本第三三三页)告诉我们说：这位圣彼得“活了四十年，每天都没睡比一小时半更久的觉。在他的一切自苦之中，这是最艰苦的。因为要实行这个，他总是跪着或站着。他让他身体得到的一点睡眠都是在坐着时候抢得的，他的头靠在钉在墙上的一块木头上。纵使他要躺下，也是不可能，因为他的住室只有四尺半长。在一切这些年中，无论太阳光或是雨多么厉害，他始终不曾翻起他的头巾。他从不穿鞋。他穿一件粗的麻衣，贴身并没有衬衣。这件衣服极窄小，在上面他穿一件同种做的小外

衣。在大冷时候，他把外衣脱掉，将他住室的门和小窗开一会。随后他又关起来，披上外衣——他告诉我们，这是他取暖并使他身体觉得更舒适的温度的法子。他三天吃一次是常事；我表示诧异之时，他说人一养成这个习惯之后，这就很容易。他的一个同伴对我保证他有时八天不食。……他的贫乏是极端的；并且他的自苦，就在少年时代，也极厉害；他告诉我他曾经在他僧团的屋子内过了三年，对于其他僧侣，只由他们声音认识他们，因为他始终没抬头看，只是跟着别人才认得路。在大道上，他也这样拘谨。他活了好多年，不曾看女人；可是，他对我自白在他此时达到的年龄，他看不看女人，对他毫无影响。我才认识他之时他很老了；他身体那么瘦削，好像只是许多树根合成的。虽是这么圣洁，他还是很和蔼。除非有人问，他始终不说话；可是他心智上的正直与温和使他的话通通有个不可抵抗的魔力。"

⑲ 米勒：《喇麻颉尸那的生平与谈论》(F. Max Müller：Ramakrishna，his Life and Sayings)一八九九年版，第一八〇页。

⑳ 欧顿堡：《佛陀》，何埃译本(Oldenburg：Buddha，Translated by W. Hoey)，伦敦，一八八二年版，第一二七页。

㉑ "一切别人的虚荣心许会消亡，但圣徒对他的圣徒资格的虚荣心真是难磨灭。"《喇麻颉尸那的生平与谈论》，一八九九年版，第一七二页。

㉒ 我看见一种美国的宗教报内说："假如要用蛎房、冰淇淋并嬉戏维持一个教堂，你可以担保教堂是越来越离开基督了。"假如我可以用外貌判断，这种情形正是我们好多教堂的现有危境。

㉓ C. V. B. K.：《军队之平时的与战时的道德》(Friedens-und Kriegsmoralder Heere)。哈门：《职业的军人的心理》(Hamon：Psychologie du Militaire Professional)一八九五年版卷首第四十一页所引。

㉔ 《道德的谱系》(Zur Genealogie der Moral)第三论，第十四段。我删节，并在一处倒转一句。

㉕ 我们都知道有蠢笨的(daft)圣徒，并且他们使人起一种奇怪的厌恶。可是，要比较圣徒与健者，我们必须拣出在同一智力阶层的人。智力薄劣的健者，与智力薄劣的圣徒在他的范围内是相似的，他就是贫民窟中的暴徒莽汉。当然，就这个阶层说，圣徒也还是优胜。

㉖ 看上文本讲首段。

㉗　看上文本讲第一第二第三段。

甲　译者按:照詹姆士的原文,应译作"他所为而行为的目的",但与下文的语意不合,疑是笔误。兹以意改译作"他所用以行为的工具"。

乙　译者按:黄金律即谓"凡是你们想他人待你们的,你们也当那样待他人",见《新约马太书》七章第十二节。

丙　译者按:这个故事,大概大家都晓得,大意是说:风与太阳争论哪个本领大,他们就用能使旅行人脱衣为试验。于是风就使劲吹这个人,但这个人反而把衣服越抱越紧。太阳就拼命地晒他;他热了,就脱去衣服了。结果,太阳用软法,比风用硬法好。

第十六第十七讲　神秘主义

在我的前此那些演讲之中，我曾好多回提出了论点，又把它放下不解决不结束，都说要等到说到神秘主义这个题目之时再论。我怕你们中有些人听见我屡次说到延宕，也许曾经微笑。可是，现在真到了我们要诚心对付神秘主义并把那些断线完全绕起来的时候了。我想人可以确实说：私人的宗教经验的根底和中心是在于神秘的意识状态。所以，因为我们在这些演讲内认私人经验是我们研究的唯一题目，神秘的意识状态应该成为首要的一章，别章都要由这一章得到说明的。到底我对于神秘状态的讨论，会使这个题目放更大的光明或是反而蒙更大的黑暗，我不知道；因为我个人的性格使我几乎完全不能经验到神秘状态，因之我只能由经过第二手的知识说它。但是虽然我不得不用这么表面的法子讨论这个题目，我决定尽量取客观的并接受的态度；并且我想至少我能够使你们相信神秘状态是实有的，并且它的功用是极其重要的。

最先，我要问："神秘主义的意识状态"这个名词是什么意思？神秘状态与其他状态怎样分别？

"神秘主义"(mysticism)和"神秘的"(mystical)这些话往往用作纯乎谴斥的名词，以指我们认为任何项模糊的、阔大的、滥发情感的、并没有事实上或逻辑上的根据的意见。有些人以为任何相信他心传意(thought-transferance)或人死有鬼回来的人是个“神秘者”(mystic)。这个名词,这样用,就只有很少用场了:因为不这么模棱的同义名词太多了。因此,为限制它的意义而使它有用起见,我采用我对宗教这个名词的办法,只对你们提出四个标记——假如一个经验有这四个标记,我们为这一组演讲计,就有正当理由把它叫做神秘的。这样,我们可以免掉言语上的争辩,以及通常与争辩相连的互相谴斥。

一、超言说性(Ineffability),我认心理状态为神秘的之时所用的标准之中,最便利的就是否定的。经历神秘心态的人一开头就说它不可言传,不能用言语将它的内容做适当的报告。因此,人必须直接经验它的性质;本人不能够告诉别人或传达给别人。就这个特性说,神秘状态像感情状态,比像理智状态更像得多。没有人能够使始终不曾有过某一种感情的人明白这种感情的性质或价值何在。人必须有听乐的耳官,才会知道一曲交响乐的价值;人必须自己恋爱过,才会了解恋人的心态。假如缺乏这种心境与耳官,我们就不能够把音乐家与恋人的心态说得对,甚至很会以为他是心志薄弱或怪诞的人。神秘者发现我们中大多数人对于他的经验的看法也是一样不得当的。

二、知悟性(Noetic quality),神秘心态,虽然很像感情状态,但在有这种经验的人看来,似乎也是知识状态。神秘状态是见到按步而进的(discursive)理智所不能测的深理之澈悟状态。这些状态是洞明、启示(illuminations,revelations),虽是完全超乎言说,但充满着意蕴与重要;并且它们大都含有一种对将来有权威之感。

就我对这个名词的用法论,有这两种特性的任何心态就可以称为神秘的。还有两种其他性质，没有这么明划，但通常也有。这两种性质如次：

三、暂现性（Transiency），神秘心态不能维持得长久。除了在很罕见的实例之外，半小时，至多一两小时似乎是极限；过此以往，它就渐渐褪淡，进入日常景况了。往往，在消散之时，它的性质只能回忆得很不完全；可是，神秘状态假如再来，本人会认得它；并且在一来再来之间，它会不断发展——本人觉得是内部丰富与重要的增进。

四、被动性（Passivity），虽然神秘心态可以用有意的预备动作，如固定注意，或做过某些身体工作，或用神秘主义手册所规定的其他方法，使它容易来到；但到了这个特种意识一来到之时，神秘者觉得他自己的意志暂停了，其实有时好像有个高级的权力把捉他，握住他。这一个特性使神秘状态与某些关于次起或交替的人格（secondary or alternative personality）的某些现象，如预言、自动书写或灵媒的昏迷状态（the mediumistic trance）有相似之点。可是，后类这些状态很显著之时，也许对于这个现象，一点都记不起来；并且这种现象可以对于本人的平时的内心生活毫无意义，对于他的内心生活似乎只是把它中断。但严格所谓神秘状态从来不是仅仅中断。它总留下一些对于它的内容的回忆，并一种深切的觉得它重要之感。它把本人在它前后来到之间的内心生活改变。可是，在这件事，很难做明划的分别；它是有各种各样的程度和混杂的。

这四个特性足够区分出一类的意识状态，够特别，值得有个特殊名字，并需要细心研究。让它叫做神秘类的意识状态。

我们第二步应该是：知道些具代表性的例子。专业的神秘者，在他们发展到高度之时，往往有组织得很精致的经验并根据这种经验的哲学。可是你们记得我在第一讲所说的：要了解现象，最好将它排在它们所属的系列之内，在它的萌芽状态和过热而腐烂之状况研究它，并将它与它的过度的并退化的同类比较。神秘经验的范围是很广的，太广了，远非我们能在我们可利用的时间内所能说完。可是，按系列而研究这个方法，在阐明工作上极重要；所以假如我们真要得到结论，我们必须用它。因此，我要从不能自命有特别宗教意义的现象开始，而以极端自命有这种意义的现象终结。

神秘经验的最简单雏形，似乎是那种有时一个人一瞥得到的对一个格言或一个公式的意义领悟得更深之感。我们惊叹说："我听说这个听了一生，但从来没领会它的全部意义，一直到此刻才恍然大悟。"路德说："有一天一个僧侣念表示'我信有赦罪'这个教义的字句，我忽然对《圣经》得一种完全新的了解；并且立刻我觉得好像我更生了。这好像我发现乐园的门大敞开了。"[①]这种悟到意义更深之感不限于推理的命题。假如心境调节得对，单字，[②]字的组合，光线对大陆和沧海所引起的光景，香气和乐音，通通会激发这种感想。我们中大多数会记得我们小时候念的某些诗内的语句有非常感荡心灵的能力，好像是一条非理性的而可让事实的神秘与生命的朴野和沉痛潜入我们心里而激荡它的门道。对于我们，这些字此刻也许成了只是磨光的表面；但抒情诗和音乐有生气和有意义的程度，只看它能多少带来这些模糊的对一种与我们自己生活相连接的生活的眼界——这些眼界招请我们去追寻它，但又始终规避我们。我们对于艺术的常新的启示是敏感，还是不灵，要看我们是保存了，还是丧失了这种神秘感受性。

在神秘的等级上更进一大步，就到那一种极常有的现象，就是有时忽然来的感想，觉得"从前已经在这里过"（been here before），好像在某个不确定的已往时期，正在这个地方，正是对这些人，我们已经说过恰恰这些话。就像丁尼孙（Tennyson）所咏的：[甲]

"而且，有个使我感触
神秘的闪光的什么，存在或似乎存在，
像瞥然想起已忘的梦境——

"像瞥然觉得有什么，像在这里的什么；
瞥然想到什么做过的事，我不知在何地做过的；
那种没有言语能表示的什么。"[③]

古理顿·布朗医士（Sir James Crichton-Browne）将这些忽然袭来的模糊的回想意识[④]定个专门名称，叫做"如梦状态"（dreamy states）。这些状态使人起一种神秘之感，并觉得事物在形而上有两重性，并觉得知觉扩大；这种扩大很切近，但永不完成。依古理顿·布朗的意见，以为这些状态与有时发生于羊痫风发作之前使患者烦惑而惊吓的自我意识上的扰乱相类。我以为这位博学的精神病学家对于这一件根本不重要的现象所抱的见解未免大惊小怪到相当不合理的地步。他由这个现象，一层一层下去，到达了疯狂；我们的路径主要是一层一层上去。这种歧异，指明不忽视一个现象的关系的任何部分，是极要紧的；因为这个现象会随着我们将它置于何种联系而变成可称或可恨。

再深一些的神秘意识见于又一种如梦状态。像金司黎(Charles Kingsley)所描写的那种感情,当然是并非罕见的,特别是在少小之时:——

> "在我散步于田野之时,我一会一会地受一种起于内心的感想所抑压,这个感想就是觉得只要我能了解它,我所见的一切事物都有意义。并且有时这种觉得一身周围都是我不能领会的真理之感,简直成了不可形容的敬畏心。……难道你不曾觉得除了在少数的几个神圣化的瞬间之外,你的真正灵魂是你的心灵眼光所不能测的吗?"⑤

施门慈(J. A. Symonds)描写过一个更剧烈的神秘意识;并且大概能够由自己经验贡献同类的例的人比我们所设想的要多些。

> 施门慈说,"忽然地,在教堂里,或是在社交之中,或是在我阅书之时,并且我想总是在我的肌肉休息之时,我觉得这种心境来到。不可抵抗地,这个心境占据我的心思和意志,经过似乎无穷的时间,然后消失于一串很迅速的感觉之中,很像由麻醉药中醒来似的。我不喜欢这种入定状态的一个理由,是:我不能够对我自己形容它。就是现在,我也不能找到语言,将它说得明白。这种心境是空间、时间、感觉,以及似乎是赋予我们喜欢称为我们自我以特性的那种繁殊的经验因素之一种逐渐的,但速进的断灭。平常意识的这些条件减除愈多,觉到一种基本的或主要的意识之感就比例加强。最后,毫无余剩,只是一种纯粹的、绝对的、抽象的自我。宇宙变成了无形式并无内容的东西。可是自我还存留,就它的活跃的敏锐性说,是可怕的;它对于实在,觉得极尖锐的怀疑,好像要看到生命打

破，像一个包围它的泡沫破散一样。然后什么呢？顾虑到一种要来到的消散，严肃地深信这个状态是意识的自我的最后状态，觉得我已经追随生存的最后一条线，到了深渊的崖际，达到了永久的幻妄（Maya）之示证，这种感想又警醒我，或似乎又警醒我。回复有知觉的生存（sentient existence）之平常状态之时，最初是我先恢复触觉的能力，随后渐渐地，但迅速地熟习的印象以及日常的兴趣冲进来了。最后我觉得自己又是人了；并且虽然人生之谜还没有解决，我对于这个由深渊的回来——这个由这么可怕的对怀疑心境的神秘之领会解脱出来——觉得欣幸。

“这个入定状态越少越少地再现，到了我二十八岁就停止了。它使我正在生长的心感到一切助成纯乎现象的意识之条件都是幻妄。屡次，在我由赤裸的极锐感的生存的那个无形式状态醒来之时苦闷地自问，哪一个是虚幻的？——我才离开的那个烈火似的、空旷的、顾虑的、怀疑的自我呢，还是蒙住那个内我而构成一个血肉的习俗的自我的这些周围的现象与习惯呢？还有，人们是不是一个梦境的成分——他们正是在这种重要的瞬间证悟到这个梦境之梦幻的不实在呢？假如达到这个入定的最后阶段，那就怎么样呢？”⑥

像这样的叙述，确实有点带病态。⑦神秘状态的再次一步就到了另一界——好久以前，舆论和伦理哲学都排斥它，认为病态；不过私人的行为和某些流派的抒情诗似乎还证明它有理想性。我是指醉剂和麻药，尤其酒，所产生的意识。酒对于人类的势力，无疑是由于它能激发人性的神秘官能，这些官能通常是被清醒时期的冷酷事实和干燥批评所打得粉碎的。清醒状态减少，辨别，并且说“不”；但酗醉状态扩大，统合，并且说“是”。醉实际是强有力的激发人的“是”的功能的状态。它使酒徒从事物的冷冷的外围移到射热的中心。它使他在那顷刻与真理合一。人觅醉，并不是由于纯乎邪僻性。对于贫苦和无教育的人，它代替了交响乐和文学；并且，我们会立即认为绝好的境界的影像，只在于整个是极使人堕落的中毒作用的迅速过去的早期，才赐予这许多的人们：这实是人生的较深神秘和悲剧之一部分。醉的意识是一点点的神秘意识；并且我们对它的整个意见必须在我们对那个更大的神秘意识全部之意见内占有它的地位。

一氧化二氮和醚（Nitrous oxide and ether），特别是前者，假如将空气与它混合得够淡薄，非常会引起神秘意识。吸这种气的人觉得好像无限深远的真理披露给他。可是，这个真理，在醒来之顷就漫灭了，跑掉了；并且假如还留有似乎包含这个真理的语言，这些语言实际正是绝无意义。然而觉得曾经有过一种深意之感还持续着；并且我知道不止一个人相信在一氧化二氮的昏迷状态中，人得到一种真正的形而上的启示。

几年前，我自己对于一氧化二氮的麻醉的这方面作些观察，并且曾发表文字的报告。在彼时，我心上不得不作一个结论，并且我“以为那个结论是对的”这个感想至今还没有动摇。这个结论是：我们正常的意识，我们所谓理性的意识（rational consciousness），只是一特种意识，同时在这个意识周围，只有极薄的帷幔将它与这个意识隔开的，还有完全不同的各种潜在意识。我们可以活了一生，不猜到这些种意识的存在；可是只要加以所需要的刺激，它一触就全局呈现，它是种种确定的心态，大概总有地方是它们的应用并适应的范围。任何种对宇宙全体的叙述，将这些别种意识蔑视的，都不会是最后的定论。问题在于对这些意识要如何看法——因为它们与平常的意识很不相连接。可是，虽然它不能供给公式，但可以决定态度；虽然不能献出地图，但可以开拓领域。无论如何，它使我们不能将我们对实在太早结账。回看我自己的经验，这些经验通通归结到一种澈悟——我不能不认这种澈悟含有形而上学的意义。这个意义的关键总是一种和解。这好像世界的相反之事物——一切我们困难和烦恼都是由于它们的矛盾与冲突的——都融合为一。不特它们，被认为相对立的种（species）之时，归在同一属（genus）内，而且诸种中之一，更高更好的种，自身就是属，因而把与它相反者吸收而包纳在自身之内。我知道这样用普通逻辑的方式说，这是一句暗晦的话；可是我不能完全逃脱它的权威。我觉得好像它一定意指什么，有些像黑格尔哲学（the hegelian philosophy）所指的，只要人能够领会得更明白些。凡有耳朵听的人，让他们听吧；在我，活跃的觉得它实在之感，只在人工的神秘心态内来到。⑧

我刚才说到相信麻醉药的启示的朋友们。在他们，这种启示也是一种一元性的澈悟——就中，各种各样的其他（the other）似乎被吸收入其一（the one）之内。

> 这些朋友中的一个说："我们进入这个弥漫的精神之内，忘记了并被忘了，并由是每个都是一切，在上帝内。我们所根据的生活之外，没有更高的，没有更深的，没有别种的生活。'其一存留，其多变化并过去'；并且我们中个个都是那个存留

的一。……这是最后的。……像存在(being)那么确实(由那里来了一切我们的关切),满足(content)也那么确实,没有疑似、反衬或困难;由是我在一种孤寂中胜利了,感到上帝并非在上。”⑨

这个具有真正的宗教神秘的口气！我刚才引施门慈的话。他也有过一个由于哥罗芳(Chloroform)麻醉的神秘经验,我作如下的记载:

“窒息和闭闷过去了之后,最初我好像在完全空虚的状态之中;随后来了强光闪来闪去,与黑暗交替,并且我敏锐地看到房室内我四围的事情,但没有触觉。我想我濒死了,忽然间,我的灵魂觉得上帝明明在处理我,好像以强烈的私人对面的那样实在的方式操纵我。我觉得他像光似的流到我身上。……我不能够形容我那时所感到的出神的快感。后来当我渐渐由麻醉药力回过来之时,那个旧的觉得我对于世界的关系之感慢慢回复,新的我对于上帝的关系之感就慢慢消灭了。我忽然在我所坐的椅子上一跳地站起来,喊道,‘这太可恨了,这太可恨了,这太可恨了’,意思是我受不了这种幻灭。我随即把自己摔到地上,最后醒来,满头是血。喊那两个外科医生(他们正被吓坏),‘为什么你们不弄死我？为什么你们不让我死掉’？想想看;在那么久的无年月的出神状态中见到上帝,正是完全纯洁、慈柔、真诚并绝对亲爱的上帝之后,又发现究竟我并不曾得启示,只是受我的脑部的变态激动的欺弄！

可是,下列问题还存在:当我肉体对于外来印象麻木不仁之时承继平时的物质关系之感的那种内心见到实在之感,不

是妄想而是真实经验——这是否可能呢？在那瞬间，我见到有些圣徒说他们不断见到的，即上帝的不可云证而却不可怀疑的实在性——这是否可能呢？”[10]

由这个，我们就连到纯粹的宗教的神秘经验了。施门兹的问题使我们回到我在论“实有无形者”那个演讲中所引的例子，即关于忽然觉得上帝来临的经验。这种以这种或那种方式出现的现象并非罕见。

徒爱因君说：“我认识一个在我们警察局供职的长官。他告诉过我说：好多回，在他公退，晚上回家之时，他真切地根本地悟到他与这个无限的权力为一，并且这个无限和平之神把捉他，充满他那么厉害，好像他的脚几乎不能碰着路石上，他由于这个流入的潮流变得那么飞扬，那么快乐。”[11]

自然界的某些方相似乎具有特强的唤起这种神秘心境的能力。[12]我所搜集的显著的例子，大多数在室外发生。文学曾将这件事实记录于好多很美丽的篇段——例如，下文是由阿迷埃的《秘密日记》(Amiel's Journal Intime)引来的：

“我会再有那种往日有时来到我心上的奇异的遐想吗？有一天，在年轻时代，在日出时，坐在浮西倪(Faucigny)堡垒的遗址之中；又有一回，在山中，在正午阳光之下，在拉维(Lavey)上头，躺在一棵树下，有三只蝴蝶飞来；又一回，在夜间，在北海的荦确的岸上，我仰卧沙滩上，游目于天河，——这种伟大的、宽广的、不死的、生天生地的遐想，那时简直人够到星辰，人拥有无穷！神圣的瞬间，出神的时刻；在其时，我们的思想经过一世界一世界地飞翔，透过大谜，以像大海的呼吸一样广大、一样安静、一样深的气息呼吸，同穹苍一样澄清无际；……这是不可拒却的直觉瞬间，在其中，人觉自己同宇宙一样大，同神一样安静。……什么样的时刻，什么样的回忆呀！它们所留下的遗痕够使我们充满着信仰与热情，好像它们是圣神的降临。”⑬

下文是一段同类的记录，摘自梅森布（Malwida von Maysenbug）那个有趣味的德国的理想主义者的回忆录：

“我自个儿在海岸上，那时一切这些解放的并和解的思想洋溢于我心上；并且此刻像一度在好久以前在窦菲纳的阿尔卑山（The Alps of Dauphiné）一样，我起了冲动要跪下，这一回跪在无边的海洋，无量界的象征之前。我觉得我祈祷的诚恳，是我从来没有的，并且此时知道祈祷的真义，即由个别化的孤寂回到感到与万有为一的意识，跪下时是死者，起来时是不死者。地、天和海都共鸣，好像成了一曲广漠的包围全世界的和声乐。这好像一切已往的伟人的合唱在我周围。我觉得我自己与他们为一，并且似乎我听到他们致敬：‘你也属于能克服者的集团。’”⑭

惠特曼的那段为人传诵的语句，是这种偶然来的神秘经验之典型的表示。

“我信赖你，我的灵魂啊……
同我在草地上散荡，
将你的喉咙的塞子松开；……
我只喜欢这抚慰，
你的经活塞声音的微吟。

我想到有一回我们躺下，
那么透明的夏天早晨。
快快地起来并流布于我周围的，
是超乎一切世上的辩证的平静与知识。
并且我知道上帝的手就是我自己的诺言，
并且我知道上帝的精神是我自己的弟兄，
并且一切生世的人们也是我的弟兄，
并且这女人们都是我的姊妹和爱人，
并且宇宙的一个骨干就是爱。”⑮

我可以很容易再举很多的例子，但一个就够了。这一个是取自徒勒阜(J. Trevor)的自传。⑯

“有一天明朗的星期天早晨，我的太太和儿子们到马克勒斐(Macclesfield)的一神派的礼拜堂去。我觉得陪他们去是不可能的——好像假如离开山上的那阳光，走下到那里的礼拜堂，在这一时简直是件精神上自杀的行为。并且当时我觉得极需要我生活有新灵感与新扩大。因此，很不愿意地并闷闷地，我让我太太和儿子们走下到镇上去，而我却带我的手杖和狗更走上山去。在早晨的可爱和山与谷的美丽之中，我不久就消除去我的愁闷与悔恨之感。几乎一个小时，我沿向‘猫和小琴’(Cat and the Fiddle)的大路上走，随后又回来。在归途中，忽然间，没有预兆地，我觉得我在天堂里——一种内部的平静，快乐，安心的状态，强烈到不可形容，伴随着一种被沉浸在温暖的光耀之中的感觉，好像外部情境引来了内部结果似的——一种觉得超脱形骸之感，不过我周围的景物显得比前此更分明，更近身，这是因为我似乎置身于中的那种光明。这种深邃的情绪一直维持到我到家之时（虽是力量渐减），并且经过此后一些时间，才渐渐地消灭。”

这位作者又说曾经得了更多的同类经验之后，他此刻知道这种经验很清楚了。他自传内说：

“精神的生活，在过这种生活的人看来，是正当的；但是我们对于不了解的人能说什么呢？至少，我们可以说，这是一种从有这种生活的经验的人看来是曾被体验为真实的生活；因为在这种经验与人生的客观实在作最密切的接触之时，这些经验还依然与这个人并存的。梦境不能禁得这个试验。我们醒来就发现它只是梦。一个过劳的脑筋的乱想不能禁得这个试验。我曾经有过的这些最高的感到上帝在旁的经验是很少有，很短时的——是一闪的意识，逼迫我惊叫‘上帝在这里’的意识，或是得意与洞悟的状态，不那么强烈而只渐渐消失的状态。我很严厉地审问这些瞬间经验的价值。我并不曾对任何人提起它，为的是，怕我依靠仅是脑部的幻想建立我的生活与工作。可是，我发现经过回回审问与试验之后，这些瞬间至今还是我一生中的最真切的经验，而且是说明，辩护，并统一一切已往的经验和一切已往的发展的经验。其实，这些经验的真实性和它的广博意义不断变成越明白，越了然。在它来到之时，我是过最完满、最强烈、最健全、最深入的生活。我并不是在追求它。我所坚决追求的，是：更强烈地过我自己的、与我所知道是与世人的敌意的判断相反的生活。是在最实在的时机，真实的灵（the Real Presence）来临，并且我知道我在沉

浸于上帝的无边大海之中。”⑰

就是你们中最不神秘的人，到此刻，也必定相信有神秘的瞬间，其性质是一种完全特别的意识状态，并且相信这些状态对经历它的人们发生深刻的印象。一个加拿大的精神病学者勃克(Dr. C. M. Bucke)将这种现象中的比较显有特性的状态称为世界意识(cosmic consciousness)。他说，“世界意识，就它的比较显著的例看，不只是我们通通熟悉的那个自觉的心之一种扩大或伸展，而是从上增加的一种功能，这个功能与常人所有的任何种功能不同，就像自我意识(self-consciousness)与一种高级动物所有的任何种功能的不同一样。”

“世界意识的首要特色，是对世界之觉，觉到宇宙的生命与秩序。伴这个世界之觉而来的，就是理智上的豁然开朗；单单这个就可以使这个人升到一个新的生活阶层——会使他几乎成了一个新种的一分子。这个之上又加了一种道德的发扬状态，一种不可形容的高举、得意、并快乐之感，以及一种道德心的敏锐化，这个敏锐化完全同理智力的增强一样显著，并且比它更重要。与这些同来的，还有所谓不死之感(sense of immortality)，一种永生之觉，并不是相信他将来会永生，乃是觉得他已经永生。”⑱

引起勃克研究别人的世界意识的，是他本人所经验的一种典型的世界意识的突如来到。他把他的结论，叙在一部极有意味的书内，我由这部书摘录他对所经历的叙述如下：

“我同两个朋友，在一个大城里，同过一个晚上，阅读诗歌与哲学并加以讨论。我们夜半才告别。我坐了马车，坐了很长久，才到我的寓所。我的心思，深受由于阅读和谈话引起的那些观念、意象和情绪的影响，很恬静、安和。我处于安静的、几乎被动的享受心态，不是在当真思想，而是让观念、意象和情绪好像自动地流过我的心上。忽然间，并没有任何种预兆，我发现我自己包围在一朵火色的云彩里。有一顷刻，我以为是火，是那个大城内有一个近处大失火；过一会，我知道这个火是在我内部。立刻我感到一种喜悦，一种绝大的快乐，同时伴着或立刻跟着来了一种不可形容的理智上的开朗。除了其他事情之外，我不特只弄到相信宇宙不是由死物质构成的，反之乃是一种活活的神灵（a living Presence），而且见到是如此；我在自己内觉得永生。并不是相信我将有永生，乃是觉得我当时就是永生；我见到一切人都是不死的；世界的组织是使一切品物必定为每分子和一切分子的利益而合作的；这个世界的基本原理，一切世界的基本原理，是我们所谓爱，并且每分子和一切分子的幸福总归是绝对把得稳的。这个异见经历几秒钟，就消灭了；可是，它的记忆，和觉得它所教训的是真实的之感，一直经过此后二十五年依然存在。我知道这个异见所指示的是真实的。我已得到一种观点，由之我可以见到它一定是真实的。那个见解，那个信心，我可以说那个意识，始终没有失掉，就是在极深的忧郁之时期也还在。”⑲

我们现在对于偶发的这种世界意识（即神秘意识），已经看到很够了。其次，我们必须说到它的有计划的修习，这种修习是宗教生活的一个成分。印度教徒，佛教徒，回教徒，与基督教徒通通曾经有计划地培养这种神秘意识。

在印度，由太古以来，对于神秘的证悟之训练称为瑜伽(yoga)。瑜伽意指个人与神圣之实验的会合。它是靠着持久的练习；并且在各种不同教导瑜伽的系统中，膳食、姿势、呼吸、理智上的专注以及道德的训练稍微有不同。用这些方法充分克服他低级本性的蒙昧之瑜伽徒(yogi)，就进入所谓三摩地(samâdhi)状态，“并且直接见到任何本能或理性所不能知道的事实”。他悟到：

> “人心自己有一种较高的存在状态，超乎理性，一种超等意识的状态，并且到了心升到那个高级状态之时，这种超乎推理作用的知识就来了。……瑜伽的一切步骤，皆在用科学方法使我们进入那个超意识状态，即三摩地。……恰如无意识的活动在意识之下，同样另有一种活动，在意识之上，这个也没有为我的感情伴随着。……没有‘我’(I)的感情，可是心在活动，无欲望，无不安，无对象，无形体。由是真理射出它的全部光辉，并且我们自己知道(因为三摩地潜在于我们人人内)我们的真吾，自由，不死，万能，脱离有限界，以及它的善恶之对待，而与阿德门(即宇宙之灵)(Atman or Universal Soul)为一体。”[20]

吠檀多派(Vedantists)说人会不经过训练，好像偶然跌入超意识状态之中；可是，这种超意识不纯净。他们对于它纯不纯的标准，像我们对于宗教价值的标准一样，是经验的，就是：它的结果必须于人生有益，他们对我们断言在一个人出三摩地之时，他仍然是“澈悟了，是一个圣明者(sage)，一个先知，一个圣徒，他的整个性格变了，他的生活变了，明澈了”。[21]

佛教徒同印度教徒一样用“三摩地”这个名词；但他们用以指

高级凝神(contemplation)状态的名词是“禅”(dhyâna)。似乎他们认禅有四个阶级。第一级由于将心集中于一点。它排除欲望,但不排除识别或判断:它还是理智的。在第二阶级,理智的功能去了,满意的统一之感还在。在第三阶级,满意没有了,漠不关心开始了,同时有记忆和自我意识。在第四阶级,漠不关心、记忆和自我意识达到完满。〔在这里,“记忆”(memory)和“自我意识”(self-consciousness)到底何所指很可疑,这些不会是我们在低级生活所熟知的官能。〕他们说到更高的凝神阶级——在那境界,空无所有,凝想者说:“绝对无所有”,就默然了。随后他又到达另一境界,在那儿,他说,“无观念,也无无观念”,又停住了。随后又到另一境界,“到了观念与知觉(perception)的尽头了,他永远停住了。”这似乎还不是涅槃(Nirvâna),只是在此生内所能得到的最近于涅槃的境界。[22]

在回教内,苏菲派(the Sufi sect)与各个“得微士”团体(dervish bodies)是有神秘的传统的。在波斯,极古的时代就有苏菲派;因为他们的泛神主义与阿拉伯人的热烈的、硬性的一神教很不相容;所以曾经有人说苏菲主义一定是由印度的影响传染到回教的。我们基督徒对于苏菲主义知道很少,因为只有入会的人才知道它的秘密。为使你们相当真切地知道它的存在起见,我引一个回教的文件,此外就不再说了。

阿伽查黎(Al-Ghazzali),是波斯的哲学家并神学家,生存于十一世纪,他算做回教会的最伟大的学者之一,遗留了一部自传——基督教文献之外很少自传,这是其一。很奇怪,这一类书,在我们基督徒很多,而别教却那么少——对于纯乎从文献研究而知道基督教以外的宗教具有内心性的人，缺乏严格地个人的自白做材料，这是主要的困难。

石默德君（M. Schmöolders）曾把《阿伽查黎自传》的一部分译成法文：[23]阿伽查黎说：

“苏菲派的学术（Science）之目的，在于使心与一切非上帝之事物脱离，使它以存想神圣者为唯一任务。对我，理论比实行更容易，我阅读〔某些书〕到了我明白一切可以由研读并听说学到的事情。这样以后，我承认他们方法最特有的，正是研读所不能够领会到的，只是神往（transport）、出神与灵魂的变质。例如，知道健康、饱食的定义以及它的原因和条件，与实际上健康或饱食之间的不同多么大呀。知道酒醉是什么——一种由胃里起来的酒气所生的状态——与真是有效果地喝醉之间多么不同。无疑，醉人不知道醉的定义，也不知道所以使科学对醉发生兴趣的地方。醉人因为醉了，毫无所知；而医师虽是没醉，却知道很清楚醉是什么事，并知道使人醉的条件。同理，知道窒欲的性质，与真是窒欲或一己的灵魂超脱世俗这件事之间有种不同——这样，我前此学到了语言所能教的关于苏菲主义的；可是，其余的，不能由研读学到，也不能由耳朵学到，唯有由于投入出神状态并过虔诚的生活。

“省察我的情境，我发现我被好多羁绊绑住——四方八面的诱惑绕着我。考察我的学说，我见到在上帝眼中，它是不净的。我见到我自己尽力奋斗，以求尊荣，并流播我的声名。（此后他叙述他六个月中迟疑，不肯脱离他在巴格达（Bagdad）的生活环境，最后他病了，舌头麻木了。）随后，觉得我自己软弱，并且完全放弃我自己的意志，我皈依上帝，像一个遭难而毫无办法的人一样。上帝答应，就像他答应请求他的可怜人一样。我的心坎不再觉得舍弃尊荣、财富和子女有何困难。由是我离开巴格达；并且从我财富之中只保留我生存所必不可少的，把其余都布施了。我到叙利亚（Syria）去，在那里，我停留两年，不做别事，只是过隐遁孤寂的生活，克服我的欲望，攻击我的情欲，训练我自己去净化我的灵魂，使我的品格完善，预备我的心，使它可以存想上帝——一切按照我所读过的苏菲派的方法。

“这个退隐只会增加我要独居并完成净化我心使宜于存想这个欲望。可是，那时代的变故，家庭的事情，生存的需要，在某些方面使我的原始决心改变，使我要过纯乎孤独的生活的计划起挂碍。我并不曾完全入于出神状态过，除了几小时；可是我还保持可以达到这个状态的希望。每回偶然事件使我走入歧途，我就想法回头；并在这种情形之中过了十年。在这种孤寂状态之中，我得些启示，这些启示是不可形容，也不可指名的。我确实知道苏菲派教徒确实是在上帝的路径上走。在他们的行为并他们的不为，无论是内部的，外部的，他们总是受了由先知的源头射出的光明所照耀。一个苏菲徒的第一条件，就是将他的心洗净了一切非上帝的种种。凝神生活的第二关键在于由热烈的灵魂流出卑逊的祈祷，并对于完全吞没这个人的心的上帝存想。可是，事实上这个只是苏菲生活的开头，苏菲主义的煞尾是完全吸收于上帝。那些直觉和一切在前之事，好像只是让进入的人进去的门槛。从最初起，启

示来得那么昭彰的，至于苏菲徒在清醒之时看见天使和先知的灵魂在他眼前。苏菲徒听见他们的语音，并得到他们的情眷。随后神往状态由对于形式和相貌的知见进到不可名言的程度，没有人能想叙述而不使他的话陷于罪孽的程度。

“凡是没有神往的经验的人对于先知境界的真相，除了这个名字之外，毫无所知，可是他由于经验并由于苏菲徒所说可以确信有这种境界。就像有些人只有感觉官能，排斥以纯粹悟性的对象的方式呈献于其前的事物一样，也有理智的人，排斥并避弃由先知官能知觉到的事物。盲人除了他由记述和听说学来的，对于色彩毫无了解。可是上帝给人人一种与先知境界在要质上相似的状态，这样使人们更易于领会这种境界。这个状态就是睡眠。假如你告诉一个自己没有经验过这种现象的人，说有人有时昏过去像死人一样，并且他们〔在梦里〕却知觉到看不见的东西，这个人定要否认这件事〔并且说他的理由〕。可是，他的辩证会被实际经验所驳倒。因此，就像悟性是人生的一个阶段，在其中，人‘开眼’辨析各项为感觉所不能领会的理智对象；同样，在先知境界，视官受一种能发露理智不能见到的隐微东西和对象的光明所照耀。先知境界的主要性质只能被奉行苏菲派生活的人在神往状态中知觉到。先知具有你所有的德性中没有与之相似的德性；所以你绝不能够领悟它。人只能知道他所能领悟的事情，那么，你怎么能知道这些德性的真相呢？但是人由苏菲派的方法达到的神往状态，是像直接知觉，好像人用自己的手接触到东西一样。”㉔

神往状态的这个不可言传性，是一切神秘主义的精髓。神秘

的真理，对于有神往状态的人是存在的；但对于任何别人都是没有的。我已说过，在这方面，它像感觉给我们的知识，比像概念的思想给予的知识更像多些。思想，具疏远的并抽象的性质，在哲学史上，很常被人把它与感觉对照，认为不如后者。一句形而上学的常谈就是：上帝的知识不会是按步而进的，一定是直觉的，那是说，它的结构一定是照在我们自己称为直接感触的模型，比照命题与判断的模型的更多些。可是我们的直接感触除了感官所供献之外没有内容；而我们已见到，并且要再见到，神秘会强调地否认在他们神往状态所产生的真正最高的一种知识之中，感官有任何贡献。

在基督教会内，不断有神秘者。虽然多数这些人被人怀疑，但有些在权威的眼中得了好评。这些人的经验曾经被认为先例，并且曾经根据这些经验弄成一个法典化的玄秘神学系统——在这系统内，一切合法的事情都有地位。[25]这个系统的根据就是"祈想"或存想(orison or meditation)，用方法将灵魂提高到上帝所在。由练习祈想，可以达到较高级的神秘经验。很奇怪，新教，特别是福音的新教，似乎放弃在这方面的一切有方法的修习。除了祈祷会引起的结果，新教的神秘经验似乎几乎全是偶见的。一直等到医心家，才又把有计划的存想重介绍到我们宗教生活内来。

在祈想内要达到的第一件事，就是心要超脱外部感觉，因为这些感觉使心不能专注于理想的事物。像圣伊迓绰的"精神练习"(Spiritual Exercises)的那一类手册都教门徒用一组渐进的努力想象圣洁景象这个方法去排除感觉。这种训练的极点是一种半幻觉的单一观念状态(mono-ideism)——例如，一心只有幻想的基督形象。这种的感觉象,无论是实事的,或是象征的,在神秘主义内都担当重大的任务。[26]可是在某些例子,意象会完全消灭,并且在最高度的宗教喜乐中,它有消灭的倾向。在这时候,意识状态变成了不容许任何种语言上的形容的了。关于这一点,神秘的宗师是一致的。例如,十字架的圣约翰是最好的神秘宗师之一,就是这样描写所谓"爱的会合"(union of love)的状态;他说这个会合是由"暗的凝神"(dark contemplation)达到的。在这个会合,上帝满满渗透入灵魂,但是极隐微地,所以灵魂——

"找不到什么名词,媒介,或比较可以拿来表示这智慧的崇伟并充满它的那种精神感情的微妙。……我们得到这个神秘的对上帝的知识,并不是由我们心思在其他环境内利用的任何种意象,任何种感官表象。因此,虽然神秘的甜美的智慧被我们灵魂的最深处所极明白地领悟到,但在这种知识,因为不用感觉和想象,我们得不到任何形式或印象,也不能作任何种说明,或是供献任何种类似之例。设想有个人一生第一回看见一件东西;他能了解它,使用它,享受它。可是虽然它始终只是一件感觉到的东西,他不能用名目称它,也不能对旁人传达对它的任何观念。假如这件是超乎感官的,那么,他的无把它形容出来之能力,要多么更厉害!这是神圣的语言的特色。它越有生气,越亲切,越带精神性,越超乎感觉,它就越非内部与外部的感官所能表示,并且会使这些感官缄默。……由是,灵魂觉得好像处于广大而深邃的孤寂中,没有任何受造之物可以接近的孤寂,好像处于广漠无边的沙漠上,这沙漠越孤寂,就越有味。在那儿,在这种智慧的深渊里,灵魂由于它

从爱的领会之泉源所吸饮的东西生长起来，……并且知道，无论我们所用的名言多么壮伟，多么博学，假如我们想用它讨论神圣之事物，就是极邪恶，极无意义，极不正当的。”[27]

我不能够自命可以将基督徒的神秘生活的各别阶段详细告诉你们。[28]第一件理由，我们的时间不够；并且，我明说天主教书内所说的子目和名号，在我看来，似乎并不代表任何客观上明晰的事情。有这许多人，就有这许多心：我设想这些经验可以像个人的特性那样变异到无限度。

这些经验的知识方面，他们作为启示之时的价值，是与我们直接有关的，并且很容易用引述来证明“它们使本人觉得是深之又深的真理之启示”这个印象是极强的。圣脱利莎对于描写这种情形是无上的专家，所以我立刻转到她对于这种经验的最高的之一，即“会合的祈想”(Orison of union)所说的话。

圣脱利莎说：“在会合的祈想中，灵魂在对上帝这一面是完全警醒的；但对世俗的事物并对她自己是睡着的。在这会合持续的短期间，她好像失了一切感觉，并且纵使她要想，她也不能够想任何一件事。由是她用不着人工的方法来制止她悟性的使用：她的悟性始终是那么不活动，至于她不知道她爱什么，也不知她怎么爱，也不知道她志愿什么。简言之，她对于这个世界的事物是完全死了的，只活于上帝之中。……我甚至不知道在这个状态之中她是否还余下够使她呼吸的生命。我觉得似乎她没有这个，或是至少假如她实在呼吸，她也不知道这件事。她的理智固然很情愿对那正发生于她内部的事情得一些了解；可是因为理智现在力量那么小，所以不能起任何种作用。同样，昏迷很深的人显似死了的一样。……

在上帝提高一个灵魂而与之会合之时，他是这样把一切她的官能的自然作用停止的。假如她还与上帝在会合，她是看不见，听不见，也不了解。可是这个时期总是很短，并且似乎比实际还要短些。上帝在这个灵魂的内心巩固他的地位之状况，到了她醒来之后，要对于她曾经在上帝内，并上帝曾在她内这件事怀疑，那就成了完全不可能的事。这个真理对于她的印象始终很强，所以就是过了好多年，这个状态没有再来，她也不忘记她所受的情眷，也不能怀疑这种情眷的真实性。可是，假如你要问在会合之时，灵魂既是没有视觉，没有悟性，她如何能够见到并了解她曾经在上帝内，那么，我就回答说，她当时没有见到；在她醒来之后才见得明白，这并不是用视觉，乃是由于一种长留于她的而且是只有上帝能给她的确信。我认识一个人，不知道'上帝无所不在的方式必定是以存在，或以能力，或以要质'这件道理，可是经过得了我所说的神恩以后，深信这件道理，极其坚决，不可动摇。她信得那么深固，因之她去问一个半通的人，这个人对这点，同她未澈悟以前一样无知，他答说上帝只是由'恩宠'(grace)在于我们，她不信他的答话，她对于真实答案信得极深；并且到了她向更明哲的博士去问之时，他们就证实她的信仰，这件事使她得了慰安。……

"可是，你会再问，一个人怎么能够对于他看不见的事这样确信？这个问题，我无能力作答。这些是上帝的全能之秘密。我不能看透。我知道的，只是我是说真话；并且我总不会

> 相信任何没有这种确信的灵魂能真正与上帝会合为一。”[29]

可以由神秘方式表达的真理，无论是感觉的，或超乎感觉的，种类都很多。其中有些是关于这个世界的——例如，对未来的事情的先见，看出别人的心，忽然悟到文字的意旨，知道远方的事变；可是，最重要的启示是属于神学的或形而上学的。

> “圣伊迓绰有一天对雷纳僧长(Father Laynez)坦承，他在曼勒萨(Manresa)一小时的存想所教给他的关于天的事情的道理，比一切博士能教他的一切道理合起来还多。……有一天，在多明尼克派教堂的歌咏队的台阶祈想之时，他很清楚地见到神圣的明智在创造这个世界这事上的设计。在另一时期，在一个列队进行之时，他的精神为上帝而狂喜，并且上帝使他按适宜于世人的微弱悟性的方式与形象，观想圣洁三位一体(the holy Trinity)的深奥秘义。这个异像使他的心为极端甜美所充溢，所以后来只要记起这件事，就使他大流泪。”[30]

> 圣脱利莎也有相似的经验。她说，“有一天，在祈想中，上帝许我在一顷间觉悟一切事物见于并且包含于上帝之中的情况。我不是看见这些事物的真式，可是，我对它们的视觉是极其分明的，并且在我灵魂上留着活跃的印象。这个是主赐我的一切恩典之中最特殊的之一。……这个景象极深奥，极微妙，非悟性所能领会。”[31]

她接下去说明如何显似上帝是个庞大而极澄清的金刚钻，一切我们的行为都包藏于其中，包藏的方式，使得这些行为的罪孽性全部比从前任何时期都更明白。她说，在另一天，她在念阿达纳塞教条(the Athanasian Creed)之时，——

"主使我领会一个上帝如何能有三位(three Persons)。他使我见得那么明白,使得我不特非常安慰,也一样非常惊诧……。并且现在,当我想到圣洁的三位一体之时,或是听到它被说到之时,我了解这三位可敬的人格(Persons)如何合成唯一的上帝,并且我感到一种说不出的快乐。"

在又一个时期,上帝让圣脱利莎见到并了解圣母(the Mother of God)如何被升到她在天堂的地位。[32]

这些状态中有些,其愉快似乎超过在平常意识所觉到的任何事物。这种愉快明明含着机体感觉(organic sensibilities),因为它被称为一种太厉害、受不了的状态,并且极近似身体上的痛感。[33]可是,它是太深微、太锐利的快乐,不是平常语言所能表示的。表现它的词语,必须用到上帝的摩触,他的尖枪的刺伤,酒醉以及新婚的好合等类用语。在这些最高的出神状态,理智和感官都昏迷过去了。圣脱利莎说,"假如我们的悟性领受得,它是取一种它始终不知道的方式,并且它不能了解它所领受的任何事物,就我自己说,我不相信它实在领受,因为,如我说过的,它不了解它自己在领受。我承认它完全是个我迷失在内的神秘。"[34]在神学家所谓极乐(raptus or ravishment)状态,呼吸和血循环那么低微,因此博士们对于灵魂是否暂时脱离身体这个问题还没有定论。人必须阅读圣脱利莎的描写和她所作的很准确的区别,才可以使他自己相信这不是想象的经验,而是虽则罕见,却遵循完全明确的心理型的现象。

在医学的看法,这些出神状态只是由暗示和模仿来的催眠似的状态,起于一种智力上迷信的基地,以及肉体上退化和协识脱离

病的基地的状态。无疑，在好多例，并也许在一切例，都有这些病态。但是这件事实并不使我们知道它所引起的意识对启发知识有何价值。要对这些状态下价值判断，我们必须不以肤浅的医学之谈自足，进而探究它对人生的结果。

这些状态的结果似乎很繁殊。第一件，失知觉（stupefaction）似乎不是完全没有结果。你们也许记得可怜的玛丽·阿拉克在厨房内并在课堂内不知所措的样子。好多其他出神的人，假如没有崇拜他们的徒众的照料，一定会死亡。在性格本来是被动的，并且智力薄弱的神秘者，神秘经验所鼓励的"出世心"（other-worldliness）使他特别容易发生对实际生活过分超脱的状态。可是在天生心智与性格强壮的人，结果完全相反。那些西班牙的大神秘者，将出神的习惯弄到它常被练到的极高度，似乎大多数都表现莫能屈挠的精神与力量，并且因为他们恣意引起的入定状态，他们反而更加如此。

圣伊迓绰是个神秘者，可是他的神秘主义使他断然成了世上所有的最有实行力的人性机械之一。十字架的圣约翰，述到直觉以及上帝碰到灵魂的实质的"摩触"（touches），告诉我们说：

> "这些使灵魂增加丰富到可惊异的程度。只须这些中的一个就够把灵魂一生枉然要革除的某些缺点一下子就抹消了，并且使它装上美德并带上超自然的赠赐。这些陶醉人的慰安，只有一个，就可以做灵魂的在它生活内所受的一切辛苦之报酬——纵使这些辛苦无数，也可以。灵魂既然衣被着一种无敌的勇气，充满着一种热烈的要为它的上帝受苦的欲望，它由是忽然感到一种奇异的痛苦——就是怕不容许它受苦到

足够这个痛苦。”[35]

圣脱利莎说得一样强调，并且更详细得多。你们也许记得一段我在第一讲所引述的她的文字。[36]她的自传有好多相似的文字。在文献内什么地方有比她对于醒来后使灵魂留在更高级的情绪激动的某些出神状态的描写，更是显然真实的对于成立一个新的个人能力中心之记录呢？

“屡次，灵魂在出神之前衰弱并受可怕的苦痛，但由出神状态出来之时充分健康并非常宜于动作。……好像上帝发愿使已经服从灵魂的欲望之肉体须分享灵魂的快乐一样。……在这个恩眷之后，灵魂受那么大的勇气的鼓舞，简直是假如在那顷刻它的肉体为上帝之故粉身碎骨，它也只觉得最深切的舒适。是在这个时候我们心上起了繁富的许诺和英勇的决心，以及高超的欲望，并对世俗的恐怖，并明白觉得我们本来是无物之感想。……什么帝国可以与一个由上帝提升她到了的高峰，看见一切尘世的东西在她脚下，没有一件可以把捉她的灵魂的帝国相比呢？她对她从前的爱好觉得多么可耻呀！对于她的盲目多么惊诧呀！对于她认为还包围在黑暗内的人觉得多么真挚的怜悯呀！……她对于从前曾喜欢荣誉，并对于使她曾把世俗所谓荣誉认做荣誉的错觉叹息。现在她从荣誉内只看到世人始终受骗的一个大谎话。她由从上方来的新光明发现在真正荣誉内没有一点假的，忠于这个真荣誉在于对真真值得尊敬的致敬，而且将一切会消灭并不合上帝意旨的事物认为虚无，或还不及虚无。……当她看见严正的人，祈想的人，会要荣誉品级，就笑——她现在对这些感到极深的鄙

视。他们假装这样行为，才与他们的品级的体面相合，并且，这样使他们更有益于旁人。可是她知道假如他们为纯乎爱上帝而轻视他们品级的体面，他们在一天内所做的好事，会比他们保留这种体面之时在十年内所做的更多。……她对于她生命内会有一个时期考虑到钱，并要钱这件事自己笑自己。……喔！假如人类只一起同意认钱竟是无用的泥土，那么，世上会多么和谐呢！假如人类对于荣誉和钱财的关切消灭于世上，我们彼此相待会通通多么友谊的呢？就我自己说，我觉得好像这是可以医治一切人类的祸患的。”㊲

因此，神秘的状态使得灵魂在这些状态的灵感所倾向的那些方面更加勇往。可是只在这种灵感是对的之时，这才可以算做利益。假如灵感是错误的，精力就更是妄用并妄发的了。所以我们又一度要面对那个在论圣徒性的演讲的末了所遇的对于真妄的问题。你们会记得我们转到神秘主义，正是要对于真妄问题得些光明。神秘状态能不能证明圣徒生活所由起源的那些神学性的感应是真实的呢？

神秘状态，虽是否认可以由语言来把自己形容出来，大体说，表示一种相当明划的理论趋向。我们可能将它们大多数的结局用指示确定的哲学倾向的名词表示出来。这些倾向之一是乐观主义(optimism)，其他是一元主义(monism)。我们由平常意识进入神秘状态，好像由一个较少的到一个较多的，由一个狭小的到一个广大的，并且同时好像由一个不安的到一个安静的状态。我们觉得神秘状态是调和的、统一的状态。它激引我们的“是”的功能，比激引“不”的功能更多些。在这种状态之中，无限吞没了界限，并且和平地把账目结束了。它对于你们提出的认为可应用于最后真理的个个形容词(奥义书 the Upanishads 说,他、自我、阿德门只可用"不！不!"来形容[38])都否认;虽然这在表面上好像是"不"的功能;但这种否认正是为一种更深的"是"而发的否认。任何人把绝对(the Absolute)称为任何特种事物,或是说它是这个,似乎隐隐否认它会是那个——好像他把绝对减少了。所以,我们否认这"这个",把我们以为它所含有的否定再加否定,其实是为魔住我们的那个高级的肯定态度起见。基督教的神秘主义的泉源是阿略巴格的狄奥尼修斯(Dionysius the Areopagite)。他完全用否定词形容绝对真理。

> "一切事物的原因既不是灵魂,也不是理智;它也没有想象,没有意见,没有智力;它也不是理性或智力;它不是说出的或想到的。它既不是数,也不是序,也不是量,也不是微小,也不是平等,也不是不平等,也不是相似,也不是不相似。它不立,不动,也不息。……它不是精素,不是永存,也不是时间。就是理智的接触也不是它所有的。它不是科学,也不是真理。就是王德(royalty)或明哲,它也不是;不是一;不是统一性;不是神圣或善;就是我们所知之精神,也不是",诸如此类,可以任便说下去。[39]

可是,狄奥尼修斯否认这些形容词,并不是真理不及它,乃是因为真理比它好得无限。真理是超过它们。真理是超光明,超显赫,超精要,超宏伟(super-lucent, super-splendent, super-essential, super-sublime),超过个个可以名言的性质。就像黑格尔(Hegel)在他的逻辑内一样,神秘者走到真理的正极(positive pole)，只是用“绝对否定的方法”(Methode der Absoluten Negativität)。[40]

由是，神秘的著作中有许多诙诡的词语：例如埃克哈特(Eckhart)说到上帝的寂静沙漠，“在那儿，始终不见到差别，不是圣父，圣子，也不是圣神(Neither Father, Son, nor Holy Ghost)。在那儿没有一个安居着，但是在那儿，灵魂的火花比在它自己内更安静。”[41]又如柏默(Boehme)形容原始的爱(Primal Love)说，“它可以很相宜地与‘无有’(Nothing)相比，因为它比任何有(Thing)都深些，并且对于一切有，像无有，因为任何有都不能领会它。并且，因为它不是任何一个，因此它超脱一切有，而是那个唯一的善——这个善，人不能说出它是什么，因为没有与它可以比较的东西可用以表示它”。[42]或是如西勒瑟(Angelus Silesius)所歌的：

“上帝是个纯粹的无，没有现在，
也没有这里接触着它；
你越要抓住它，它就越摆脱你。”[43]乙

与理智将否定作为进于更高的肯定这个辩证的用法相应的，就是在个人意志的领域内最微妙的道德方面。因为在宗教经验内，人发现否认有限的自我与其需要，即这种或那种的苦行，是唯一的进到那更大的更有福的生活的门径；所以在一切神秘的著作内，这个道德的神秘与这个理智的神秘互相纠结，互相联合。

柏默(Behmen，即 Boehme)接下说，爱是无有，因为“当你完全由那受造物并由有形物出脱而变成对于一切是自然和受造物者等于无有之时，那么，你就在于那个永存的一，这个‘一’就是上帝自身，并且你会在你的内心觉得爱之最高美德。……灵魂的至宝是在于她由某个有进到无有的地方,一切物都是无有做成的。灵魂在这里说,'我毫无所有',因为我是完全被褫剥而赤裸着;'我不能做一点事',因为我没有任何种权力,而是像水那样倾泻出来;'我是无有',因为我只是存在(Being)的一个影像,并且对于我,只有上帝是'我在'(I am)。所以,坐在我自己的虚无性内,我归荣耀于永存的存在,并且我自己'毫无志愿',使得上帝可以志愿在我内的一切,上帝对于我,是我的上帝和一切事物。"[44]

用保罗的语法说,我活着,但不是我活,乃是基督活在我内。只有我变成无有,上帝才会进来,他的生活与我的生活之间才没有剩下任何差异。[45]

这种把个人与"绝对"间的一切寻常的界限消灭,是神秘的伟大成绩。在神秘状态内,我们与绝对成为一体,并且又做到知道我们的这种合一。这个是永存的并胜利的神秘传统,几乎全不受地域或宗教的差别所改变。在印度教,在新柏拉图主义,在苏菲主义,在基督教神秘主义,在惠特曼主义,都是同一调子的再现。因此神秘的言语表示有一种永久的全场一致性,这个一致应该使批评者三思,并且,如已说过的,使得神秘主义的名著没有出生日的区别,也没有出生地的区别。这些名著的言语,永远是说人与上帝一体;这种表示比所有语言都更古,并且这些名著总不会变成陈旧。[46]

《奥义书》说,"那是你"! 而吠檀多派加上去说:"不是那个的一部分,也不是它的一方式,而就是那个,世界的那个绝对的精神。""恰像倒于清水中的清水还是一样,乔答摩呵(Goutama),一个知道的思想者的自我(self)也这样。水里的水,火里的火,以太(ether)里的以太,没有人能分别出来;一个其心入于自我的人也同样。"[47]苏菲主义者谷山喇兹(Gulshan-Raz)说,"个个心坎不再受任何怀疑,摇动的人确知除了唯一,没有存在者。……在他的神圣的宏伟性之中,见不到'我','我们','你';因为在这之内,不会有任何分别。个个消释了并完全超脱了他自己的人,听到在他外部有这个语音并这个回声响着,就是:'我是上帝':他有一种永在的生存方式,并且再不会死。"[48]普罗提诺(Plotinus)说,在知见上帝时,"知见的不是我们的理性,而是一种先于并高于我们理性的作用。……这样知见的人并非正常地看见,并不分别或想象两个东西。他变化,他不再是他自己,不保存他自己的一点什么。吸收于上帝中了,他与上帝只成一个,就像一个圆的中心与别个圆心相印合一样。"[49]苏素写道:"在那里,精神死去,然而又完全活在上帝的奇迹之中。……并且消灭于光荣而炫耀的暗昧和赤裸而单纯的统一之静穆之中。正是在这个无方式的不知何许(where),找到最高的福祉。"[50]西勒瑟的诗又说:"我是像上帝那么大,他是像我那么小;他不能在我上,我不能在他下。"[51]丙

在神秘主义的文字内,像"炫耀的暗昧","低语的静默","繁荣的沙漠"(dazzling abscurity, whispering silence, teeming desert)这类自相矛盾的话语是不断碰见的。这些证明我们见到神秘真理的最好媒介不是概念的语言,而是音乐。好多神秘的经典其实几乎只是乐曲。

"要听到那陀(Nada)的语音,'那个无声之声'(the soundless sound)并领悟它之人,他必须知道陀罗那(Dhâranâ

> 义为执持)。……当在他自己看来,他的形象显得虚妄,就像一切他梦中所见的形象醒来显得虚妄一样;当他不再听见那多数,他可以认到那个一(the one)——那个抹消外部声音的内部声音。……因为在那时,灵魂会听见,并且会记忆。而且在那时,静默之声(The Voice of the Silence)会对内部的耳官说话。……并且此刻你的自我没于自我之内,你自己对于你自己,沉浸于那个自我,由那个自我,你第一次实际辐射。……看呀!你变成了那个光,你变成了那个声,你是你的主人并你的上帝。你自己就是追求的目的:那个不断之声,万古回响的,解脱变化,解脱罪孽,七个音在一起,那静默之声'唵[illegible]萨'(Om tat Sat)。[52]

这些话,假如在你听受之时不使你发笑,那么,大概它是拨动了你内心的音乐与语言同其感触的音弦。音乐所给予我们的本体上的意蕴(ontological messages),是非音乐的批评所不能反驳的,虽是这种批评可以笑我们留意这类意蕴为愚昧。人心有个边界,是这些东西常萦绕的;并且从这个边界来的低语与我们悟性的作用混合起来,恰如无边大海将水波冲到我们海岸的石卵而起浪花一样。

> "在这里,那直到世界尽头
> 　　才尽的大海开始。
> 在我们站着的地方,
> 假如我们知道划在这些闪光的波浪
> 　　之外的第二个更高的海浪
> 我们就知道人类自古所未知,

人眼自古所未察的……
啊，然而在这儿，心的心在跳，
挟着冒险的喜乐而渴望那幽暗，
由那此外无岸的岸，
整个大海冲来。"[53]丁

例如，"永世(eternity)是无时间的(timeless)"，以及"假如我们生存于永世之中，我们的'不灭'(immortality)与其说是在将来，不如说已在现在世上"这种为当代某些哲学界常常表示的主张，从那个由那神秘的更深层涌上的"听呀，听呀"？(hear，hear)或"实心所愿"(amen)得到它的援助。[54]我们听到进入神秘界的口号之时我们会认得，可是我们自己不能使用这些口号；只有神秘界自身保守住"这个原始的口号"(the password primeval)。[55]

我现在已经对于神秘这一类的意识的一般特性作个概说。这概说极简短，极不充分。但在我所能利用的短时间内，我力求公平。神秘意识，大体说，是泛神主义的并乐观的，或是说，至少是与悲观(pessimism)相反的。它是反自然主义的(anti-naturalistic)，并且与二度降生心态和所谓出世心态最相合。

我的第二步工作，是要穷究到底我们能不能认神秘意识是有权威的。它是不是证明它所倾向的二度降生心态和超自然性并泛神主义是真实的呢？我必须对这个问题作尽量简明的答复。

简言之，我的答复如下，——我把它分做三部；

(一)神秘状态，在充分发展之时，通常是，而且有权利作为，对于经验它的个人绝对有权威的经验。

（二）这些状态并不发生什么权威，能使立于其外之人也有不评审就接受它的启示之义务。

（三）这些状态把只根据悟性和感官的非神秘的（即理性的）意识的权威打倒。它们指示后种意识只是意识之一种。它们披露其他种类的真理也可能——在我们内心有个什么对这类真理作根本的反应这个范围内，我们可以自由地继续相信它。

我要将这三点逐一说明。

一

就心理学的事实说，显著的并浓重的神秘状态通常是对于有这种状态的人们有权威，[56]这些人是"过来人"，因而他们知道。理性主义要埋怨这件事，也是枉然。假如一个人见到的神秘真理被事实证明是他能够倚之生活的一种力量，我们属于大多数的人有什么权可以命令他按另一方式生活呢？我们能把他关在监狱里或疯人院里，可是我们不能改变他的心思——通常我们只会使他的心对他的信仰更加固执。[57]事实上，它使我们的极端努力成为徒劳，并且在逻辑上，它绝对逃脱我们的法权。我们自己的更"合理的"（rational）信仰所根据的证据，同神秘主义所引为他们的信仰的证据刚刚相同。那就是说，我们的感官为我们保证有某些事态；可是神秘经验对于有这种经验的人是直接知觉，也像任何感觉对我们是直接知觉一样。记载上指示纵使在这些经验，五官是停止作用，它在认识上的性质（epistemological quality）是绝对感觉的（sensational），那就是说，这些经验是似乎直接存在的事实之当面呈现。

总而言之，神秘主义者是莫之能伤的(invulnerable)；无论我们高兴不高兴，我们必须让他们享受他们的信条，不受侵扰。托尔斯泰说，信仰是人类所以为生的。而信仰状态(faith-state)与神秘状态是实际上可以交换的名词。

二

可是，我要接着就说，假如我们是局外人，私人没有感到神秘的来临，那么，神秘者没有权利要求我们也应该接受他们特有的经验的意旨。他们能在今生对我们要求的，最多也不过要我们承认这些经验建立一个或然的理由(presumption)。它们成了一个公论，并且有一种不模棱的结局；神秘者会说，假如这种一致的经验被事实证明为完全错误，那就奇怪了。可是，到底这只是抬出数目做辩证，像理性主义在相反方向抬出的辩证一样；而数目的理由是没有逻辑的力量的。假如我们承认数目的辩证，就只是因为"隐示的"(suggestive)的理由，而不是因为逻辑的理由；我们顺从大多数，是因为这样做法便宜于我们的生活。

可是，就是这个依据神秘者一致的或然理由，绝不强。把神秘状态的特性认为泛神的，乐观的云云，我怕我把真相过于简单化。我所以如此，是因为便于说明，并且更切近古典的神秘传统。现在必须承认古典的宗教神秘主义只是一个"特权的例子"。它是一种提精(extract)，是由于专拣最适宜的实例并把它保存在"宗派"(schools)内，才使它符合于类型。它是由个更大的集团挖出来的；假如我们把这个大集团，像宗教的神秘主义在历史上重视它那样重视，我们就发现所谓一致大部消灭了。第一件，就是宗教的神秘主义，那种积累传统并成立宗派的神秘主义，也比我所说的更不一致得多。在基督教会内，神秘主义就又是苦行的，又是纵乐到破戒的地步的。[58]神秘主义在数论（Sankhya）哲学是二元的，而在吠檀多哲学是一元的。我把神秘主义称为泛神的；可是西班牙的大神秘主义者决不是泛神主义者。他们除了很少例外，是不具形而上学的思路的，他们认"人格这个范畴"（the category of personality）是绝对的。在他们看来，人与上帝的"会合"（union）像一个偶有的神迹，比像原来的同一还更像得多。[59]除开他们共有的快乐之外，惠特曼、喀喷脱、哲伏黎（Richard Jefferies）和其他主义的泛神论者的神秘主义，与比较特殊于基督教的那种神秘主义多么不同！[60]事实上，神秘的扩大，会合，并解脱之感，没有它自己特有的任何种理智的内容。只要哲学和神学能在神秘主义的间架内为它的特有情怀找到地位，神秘之感可以与极不同的哲学和神学所贡献的材料结合的。所以，我们没有权利抬出它的威望，认为特别维护任何特种信仰，无论是世界的绝对具理想性（absolute idealism），或是它的绝对一元的同一性，或是它的绝对善性。神秘之感只是相对地倾向于一切这些信仰——它由共同的人类意识出来，朝这些信仰所在的方向去。

这是关于宗教的神秘主义本题的话。可是，还有许多话要说，因为宗教神秘主义只是神秘主义的一半，那一半除了论疯狂的教科书所供给的以外并没有累积下来的传统。翻开任一种这类教科书，你都会找到很多的实例，说到"神秘观念"（mystical ideas）是衰败的或迷妄的（enfeebled or deluded）心态的特有症象。在妄想狂（delusional insanity 有时称为 paranoia），也许有一种魔祟的（diabolical)神秘主义，好像颠倒了的宗教的神秘主义。同样的觉得极小的事情有不可言状的重要之感，同样的经文和词语忽现新意义；同样的不见人的语音，异象，以及种种指点和使命；同样的觉得由外部势力的驱使；只是在这些疯人，情绪是悲观的：我们看不到慰安，却看到忧郁，意义都是可怖的；并且来到的势力都是与人生为仇的。古典的神秘主义与这些低级神秘主义，从它们的心理机构看来，明明是发源于同一心理阶层，都是出于科学才承认其存在，而实际知道很少的那个宏大的意识阈下的，或意识边外的区域(subliminal or transmarginal region)。那区域包藏着各种各样的内容："天使和恶蛇"(seraph and snake)一齐住在那里。由那里来，并不是不会错误的证件。来的必须受精选受考验，并且必须与前后经验的全部相对证，就像由外部感官世界来的一样。假如我们自己不是神秘者，由那个区域来的必须用经验的方法证实。

所以，我再申说，非神秘者并没有义务要承认神秘状态有一种由它们的本性赋予的高级权威。[61]

三

可是，我也再申说，神秘状态的存在把非神秘状态自命为对于我们可以信仰的道理之唯一的最后独裁者这个立场打倒了。通常神秘状态只是对意识的平常的外部资料加以一种超乎感觉的意义。这些状态是像恋爱或野心这一类情绪，是对我们精神的赠礼；已经客观地在我们之前的事物，由于这种赠物，得到新增的深味，并且与我们的活动的生命作个新联系。这些状态并不与这些事实自身相反，也不否认任何项我们感官直接领受的事物。[62]在这个争论中是充否认者的角色的，毋宁是理性主义的批评家；而且他的否认是没有力量的；因为假如人心升到更广包的观点，永远不会有什么事态不可以真正地加上新意义的。难道神秘状态不会是这种较高观点，人心由之可以览观一个更广大更丰富的世界之窗牖吗？这一定永远是个未解决的问题。由不同的神秘的窗牖所看的景物的不同，不一定使我们不能作这个假定。如果那样，不过是这更大的世界实际也像这个世界的性质，有种混杂的结构罢了。它就也有它天堂似的并地狱似的区域，它的诱惑的并救度的要素，它的真正的并冒充的经验，就像我们这个世界有这些种种一样，可是，无论如何，它总是个更大的世界。我们得要用选择、统属、替换这些方法去利用这个世界的经验，就像我们在这个平常的自然主义的世界惯常做法一样。我们会陷于错误，就像我们现在会错误一样；可是，将那个更大的广包意义的世界算入数，并且正经地与它交涉，无论这个做法多么会使人烦乱，却是在我们要接近最后的完全真理之途程上的不可少的阶段。

我想，我们得要将这个题目这样结束。固然，神秘状态并不行使单单由于它是神秘状态这件事得来的任何权威。然而这种状态中比较高级的实是指到就是不神秘的人也倾向的宗教情操的方向。它们表示理想是至高的，表示广博，表示统合，表示安全，表示平静。它们给予我们一些假设（hypotheses）——这些假设，我们也许可以故意不理会，但我们从思想家的立场说，不能够推翻的。它们要使我们相信的超自然主义和乐观主义，无论这样或那样阐释，毕竟是对这个人生的意义的最真实的澈悟。

"呵，多那么一点，它就多么多，少那么一点，多少的世界就都去了！"也许这一类的可能和允许，是宗教意识所需以维持不绝的全部资粮。到了我的最后演讲，我将要尝试使你们相信实际是如此。可是，此刻我确信由好多读者看来，当前的膳食未免太不腆。你们会想，假如超自然主义和与神圣者的内心会合是事实，那么，应该不仅是允许我们信，而是非信不可。哲学始终自命能用非信不可的辩证来证明宗教的真理；并且建立这一类哲学的工作，始终是宗教生活的一个偏好的功能，假如我们所谓宗教生活是指那较大的历史上的意义。可是，宗教哲学是一个庞大的题目；所以在下一个演讲，我只能作时间限度容许我作的那样短短的瞥看。

① 纽满(Newman)的"Securus judicat orbis terrarum"是又一例子。

② "Masopotamia"这个字(地名)是常说的滑稽例子。——一个很好的德国老太太，从前曾作过相当程度的旅行，常常对我说她还要到"Philadelphia"，因为这个奇妙的地名始终萦绕着她的想象。有人说：对于约翰·福斯特(John Foster)"单字(例如 Chalcedony 义为蜡石英)，或是古代英雄的名字，对他有一种强烈的魔力。在任何时候，'hermit'(义为隐士)这个字会使他心荡神移。'woods'(义为丛林)和'forests'(义为森林)这些字会使他起强烈的情绪"。来兰德，《福斯特传》(Ryland，Foster's Life)，纽约版，一八四六年，第三页。

③ 见《那两个声音》(The Two Voices)。丁尼孙在一封给布拉德君的信内对他自己这样说：

"我从来不曾有过任何种由迷药引起的启示，但我有一种醒时的入定状态(waking trance)——我用这个名词，因为没有更好的名字——我是常常有的，一直从少小时候起，发生于我独自一个人之时，这个是由于默念我自己的名字，到了最后，忽然好像由于个性意识的强烈，个性自身似乎消散，冲淡而成了无限的存在，并且这不是一种纷乱的状态，而是最明晰的状态，确实又确实的，完全超乎言说——在这个状态，死是几乎可笑的不可能之事——人格的消灭（如其是消灭）似乎不是灭亡，而是唯一的真正的生命。我对于我这个微弱的描写自愧。难道我不是已经说过这个状态是完全超乎言说吗？"

丁陀勒教授（Prof. Tyndall）在一封信内，述到丁尼孙对这个状态说过："天哪！这事并不是幻妄！它不是混沌的出神状态，乃是一种超绝的奇妙之状态，同时心里绝对清明。"《丁尼孙言行录》（Memoirs of Alfred Tennyson）第二卷第四七三页。

④ 见于《医针杂志》（The Lancet），一八九五年七月六日及十三日两期，复印本称为《卡文迭士演讲——论如梦的心态》（Cavendish lecture on Dreamy Mental States），伦敦，白依哀书店（Bailliére），一八九五年版。这种状态，新近心理学者颇多讨论。例如，柏纳·勒罗伊（Bernard-Leroy）《误认错觉》（L'Illusionde Fausse Reconnaisance），巴黎，一八九八年版。

⑤ 《金斯黎传》（Charles Kingsley's Life），第一卷第五五页，殷芝：《基督教的神秘主义》（伦敦，一八九九年）第三四一页引。

⑥ 菩朗：《施门兹传》（H. F. Brown：J. A. Symonds，a Biography），伦敦，一八九五年，第二九至三一页，节录。

⑦ 古立顿·布朗（Crichton-Browne）明说，施门兹的"最高神经中枢多少被这些如梦的心态弄到衰弱或损伤——这些状态，使他受苦很厉害"。可是，施门兹，就他大脑在多方面的效率说，是个完全的怪杰，并且批评他的人对于这个奇怪意见并不提供任何种客观根据，只是说他有时埋怨自己疲倦，并不确知他自己一生的使命这是一切敏感的并大志的人都埋怨的。

⑧ 黑格尔的整个哲学，都被那种觉得有个完满了的存在（Being）将一切它的"其他"都吸收入它自身内之感占据着——黑格尔的读者之中，什么人会怀疑不以为他有此感一定是因为在他的意识内，像这种的神秘心境很显著（在大多数人，压在意识阈下）呢，这个感想完全是神秘意识的特性，并且使黑格尔的理智去担当将它说出来这个工作的，一定是神秘情感。

⑨ 布拉德：《迷药的启示以及哲学的精义》（Benjamin Paul Blood：The Anaesthetic Revelation and the Gist of Philosophy），纽约，阿姆斯特丹（Amsterdam N. Y.）一八七四年，第三五、三六页。布拉德君曾经几次在私人印

行并在阿姆斯特丹自己分发的一本具稀有的文学品质的小册子中预示这个迷药的启示。有一个哲学者克拉客(Xenos Clark)在一八八〇几年间很年轻就死在阿默斯脱(Amherst)的,知道他的人都很惋惜;他也为这种启示所动。他曾写信给我说:“第一,布拉德君与我同意以为这个启示无论如何,不是情绪的,这是完全平淡的。如布拉德君所说的,它是见到‘唯一的充分的使人见到何以,或不是何以而是如何,现在被过去推进而又被未来之真空所吸进去这种澈悟。它的不可避免性,使一切要停止它或说明它的企图都失败。它全是前例与预想,并且对它的疑问总是太晚。它是过去的开头(initiation of the past)’。真正的秘密一定是‘现在’继续从它自己开剥出来,可是始终逃不去,其实,是什么使生存(existence)继续开剥呢?任何事物的形式的存在,它的逻辑的定义是静止的。从纯乎逻辑看,个个问题都含有它自身的答案——我们只把我们挖出来的污泥填满这个空洞。为什么二二是四?因为,其实,四就是二二。这样,逻辑不能从生命寻到推动,只是寻到运动势。它走,是因为它在走。可是这个启示增加了这个,就是:它走,因为它在走并已在走。好像你在启示中环绕着你自己走。通常的哲学像是一只猎狗追着它自己的路迹走。它越追赶,它就要走得越远,并且它的鼻子始终不能追到它的脚跟,因为鼻子总是在脚跟之前。所以现在已经是过去的结论,而且我总是太晚,不能了解它。可是,在由迷药醒来那顷刻,正在那时刻,生命未开始之先,我瞥见(比方说)我的脚跟,瞥见永古的过程正在开始。真相是这样:我们走了一条在我们起程之先已经完了的旅程;并且哲学的真正目的完成,不在我们到达我们目的地之时,而在我们停留在那儿之时了(因为我们已经在那儿了)——这件事在我们停止我们的理智上的盘问之时可以由代替方式在整个人生内发生。那就是何以在我们察看这个启示之时,它呈现笑脸。它告诉我们说,我们始终是太晚了一秒钟就是了。它说,只要你知道秘诀,你就能够吻你自己的嘴唇而独自享受。假如你就停留在那里,到了你绕到它,这事就十分容易。为什么你不用一种方法做到这个呢?”

倾向辩证法的读者对于上文这个混杂的话,至少会认为克拉客君所说到的那个思想区域是熟悉的。布拉德君在他最近的名为《丁尼孙的入定状态和迷药的启示》的小册子内,把它对人生的价值作如下的描写:

“迷药的启示就是人的悟入存在的公开秘密之自古以来的神秘(The Immemorial Mystery of the Open Secret of Being)。这个神秘，被启示为不可避免的连续性的旋涡(The Inevitable Vortex of Continuity)。不可避免这个名词极对。它的动机是内在的，——它是必须发生的事，它不是为任何爱或憎，也不为乐或哀，也不为好或坏。终止、开始或目的，它全不知道有这些。

"它不贡献关于事物的繁多和变异的任何细情；可是它将对于历史的和神圣的之领略，满加上一种世俗的并极体己的对于生存之性质与动机之洞悟，这种洞悟由是好像是回想的，好像它已现，或将要现，于个个参与这种洞悟之人那样子。

"虽然它的严肃最初使人吃惊，但立刻变成当然的事——那么老式的，并那么类似已成谚语的，所以它引起大喜而不引起恐怖，并且引起一种安全之感，即感到与原始的及普遍的为一。可是没有语言能够表示身受者那样非常确信他是在经验原始的亚当式的对人生的惊奇心态。

"这个经验重复了，还总是一样，并且好像它不可能会是别样子。经验的人回复他的正常意识之后，只是部分地断续无常地记起它的发生，并想说定它的难解的意义——只遗留一个慰情的感想，就是：他知道了最古的真理，并且他不再要人的关于人类的起源、意义或命运的学说。他在'精神之事'(spiritual things)这方面是无须受教的。

"这个教训就是中心的安全之教训：天国(The Kingdom)是在内心。一切日子都是审判日：可是并没有转过危机的关于永古的目的，也没有关于全部的任何计划，天文学家扩大他度量的单位，因而把长行的纷乱人意的数字缩短：同样，我们可以把事物的使人分心的繁复性简约成为我们每个人所代表的单一性。

"自从我知道了这个之后，它是我的精神上的支持者。在我的第一次印行说到它的册子，我宣称：'世界不再是人们告诫我的那种外来的恐怖。我的灰色的鸥鸟轻视那些云罩的并还闷热的、很新近有耶和华的雷轰了的城堞，不管日没，还扬起翅膀，并且用无畏的眼睛飞过暗昧的路程。'而且现在，经过二十七年这种经验之后，翅膀是更灰白了，可是眼睛还是无畏，同时我再作那种宣言并且加以双倍强调。我现在知道——就像已经知道的——生存(Existence)的意义：宇宙的稳健中心——同时是灵魂的惊奇，又是它的保障——对这个，理性的语言，除了迷药的启示之外还没有名字"——我把所引的文字删节得很多。

⑩　上引书,第七八至八十页,节录。我附加(并节录)另一个有趣味的迷药启示,是一位在英国的朋友给我的手写稿。经验者是个有才的女人,她那时因为要受外科手术吸了醚(ethers)。

"我疑心以为我在牢监里受酷刑,并疑心为什么我记起我听人说过人们'由受苦而学习'(learn through suffering)这句话;并且鉴于我当时所见,我觉得这句话不适当,觉得很深切,所以我大声说'受苦就是学习'('to suffer is to learn')。

"说这个之时,我又丧失了意识,并且我最后一次的梦一发生,我立刻真正醒转来了。这个梦只历几秒钟,可是我觉得极活跃,极真切,不过它也许在言语上不明白。

"一个大人物或强者(Being or Power)正从空中经行,他的脚在一种闪电上,就像车轮在轨道上一样,这是他的行径。闪电完全是无数的互相接近的人的灵魂做成的,我是其中的一个。他沿直线动进,并且这电的每部分所以会短时有意识地存在,只是要使他可以游行。我似乎直接在上帝的脚底下,并且我以为他从我的痛楚把他自己的生命磨尽。随后我见到他在努力要做的,是要改变他的路程,要把他附着电光的路线,向他要去的方向转弯。我觉得我很柔顺并无可奈何,并知道他会成功。他把我扭弯,利用我的伤痛转他的角,他使我痛到我一生不曾经的地步,并且在最痛之顷,当他走过之时,我见到了(Saw)。我在一刹那间了解我现在忘了的事情,没有人在保存正常心态之时会记得的事情。他的转角是个钝角;并且我记得在我醒来之时我在想假如他转的是直角或锐角,我受苦一定会更大,并且'见到'会更多,大概会死去。

"他向前走,我醒来。在那顷刻,我的一生都从我前面经过,每件微细的无意义的苦恼都在内,而且我了解这些事。这是每件的意义,这是他通通参加的一件工作。我没见到上帝的目的,我只见到他的专意以及他对他手段这方面完全不留情。他没想到我正像一个人开酒瓶之时不想到使瓶塞痛苦,或是开枪之时不想到使一排子弹痛苦一样。可是,在醒来之时,我的第一个感想,带着眼泪来的,就是'主哇,我是不配的'(Domine non sum digna),因为我曾经提高了我太小不配的地位。我悟到在那半小时被醚麻醉之时,我为上帝服务，比我一生从来做过的或我能想做的都更清楚，更纯洁。我是他成就并启示某件我不知道是什么或对谁的事的工具，恰恰与我能受苦的程度为比例。

“当恢复意识之时，我惊疑为什么我既然那么深入而还不曾见到圣徒所谓上帝的爱，只见他的毫不留情。可是当时我就听到一个回答，这个，我仅仅能听到，它说，‘知识和爱是一个，并且它的尺度(measure)就是受苦’。——我说的是当时来到的话。在这时候，我最后就醒来(到这个与我新离开的实在比来似乎更是梦幻的世界内)，并且我见到人要称为我的经验的‘原因’(Cause)的，乃是在不够深的被醚麻醉之中受了一个轻微的手术，我在碰着一个窗子的一张床上，只是一个平常市街的一个平常窗子边。假如我必须将我当时所瞥见的事情说出，它大概如下：

“受苦之永远必要及其永远代表性。最坏的苦楚之隐蔽的并不可言传的性质；——天才之被动性，天才主要是工具的并无防御的情形，它被动，并非自动，它必须做它所做之事；——没有相当代价的发现之不可能；——最后，受苦的‘预言家’(seer)或天才所偿付的，比他那一代人所获得的数量更大。(他好像一个人出血汗去挣得够救一方的饿荒的钱，而正在他挣扎走回去，要死但快慰，带着十万卢比(rupee)要去买榖子，上帝把这十万拿走，只掉下一个卢比，并且说：‘那个，你可以给他们。那是你为他们挣得的，其余是应给我的。’)我也以没世不忘的方式见到我们所见的超乎我们所能证明的。

“以及其他等等，——这些事也许由你看来好像是妄想或陈言；可是在我，这些是秘奥的真理，并且将它就是能用这种语言说出之能力，也是由一个醚药引起的梦给我的。”

⑪ 《与无量界和调》(In tune with the Infinite)，第一三七页。

⑫ 在这时会，较大的神会吞没较小的。我由斯塔柏所收集的手稿摘出下文：

“我从来没失去觉得上帝在旁之感，一直到我站在尼亚加拉的蹄铁瀑(Horseshoe Falls，Niagara)的底边之时才这样。当时，由于我所见的之庞大，我失去他了；我也丧失我自己，觉得我是个太小的原子，不配全能上帝的留意。”

我附加另一个相似的例，也是出于斯塔柏的搜集。

“在那时，觉得上帝在迩之感有时来到我心上。我说‘上帝’，意在形容不可形容的。我也许可以说，一个精灵(Presence)，但那又太会暗示是人格，并且我说到的那些顷刻并不含有人格之感，可是我内心有个什么使我感到我自己是正在统制我而更大于我的什么之一部分。我自己与草、木、鸟、虫、一切自然的东西为一。我为单纯的生存事实而大喜，因为我是这一切——细雨、云、树干等类的东西——的一部分而快乐。在其后的年头，这种瞬间还曾来到，可是我恒常需要它。我知道很清楚自我灭没在对至高权力与爱之知觉内是满意的，所以因为那种知觉不是恒常的，我就不快活。”在我第三讲所引的例子，是这一类的更好的事例。(娄爱尔通信内的例，斯塔柏收集的传教士的例，以及二十七岁男子的经验。)柏阜女士(Miss Ethal D. Puffer)在她登在《大西洋月刊》(The Atlantic Monthly)的论《人格的消失》(The Loss of Personality)那篇文中解释说：自我之感之丧失以及觉得与对象直接为一之感，是由于在这些极乐的经验中，惯常居于意识的恒久背景(那就是自我)与在前景的对象(无论为何)之间动作的(motoer)适应消亡了。我必须请读者参考这篇很富启迪的论文——这文在我看似乎能说明这种经验的心理条件，不过它不能解释经验者眼中由于这种经验的快乐或启示价值。

⑬　上引书，第一卷第四三至四四页。

⑭　《一个女理想家的行述》(Memoiren einer Idealistin)，一九〇〇年，第五版第三卷第一六六页。前此她好多年由于唯物主义的信仰，不能够祈祷。

⑮　惠特曼在另一地方以比较静穆的口气表达在他自己也许是“慢性的”神秘觉态：他说，“在个个高等的人格的构造之中，除了纯乎理智之外，有一种奇妙的东西，能不用辩论，常常也不用所谓教育(虽然我以为这是一切配称为教育的教育之目的与顶点)达到对于这个繁殊的全体，这个愚人的乐事以及意料不到的自欺和一般扰乱，即我们所谓这个世界(the world)，在时间和空间上的绝对平衡之直觉；一种对于那种神圣端倪并无形线索的灵魂知见(soulsight)。这个线索将全部事物，一切历史与时代以及一切事变，无论多么微细，多么重大的，掌握着，像个被牵着的狗在猎人的手里一样。〔关于〕这种灵魂知见并心思的根本中心，仅仅乐观主义只能解释表面。”惠特曼抨击葛莱尔，说他缺少这种知觉。见《标本日子及短祷》(specimen Days and Collect),菲拉德菲亚,一八八二年,第一七四页。

⑯ 《我对上帝的探求》(My Quest for God),伦敦,一八九七年,第二六八页,第二六九页,节录。

⑰ 见上引书,第二五六页,第二五七页,节录。

⑱ 《世界的意识:对于人心演化的研究》,菲拉德菲亚,一九〇一年,第二页。

⑲ 见上引书,第七、第八页。我的引文按照私人印行的册子,这册子出于勃克的较大的书之前,并且文字与后书的正文有点不同。

⑳ 我引自维微甘难陀的《王瑜伽》(Vivekananda: Raja Yoga),伦敦,一八九六年版。最完全的关于瑜伽的材料来源是密多罗(Vihari Lala Mitra)所译的 Yoga Vasishta Maha Ramayana 四册,伽尔各答(Calcultta),一八九一年至一八九九年。

㉑ 一个欧洲的目击瑜伽徒者,在小心将瑜伽的结果与我们可以用人力产生的催眠的或如梦的状态之结果比较了之后,说"瑜伽使它的忠实信徒变成善良、健康、并快活的人。……由于瑜伽徒对他的思想和他的身体得到的统制,他练成了一个'品格'(character)。他由于使他的冲动和欲望受他意志的控制,并使意志固定在善好的理智,他变成了一个很难被别人影响的'人格'(personality)所以几乎正与我们通常设想所谓'灵媒'(medium or psychic subject)的性格相反。"喀勒纳:《瑜伽略说》(Karl Kellner: Yoga: Ein Skizze),慕尼黑,一八九六年,第二一页。

㉒ 我沿用喀本在《佛陀之宗教》(C. F. Koeppen: Die Religion des Buddha)书中第一卷第五八五页以下的叙述。此书于一八五七年在柏林出版。

㉓ 要对他知道详细,请看马顿纳:《阿伽查黎传》(D. B. Macdonald: The Life of Al-ghazzali),见《美国东方学会报》(Journal of the American Oriental Society),一八九九年,第二十卷第七一页。

㉔ 石默德:《论阿拉伯的哲学宗派》(A. Schmölders: Essai sur les écoles philosophique chez les Arabes),巴黎,一八四二年,第五四页至六八页,节录。

㉕ 葛勒斯《基督教的神秘主义者》(Görres: Christlishe Mystick)对于这种事实说得很完备。黎柏的《神圣的神秘者》(Ribet: Mystique Devine)也这

样，二册，巴黎，一八九〇年，更井井有条的近代著作，是法歌纳拉的《玄秘神学》(Vallgornera：Mystica Theologia)，二册，都林(Turin)，一八九〇年版。

㉖　雷瑟热(M. Récéjac)在近出的一部书内，认感觉的表象是主要的。他把神秘主义定义为“在道德方面靠近绝对(the Absolute)，并用象征(Symbols)的助力去靠近之倾向。”请看他的《神秘的知识之基础》(Fondements de la Connaissance Mystique)，巴黎，一八九七年，第六六页。可是，无疑，也有感觉的象征毫无作用的神秘状态。

㉗　《十字架的圣约翰：灵魂的黑夜》(The Dark Night of the Soul)第二卷，第十七章，在“生平与著作”(Vie et Oeuvres)第三版，巴黎，一八九三年，第三卷，第四二八至四三二页。圣约翰的《卡米尔山之上升》(Ascent of Carmel)第二卷第十一章是专讲使用感觉的意象对于神秘生活的害处。

㉘　我特别不提视官和听官的幻觉，语言的和书写的自动现象以及为“腾空”，现伤痕(levitation'，stigmatization)与医愈疾病。这些为神秘者所屡屡呈现的(或人相信他们呈现的)现象没有重要的神秘上意义，因为当这些现象发生于不具神秘的心向之人(屡屡如此)，它并不带有任何种澈悟的意识(consciousness of illumination)。在我们看来，澈悟意识是“神秘的”状态的主要标记。

㉙　《内部堡垒》第五居(The Interior Castle，Fifth Abode)第一章，在《文集》内布依(Bouix)译本，第三卷，第四二一至四二四页。

㉚　巴托黎·朱诘勒：《圣伊迓绰传》(Vie de Saint Ignace de Loyola)卷一第三四至三六页。其他的人曾经有对于这个受造世界的澈悟，例如柏默。他在二十五岁时“被神圣的光所包围，并且充满着天样高超的知识，甚至他出门到田野，到了苟立兹(Görlitze)一块草地，在那儿坐下，看着这地上的蔬草，他由内心的光明见到它们的要素、功用及属性，这些是由它们的外貌、形式和表征发现的。”对于一个后来时期的经验，他说：“在一刻钟内，我见到并知道比就是我多年进大学所能学的还多。因为我见到并知道一切事物的本性，有底和无底(the Byss and the Abyss)，神圣三位一体的永远世代，以及世界和万物由于神圣明智的传下并起源。我在我自己见到并知道三个世界全数，外部的并有形的世界是由内部的并精神的世界的外部产生品；并且我见到并知道在祸恶和善好内的整个有作用的要素，以及相互的起源并存在；我也见到

并知道富于产物的永古长存的胎胞如何出现。因此我不特对它大惊奇，而且非常欢欣，虽是我几乎不能够由我的外部的人领会这件事，并用笔写出。因为我彻底看到宇宙在混沌中，一切东西都埋伏着，包裹着，我不能解释它。"戴勒：《柏默的通神的哲学及其他》(Edward Taylor：Jacob Behmen's Theosophic Philosophy，etc.)，伦敦，一六九一年第四二五，第四二七页，节录。同样，福克斯说："我当时到达了亚当堕落之前的状态。世界万物都开展给我看；并且我受指示，知道万物如何按照它们的德性被给予名字。我心上迟疑，到底我应该不应该行医利人，因为主使我见到万物的德性那么明白。"《日记》，菲拉德菲亚，没有出版年代，第六九页。当代的"千里眼"(Clairvoyance)现象也很多相似的启示。例如大卫斯(Andrew Jackson Davis)的宇宙生成论(cosmogonies)《柏脱渥士的回想与记忆》(Reminiscences and Memories of Henry Thomas Butterworth)书内所述的某些经验。此书在阿海欧州的勒班嫩(Lebanon)一八八六年出版。

㉛ 《圣脱利莎传》，第五八一，第五八二页。

㉜ 见上引书第五七四页。

㉝ 圣脱利莎将身体参与的苦痛与纯粹精神的苦痛分别开(《内部堡垒》第六居第十一章)。至于这些天乐的身体的部分，她说它"彻入骨髓，而世俗的快乐只影响感官的表面。我爱这是正当的描写，并且我不能够描写得再好。"同书，第五居，第一章。

㉞ 《圣脱利莎传》，第一九八页。

㉟ 见他的《文集》第二卷，第三二〇页。

㊱ 见上第一讲，说异象幻声能提高德性处。

㊲ 《圣脱利莎传》，第二二九、第二〇〇、第二三一至二三三、第二四三页。

㊳ 米勒(Müller)译本，第二部第一八〇页。

㊴ 大卫孙(T. Davidson)的译文，在《思辨哲学杂志》(Journal of Speculative Philosophy)一八九三年第二二卷第三九九页。

㊵ "神因为优越，并非不配称为虚无"(Deus propter excellentiam non immerito Nihil vocatur)，司各脱·爱立曾那(Scotus Erigena)所说。瑟司：《论有神论二讲》(Andrew Seth：Two Lectures on Theism)，纽约，一八九七

年，第五五页所引。

㊶　罗倚斯：《善恶研究》(J. Royce：Studies in Good and Evil)第二八二页。

㊷　柏默《超感觉生活对话》，荷兰氏译(Jacob Behmen：Dialogues on the Supersensual Life，Translated by Bernard Holland)，伦敦，一九〇一年，第四八页。

㊸　《天神似的游人》，第二十五解，(Cherubinischer Wandersman，Strophe 25)。

㊹　见上引书，第四二，又七四页，节录。

㊺　我由一本法文书摘录下文关于这种对于上帝住在灵魂中的快乐之神秘的叙述：

"耶稣已经住在我心内。这与其说是居住、相处，不如说是一种融合。啊，这新的并幸福的生活！每天都变得更光明的生活。……我前面的墙垣，前几瞬间黑暗的，此时光辉了，因为太阳照在上面。凡太阳所落的，无论何地，它都照射出一大片荣光；极小点的玻璃都闪光每粒谷子都发火，恰恰也这样，我心内有一曲荣耀的胜利之歌，因为主在那儿。我的日子彼此相继续；昨天一个晴天；今天一个云掩的太阳；又一夜充满着奇异的梦境；可是眼睛一开我一恢复意识，似乎又开始生活，就总是同一的形象在我前面，总是同一的神灵充满我的心。……从前因为主不在此，日子很枯窘。我当时醒来时被各种各样的恶印象侵扰，并且我在我路上见不到主。今天他同我一起；并且笼罩外物的轻微烟雾并不是我与他感通的障碍。我觉得他的手压触，我觉得另有个什么，使我充满着清明的喜乐；我敢将它说出来吗？是的，因为这是我所经验的之真正表现。圣神并不是来看我一次，这并不是仅仅眩人的鬼魅，一会一会张它的翅膀，而到夜里离开我；这是一种永久居住着。只有他带我同走，他才能够离开。不止那样：他不是我以外的别人：他与我是一个。这不是相并，这是一种透入，一种对我本性的深刻改造，一种我生存的新方式"。引自《一个老人的手稿》('MS of an old man')，见于摩诺《他生活：对基督教的神秘的六个玄想》(Wilfred Monod：Il Vit：six méditations sur le mystère chrétien)第二八〇至二八三页。

㊻　参较梅特林：《许斯泊克的精神的结婚之荣耀》(M. Maeterlinck：

L'Ornement des Noces Spirituelles de Ruysbroeck)。

㊼ 《奥义书》,米勒译本,第二卷第十七,又三三四页。

㊽ 石默德,上引书,第二一〇页。

㊾ 《九章集》(Enneads),布伊埃(Bouillier)译本,巴黎,一八六一年,第三卷第五六一页。参较第四七三至四七七页,又第一卷第二七页。

㊿ 《自传》(Autobiography)第三〇九又三一〇页。

51 上引诗第十解。

52 布拉法斯基:《静默之声》(H. P. Blavatsky: The Voice of the Silence)。

53 苏因本《在边际》,见于《一个中夏的休假》(Swinburne On the Verge, in'A Midsummer Vacation')。

54 参较这一讲上文所摘抄的勃克的两段文字。

55 我所知道的最认真要调停于神秘区域与论证生活之间的企图,见于希勒(F. C. S. Schiller)在《心杂志》(Mind)一九〇〇年第九卷中《论亚里士多德的不被动的动者》(Aristotle's Unmoved Mover)那篇文中。

56 我撇开比较微弱的状态以及各书中很多的就中指导者(director)(可是通常经验者本人不如此)还怀疑不能断定这经验不是出于魔鬼的事例。

57 例如:纳尔逊君(John Nelson)对于他因为宣传监理会教义被囚的事这样说:"我的灵魂是像个浇过水的花园,并且我可以整天对上帝唱赞美的歌;因为他把我的拘囚变成欢乐,并使我能够安息在木板上,像睡在绒褥上一样。现在我可以说,'对上帝的服务是完全的自由'并且我弄到常常祈祷,祈求我的仇敌也能够从上帝大量给予我的同一的和平之河喝水。"《日记》(Journal),伦敦,无年代,第一七二页。

58 许斯泊克,在梅特林所译的那部书内,有一章反对教徒的破戒。德拉夸的书(H. Delacroix: Essai sur le mysticisme spéculatif en Allgemagne au XIVmesiècle)满是破戒的史料。也参较荣脱:《十四世纪的上帝之友斯徒拉斯堡》的论文(A. Jundt: Les Amis de Dieu au XIVme Siècle, Thèse de Strasbourg)。

59 参看卢塞洛:《西班牙的神秘者》(Paul Rouselot: Les Mystiques Espagnols),巴黎,一八六九年,第十二章。

⑹ 请看喀喷脱:《向民主去》(Carpenter: Towards Democracy)尤其在后的各部分,以及哲伏黎(Jeffries)的奇妙的并极好的神秘的狂曲《我心坎的故事》(The Story of My Heart)。

⑹ 在他的《腐化》(Degéneration)这部书内第二卷第一章里,诺道(MaxNordau)企图以暴露低级的弱点这个法子打倒一切神秘主义。在他,神秘主义是指任何种对于事物的隐秘意义之忽然觉到。他以为这种知觉是由于好多的为经验可能在一个腐化的脑部内引起而不到达完成的联想。这些联想使有这个经验的人起了一种模糊的广大的觉得它要再往前联想到其他事物之感,可是它们其实并不在他思想上唤起任何确定的或有用的后果。这个解释,用于某些种类的对事物义蕴之感是近真的;并且其他心病学者(例如浮尼克在他的《精神病学纲领》Wernicke, Grundriss der Psychiatrie 里第二部,莱比锡,一八九六年版)也以联想官能的衰残解释妄想狂的(Peranoiac)情形。可是带有积极性与突来性的高级的神秘心态当然不是这种仅仅消极状态的产物。认它们是我们还丝毫不知道什么之对应的大脑活动由潜意识生活的侵入,似乎更合理得多。

⑹ 这些状态有时将主观的所见所闻加在事实之上,可是因为这些见闻通常认为是超乎尘世的(transmundane),它并不使感觉的事实必须起变化。

甲　原文是有韵律的诗。

乙　原文是有韵律的诗。

丙　原文是有韵律的诗。

丁　原文是有韵律的诗。

第十八讲　哲学

讨论了圣徒性这个题目之后，使我们面对“觉得神圣临下之感是不是一种对于什么客观地实在的事物之感”这个问题。我们起初向神秘主义求答案，可是发现虽然神秘主义完全愿意证实宗教，但它的表示太属私人的（并且太分歧），不能够——有普遍的权威。然而哲学所发表的结果，自负以为假如它的结果可算不误，那么，这些结果就是普遍有效的；所以我们现在将我们的问题去问哲学。哲学能不能对宗教徒的关于神圣之感保证它的实在性呢！

我想在此刻你们中有好多人会对我要趋向的目的作种种猜度。你们要说：我已经摇动了神秘主义的权威；我大概要做的第二步，是企图损坏哲学的权威。你们预期我会断论说：宗教只是信仰的事情，根据于模糊的感情，否则根据于我在第二讲和第十七讲举出许多例的那种活跃的觉得无形者实际存在之感。宗教主要是私人的、个人主义的；它始终不是我们的表达能力所能陈说出来的。虽然由于人性难改，大概不断总有想把宗教内容倒进哲学模型的企图；但是这些企图总是次起作用，绝不能增加原来情绪的权威，或保证它的真实——这些情绪是这些企图所从得到它本身的刺激并所从借得它能有的任何种坚信的热诚的。总而言之，你们疑心我正在计划替感情辩护，以排斥理性，想起复原始的与无思考的作用，使你们放弃要得到任何种配称为神学的神学之希望。

到某程度，我不能不承认你们猜得对。我确相信感情是宗教的较深源泉；并且哲学的和神学的说法是次起的产品，就像将一种文字翻译成另一国的语言一样，可是一切这种说法，因为太简短，会使人误会；所以我要用这整个小时对你们说明我的意思确实如何。

我把神学的说法叫做次起产品，我意思是说我怀疑在没有宗教感情的世界内，人会建立任何种哲学的神学。我怀疑对宇宙作无感情的理智上静观，除了内心快乐和救度的需要以及神秘情绪之外，会再产生如我们现有的宗教哲学。在那个世界，人会开头采用泛灵论（animism）解释自然界的事实，随后再把这些解释批驳掉，转而采取科学的解释，就像人们实际所做的一样。在科学内，他们会留下某分量的“灵学研究”（psychical research），就像人现在大概得要重新接受某分量的灵学一样。可是，像教义的或唯心论的神学（dogmatic or idealistic theology）的那种高远的玄论，他们并没有要冒险做这个的动机，他们觉得无须与这种神圣往来。在我看来，似乎这些玄论必须被认为是格外信条（overbeliefs），理智朝着感情最初指点的方向所发的旁枝。

可是，纵使宗教哲学必须由感情得来它的最初指引，难道它不会对于感情所指示的事物用更高等的方法处理呢？感情是私人的，哑默的，不能够自己表白。它让它的结果依然神秘，依然哑默，不肯用理性去辩护，甚至有时还情愿它的结果算做诐诡荒谬。哲学取正正相反的态度。它的志愿是要由神秘与诐诡收回它所触到的任何领域。想找出由暗昧的顽强的个人信心逃到客观地对一切会思想的人都有效的真理之路，这永远是理智所最服膺的理想。把宗教由不利健康的私有性赎出，使它的表说得到公有的地位并普遍通行权。这向来是理性的工作。

我相信哲学始终有机会用力于这个工作。[①]我们是思想之物，不能拦阻理智，使它不参与我们功能的任何一项。就是在自言自语之时，我们以理智阐释我们的感情。我们私人的理想和我们宗教的并神秘的经验，必须解释得使它与我们会思想的心灵所处的境界之性质相和合。我们同时代的哲学风气不可避免地逼迫我们穿上它的服饰。并且，我们必须彼此互相表示感情；而在表示之间，我们必须说语，必须用广泛的抽象的语言方式。因此，概念和假想(constructions)是我们宗教的一个必需部分；并且，哲学作为假设间互相冲突之缓和者并人们对彼此的假想所下的批评之调解者，永远会有好多事可做。假如我不承认这个，那才怪；因为我正在说的这些演讲正是一种费力的要从许多私有的宗教经验抽出些可以用人人会同意的公式界定的一般事实之企图。

换言之，宗教经验自然地不可避免地产生神话、迷信、教义、信条与形而上学的神学，以及各派的这些东西彼此间的相互批评。近年来，在各信条间的交涉前此所专用的谴斥与咒诅之外，才可能有无偏的分类和比较。我们有所谓"宗教科学"(Science of Religions)的起头；假如这一组演讲可以算做对于这个科学的一点微末的贡献，那我就很高兴了。

可是，一切这些理智的工作，无论是建设的，或是比较的并批评的，都要先有直接经验作为它们的题材。这些工作是阐明的并归纳的工作，事实之后的工作，是宗教感情的后果，不是与宗教同等的，不是能离开宗教感情所实证者而独立的。

我想要打倒的宗教上的理智主义（intellectualism）自命为与这个上面所说的完全不同的事情。它自任要单独由逻辑理性的资源，或由这种理性从非主观的事实引申出的严格的推论去建造宗教对象。它把它的结论叫做教义的神学，或绝对之哲学（philosophy of the absolute），名称随情形而变；它不称这些结论为宗教之科学。它由先乎经验的（a priori）方法达到这些结论，并且担保它们的真实。

经保证为真实的系统，永远是渴望得到的灵魂所热烈想慕的东西。包罗一切，然而简单、高贵、清净、光明、安稳、严格、真实；有什么能够献与被感觉事物的世界的污浊和无常所烦扰的灵魂以比这种系统更理想的逋逃薮呢？由是，我们看到今日的神学各派谆谆告诫人们要轻视对于仅仅可能的或殆然的道理，以及只有私人的保证能把捉的结果，轻视得几乎同旧时代的神学各派一样厉害。经院学者和唯心论者一样表现这种轻视。例如开尔德校长（Principal John Caird）在他的《宗教哲学引论》（Introduction to the Philosophy of Religion）书内发过如下的议论：

> “固然，宗教必须是心坎内的事；可是，要使宗教超出主观的无常并不规则，要分别宗教内的真的与妄的，我们必须仰仗客观的标准。进入心坎的，必须先经智力鉴别为真实（true）。它必须被认为本性上有统制感情的权利（right），并被认为构成了判断感情时必须使用的原理。[②] 要将各个人、各国家、各种族的宗教品质评价，第一问题并不是他们感情如何，而是他们所思想的所信仰的如何——不是他们的宗教表现于多少猛

烈的并热心的情绪，乃是引起这些情形的那些关于上帝和神圣事物之概念如何。感情是宗教必需的；可是要决定宗教的品质与价值是要用这个宗教的内容(content)即它的理智的根据，不要用感情。”③

纽满主教在他的《大学的观念》(The Idea of a University)那部书内把这种对情感的轻视曾作还要强调些的表示。④他说就科学这个名称的最严格的意义说，神学也是一种科学。他又说，我要告诉你，神学不是什么——它不是证明上帝的“物质的证据”(physical evidences)，它不是“自然宗教”(natural religion)；因为这些只是模糊的主观的解释。他接下去说：

“假如上帝的能力与机巧，只像望远镜所表示的能力或显微镜所表示的机巧，假如他的道德律只需由动物形体的物质作用就可以发现，或是他的意志只需由人事的当前争点就可以看出。假如他的要质只同宇宙一样高，一样深，一样宽；假如实际这样，那么，我情愿承认并没有特种关于上帝的科学，神学只是一个名词，并且为神学辩护就是文饰作伪。那么，虽然在含着实验或抽象推理的大系列进行之时存想上帝是虔诚的行为；但这种虔诚只是思想的诗意，或语言的装饰，这个人有，那一个人没有的某种对自然界的见解，聪明的人创见，别人认为尽美而巧妙，认为假如人人都采取，定会更有好处的见解。它只是自然之神学。就像我们说起历史的哲学或韵事，或儿童时代的诗意，或是如画的，情绪缠绵的，或诙谐的(the picturesque or the sentmental or the humorous)，或是任何项个人的天才或怪想，或时下的风尚，或世人的同意从任何组被它观想的对象认出的抽象性质。我看不出矢言没有上帝与暗示我们不能知道关于上帝的任何确实的事实，这两者之间有多大分别。”

纽满又继续说，“我所谓神学都不是这些看法中的任何一件：我只是指‘上帝之科学’(Science of God)，或是说，我们所知道的对上帝的真理弄成系统的学问，就像我们有一个关于具体的科学，称为天文学，或是有个关于地壳的科学，称为地质学一样。”

这两段引文都把下列论点说得很明白：把只对个人有效的感情与普遍有效的理性对抗。所用的试验就是，十分明白的证诸事实的试验。事实上，根据纯粹理性的神学必须能普遍使人信服。假如不能，那么，它的优点何在呢？假如它只是成立了些宗派，恰如情感与神秘主义产生宗派一样，那么，它怎么能实现它的使我们摆脱个人的无常和不规则性之计划呢？这个对于哲学自命能由普遍理性建立宗教的自负之十分明确的实效上试验，使我本日的工作简单化。我无须以费力去批评哲学的种种辩证这个方法来打击哲学的信用，只需我指明历史指示哲学并不能证明它这个能“客观地”使人信服的抱负就够了。实际上，哲学是不能够做到这样的。哲学不能破除歧异，它像感情一样产生宗派。事实上我们相信人的逻辑的理性在神学这个区域的作用刚刚同它在恋爱，或爱国心，或政治，或任何其他的人生大事内的常有作用一样——在这些事上，我们的情欲和我们的神秘直觉都是预先决定我们的信仰。理性替我们的信心找出理由；因为它实在必须找出理由。它把我们的信仰扩大并界定，提高它的地位，并使之有言语自表并使它听

来似乎合理。它从前不曾产生了信仰;现在不能够弄到信仰。[5]

我要把旧式系统的神学的主张中的一些论点提一提,请你们注意。这些,你们由新教与天主教的手册中都可以看到,最好是看那无数的自从雷阿教皇(Pope Leo)劝人研究圣托马斯(Saint Thomas)的通论以后出版的教科书,我先略提教义的神学主张有上帝的那些辩证,然后再看它建立上帝的本性之辩证。[6]

主张有上帝的辩证存在了几百年;不信者的批评的怒涛常常撞击这些辩证,但始终不能使信徒不听信它们,然而就大体说,究竟把它们的衔接处的胶灰慢慢地而确实地冲掉了。假如你已有个你信为有的上帝,这些辩证会使你坚信。假如你是无神论者,这些就不能够改正你。这种辩证是多方的。所谓"宇宙论的"(cosmological)辩证,由世界是有待而然(contingence)这件事推断有个第一原因(First Cause),这第一因必定包有世界自身所包含的任何项完美。"设计的辩证"(argument from design)由自然界的定律是数学的,并且自然界的各部分彼此善意地互相适应这件事推论到这个原因是理智的而兼仁慈的。"道德的辩证"(moral argument)是说,道德律必有一个定律者为先决条件。"世论的辩证"(argument ex consensu gentium)是说信有上帝这个信仰那么广布,总是发于人类的合理的本性,因之应该挟有权威。

我刚说过,我不想对这些辩证作专门的讨论。单是康德以来的一切唯心论者都觉得有侮蔑或忽视这些辩证的权利这件事实,就证明这些辩证不够坚强,不能作为宗教的充分根据。绝对非个人的理由,照理应该能表现更广泛的使人信服的力量。原因关系确是个太晦昧的原理，不能担负神学的全体结构。至于设计的辩证，请看达尔文学派的观念把它推翻的情形。照我们现在对于善意适应的看法，它们只是许多由几乎无限的毁灭过程的“幸而免”；所以我们在自然界见到的善意适应所暗示的，是一个与这个辩证的较早说明中所想象的上帝很不同的神圣。⑦事实是：这些辩证只是遵循事实和我们感情的联合暗示。它们没有严格证明什么。它们只是证实我们已有的偏见。

假如哲学对于证明上帝的存在只能做到这一点，它在界定上帝的表德这方面的努力如何呢？值得察看系统的神学在这方向的尝试。

“这个科学的科学（指系统的神学）说，因为上帝是第一原因，他与一切受造于他之物不同：他具有由己（a se）的存在。神学只用逻辑能由上帝的这个‘由己性’演绎出他的大多数别的完美之点。例如，上帝必定是必然的并绝对的，不能够，并且不能够以任何方式，受任何其他事物的决定。这使他绝对地不受从外的限制，也不受从内的限制；因为限制就是非有（non-being）；而上帝正是有。这个无限性使上帝无限完善。并且，上帝是一，并唯一，因为无限完美不能有同辈。上帝是精神的（spiritual），因为假如是物质的多部分组成的，那就得有个其他权力把这些部分合成整个，这样他的由己性就不能自圆其说了。因此，他是单一的，又是非物质性。从形而上学方面说，他也是单一的，那就是说，他的本性和他的存在不能彼此分开，像这两件在有限性的实质——它们的形式性相同，只在质料方面是个别的实质——可以分开那样子。因为上帝是一，并唯一，他的本性(essentia)与他的存在(esse)必定一下就有。这使上帝超出一切那些在有限性的事物界习见的分别，如可能与现实，实质与偶现相，性质与活动，存在与表德(potentiality and actuality, substance and accidents, being and activity, existence and attributes)等等间的分别。固然，我们可以说到上帝的权力，行为，及表德；但是这些区别只是‘准真的’(virtual)，起于人类的观点。在上帝，一切这些观点都归入一种绝对的一体性(identity of being)。

“上帝的这种没有一切可能性，使他必定是不变的(immutable)。他完完全全是现实性。假如他有点可能性，那么，这个可能性一实现，他就会损失或增益，而损失与增益都与他的完美性矛盾。因此上帝不会变。并且他是广漠的、无边的；因为假如他可受空间的限制，他就是组合的，这就会与他的不可分性矛盾。因此他是无所不在的(omnipresent)，不可分地在那里，在空间的每一点。同样，他是完全存在于时间的每一点——换言之，他是无始无终的(eternal)。因为假如他在时间上有开始，他就必须有个较先的原因，那又与他由己性矛盾了。假如他经过任何先后的继续，这就与他的不变性冲突了。

“上帝有智慧和意志，以及件件其他属于受造物的完美，因为我们有这些完美，而‘结果不能超出原因’(effectus nequit superare causam)。可是在上帝，这些是绝对地、永古地在发动，并且它们的对象(object)主要只是上帝自己；因为上帝不能有任何外物限界他。所以，他以一个永古不可分的作用知道自己，并以一种无限的自我快乐志于自己。[8]因为照逻辑的必然性，他必定这样爱自己，志于自己，他不可称为自由于内（ad intra），不可认为具有超乎有限性之物所特有的矛盾之自由。可是，于外（ad extra），即对于他所创造者，他是自由的。他不会需要去创造，因为他已经在存在和幸福这两方面是圆满的。所以他立志创造，是出于绝对自由。

“因为上帝是一个具有理智、意志和自由之体，他又是一个人格（person）；并且是一个活的人格；因为他同时是他自己活动的主体与对象，而这就是活的与无生物间的分别。因此上帝是绝对自给的（self-sufficient）：他的自知和自爱都是无限的，充分的，用不着外部条件去补足它。

“上帝是无所不知的（omniscient）：因为知道他自己是原因，由于隐含关系（by implication），他就知道一切变造的物及事。他的知识是先见的（previsive）；因为他在于一切时间。就是我们的自由行为，他也预知；因为否则他的明智也可以先后一会儿一会儿地增益，而这就与他的不变性矛盾了。对于一切不合逻辑的矛盾的事情，他是无所不能的（omnipotent）。他能够生有（being）——换言之，他的权力包造物（creation）在内。假如他所创造的是他自己的实质做成的，它必定本质是无限的，就像他自己的实质一样；可是受造之物是有限的，所以受造之物必定是非神圣的性质，假如受造之物是由（例如）上帝在手边见到的一种永存的质料做成的，上帝只是赋予它以形式，那就与‘上帝是第一原因’的定义矛盾。使他成了只是已由原因产生的东西的推进者了。所以，他所创造的物件，他是由无中(ex nihilo)生有，他赋予这些东西以绝对的有，作为他自己以外的许多有限性的实质。他铸在这些物体上的形式，其原型是在于他的观念。可是因为在上帝内并无多数这件事，并因为这些观念在我们是多数的，我们必须将在于上帝的这些观念与我们心思从外模拟它们的方式分开。我们必须只依限定的(terminative)意义，让上帝有这些表德，认为从有限性的观点看出来的上帝独一无比的本质的不同表现。

"当然上帝是圣洁的、良善的，并公道的。他不会为恶；因为他是积极的有之全部表现，而恶则是消极。固然，他在有些地方创造物质的祸，但只为较大的福起见；因为全体的福利驾乎部分之福利之上(bonum totius praeminet bonum partis)。他不能志于道德的恶，无论是目的，是工具，因为那样就与他的圣洁矛盾。由于创造了自由的人，他只是容忍(permits)道德的恶，他的公道或他的良善都不加他以防止接收自由者不误用自由之义务。

"至于上帝创造的目的，主要只会是：以对他人表示他的光荣，去行使他的绝对自由。因此，其他的人必定是有理性者，第一会知识，亲爱，并崇敬；第二会有幸福；因为知道上帝并爱上帝是幸福的要旨。在这程度内，人可以说上帝创造的次要目的是爱。"

我不想说更多的这些形而上学的定性，再说到(例如)上帝之三位一体之各种神秘。我所已说的可以作为天主教并新教的正统派哲学的神学之样本。纽满对于上帝的大批完美点抱满腔的热情。在我们引过他的那段文字以后的几页的文章那么华美,使我们几乎不管它侵占我们时间也要引完它。⑨他先后响亮地列举上帝的表德,随而歌颂他富有天地间的一切,以及一切事变都听他的容许的意旨这件事。他给我们的,是"点染情绪"的经院哲学,而任何种哲学要得人正当了解,都应该点染着情绪。所以,在情绪方面说,从如纽满这一类的脑筋看来,教义的神学是有些价值的。假如在这里我作短短的离题的讨论,那就会帮助我们估计这种神学在理智方面的价值。

天合在一起的,人不要把它分开。欧洲大陆的各派哲学太常把人的思想作用与他的行为具有机体的关系这件事忽视了。在我看来,不断注意这种有机之关系,是英吉利和苏格兰的思想家的主要优点。其实,不列颠的哲学的主要原理,一向是如下:个个差异必定会造成不同的结果(make a difference),个个理论上的差异会在某个地方发为实际的差异,并且讨论理论问题的最好方法,是先看假如这个见解或那个见解对,有什么实际上的差别。所争论的特件真理被知时是(Known as)什么,它产生什么事实?它在特殊经验方面的兑现(cash-value)是什么?这是英国人特有的处理问题的方法。你们记得洛克(Locke)这样处理"自我同一"(personal identity)的问题。他说,你说〔你前后的自我是同一个人〕这个话的意思,只是指你的特殊记忆组成的链索。这是"自我同一"的意义之唯一的可以具体证实的部分。因此,一切关于这事的其他观念,例如自我同一所由来的精神的实质为一为多等等问题,毫无可解的意义;牵涉这种观念的命题可以肯定,也可以否定,没有关系。贝克莱(Berkeley)也同样处理"物质"(matter)的问题。物质的兑

现就是我们的物质的感觉。这是物质被知道时的性质，我们在具体方面证明物质的概念的全部。因此，这就是“物质”这个名词的全部意义——任何其他夸称物质具有的意义只是空话。休谟也同样处理因生关系(causation)。我们知道因生，只是惯有的前事，并我们期望有事情要跟着来的倾向。除开这个实际上的意义，因生没有任何意义；并且休谟说，说因生的书都可以烧掉。司徒亚、菩朗、雅各穆勒、约翰穆勒，及贝因教授(Dugald Stewart，Thomas Brown，James Mill，John Mill，and Professor Bain)都多少一贯地沿用同一方法；郝格孙(Shadworth Hodgson)十分坦白地用这个原理。统看起来，介绍“批评方法”(the critical method)——唯一的能使哲学值得正经人研究的方法——到哲学内的，是英吉利和苏格兰的思想家，不是康德。因为假如哲学的命题始终不能在我们的行动上发生觉得出的差别，那么，对这些命题的辩论还有什么严重性，什么正经关系呢？假如一切命题在实际上都没有关系，那么，我们同意把哪一个命题叫做对，哪一个叫做错，有什么关系呢？

一个具优越的创见的美国哲学家，皮尔土君(Charles Sanders Peirce)从这些人不知不觉遵循的原理的各项特殊应用理出这个原理并特别提出来，认为是基本的，并加以一个希腊文的名字——他这样实是对思想界立一大功。他把这个原理称为实用主义(pragmatism)的原理；他主张这个原理的理由略如下：[10]

进行中的思想的唯一的可能动机是达到信仰，即停止的思想。只有我们对一件事的思想止于信仰之时，我们对这件事的行为才能够确实地稳靠地开始。简言之，信仰是行为的规则；思想的全部功能只是产生活动的习惯的一个步骤。假如有一个思想的任何部分在思想的实际效果上不发生任何差异，那么，那部分就不是这个思想的意义的正当部分。因此，要发挥一个思想的意义，我们只须找出它宜于发生什么行为；在我们说，那个行为是它的唯一意义；并且在一切思想上区别的根源之明确事实就是：这些区别没有一个会微细到不是一件实行上的可能差异。所以，要使我们对于一个对象的思想完全明白，我们只需考虑我们可能预期这个对象会引起什么眼前的或较远的感觉，并假如这个对象是真实的，我们必须准备什么样的行动。在我们对这些实际结果的概念有任何积极意义这范围内，从我们方面看，对这些结果的概念就是我们对这个对象的概念的全部。

这是皮尔士的原理，实用主义的原理。这么个原理，在这个时会，可以帮助我们从经院派列举的上帝的完美之多种表德之间决定是否其中有些表德远不如其他有意义。

那就是说：假如我们把实用主义衡量（有别于上帝的道德的表德的）严格所谓上帝的形而上表德，我想纵使我们被一种使人必信的逻辑强迫而相信其为有，我们也还要明说这些形而上的表德没有一点可解的意义。例如，上帝的由己性，或他的必然性；他的非物质性；他的"单一性"，即超乎有限性的人物所有的那种内部差异与先后之性；他的不可分性；以及他的没有性质与活动，实质与偶现相，可能与现实等等的内界区别；他的不能归在一类属内；他的实现的无限性；他的除开他人格所含的道德品格以外的人格；他对于被容忍的而非积极的恶之关系；他的自给，自爱，以及足乎己的绝对幸福：——坦白地说，像这些的品性怎么样能与我们人生发生任何确定的关系呢？并且，假如这些不能够分别引起我们行为的特殊适应，那么，这些的真妄可能使一个人的宗教起什么根本的差异呢？

就我个人说，虽然我不愿说任何项冲撞你们所护惜的联想的话，我必须坦白承认纵使这些表德是用毫无错误的方法演绎出来的，我也不能设想假如其中任何一项表德是真有的，它在宗教方面对于我们有什么一点点关系。请说：我能做什么特种行为，使我对上帝的单一性适应得更好呢？或是，知道了他的幸福无论如何是绝对完全的，怎么能帮助我计划我的行为呢？在十九世纪的中叶，黎德（Mayne Reid）是撰写户外冒险的书的大家。他不断颂扬猎人和对活的动物的习惯的野外观察家，不断辱骂他所谓“储藏室的博物学者”（closet-naturalists）、采集者和分类者，以及把玩骸骨和皮毛的人。在我少小之时，我总以为储藏室的博物学者必定是个天下最下流的小人。可是，系统的神学家当然是恰像黎德所指的储藏室的博物学者。他们演绎形而上的表德，除了将远离道德、远离人类需要的学究气的字典上形容词来“砌牌对牌”（这种砌牌对牌，假如有个近时巧者创制的用黄铜和木头做的逻辑机器也可由“上帝”这个名词弄出来，同具血肉的人弄得一样好）以外还有什么呢？这些表德好像有恶蛇的踪迹在其上。人们觉得在神学家的手里，它们只是一套由机械地把弄同义字而得来的头衔；咬文嚼字取正见而代之，职业习气取生活而代之。我们没有面包，只得到石头；没有鱼，只得到蛇。这种抽象的名词的混合团真正能给予我们以对于神圣的知识之精髓吗？固然，神学的派别还可以不断出现，但宗教，具活力的宗教，要从世界飞走了。使宗教进展的，是抽象的定义和形容词连成的系统之外，以及神学科学和教授之外的事

情。这些定义等等只是后果，只是次起的附加在那些根本的与无形的神圣界交感的现象上的东西——这种交感，我曾指示给你们许多的例子；这种例子万世不绝地复现于卑微的个人之生活上。

对于上帝之形而上的表德，就这样说完了——从实际宗教的观点看，这些表德所呈献以供我们崇拜的形而上的怪物实是学究式脑筋的一个绝对无价值的虚构。

但是对于所谓道德的表德，我们要怎么讲呢？从实效看，这些表德是处于完全不同的地位的。它们积极地决定恐怖、希望与预期的行为，并且是圣徒生活的基础。只需看一眼，就知道它们的意义极其重大。

例如，上帝的圣洁：因为他圣洁，他除了善之外不能志于其他。因为他无所不能，他能使善得到胜利。因为他无所不知，他能看见我们暗中的行为。因为他公平，他能根据他所见的责罚我们。因为他仁爱，他也能够赦罪。因为他不变，我们能稳稳地信靠他。这些品性都与我们生活有关系；我们要知道它，这是极其重要的事情。上帝创世的意旨，是要表现他的光荣；这也是对于我们实际生活有确定关系的一个表德。除了其他之外，这个表德使一切基督教国家的崇拜，具一种确定的特性。假如教义的神学真能证明有个具有如这些的表德的上帝到无可疑的地步，它就可以自负能给予宗教情操以一个坚强的根据了。可是事实上，它的辩证到底如何呢？

这种辩证与主张有上帝的辩证一样不行。不特康德以后的唯心论者完全排弃这些辩证；并且，任何从他所经验的世界之道德的方面发现不相信“一个好心的上帝会创造这种世界”的理由的人，这些辩证始终不曾使他回心转信：这是明白的历史事实。要用经院派的“上帝要素中没有无有（non-being）”这个辩证证明上帝的好心，在这种人看来，只是愚妄。

不！《约伯（Job）记》把这整个事情作过最后的决定性的检查了。推理是走到上帝的比较肤浅的不实在的路径：“我要把我的手盖住我口上；我已由耳朵听到你，但是现在我的眼睛看见你。”理智迷惑，受挫，但还是信赖地感到上帝临下——这就是对自己并对事实真诚而依然信教的人的情态。[11]

因此，我以为我必须对教义的神学作最后的告别。老老实实地，我们的信仰必须不依靠那种证实。我再说，近代唯心论已经对这个神学告永别了。近代唯心论是能够对信仰给予个更好的保证，还是信仰必须倚靠它自己作见证呢？

近代的唯心论的基础是康德的统觉之超绝的自我（The Transcendental Ego of Apperception）之说。康德的这个可怕的名词只是指“我想它”这个意识必定（可能地或实际地）伴着我们的一切对象这件事。前此的怀疑论者（skeptics）也说这么多，可是他们所谓“我”还是指个人的自我。康德把这个我抽出来，除去它的人格，使它作为一切他的范畴中最普遍的范畴，不过在康德本人，“超越的自我”并没有神学的含义。

继康德而起的人就把康德的“一般意识”（Bewusstsein überhaupt），即抽象的意识，这个观念转变成一个无限的具体的自我意识，这个就是世界的灵魂；并且以为我们的个别的私人的自我意识都存在于这个无限意识之内。就是要对你们说明事实上这个转变如何弄成的大略，也要使我涉到好多专门问题。我只说在现在深深影响英美思想界的黑格尔学派，有两个原理在这个转变上首当其冲。

这两原理的第一个就是：旧式的同物不变的逻辑（logic of identity）始终只能给予我们一种“对残缺的肢体之死后解剖”，并且只有承认“我们思想会想到的个个对象都含有某个其他最初似乎否定第一个对象的对象之观念”这件事，思想才有完全的生命。

第二个原理是：觉得一个否定，已经等于超出这个否定。只是提出一个问题来问，或是表示一种不满意，就证明答案或满意已经迫近了；悟其为有限之有限，已经是可能的无限了。

应用这些原理，我们似乎加进一种推动力于我们的逻辑——这种推动力是假定每件事物与自身相同之普通逻辑始终不会有的。这样我们思想的对象在我们思想内起作用（act），就像在经验呈献对象之时对象起作用一样。思想的对象会变化，会发展。它们引进某个它们自己以外的东西，与它们同来；并且，这个其他，最初只是理想的或可能的，一会儿就证明它自己也是现实的。这个其他对象取最初拟想的事物而代之，并且两个对象在开展这个事物的全部意义之时都把这个事物证实并改正了。

这个进行的程序是极好的；宇宙是个跟随事物而来的其他事物会改正原有事物，并会成就原有事物之地；并且一种给予我们以大略是这样的事实进动之逻辑，会比传统的学院逻辑把真理表示得更好很多——传统的逻辑始终不能自动由任何事物进到任何其他事物，并且只能登记些预测和统摄（subsumptions），或静态的相似与相异。没有东西会比这个新逻辑方法更与教义的神学两样。让我引我已说过的那位苏格兰的超绝主义者凯德氏的几段文字做例证。他说：

> “我们必须如何设想一切智慧所根据的实在呢?”他的答案如下:“有两件事不难证明,就是:这个实在是个绝对的精神,并且,转过来说,只有与这个绝对的精神或智慧相感通,有限性的精神才会实现它自己。这个智慧是绝对的;因为假如人类智慧的运行不预先假定智慧及思想的真实性,那么,人智的极微末的进行都会停顿的。怀疑和否认也预先假定有思想,并间接肯定它。在我断定任何事为真之时,我固然是将它针对思想而言,但是并不是针对我的思想,或任何别人心上的思想。我能够撇开一切个人心里的本身存在;我能够把它想开去。但我不能想开去的,是思想或自我意识自身,就它的独立与绝对方面说的,换言之,我不能撇开绝对的思想或自我意识。”

你们在这儿见到凯德做了康德没做过的转变:他把“无处不须有一般意识作为任何处可有‘真理’(truth)的一个条件”这件事转变成了一个无所不在的普遍的意识,这个意识,他以为就是具体的上帝。他又进而用“承认你的限度,主要就是超乎这些限度”这个原理,转到个人的宗教经验;他的说法如下:

> “假如(人)只是感到暂时的感觉和冲动,一串不断来来往往的直觉、幻想、感情之物,那么,在他看来,没有什么能够具有客观的真理或实在之性质。但是,人能够自委于一个比他自己的更大得无限的思想与意志,这是人的精神性的特权。其实,就人是个思想和自觉之物说,他可以说是由于他的本性

就是居于普遍生命(the Universal Life)之空气内。由于我是个思想者,我可能在我的意识内压抑镇服每个自主(self-assertion)的冲动,每个只是我所有之观念和意见,每个属于这个认为特殊自我之我的欲望,而变成了一个普遍的思想之纯粹媒介——简言之,不再过我自己的生活,而让我的意识受无限的并永存的精神的生活所占据,所涵盖。可是,正是由这样舍弃自我,我才得到我自己,才实现我本性的最高可能。因为从一个意义看,我们舍弃自我,是要过理性的普遍的并绝对的生活。但是我们这样委身的,实际就是我们的较真的自我。绝对理性之生活,并不是外乎我们的生活。”

可是,凯德氏接下说,就我们能够在外部实现这个主张看,它所给予的抚慰还不完足。无论我们在可能上如何,在实际上,我们中最好的也距离做到绝对神圣这个境界很远很远。人与人间的道德、爱情,乃至自我牺牲,都只是把我们的自我沉没于其他一个或多个有限性的自我之内。这些没有使我们自我与无限者完全同一。这样看,人的理想的前程,在抽象的逻辑上看来是无限的;但在实际上是永远不能实现的。

凯德氏继续说:“那么,理想的与现实的之间的冲突是否没有解决法呢?我们回答:是有解决的;可是要达到这种解决,我们就要从道德的区域进到宗教的区域了。人可以说,宗教所以别于道德之主要特性在于:宗教把希望变为成就,把预期变成现实;宗教不使人无穷期地追求一个在消逝的理想,它使人成为一种神圣的无限的生命之实际参与者。无论我们把宗教由人类方面或神的方面看——认为人的灵魂自委于上帝,或上帝生活于灵魂内——随便哪一样,宗教的根本性在于:无限的不再是个远远的幻象,而变成了一个当前的实在了。到了我们对精神生活具正当领悟之时,这种生活的最初波动,就是一种朕兆,指明神与它的对象的分界消灭了,理想的变成实在的了,有限的达到它的目的,变成充满着无限者之存在与生命了。

"心思和意志与神圣的心思和意志为一,这不是宗教的将来希望和目的,而是它在灵魂内的最初开头并出生。开始宗教的生活就是终止奋斗。那件构成宗教生活的开头之行为——无论叫做信仰,或信托,或委身(faith or trust,or self-surrender),或随便什么名字——总含着有限的与一个永远实现的生命合一。宗教生活是进步;可是,用上述观念来看,宗教进步不是朝向无限界的进步,而是在无限界之内的进步。宗教进步并不是完不了的一步一步作有限的小增加,想藉此得到无限财富之无益企图;它乃是不断进行精神的活动以利用那个我们已有的无限的遗产之努力。宗教生活的整个将来,在开始时就给予了,但是稳含地给予。开始宗教生活的人的地位是这样:恶、错误、不完善不是真正属于他所有:这些是与他的真性并无有机的关系的赘疣:它们已经等于被压抑被消灭了,就像它们会实际被消灭一样;并且就在被消灭的过程中,它们成了精神进步的工具。虽然他不能脱免诱惑与冲突;〔可是〕在他的真正生活所在的那个内界,奋斗是过去了;胜利已得到了。精神所过的生活不是有限的,是无限的生活。它〔生存〕的每一波动都是上帝的生活之表出与现实。"⑫

你们会很愿意承认对于宗教意识的描写，没有比你们的这位不幸已死的宣教师并哲学家的这些话更好。这些话能将我们所听过的那些在皈依关头的极乐心态之真相重现出来；它把神秘者所觉得的，但说不出的，说出来；圣徒听到这些话，会认得这是他自己的经验。见到宗教的内容报告这么一致，这是实在很快意的。可是，统算起来，凯德校长（我只将他作为这样的思想者全数人之一例）曾超出感情和个人直接经验之区域而奠定宗教的基础于无偏的理性上吗？他曾经用迫人必信的推理过程使宗教成为普遍的，使它由一个私人的信仰变成一个公共的确然事理吗？他曾使宗教的肯定自拔于晦昧与隐秘之中吗？

我相信他并没有做这一类的事情，他只是用个更普泛化的方式将个人的经验重肯定一番。这一次，你们又可以原恕我不用专门方式证明超绝派的推理并不能使宗教普遍化；因为我能指出大多数的学者，连倾向宗教的学者在内，坚持不认这些理由会使人必信。人可以说，整个德国都积极拒绝黑格尔派的辩证。至于苏格兰，我只需提你们很多人熟悉的伏勒塞教授（Prof. Fraser）的及普林果·帕脱孙教授（Prof. Pringle-Pattirson）的值得注意的批评。[13]我再问，假如超绝的唯心论真是像它自负的那么客观地绝对地合理，它会不会这样极端缺乏使人信服的力量呢？

你们必须记得：宗教所报告的，总是旨在表示它是经验的事实：宗教说，神圣的真是存在，并且在它与我们自己之间的彼此取予的关系是确实的。假如像这样的对于事实的知觉不能自力站得住，那么，当然，抽象的推理也不能给予它以所需要的援助。概念的作用能够将事实分类，将它们加以定义，阐明它们；可是不能够产生它们,也不能再现它们的个性。总有一种加号,一种这个(a plus,a thisness),只有感情能与之相当。所以,哲学,在这个区域内,是个次起功能,不能担保信仰之确实性。因此,我又回到我在这个演讲开头时所宣说的论点。

我以极端惋惜的诚实态度承认我们必须结论而说:要用纯乎理智的过程证明直接宗教经验所表示的意旨是真实的,这是绝对无望的尝试。

可是,把哲学遗留在这种否定的宣判之下,对它是不公平的。所以,让我们最后简短地列举它能替宗教做到的事情。假如它肯放弃形而上学与演绎而采取批评与归纳,并坦白地将它自己由神学变为宗教科学,它就能够使它自己变成极端有用。

人的自发的理智作用始终是将它所感到的神圣的,用与它的暂时的理智上成见相和合的方式来下定义。哲学用比较方法,能够排除这些定义内的局部的与偶有的成分。它能够把教义和崇拜内的历史的外加部分除掉。哲学以自然科学的结果对照自发的宗教观念,也能够把现在知道被科学认为荒谬并不一贯的教义革除去。

这样把不好的主张淘汰去,哲学可以余留下一些至少是可能的概念。它可以将这些认为假设,用一切无论是积极的或消极的历来用以试验假设的方式来试验这些假设。它能够把这些假设的数目减少,因为它发现有些假设比较地更多可驳之点。也许它可以拥护它所拣出而认为证明得最严密和最有证明的可能的那一个假设。它可以把这个假设的定义精益求精,把其中的无害的格外信仰和表现这个信仰的象征方式,与应该当真的部分分别开。结果，它能够调停于不同的信徒之间，促进意见的一致。它把它所比较的宗教信仰中的共同的并主要的从个人的并局部的成分分别得越清楚，它就能够将这件事做得越成功。

我看不出这种的批评的宗教科学会不能够最后赢得与物质科学所得到的一样普泛的公众信受。就是无宗教倾向的人也可以由相信别人而接受宗教学的结论，好像现在盲人接受光学的事实一样——他们可能觉得不接受是一样愚蠢。可是，就像光学必须最初从会看见的人所经验的事实取材，并以后不断用这些来证明；同样，宗教学要从信仰给个人经验的事实，得到它的原始材料，并且在它的一切批评的改造过程，都要与个人经验相合。它始终不能离开具体的生活，不能在概念的真空中工作。它像个科学一样，要永远承认自然之微妙总远远飞在它的前头，并且它的公式只是近似值。哲学活在言语内，可是真理腾涌入于我们生活内，是以超乎语言的方式。在活活的知觉作用之中，总有种熹微闪烁而把捉不到的东西，思考总是赶不上它。没有人会比哲学家知道这种情形更明白。他必须由他的概念的枪膛放射他的一排新的语言子弹；因为他的职业注定他要做这种工作；可是他暗暗知道此事的空虚与迂阔。他的说法好像实体镜的或万花镜的(stereoscopic or kinetoscopic)像片，放在这种器具的外头看，因而这些像片弄到缺乏深度，缺乏流动，缺乏活气。特别是在宗教区域里，以为语言的公式是真实的信仰，始终不能够代替个人的经验。

在我的次一演讲，我要设法完结我对于宗教经验的粗略描写；在再后一个演讲，即最后演讲，我将要对于以概念表示宗教经验所见证的真理这件工作贡献我个人的努力。

① 参看华勒斯的"吉福德演讲"，见他的《演讲与论说》(W. Wallace: Lectures and Essays)内，牛津，一八九八年，第十七页以下。

② 见本文中所引书，第一七四页，节录。

③ 同上书，第一八六页，节录，并加注重号〔〕。

④ 《大学的观念第二论》(Discourse Ⅱ)第七段。

⑤ 关于"在建立宗教的信仰上，理智的构造是次起的而感情和本能是首要的"这个道理，请看费尔定的那本动人的书，名为《人们的心》(H. Fielding, The Hearts of Men，伦敦，一九〇二年)；可是我在这些演讲本文写完之后才看到这部书。他说，"教义(creeds)是宗教的文典；教义对于宗教的关系，就像文典对于语言的关系。语言是我们的需要之表现；文典是后来成立的学说。语言永远不是由文典出来，而文典却是由语言出来。语言由于不知道的原因进步，改变；文典必须跟它变。"(书中第三一三页)。整部书，非常切于具体的事实，几乎只是我这里的话的扩充。

⑥ 为便利起见，我适用斯特克勒哲学教科书(A. Stöckl: Lehrbuch der Philosophie)第五版，门兹(Mainz)第二册内的次序。柏德《自然的神学》(B. Boedder: Natural Theology，伦敦一八九一年)是一本方便的英文的天主教手册；但几乎同样的学说也见于新教的神学著作，如郝芝:《系统的神学》(C. Hodge: Systematic Theology，纽约，一八七三年版)或斯图朗:《系统的神学》(A. H. Strong: Systematic Theology 第五版，纽约一八九六年)。

⑦ 必须不要忘记了照设计辩证说，这世界的任何种失序(disorder)都可以暗示有一个曾设计了恰恰那一种失序的上帝。事实是：无论什么样的可以指名的事态，在逻辑上都可以加以目的论的解释。例如，里斯本(Lisbon)的大地震的废墟：整个过去历史都必须设计得刚刚照实际经过的历史那样，才可以在指定时间弄出刚刚那特种格局的砖泥、家具，以及前者曾经生活的身体的遗迹。任何别一串的原因都不充分。对于任何种其他好的坏的，事实上在任何地方由于已往情形所发生的格局，也可以这样说。因此，为避免这种悲观的结果并保留仁慈的设计者起见，设计辩证又请出两个其他在应用上较有限制的原理。第一原理是物质的，就是说：自然界的势力自己只会趋向于发生失序与毁灭，发生断井颓垣，不会产生出结构。这个原理，虽然才看好

像近是;但从近年生物学的眼光看来,似乎越来越不必然了。第二个原理是一种以人类为中心的解释。那就是说,任何种我们认为“失序的”(disorderly)都不会是设计的对象。当然,这个原理只是为“人形神主义”(anthropomorphic Theism)的便利而设的假定。

假如不挟着任何种倾于这边或倾于那边的神学主张去观察世界,人就会见到如我们所认为秩序与失序的事物,只是纯乎人工的创制品。我们对于某些种类的有用的、美感的或道德的格局感关切——关切得很厉害,至于每见到这些格局实现,它就大大的吸引我们的注意。结果,我们对世界的内容有所选择。世界由我们的方面论,实是充溢着失序的格局。可是我们只要秩序,只注意秩序,并且用选择的方法,人总能够从任何混乱一团之中找出一种有秩序的格局。假如我把一千粒豆子随便扔在桌上,无疑,我可以用撇开够多的豆子不算这个法子,将其余豆子弄到具有几乎你要提出的任何种几何学上的形式,并且这样你也许会说那个形式是事先预定的形式,其他豆子只是不相干的填空的东西。我们处理自然界的方法恰恰也这样。自然界是个广大的充实体(Plenum),我们的注意从中描出沿着无数方向的出于幻想的线路。我们把任何位在我们所描的特条线路上的东西计算并命名,而其他东西和不描的线不命名也不算数。在世界上,实际彼此“不适应”(unadapted)的东西比互相“适应”的东西多得无限;有不规则的关系的东西比有循规则的关系的东西多得无限。可是,我们专找有规则的这一类的东西,并且并很巧妙地把这一类东西发现并记住。在这一类之上又累积其他种类的有规则的东西,结果所收集的有规则的种类充满了我们的百科全书。可是,在这些种类之中间与周围,有无限的完全没有人想到的无名的混杂东西,无限的始终没引起我们注意的关系。

这样,物质的并神学的辩证所从发轫的有秩序的事实,很容易认为是人类的任意结构。既是这样,(虽然这当然不是反对有上帝的辩证,)那么,为上帝辩护的理由,不能成为宇宙有上帝的决定性证明。这种理由只有因我别的理由已信有上帝的人,才觉得可信。

⑧ 照经院学派,“志欲官能”(facultas appetendi)包括感情、欲望和意志。

⑨ 见他的上列书,第三论第七段。

⑩ 见他的《如何使我们观念明白》(How to make our Ideas Clear),那

篇载在一八七八年正月号的《通俗科学月刊》(Popular Science Monthly)第十二卷第二八六页以下的文章。

⑪ 从实效方面说,上帝的最重要表德,是他在刑罚上的公道。可是,在对这一个论点的神学上意见的现状之下,谁敢说地狱之火或一种与它相当的刑罚,经纯粹逻辑证明为必有呢?神学自身把这个主张的根据大部靠在启示(revelation);并且在讨论这事之时越来越倾向于以世俗的刑法观念代替先验的理性原理。然而,就是"这个光华的有行星与风,有含笑的天与海洋的宇宙是按照刑法的琐细节目设计的并宇宙的栋梁是靠着这些细节"这个观念,由我们近代的想法看来,也是不足信的。把宗教由这种根据辩论,就是把宗教削弱了。

⑫ 约翰·凯德:《宗教哲学引言》,伦敦及纽约,一八八〇年版,第二四三至二五〇页,又第二九一至二九九页,删节很多。

⑬ 伏勒塞:《有神论的哲学》(A. c. Fraser:Philosophy of Theism)第二版,爱丁堡及伦敦,一八九九年印行的,尤其第二篇第七第八章;塞司:《黑格尔主义及人格》(A. Seth[Pringle-Pattison]:Hegelianism and Personality),同处出版,一八九〇年印行的,散见书内。

我所知道的主张有个具体的个人性的世界灵魂之最会起信的辩证,是我同事罗倚斯(Josiah Royce)在他的《哲学的宗教方面》(Religions Aspect of Philosophy,波斯顿,一八八五年);《上帝的概念》(Conception of God,纽约及伦敦,一八九七年);并近出的他的亚柏丁大学的吉福德演讲:《世界与个人》(The World and the Individual,纽约及伦敦,一九〇一至一九〇二年)各书中的辩证。读者中无疑有些人会觉得我竟然没尝试用语言反抗罗倚斯教授的辩证,这是我闪避我这些演讲的论题所加于我的哲学上的义务。我承认我是暂时闪避。我以为在眼前这些完全出以通俗形式的演讲,似乎没有微妙的形而上学的讨论之地位;并且为策略起见,既然哲学自命如此(即能把宗教变成一个普遍起信的科学),那么,指出任何宗教哲学都不曾当真使大多数思想家信服这件事,就够了。同时,让我声明我希望我这一本书之后还有别的书——假如我有工夫写,我要在那本书内不特把罗倚斯教授的辩证,并且其他主张一元的绝对主义的辩证,都给以这些辩证之重要性所应得的充分专门的精细的考虑。此刻,我情愿被讥为肤浅而静止不发动。

第十九讲　其他特性

我们考察过神秘主义和哲学之后，又绕路回到我们原来所说的题目，即宗教的用途，宗教对信奉它的个人的用处，以及这个人对于世界的用处；这些是最好的证明这个宗教含有真理之辩证，我们回到经验的哲学就是：真实的就是效用好的，纵使总必须加上“大体这样”的限制。在这个演讲，我们必须又回到描写的工作，对于宗教的其他特有的性质说一点，以完成我们对于宗教意识的描写。这样，在最后演讲，我们就可以放手作个一般的回顾而推出我们的独立结论。

我要说的第一点就是：美感生活在决定一个人采择哪一个宗教这方面的功用。我不久以前说过，人类无意之中会将他们的宗教经验加以理智化。人在奉教上需要公式，就像他们的崇拜要有同伴一样。所以，我前此说“著名的经院派的关于上帝的表德的单子在实效上无用”这一点，口气未免过于轻视；因为我没有考虑这些表德所具有的一种用处。纽满列举这些表德的那段动听的文字，[1]使我们看出这个用处。他朗诵这些表德，像他要朗诵大教堂的祈祷一样；这样他证明这些表德的美感价值之高。加上这些高超的神秘的语言上表示，使我们单纯的宗教虔奉更丰富，正像加上风琴和旧的黄铜乐器、大理石柱、壁画和彩色的玻璃窗，使教堂更丰富一样。形容的词语使我们的崇奉取得一种气氛并伴调。这些词语像赞美之歌和光荣之颂，也许越莫名其妙，越觉得崇高。像纽满这种人的脑筋[②]变成了很顾惜这些形容语的体面，就像异教的祭司爱护在他们的偶像上放光的珠宝与妆饰品一样。

在人心所自然嗜好的宗教旁枝现象之中，我们永远不可忘记了美感的动机。我前此声明不在这组演讲中对于教会制度说什么话。可是，我也许可以在这里对于“这些制度对某些美感上需要的满足，如何会帮助它操纵人性”这方面说几句话。虽然有些人最注重理智上的纯洁与简单，但在其他人们，丰富是最高的想象上的需要。[③]假如一个人的心性极端属于这一类，个人式的宗教不能达到他的目的。他的内心需要毋宁是：一种制度的并复杂的东西，其各部分的差等的相互关系很宏伟，权威一层压一层，并且每层都有神秘和光荣的形容词之对象，这些最后是由上神抽绎而出——这上神是这个系统的源头并绝顶。这样，他好像面对一种广大的镶嵌着珠宝的美术品或建筑；他受到繁复的礼拜式的感引力；他由一切方面得到颂赞的音波。在这种高贵的复杂体之中，升高的与降低的运动，似乎并不妨害稳定性，其中的任何一个节目，无论多么卑下，都不是无意义（因为有许多庄严的机构维持它的地位）。与这种复杂结构比来，福音派的新教显得多么平淡，那些孤立的、自负“人会在丛莽中遇见上帝”(man in the bush with God may meet)的宗教生活的空气多么枯窘呀！[④]这是把极光华的层累而上的结构受了极败人意的粉碎与铲平！在他的想象惯于看见体面与光荣的场面的人看来，赤裸的福音教间架，似乎把皇宫换成济贫院了。

这很像在古老的帝国内生长的人的爱国情绪。将体面的头

衔、深红的光辉与军乐的声音、金线的刺绣、带羽毛的军队，以及那种恐怖、那种战栗放弃掉，而换了一个穿黑外衣的，同人人握手的，也许他的“家”在草原上，只有一间起坐室，一本《圣经》在这间房室的中心的桌子上的总统——有多少情绪必须中道挫折呀！这使君主制的想象陷于赤贫了。

在我看来，似乎这些美感情操很强烈；所以新教无论在精神方面的深刻说，比天主教多么优越，在今日要能够从崇信那个更庄严的教会制度的人之中争取很多皈依者，是实在不可能的事情。天主教对于人的想象供献更丰富得多的材料与色彩，它具有含着多数不同类的蜜的许多蜂窝，容许有各种各样的对于人性的感引：这使天主教徒始终觉得新教带着济贫院的可怜样，在天主教徒的心中，新教的苦窘的消极性是不可了解的。在天主教的知识分子看来，旧教会所赞许的古老的信条与行为，其中好多，假如当真，他们也像新教徒那样觉得很幼稚(childish)。可是这个“幼稚”是可喜的“赤子似的”(childlike)之意——纯朴并柔和，并且鉴于一般人民的智力之不发展，是值得对之微笑的。反之，在新教徒看来，说这些信仰与行为之幼稚，意思是说它是蠢笨的诈伪。新教徒必须把这些的微妙的可爱的累赘弄掉，他们的认真，使天主教徒看见而退缩，在后者看来，新教徒的悻悻，好像是一种冷眼的、麻木的、单调的爬虫一样。这两种人始终不会互相了解——他们情绪力的中心太不同了。严格的真理与人性的复杂，永远需要一个通译者。⑤对于宗教意识之美感方面的繁殊，就说这么多，不再论了。

在大多数论宗教的书，都认三件事为宗教最重要的成分，就是

牺牲、忏悔及祈祷(Sacrifice, Confession and Prayer)。我必须依次对这三件说一些话,虽然只能很简短地说,先说牺牲。

对神献牺牲,是原始式的崇拜通通有的事;可是,到了崇拜渐变渐文雅化,燔焚的祭品和牡羊之血就被性质更属精神上的牺牲取而代之。犹太教、回教和佛教并不需要带仪式的牺牲;基督教也这样,除了基督赎罪的神秘仪式内所保留的变相的牺牲观念。这些宗教把心坎的供献、内我的舍弃,代替一切那些虚妄的祭品。在回教、佛教及旧式基督教所鼓励的苦行内,我们见到:"这种或那种的牺牲是宗教修习"这个观念,多么牢固难灭。在演讲苦行主义之时,我曾提到苦行在象征"凡是人生带奋斗性之时所需要的牺牲"这方面的意义。[6]可是,因为我对这种牺牲已经讨论过,并且这些演讲明白地避开早期的宗教习惯和来源的问题,我要完全放下牺牲这个题目,转而讨论忏悔这件事。

关于忏悔,我也要讲得很简短,只讲它的心理方面,不讲历史方面。忏悔没有献牺牲那么广布,它相当于更内心的更属道德的阶段的情操。忏悔是一个人觉得要对他的神立于相当的关系就必须经过的一般洗涤与净化的过程之一部分。在忏悔的人看来,虚伪清除了,真实开始了;他将他的腐败露在外面了。假如他没有真正摆脱这个腐败,至少他不再将一种文饰的美德外表来涂抹它——至少,他活在诚实的基地上。在盎格鲁-撒克逊(Anglo-Saxon)的社会内,忏悔的行为完全衰灭,有点难解释。对于教皇制的反动是当然的历史的解释;因为在教皇制之下,忏悔与悔罪及赦罪仪式(penances and absolution)及其他不可容许的行为相连。

可是，从作孽者本人方面看，好像这个需要太大了，不能受人这样急率地禁止他去满足它。人会以为在多数的人，秘密之外壳必须炸开，围起来的脓疮必须破裂、放松，纵使听取忏悔的人是不配听的人也一样。天主教会，因为显而易见的实用上的理由，把对一个神父的耳语忏悔代替对大众认罪这个更激烈的行为。我们说英语的新教徒，由于我们通常靠托自己和与人难合的性格，似乎觉得只对上帝泄露我们的秘密就够了。[7]

我必须讨论的次一题目，是祈祷——并且对这个题目，必须比较说多些。新近，我们听见人家常常反对祈祷，尤其反对祈求好天气并祈求病人复元。关于为病人祈祷，假如有任何件医学的事实可认为靠得住，那就是：在某些环境之中，祈祷可以帮助痊复，所以应该鼓励人祈祷，作为一种医疗的方法。因为祈祷是这个人精神健康上的一个正常因素，不祈祷会有害处。至于天气，那就不同。虽然相反的信仰是很新近的。[8]人人现在知道旱灾和暴雨是由于物质的原因，精神的请求不能够避免它。但是，请求的祈祷只是祈祷之一部门；假如我们取祈祷这个名词的广义，以指一切种类的在内心里与认为神圣的威力相感通，我们可以很容易见到科学的批评不能动摇祈祷。

这种广义的祈祷，正是宗教的神魂、精髓。有一位通达的法国神学家说，“宗教是一个在患难中的灵魂与他觉得他自己所倚仗的并他的命运所悬的那个神秘的权力接触之交际，一种自觉的有意的关系。祈祷实现这种与上帝的交际。祈祷是实践的宗教；那就是说，祈祷是真实的宗教；使宗教现象与近似它的，如纯乎道德的或美感的情操这一类现象有分别的，正是祈祷。宗教只是整个心灵想攀着它所从得到它的生命之要素，因以救度自己的这种根本行为。这种行为就是祈祷。我说祈祷并不是指虚妄的语言上的念习，或仅仅反复背念某些神圣的文句，乃是指灵魂的进动自身，灵魂置它自己于一种私人的与它觉得存在的神秘权力接触的关系之中——这种进动甚至可以发生于灵魂未有称呼这种权力的名号之先。凡是缺少这种内部的祈祷之场合，都没有宗教；反之，凡是这种祈祷兴起而激动灵魂之场合，就是没有形式，没有教义，也是活的宗教。人由是可以悟到何以所谓‘自然宗教’（natural religion），正当地论，并非宗教。自然宗教使人不能祈祷。它使人与上帝彼此疏远，没有密切的交通，没有内心的接谈，没有交换，没有上帝对人的作用，没有人对上帝的报答。归根到底，这个自命为宗教的自然宗教只是一种哲学。它由唯理主义（rationalism）的时代，由审慎探讨的时代产生，始终只是一个抽象。它只是一种矫揉造作的、死气沉沉的作品，考察它的人不能发现任何一个为宗教应有的特性。”⑨

在我看来，似乎我这一组演讲整个都是证明萨巴池的持论是真实的。宗教现象，作为内心事实并撇开教会制度或神学的附益去考究它，结果指明：它在一切地方并在一切阶段都是各个人所有的“觉得他们自己与他们所感到与他们有关系的高级权力彼此间有种交际”这种意识。在发生之时这种交际是被觉得是主动的并相互的。假如它不是有效的，假如它不是一种有取有予的关系；假如在这种交际进行之时没有实在处理了任何事；假如这个发生之后世界并没有一点点变异；那么，祈祷，就它是觉得有件事在处理

(something is transacting)之感这个广义说，当然是一种关于错觉的对象之感。由是宗教大部必须认为不特含有迷妄的成分(这种成分无疑到处存在)，而且必须认为完全根据迷妄，就像唯物主义及无神论者对宗教所不断评论的那样。到了直接的祈祷经验被认为虚妄的见证而被排斥之时，所剩下的至多只是一种推论而得的信仰，即以为万有全体一定有个神圣的原因这种信心。可是，这种观想自然界的方法，虽则有虔敬心的人无疑觉得可喜，但使他们只能做一场戏剧的观众；而在于实验的宗教和富有祈祷的生活，人们似乎自己是演员；并且不是在戏剧内的，乃是在个极严肃的实事内的行动者。

由是，宗教的真妄，与到底祈祷的意识是否幻妄这个问题分不开。觉得在祈祷心态之中实在有件事被处理了这个信心，是活宗教的精髓。至于到底被处理的是什么，对这个问题，人曾经有大不同的意见。前此有人以为无形的权力能做现在没有任何开通的人相信会发生的事情；并且现在还有人以为会这样。事实很可能会证明祈祷的势力范围完全在主观方面，并且直接被改变的只是祈祷的人的心灵。可是，无论我们对于祈祷者的影响之意见如何会受批评的限制，就这一组演讲所从以研究宗教的这个根本的意义看，宗教必须随实际曾否发生这种或那种结果而存废。宗教坚信祈祷可以使由任何其他方法不能产生的事情实现：除了祈祷不能动用的能力可以由祈祷放出来，而在事实界的某个(无论是客观的或主观的)部分起作用。

已故的迈尔斯写给朋友的一封信把这个假定说得很生动；他的这位朋友允许我引用。这个假定表明祈祷的本能与通常的教义纠葛是多么无关系。迈尔斯君说：

“你问我祈祷的问题，我很高兴；因为我对这个题目有相当坚强的意见。先看事实如何。我们周围有一个精神的世界，并且那个世界与物质世界有实际关系。从精神世界流出能力，维持物质世界；这就是形成每个人精神的生活之能力。我们的精神是由永恒吸收这种能力来支持，并且那种吸收的剧烈度永在变化，很像我们吸收物质的营养的剧烈度时时变化一样。

“我将这些叫做‘事实’，因为我以为只有一个像这种的格局才与我们的实在证据不矛盾；这种证据太复杂，不能在这儿总说。那么，我们应该对这些事实如何行动呢？分明地，我们也必须努力尽量吸收精神生活，并且我们必须将我们的心灵置于任何项被经验证明为便利于这种吸收之态度。祈祷是概括的对那种虚怀的恳切的期望态度。假如我们进而问对谁祈祷呢，答案（很奇怪）必定是那件事没有大关系。固然，祈祷并非纯乎主观的事情；——它使吸收精神的力量或恩眷的强烈度实际增高；——但是我们对于发生于精神世界的事情知道不够，不能知道祈祷如何生效；——谁鉴察到祈祷，或是恩眷由什么途径赐予我们。最好让儿童们对基督祈祷；因为无论如何，他是我们所知道的最崇高的个人精神。可是，假如我们说基督本人听到我们祈祷，那就太武断了；另一方面，假如说上帝听到我们，那就只是再将第一原理重说一番罢了——这个原理就是：恩眷是由那无限的精神界流进来的。”

让我们将祈祷之时吸收到力量这个信仰的真妄，留在次一个

演讲讨论——到那时候，我们必须到达我们的教义上的结论(假如我们真有点结论)。让这个演讲还限于叙写现象。为对于过祈祷生活的方式举个极端的具体例子起见，让我引一个你们中大多数人必定知道的例子，就是布列斯托的佐治·密勒(George Müller of Bristol)，死于一八九八年的。密勒的祈祷是顶粗陋的请求之类的。他在很小时候"决心认某些圣经"许诺的话是字字真确的，由是让他自己不用他的世故的事先计划，而由主的手来养活自己。他曾有非常活动的并成功的一生事业，结果之中如流通二百万本以上的用不同语言印行的《圣经》；设备了几百个传教会；发行了一万一千一百万本的关于《圣经》的书籍、小册和论说；创设五个大孤儿院，并教养几千个孤儿；最后，设立学校，教练十二万一千个青年和成年的学生。在这种工作的历程中，密勒君收过并处理过差不多一百五十万金镑，旅行过二十多万英里的海陆途程。[10] 在他传教的六十八年中，他永远不曾有除了他衣服家具并手边现钱以外的财产；并且在他八十六岁死了时候他所遗留的产业只值一百六十镑。

> 他的方法是：使大众知道他的一般需要，但不让人明知他暂时必需的细目。为应付这些必需，他直接祈求上帝，相信假如人信赖够深，祈祷早晚必有应验。他说，"遇着我丢了像钥匙这类东西之时，我求主指点我钥匙所在，并且我追求对我祈求的应答；假如同我约会的人没来，因而给我不方便，我就求主催他来到我这里，并且寻求显应；假如我不了解《圣经》的一段，我诚心祈求主由他的圣神教导我，并且我期望被教诲，但我没有想定什么时候被教诲，如何被教诲；假如我要传布福

音，我求主帮助并且……不悲观而且因为等待他的赐助而高兴。”

密勒的习惯，永远不欠账，就是欠一星期也不欠。“因为主是按日颁赐我们，……可能一星期的账要还之时，我们没钱偿付；因此与我们交易的人也许受到不方便，并且我们违犯了主的‘不要欠任何人任何东西’这个训诫。自今天起，在主按日颁给我们之时，我们立意件件东西一买就还钱，并且无论一件东西好像多么必要，并无论交易的人多么情愿只要一星期还账一次，除非我们能立刻付现，总不买任何物件。”

密勒所说他需要的东西是他那孤儿院的粮食、柴炭等项。这样或那样地，虽然他们屡次快到没东西吃，他们并没有真正没吃。“有时早膳之后，有一百人没钱吃午餐；或是午餐之后没钱喝茶饼，可是主都供给我们，并且一切这些，并不曾事先将我们需要告诉一个人，我感到主的在近旁没有比在这些时候更厉害更亲切了。……我心思由于神助做到深信主的忠诚，因之在极端窘乏之冲，我都能够安心地进行我的其他工作。其实，假如主不给我这种安心（这是信赖他的结果），我将要几于完全不能工作了；因为现在比较很少遇着有一天我不缺少我工作所需的这一个或那一个部分。”⑪

密勒只用祈祷和信赖来创设孤儿院的用意，他说他的主要动机在于“要有一件事作为有形的证据，指明我们的上帝天父还是同从前一样的忠心的上帝——同从前一样愿意证明他自己在现在同在往时一样对于一切信赖他的人们还是活活的上帝。”⑫因为这个理由，他不肯为他经营的任何事业去借钱。

"我们这样用我们自己的办法赶在上帝之前,结果如何呢?我们必定会减弱信仰,不会增强它;并且每经一回我们这样自己应付,我们就觉得越来越难信托上帝,到了最后我们完全投靠于我们自然的堕落的理性,结果不信上帝的态度就来了。假如使人能够等待上帝自己的时机,并只向他祈求帮助与救度,那就多么不同呀!到了最后帮助来到之时(也许经过好多祈祷的时季),它是多么甜美,多么直接的补偿呀!基督徒的读者,假如你从前始终没有在这个顺从之路上走,现在就这样做,那你就会由实验知道由这样而得的喜乐的甜美处。"⑬

在供应只是慢慢地来之时,密勒以为这是要试试他的信赖和耐性。到了他的信赖与耐性试够了之时,主就送来更多的东西。"并且结果实际是如此"——我摘录他的日记——"今天给我二千零五十镑,其中两千镑是〔一所房屋的〕建筑费,其余五十镑是应付此刻的必需。在我收到这笔捐款之时,我对上帝的欣慰是不可形容的。我并不曾激动,或诧异;因为我留心等待对于我祈祷的显应。我相信上帝听到我的话。可是我心里极快乐,因之我只能坐在上帝之前赞美他,像《撒母耳书》第七章第二节(2 Samuel vii)内所说的大卫(David)一样。最后我平伏着,脸贴地,大大感谢上帝并且重新委心于他,谢了他的神圣服务。"⑭

密勒的事例是个在一切方面都是极端的例,并且在这个人的理智眼界的非常狭小这方面最显得极端。他的上帝,正如他常说的,是他的营业的伙伴。在他看来,上帝几乎只是一种超自然的教士,关心于布列斯托的那一帮商人及其他人们(那些就是他的圣徒)并孤儿院和其他事业的，但并没有人类想象力在别人心上赋予上帝的那些较广大的、较理想的表德的任何一种。简言之，密勒是绝对不哲学的。他对于上帝的关系之观念是极属私人的、实用的，是继续最原始的人类思想的传统。[15]假如我们将他这样的心思与像爱谋生或腓立伯·布鲁克斯(Phillips Brooks)那种的心思比较，我们就知道宗教意识变异的范围了。

关于对请求的祈祷的应验，有很多的记载。传教的日记满载了这种经验，并且有专书论这个题目；[16]可是为我们讨论起见，密勒的例就够了。

无数的基督徒过一种不这么强健的乞丐式的祈祷生活。这种人说，恒久不断地倚靠全能上帝来援助来指点，会引到那些显然的，但更微妙得多的证据，指明上帝的存在并他的活跃作用。我已引述过的那个德国作家希剔曾作下引的对于“被指引的”生活(‘led’life)的描写；无疑，在一切国土的无数基督徒看来，这个描写似乎是从他们自己的个人经验中抄出来。希剔说，在这种被指引的生活，人见到

> “书籍，语文(并且有时人)会刚刚在需要它之时来到；人好像闭眼溜过重大的危险，不知道有要恐吓他或引他到迷途的事物，一直到危机过去了才知道——尤其引人到虚夸和淫欲的诱惑是如此避免掉；人不应该游荡到的路径，好像有荆棘的篱笆拦围住；重大的障碍会忽然排除；到了做一件事之时，忽然有了前此没有的勇气，或是觉悟了前此没有看到的这一件事情的根苗，或是发现自己具有绝不能说何从而来的思想、

才干，甚至某一事的知识或卓见；最后，人好像反背他们的本心来帮助或不帮助我们，来偏袒我们或拒绝我们，因之往往对我们漠不关心，甚至恶意的人也给予我们极大的服务并赞助。（上帝常常正在世俗的利益快要阻碍他所指引的人们追求较高利益的努力之时节，剥夺去他们的这种世俗的利益。）

“除一切这些之外，还有其他可注意之事发生，这些事是不容易叙述的。在这时节，人觉得似乎不断走过‘开放的门户’和最容易的道路；用尽想象的能力，也不过想到会这么不用心地，无困难地走过。

“并且从前他的事情纵使小心预备也常常因为不合时而失败，现在这些事会不早不晚，及时解决。此外，做这些事之时心中完全镇静；几乎觉得它毫无关系，好像我们是在替别人传话（当然我们做这种事，比做我们自己的事通常都更镇静）。并且，他发现他能够耐性地等待一切事情，而这是人生的大技术之一。他又发现每件事此去彼来都按时候，所以在更进一步之前有时间站稳了脚跟。而且每件事都在恰好的时节发生，正是我们所应做的，诸如此类；并且常常很显然如此，好像有个第三者替我们看守着我们很容易忘掉的事情一样。

“并且，常常地，正在恰好之时，人被差遣来到我们这里，对我们供给或请求所需要的事物以及我们始终不会有勇气或有决心自动担当的事情。

“在一切这些经验之中，人发现他自己对别人慈祥并容恕，就是对可厌的、怠慢的或恶意的人也如此；因为这些人在上帝手里也是善的工具，并且往往是极有效率的工具。没有这种思想，就是我们中最好的人，也难永保我们的心里宁静。反之，觉得有神圣的领导了，人对于生活上好多事物的眼光就与在其他情形之下的眼光完全不同。

"一切这些都是一切有对它的经验的人们所知道的事；对于这些事，可以举出极生动的例子。世俗智计的最高资源也不能达到在受了神圣的指引之时自然来到我们的智慧。"[17]

像这样的记录逐渐转变，引到其他的例子；在这后种例子，不是有个监临的天神，为奖赏我们的信赖，把特殊事情调节得对我们更贴伏；乃是由于培养那种不断觉得我们与创造具有现状的万物之权力有关联之感，就可以把我们自己调节得更便于接收这些事物。自然界的表面不一定改变，可是它的意义的表示改变了。自然界从前是死的，但又活了。这好像不爱一个人之时看着他与爱他之时看着他的不同。在爱他之时，交际发生新的生活力。所以一个人的情感与世界的创造者的神圣性接触之时，恐怖和私己心习就消除；并且在随之而来的心神宁静之中，人发现时刻先后相续之内有一串的纯乎善意的机缘。这好像扇扇门都开了，条条路都重新弄平了。在我们以这种祈祷所浸渍的精神会见旧世界之时我们会见一个新的世界了。

这种精神正是马喀斯·奥勒喀与艾比克泰德(Epictetus)的精神。[18]这是医心派的、超绝主义者的、并所谓"宽博的"('liberal')基督徒的精神。我要从马丁诺(Martineau)的一篇宣训引一页，作为这种精神的一个表现：

"今天给人眼看见的宇宙，样子同一千年前是一样的：弥尔顿(Milton)的早晨圣歌只是赞颂我们熟识的太阳笼被于太古世界的田野和园圃之美。我们看到我们祖先通通看见的东西。并且假如我们不能够在你的房屋或我的房屋内；在路旁和海涯；在正坼的种子或方开的花朵；在白天的本务或夜里的沉思；在大众的欢笑或秘密的悲哀；在不断新来和严肃地走过而消逝的人生的列队中见到上帝；我不相信我们会更会在埃田(Eden)的草上或格塞蒙(Gethsemane)的月光下认到他。靠得住，使我们将一切神圣性推到我们不能达到的辽远空间去的，并不是由于缺少较伟大的神迹，乃是缺少能感觉到还许给我们的神迹之灵魂。虔信之徒觉得凡是上帝的手所在的地方，那里就有神迹：只是不虔心，才会设想只是有神迹的地方才能有上帝的实在手段。当然，上天的惯例，在我们的眼中，应该比他的破例更神圣；至上神永远不厌倦的老习惯，应该比他爱好的程度不够使他再做的奇怪事情更神圣，并且一个在任何早晨起来只要在日球之下看到全能者支持它的手指的人，就会再感到亚当在乐园注视第一次朝暾之时所有的适意的并敬畏的惊异。并不是外面的变化，并不是时空上的变迁，只有心坎纯洁的人的挚爱的观想，才能够在我们灵魂内由沉睡中重新唤醒永在的上帝；才能够再给予他自己一种实在，并替他再宣扬他对于'活上帝'的老名号。"[19]

当我们见到一切都在上帝，并将一切都归于上帝之时，我们就会从平常事物之中觉到高级的意义之表现。旧例所笼盖于熟悉的东西的那种死气没有了，并且万有似乎现出宝相了。这样由麻木醒来的心灵的状态，下列的文字表示得很好；这是我由一位朋友的信摘出来的：

"假如我们着手总算一切那些优先赋予我们的慈悲与恩典，我们简直被它们的数目压倒了(这个数目那么庞大，我们能够想象我们就是要找时间检阅我们设想我们没有的东西，也找不到)。我们将它们总算一下，结果觉悟我们实实在在被上帝的仁慈逼死；并且我们被无数的恩惠包围着；假如没有这些恩惠，一切都要堕落了。难道我们不爱好这仁慈吗？难道我们不觉得给'永存的臂膊'扬举起来吗？"

有时，这种觉得事物是神圣所赐予，不是惯常的之感，只是偶发的，像神秘经验一样。格拉都黎神父举过下述的发生于他的青年忧郁期的例子：

"有一天，我有片刻的慰安，因为我遇到在我看来似乎理想地完美的一件事。这是一个可怜的击鼓手在巴黎街上打归营号。我当时是在放假日的晚上回学校，正走在他的后头。他打鼓的声调，至少在那片刻，虽然我多么抱怨，我找不到理由挑剔这个鼓声。要设想能比这个打法来得更有气魄或更有精神，更好的时间或节拍，更清晰或更丰富，是不可能的。理想的欲望不能在那个方向更进一步。我被魔住了，被抚慰了；这个卑下的动作的完美给我好处。我说，善好至少是可能的，因为理想的可以这样有时具体化了。"[20]

在瑟南谷(Sénancour)的《阿柏门》(Obermann)那本小说内，也记录有一回同类的暂时的"生活面幕的揭开"。在巴黎街上，在一天三月的日子，他看见一朵正开的花，一朵水仙花：

"它是欲望的最强烈的表现：它是今年的第一次香气。我感到一切要给予人类的快乐。这个说不出的灵魂间的和谐，理想世界的魅影，发生于我心内，完完全全的。我从不曾感觉过任何这么伟大的，这么瞬息的东西。我不知道是什么形状，什么种比拟，什么种关系的秘密，使我从这朵花看到一种无限的美。……我永不能将这个权力，这个无物可表的广大；这个无物可容的形式；这个一个人觉得的，但似乎自然界不曾实现的一个更好世界的理想包纳在一个概念内。”㉑

我们在前些的演讲说到新皈依的教徒在他们醒悟之后会觉得世界的面目复活。㉒大体说，宗教徒普通都假定任何与他们的命运有任何种关系的自然事实，都指示对于他们的神圣意旨。这个意旨，往往很不明显；但由于祈祷，他们会澈悟，并且假如是“试炼”(trial)，就给予他们以支持这个试炼的力量。这样，在祈祷生活的一切阶段，我们都发现以为“在感通过程中，从上方流来能力，以应付需求，这个能力会在现象界起作用”这个信心。假如这种起作用被认为实用的，那么，无论它的直接结果是主观的或是客观的，没有实质的差异。基本的宗教的要旨是：在祈祷中，在其他情形之下潜伏的精神能力，实实在在起活动，并且这种或那种的精神工作真正完成。

对于广义的，认为任何种的与神感通之祈祷，就说这么多了。对于祈祷是宗教的核心这一节，我必须等到下一讲再说。

我对宗教生活最后要说到的一方面，就是：宗教生活的表现常常与我们生活的潜意识部分相连。你们也许记得我在第一讲㉓关于宗教家中有很多精神病态的气质这一点所说的话。事实上，你很难找到一个任何种的宗教领袖，在他生平没有自动现象(automatisms)的。我不特说蛮人的祭司和先知，他们的信徒相信自动的言说和动作就是神感的；我也指思想的领袖以及有理智化的经验的宗教徒。圣保罗见过异象，有过出神状态，以及天赐的口才，虽则他认为这种辩才不甚重要。大批的基督教圣徒和外道，包括最伟大的，如柏纳、罗约拉、路德、佛克斯、卫斯理之流，都有他们的异象、幻语、极乐状态、具指引性的印象，以及“开豁”（openings）。他们所以有这些经验，是因为他们有极高的敏感，而有高度敏感的人是容易有这些现象的。而且，对于神学的影响，就在于这种倾向。凡是有自动现象作佐证之处，信仰就增强。由意识界外区域冲来的作用有特殊的增加信受的能力。隐微的觉得神在之感，比概念作用更强得无限；可是，虽然很强，但很少等于幻觉的佐证。实际看见或听见救主的圣徒，到达了得到保证的顶点。动作方面的自动现象，虽然很罕见；但假如可有，那就更比感觉能使人深信。有这种经验的人真正觉得他们受超越他们意志力的权力之指挥。这个证据是动性的；上帝或神把他们身体的器官都搬动了。㉔

范围广大的有这种觉得成为一种高级权力的工具之感的经验，当然是“灵感”（inspiration）。很容易将惯有灵感的宗教领袖与没有灵感的领袖辨别开。在佛陀、耶稣、圣保罗（除了他的天赐口才）、圣奥古斯丁、胡司（Huss）、路德、卫斯理的宣训之中，自动的或半自动的作品只是偶有的。反之，在希伯来的先知，在穆罕默德，在有些亚历山大派的人（the Alexandrians），在好多次要的天主教的圣徒，在佛克斯、在约瑟·施密司（Joseph Smith）自动讲说这一类东西似乎屡见，有时是惯有的。我们见到他们明白宣称他们是受一种外来权力的指挥，充做这个权力的代言人。至于犹太的先知，一个把他们作过细心的研究的人说，看到下述的情形，会觉得是非常的：

“一个又一个，同样的特色在先知的书内反复出现。这个作用总是与假如先知由他自己天才的尝试达到悟入精神界的洞见极端不同。这种作用有一种明划的忽然的性质；好像他能够用手指出它是什么时刻来的。并且它来的方式总是一种绝大的外来力量，他要抵抗也是枉然。例如，听耶利米(Jeremiah)书的开头。同样，读以西结(Ezekiel)先知书的首二章。

“可是，并不是只在他事业的开始之时，先知才经过一个明明不是出于自力的关头。先知的叙述全部，都散布有某些文句，说到有个强烈的不可抵抗的冲动来到他身上，决定他对于他时代的事变的态度，逼出他的言语，使他的话成了一种比他们自己的意思更高的意思之媒介。例如，以赛亚(Isaiah)说：‘主用一个强有力的手对我这样说’——这是个强调的话，表示这个冲动的性质是压倒一切的——‘并告诫我不要跟这个民族的路径走’。……或是以西结书内的像下引的语句：‘主上帝的手落在我身上’，‘主的手对我很强劲’。先知的一个常有特性就是，他挟着耶和华本身的权威说话。所以一切先知对他的宣讲做序言都那么自信地，说是‘主的话’(The Word of the Lord)或是‘主这样说’(Thus Saith the Lord)。他们甚至敢用第一人称来说，好像耶和华自己在说话。例如，在《以赛亚书》说：‘听我说，雅各(Jacob)，和我所叫的以色列(Israel)；我就是他，我是第一的，我也是最后的’，诸如此类。先知的人格隐没到背后了；他觉得他自己在那时是全能上帝

的代言人。”[25]

“我们须要记得先知是一种职业，先知们合成一个职业流品。当时有先知的学校，在其中，按部就班地培养先知的能力。一群青年环绕着一个有权威的人物——一个撒母耳或一个伊利沙(Elisha)——并且不特记录或传布关于他的言论和行为之知识，而且想法自己得到他的灵感的一部分。似乎在他们的修炼内，音乐也有职务。……绝不是先知的这些儿子(Sons of the prophets)的全数人不止得他们所追求的才能的一个很小部分，这是十分明显的。‘假’先知，明明是可能的。有时这种假充是有意的。……可是，绝不是在一切宣示错误的预言之时，宣示者完全知道他自己所做的事。”[26]

再举一个犹太人的例，亚历山大城的费洛(Philo of Alexandria)叙述他的灵魂如下：

“有时，在我空空的来工作之时，我忽然变成充满，无形之中观念源源而来，从上方栽植于我心内；于是由于神圣的灵感起作用，我就大为激动，不知道我在什么地方，也不知道谁在座，也不知道我自己，也不知道自己说什么，也不知道我写什么；因为当时我感到一种解释上的丰富，一种对于光明之享受，一种极透彻的觉悟，一种极明显的对于一切要做的事的能力；对我的心的影响，好像极明白的光学的表演对于眼官的影响一样。”[27]

假如我们转到回教，就见到穆罕默德的启示通通由潜意识区域来的。对于他如何得到这些启示的问题：

“据说穆罕默德答说，有时他听到像警钟似的声音，并且

> 这对他有极强烈的影响；当天使离开之后，他就得到了启示。有时他与天使接谈，像与人接谈一样，一样容易了解他的话。可是，后来的作家……又分别出其他种类。在《抑干》(the Itgaân)第一百零三段列举下列各种：一、伴着钟声的启示，二、由圣神在穆罕默德心里起灵感，三、由现作人形的伽百利(Gabriel)，四、由上帝直接启示，或是在醒时(如在他上天的途中)或是在梦中。……在《阿马哇协·阿拉都尼耶》(Almawâhib Alladunîya)内，列出下列各类：一、梦境，二、伽百利在穆罕默德心里的灵感，三、伽百利现为达希亚(Dahya)的形状，四、带着钟声等等的，五、伽百利自己来(只有两次)，六、在天上的启示，七、上帝自己显现，但有幕隔住，八、上帝直接现身，毫无隐蔽，其他作家又加两个阶段：一、伽百利以别人的形状出现，二、上帝自己现于梦中。”㉘

在这些例内，没有一个，其所有的启示是明明动作的，在约瑟·施密司，他除了天启的对于金版的翻译成了摩门教典(Book of Mormon)之外还有无数的先知性的启示；他的灵感似乎大都是感觉的。他开始翻译时，用“窥观石”(peep-stones)帮助，这个石，他发现与金版一起，或是他以为，或是他自己说他这样一起发现——这样翻译显似是“晶石凝视”(crystal gazing)现象之一例。对于有些其他启示，他用窥观石；但似乎通常是请求上帝更直接训示。㉙

其他启示被形容为“开豁”(openings)——例如，佛克斯的启示明明是信鬼派内所谓“印入”(impressions)之类。因为一切有效力的推动改革的人，都必定多少活在“忽然感到或忽然信仰新真理，或是动作的冲动压迫那么凶，弄得必须发泄”这种精神病态的阶层上，我对这么常见的现象不再说什么了。

假如除开这些灵感现象之外，我们说到宗教的神秘主义，假如我们回忆在皈依现象内所见的一个冲突的自我显著地忽然统一起来，假如我们追想在圣徒性中所见到的非常迫人的属于慈爱、纯洁和自苦的冲动，我想，我们不能不做下列结论，就是：在宗教内，所表现的人性方面，是与意识界外或阈下区域有非常密切的关系的。假如你们中任何人觉得“阈下”这个名词不顺眼，似乎太带灵学或是其他旁门的气味，那么，可以随便叫它任何别的名字，以别于完全明显的意识阶层。假如你喜欢，把这后者叫做人格的甲区（the A-region），把其余的叫做乙区（the B-region）。那么，乙区分明是每人心灵的较大区域，因为它是一切潜伏作用之所在并且是一切不经记录或不被观察的作用的储藏所。例如，它含有如一切在我们心上片刻不活动的记忆这类作用，并且它藏着一切我们只有模糊动机的情欲、冲动、喜欢、不喜欢，以及偏见的源泉。我们的直觉、假设、幻想、迷信、服膺、信仰，以及一般说，我们的一切非理性的作用都由乙区来。它是我们梦的来源，并且似乎梦可以回到它之内。任何种我们会有的神秘经验，和我们的感觉的或运动的自动现象都由它那里出来；假如我们会有催眠的或似催眠的（hypnoid）状态，我们在这些状态的生活也是由这里来；我们的妄想，固定观念，和协识脱离病态（如我们是这个病的患者）也出于其中；假如真有超乎正常的知识（supra-normal cognitions），并假如我们是会隔感者（telepathic subjects），这种知识也是由这里来。这区也是许多培养我们宗教的作用之泉源。在宗教生活深切的人们（我

们到此刻已见过好多这种人)，到这区的门似乎开得非常之大——这是我的结论；无论如何，由那个门进来的经验曾经对于左右宗教的历史这方面，有强劲的势力。

我用这个结论回头将我在第一讲所开的圆圜合拢，这样把我那时所说的对于在发展的并能自白的个人所有的内心宗教现象之检阅作个结束。假如有时间，我很容易增多我的文件并我的区别；但我相信概括的讨论本就更好，并且我以为宗教经验的最重要的特性已在我们眼前了。在次一讲，即最后一讲，我们必须尝试下这许多材料可以暗示出来的审慎的结论。

① 《大学之观念》(Idea of University)第三论第七段。

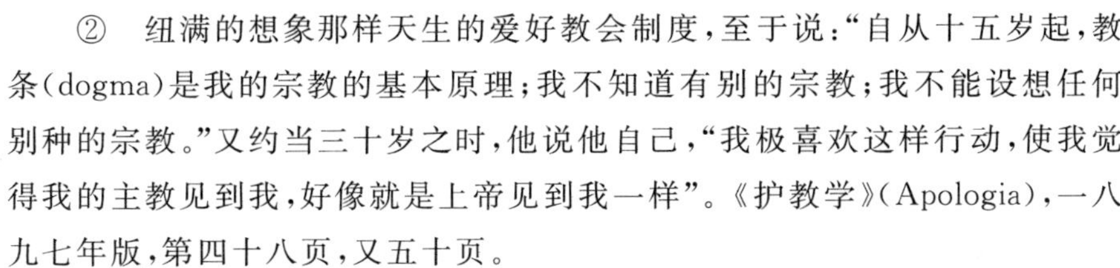

② 纽满的想象那样天生的爱好教会制度，至于说："自从十五岁起，教条(dogma)是我的宗教的基本原理；我不知道有别的宗教；我不能设想任何别种的宗教。"又约当三十岁之时，他说他自己，"我极喜欢这样行动，使我觉得我的主教见到我，好像就是上帝见到我一样"。《护教学》(Apologia)，一八九七年版，第四十八页，又五十页。

③ 理智上的差异与性格上的差异，在实际重要上，是十分平等的。在讲论圣徒性之时，我们见到有些人如何厌恶纷乱，必须过纯洁、一贯、简单的生活(第十一、十二、十三讲中论生活纯洁一段)。可是，反之，在别人呢，过多、过度迫促、刺激，许许多多的外界关系是不可少的。有些人，假如你替他还清一切债负，使得他的约会通通不失信，他的信通通回答掉，他的纠纷通通解决，他的义务通通履行(包括就在他眼前空桌上，并无一事可以阻碍他立刻履行的那一件事)，他就会"晕倒"。在这种人看来，一个剥得这样精光的日子简直是可怕的。同样，安逸、文雅、亲爱的表示、社会的敬仰——有些人所需要的数量，在旁人看来，好像是一大堆的胡说和文饰。

④ 在纽满论称义(Justification)的演讲第八讲第六段中，有很好的一

段,表现这种美感的领略基督教体系之感情;但可惜太长了,不能引它。

⑤ 试把新教的不重形式与天主教的工致的"业务"(business)相比:在前者,"讲和的好善者"(meek lover of the good),单独跟他的上帝,看候病人等等,意就在于这些病人;在后者,这种"业务"就带有一切比较复杂的营业所有的人事刺激。一个主要是意在世俗的天主教女人可以因为纯粹风情的理由去看候病人,她跟着她的听忏师与指导者(confessor and director),她的"功德"越积越高,以及她所爱护的圣徒,她对上帝的特殊关系(由她是敬虔的专家(dévote)而得她的注意),她的确定的"功课"(exercises),和她在教会内受人明确地承认的社交的姿态(pose)。

⑥ 见第十四十五讲中论苦行一段。

⑦ 格兰格:《基督教的灵魂》(Frank Granger:The Soul of a Christian, London,1900),这部好书的第十二章有个更详尽的对于忏悔的讨论。

⑧ 例如:赛表黎(Sudbury)的教士,在波斯顿听星期四演讲,听见主席的教士祈雨。仪式一完,他走到祈雨者跟前,告诉他说:"你们波斯顿的教士,你窗下的山慈菇一枯,就到礼拜堂祈雨,一直到了康柯德(Concord)和赛表黎都淹在水里。"爱谋生:《演讲与生平略记》,第三六三页。

⑨ 萨巴池:《宗教哲学研究》(Auguste Sabatier;Esquisse d'une Philosophie de le Religion)第二版,一八九七年,第二四页至二六页,节录。

⑩ 我这些统计的根据是洼因(Frederic G. Warne):《论密勒的小书》,一八九八年,纽约版。

⑪ 《信赖的生活:关于主与密勒的相处的叙述》(The Life of Trust:Being a Narrative of the Lord's Dealings with George Müller)新的美国版,(纽约,Crowell 印行)第二二八页,又一九四,又二一九页。

⑫ 同上书,第一二六页。

⑬ 见上引书,第三八三页,节录。

⑭ 同上书,第三二三页。

⑮ 亚柏的《英文选》(Arber's English Garland)第七册第四四○页有一段表现更要原始式的宗教思想,我忍不住要引它。莱德(Robert Lyde)是一个英国水手,同一个英国男青年,在一六八九年被一只法国船上人俘虏去。后来他扑着船上人,七个法国人,杀死两个,俘囚其余五个,把船驾驶回英国。

莱德叙述在这个奇迹中,他发现他的上帝是患难中很得力的助手的情形如下:

“在他们三个人并另外一个人要把我摔下地之时,我由上帝的帮助,还站得住。我觉得挂在我身上中段的法国人拉得很重,我就对那个青年说,‘绕过罗盘箱,把吊在我背上的那个人打倒’。由是他就把那个人当头打一下,那个人就倒了。……随后我就四面寻找,要一个索针或任何别的东西去打击他。可是,看不到什么东西,我就说,‘主呀,我怎么办呢’?然后我眼睛向左边看,看见一个索针挂在那里,我急伸我右手,抓住它,把针尖刺进握住我左臂的那个人的头盖,打进一英寸四分之一那么深,打了四下。(另一个法国人把索针从前一个人头上拉走。)可是由于上帝的神奇的支使,这个索针从他手里掉出去了,也许是他扔下去了;在这时刻,全能的上帝给予我足够的力量,把一个人抓在手里,把他摔在另一个人头上。我又在找东西打击他,看不到什么,我说,‘主呀,我怎么办呢’?于是上帝就指点我想到我口袋内有把小刀。虽然两个人抓住我的右臂,可是全能上帝增加我的气力,使我能够把右手穿到我右边口袋里,拉出小刀和刀鞘……搁在我两腿中间,把刀拉出来,把那个背向我胸口的人的脖子割进去……他立刻倒了,以后始终不动。”——我把莱德的叙述微微节短。

⑯ 例如,黎本主教(Bishop of Ribon)及其他人的《对祈祷的答应》(In Answer to Prayer),伦敦,一八九八年版;《关于祈祷的感人的事情和显著的灵应》(Touching Incidents and Remarkable Answers to Prayer,Harrisburg, Pa.)一八九八年版;哈斯丁,《指引的手,或天命的指点之真实例证》(H. L. Hastings:The Guiding Hand, or Providential Direction, Illustrated by Authentic Instances),波斯顿,一八九八年版。

⑰ 希剔:《快乐》第三卷,一九〇〇年版,第九二页以下。

⑱ 艾比克泰德说:“天呀!天地万物中任何一件事物就够对一个谦卑的感激的心灵证明有个天道(Providence)。只说可以由草出牛乳,由牛乳出干酪,并且由羊皮出羊毛;谁造成这个,谁计划这个呢?无论我们是挖掘,或耕犁或吃东西,难道我们不应该对上帝唱这个颂歌吗?以这些耕地的工具供给我们的上帝真伟大呀!给我们手和消化器官的上帝,使我们能够不知不觉地生长并在睡时呼吸的上帝真伟大呀!这些事,我们应该永远庆祝……可是

因为你们大多数是盲目的，麻木的，必须有个人就这个位置，并替一切人领导对上帝歌颂；因为像我这样一个跛脚的老人，除了歌颂上帝还能做什么别的事呢？假如我是一个夜莺，我就做夜莺的事；假如我是个天鹅，我就做天鹅的事。可是因为我是一个有理性的生类，赞美上帝是我的天职。……并且我号召你们参加唱同样的歌。"《艾比克泰德集》，第一卷第十六章，卡脱·喜金孙(Carter Higginson)译本，节录。

⑲ 马丁诺(James Mertineau)："你救助我的不信仰"('Help Thou Mine Unbelief')那篇宣讲之末，见《对基督徒生活的追求》(Endeavours after a Christian Life)第二组。请将这一段与论圣徒性那篇演讲中由浮瑟的摘文及由帕斯卡和瞿扬夫人的摘文比较。

⑳ 《对我少年的回忆》(Souvenirs de ma Jeunesse)一八九七年版，第一二二页。

㉑ 见文中所引书，第三〇函。

㉒ 见论皈依那篇演讲爱德华斯和布雷等所说。参较论病态的灵魂那篇演讲中所说患忧郁病者所觉的世界失却神气之感。

㉓ 见第一讲末。

㉔ 我有个朋友，是第一流的心理学家，他会起自动书写的现象。他告诉我说他自动书写之时，他臂膊的动作觉得是受独立力量的支使，这种印象很厉害，使他不得不放弃他前此相信的一个心物学上的学说，即以为"我们对于我们有意的运动的中枢发下去的神经冲动没有感觉"这个主张。他以为我们常时必定有这种感觉，否则在这些自动现象的经验，觉得它没有的感觉不会这么显然。据我所知道的，在宗教史上，发展完全的自动书写是罕见的。像布理昂所说"我只是让我以外的另一权力用我的手和精神"这一类的话，由它上下文看来，是指灵感，不是直接自动的书写。在有些奇怪的宗派，自动书写发生过。最显著的例，大概是那部厚册的书《阿斯柏，即依照耶和华和他的天使的辞旨的新圣经》(Oahspe，a new Bible in the words of Jehovah and his angel ambassadors)，一八九一年波斯顿及伦敦出版，是纽约的纽布洛(Dr. Newbrough)由自动动作写的并插图的——据我所知道，他现在或新近是在领导新墨西哥(New Mexico)的沙蓝(Shalam)的鬼学会。我所知道的最近由自动书写而成的书是：伏勒的《祝徒览的万代智慧》(George，A. Fuller：

Zertoulem's Wisdom of the Ages)，波斯顿一九〇一年版。

㉕　森伭：《上帝的诏示》(W. Sanday：The Oracles of God)，伦敦，一八九二年版，第四九至五六页，节录。

㉖　见文中所引书，第九一页。这位作者也引《出埃及记》(Exodus)第三第四章及《以赛亚书》第六章所说的摩西和以赛亚的作为。

㉗　克立索：《天才和癫狂的先知精神》(Augustus Clissold：The Prophetic Spirit in Genius and Madness)一八七〇年版第六七页所引。他是一个瑞典堡主义者(Swedenborgian)。瑞典堡，当然是显著的以所见所闻作为宗教启示的根据之例。

㉘　纳第克：《可兰经历史》(Nöldecke：Geschichte des Qorâns)，一八六〇年，第一六页。参看在穆尔《穆罕默德传》(Sir William Muirs，Life of Mahomet)，一八九四年，第三版，第三章中更详细的叙述。

㉙　摩门教的神治，始终是由上帝对这个教会的会长和使徒的直接启示处理的。在一八九九年有个肯帮忙的著名的摩门教徒写给我一封信；我摘录如下：

"摩门教会的会长(斯诺君 Mr. Snow)宣称他很新近有几次得到上天的启示，你也许觉得这件事很有兴趣。要详细说明这些启示是什么，必须知道我们全体相信耶稣的教会由天遣的使者复立于世上。这个教会首领是一个先知、预见者并启示者，他将上帝的神圣意志传给人。启示是上帝的意志所由以直接并完全宣扬于人类的方法。这些启示或由睡眠时的梦境，或由醒时所见的异象，或由不带异象的语音，或由眼见的上帝的实在表现而得。我们相信上帝曾经亲自来临，对我们的先知并启示者说话。"

第二十讲　结论

我们对于人性研究的资料，现在全摊在我们眼前了；在这个最后见面的一小时中，我们无须再从事于叙述工作，可以下我们的理论的并实用的结论了。在我作第一个演讲，为经验的方法辩护之时，我预先说我们可能达到的任何种结论，都只能由价值判断（对于就大体看，宗教对人生的意义之鉴衡）达到。我们的结论不能够像教义的结论那样明划，可是到了相当时候，我总要将它说得尽量明划。

把我们所看到的宗教生活的特性，以尽量广泛的方式总说一下，它包括下列信条：

一、有形世界是一个更具精神性的世界之一部分，前者是从后者取得它的主要意义的；

二、与这个更高尚的精神世界会合或有和谐的关系，是人生的真正目的；

三、在祈祷，或与这个世界的精神（无论这个精神是“上帝”或是“法则”〈law〉）作内心的感通这种过程之中，实实在在有工作完成，并且有精神的能力流进现象世界内，并在其中发生心理的或物质的效果；

宗教也含有下列心理的特征：

四、有一种新的兴趣，像天赐似的加进人生内，它或是抒情诗似的移情，或是会激发恳切的和英烈的行为；

五、有一种觉得安全的放心并一种平和的性情，并且，对于与别人们的关系上，亲爱的感情占优势。

我们前此引用文件作这些特性的例证之时，可以说是当真地浸渍于情感之中。在我再度看我的稿子之时，我几乎被其中所含的情绪的数量吓倒了。经过了这许多情绪流露之后，我们无妨对于这个工作的待完成部分比较冷淡些，比较少同情些。

我所引的文件好多带有过分情绪；这是因为我是从宗教徒的过分表现之中找出来的。假如你们中任何人反对我们祖先所谓热情，而此刻还在听我演讲，那么，大概会觉得我所选择的例证有时几乎是乖僻的，大概宁可我仍然引用比较平淡的例子。我的回答是：我所以引用这些比较过分的例子，是因为它可以给予我们更深刻的知识。要知道任何科学的秘密，我们请教精深的专家（纵使他是怪人，也要请教），不找平常的学生。我们将他们告诉我们的话跟我们见识的其余部分并合起来，独立地成立我们的最后判断。对于宗教也恰恰一样。我们已曾穷究宗教的这种剧烈的表现了；现在可以确信我们知道宗教的秘密，像任何一个由别人得到对宗教的知识的人知道的那样确实。此后我们每人要替自己答复下列实际问题。就是，人生的宗教成分内所含的危险是什么？要得到正当的平衡，必须将这个成分按什么比例用其他成分来牵制它呢？

可是，这个问题引起另一问题——这另一问题，我要立刻回答，将它解决；因为它已经麻烦我们不止一回了。[①] 这个问题是：我们应该不应该假定在一切人，宗教与其他成分的混合应该一样呢？

我们应该假定一切人的生活应该表现相同的宗教成分吗？换言之，有这许多宗教的类型、宗派和教义存在是不是可以惋惜之事呢？

对于这些问题，我的答案是强调的“不”。我的理由是：我见不到像人们这样处于如此不同的地位并具有如此不同的能力的，怎么会有严格相同的功能并相同的义务。人之中没有两个有相同的困难，也不应该期望他们求得相同的解决。每人由他的特殊观察点，遇到某一范围内的事实和烦难，这种事实与烦难，每人必须以独一无二的方式应付的。要使派给他的地位更把得稳，这个人必须将自己柔化，那个人必须变强硬；这个人必须让一步，那个人必须立定脚跟。假如一个爱谋生被迫而变为一个卫斯理，或是一个穆第(Moody)，被迫成一个惠特曼，整个人类的对于神圣之意识就要吃亏。神圣不会只指单一个德性，必定是指一大批的德性；不同的人更迭地促进不同的德性，可以通通找到好的使命。因为每种态度只是在人性的整个训令中的一个音缀，要全体人类才能把这个训令的意义完全写出来。所以必须让一个“战争之神”(god of battles)做这一种人的神，一个和平、天堂和家庭之神做另一种人的神。我们必须坦白承认“我们生活在部分的系统之内，并且在精神生活之中各部分是不能彼此交换”这件事实。假如我们是抱怨的，妒忌的，那么，克灭自我必须作为我们宗教的一个成分；可是，假如我们一开头就是好心的，富于同情的，为什么必须克灭自我呢？假如我们是病态的灵魂，我们就需要一个救度的宗教；假如我们是心态健全的，为什么那么想救度呢？[②] 无疑，在宗教界恰如在社交界一样，有些人有比较完备的经验，并比较崇高的职务；可是

让每人留在他自己的经验（无论是何种经验）之内，并且别人放任他留于其中，当然是最好的办法。

可是，你们也许此刻会问，假如我们通通信奉宗教学（science of religions）做我们的宗教，难道这种一偏之处不会得补救吗？要回答这个问题，我必须再提到理论的生活与实行的生活之一般关系。

关于一件事物之知识并不就是那件事物。你们会记得我在论神秘主义那个演讲内引过阿伽查黎所说的——像医生那样理解酒醉的原因，并不就是酒醉。一个科学也许会做到理解一切关于宗教的原因和成分，甚至能决定哪些德性，因其与知识的其他部门一般地调和，有被认为真理的资格；可是这一科的最好学者也许是发现他是最难自己信教的人。"理解一切，就是宽宥一切"（Tout savoirc'est tout pardonner）。无疑，好多人要举出"知识广博如何使人变成只是把玩各种可能的消遣家，将他的活信仰磨成钝笨"这种情形的例证的，会想到勒南（Renan）的名字。③假如宗教是一种真正要推行上帝的主旨或人的主义之功能，那么，过宗教生活（无论多么狭窄）的人，比只知道宗教（无论多么多）的人是个更好的服务者。对于人生的知识，是一件事，有效地在人生内占一个地位，让人生的活动性的潮流通过你这个人，是另一件事。

因为这个理由，宗教学不可以代替活宗教；并且假如我们注意这么一门科学的内在困难，我们就看到它会走到一点，到那一点，它必须放弃纯乎理论的态度，或是让它的纠结依旧，或是将这些纠结用活信仰斩断。要了解这个，假定我们的宗教学事实上已经成

立；并假定它已吸收一切必需的史料并由这批史料提精；得到与我一会儿前所宣布的同样的结论。又假定这个科学同意以为凡在宗教是活动的作用之场合，宗教总含有一种相信有理想的神道之信心并一种以为在我们与这些神道作祈祷的感通之时，[④]有工作完成，并且有真正事情发生。现在这个科学必须进行它的批判的活动，决定从其他科学的结果并一般哲学的结果看来，在什么程度内，这种信仰可以认为真实。

要独断地决定这个，是不可能的事情。不特其他各科学以及哲学离完成的地步还远，而且就现状看，这些是充满着矛盾的。关于自然的各科学丝毫不认识具精神性的存在，并且就大体说，与一般哲学所倾向的理想的概念不作任何种交涉。所谓科学家，至少在他从事科学的时间，是那么唯物的，所以人尽可以说就大体看，科学的作用，是与宗教应被承认这个观念相反。并且这种对宗教的反感，就在宗教学内，也有反响。治这门科学的人不得不认识那么多下流的并可怕的迷信，弄得他心里很容易起一种成见，以为任何带宗教性质的信仰大概都是虚妄的。在蛮人与他们所承认的这种乱七八糟的神灵做《祈祷的感通》之时，我们很难看出可以完成什么真正的精神上的工作（纵使它只是针对他们黑暗的野蛮的义务之工作）。

结果弄到宗教学的结论也会不利于“宗教的要点是真实的”这个主张，同它会有利于这个主张一样容易；现在有一种观念很流行，以为宗教大概只是一种过时现象，一种“遗俗”，一种“返祖式的”退转到更开明的人类已经长过头的那种思想方式之现象；并且宗教人类学家现在对这个观念很少反抗。

因为这种见解现在很流行，所以我必须在下我自己的结论之前对它作相当鲜明的讨论。为简短起见，让我把这个见解叫做“遗俗说”。

我们所探究的这一种宗教生活的枢纽，乃是个人对他私人的运命的关切。简言之，宗教是记载人类的私己主义(egotism)的历史内的极重要的一章。无论是粗野的蛮人所信奉的，或是理智受陶冶的人所信奉的神，对于承认私人的请求这一点，是彼此相同的。宗教思想是以人格的方式进行的；在宗教界内，这是唯一的基本事实。在今日，同在任何往代完全一样，信教的人告诉你说，神是在他私人的利害这方面与他生关系的。

反之，科学最后是完全排斥私人的观点的。它列举它的元素，记载它的定律，漠不关心于到底这些会表示什么目的；它结构它的学说，完全不管这些学说对于人类的忧虑和运命有何关系。虽然科学家个人也许信奉一种宗教，并在他不负责任的时间主张有神论，但是人们可以说“就是对于科学，天空也是宣扬上帝的荣耀，并且苍穹表现上帝的手工”这个话的日子已经过去了。我们的太阳系以及它的各种谐和，现在人看做只是某一种天体的动的平衡之一个暂现的例子，这种平衡的实现是由于广漠骇人的含有好多没有生命的世界的洪荒中一件局部的事变。经过在宇宙的时间内只算一小时的那样长的时候，太阳系就要消逝了。达尔文氏对于偶然产生并后来或迟或速的灭亡这个观念适用于最小的事情，也适用于最大的事情。照科学想象的现有倾向看，要从宇宙的原子飘流(无论它们的作用，是在普遍的或特殊的范围)之中，发现不只是一种无目的之气候乍生乍灭，不完成任何历史，不留下任何结果的东西,是不可能的事情。自然界绝无一种可辨认得的最后趋势,可以使人表同情的。照科学家现在探讨自然过程的看法,自然在它的作用之大节拍中,似乎把自己打消了。那些说自然神学的书,使我们祖宗的理智觉得满意的,我们看来似乎极端怪诞;[5]因为这些书好像表现一个把自然界的最大事变迎合我们私人需要的最微细节目的上帝——实际这些书用意是如此的。科学所承认的上帝,必定是个只司普遍律的上帝,一个做批发而不做零售生意的上帝。他不能够把它的过程调节得便利于个人。在暴风雨的大海的浪花上的水泡,是浮动的穿插节目,由风水的力量造成,也由它毁灭。我们的私有自我也像那些水泡——附带现象(epiphenomena)(我相信这是克立福(W. K. Clifford)的很巧妙的名词);这些自我的前途,在世界的不可挽救的事变狂澜之中毫无重量,绝不能决定任何事情。

你们会见到:由这个观点去把宗教看做只是一种遗俗,是多么容易的事;因为宗教实实在在是延续最原始的思想之传统的。在悠久的往代之中,逼迫神灵,或是贿赂他们,使他们偏袒我们,是我们应付自然界的唯一的大目的。在我们祖宗的意中,梦境、幻觉、启示以及荒诞不经的故事,都与实事互相混合到不可分解的地步。在比较短时间以前,如曾经证实的与只是揣测的两者间的区别,如生活的非私人的与私人的两方面间的分别,这种分别几乎没有人疑其有,或设想到。任何事物,凡是一个人很活跃地想象的,凡是他认为应该是实在的,他就自信地断言是实在;并且无论他断然说什么,他的伴侣都相信。当时,真理就是还不曾被反驳的;人心里接受大多数的事,都是由于这些事对人有暗示力,并且人专注意于事情的美感的和惊心动魄的方面。⑥

其实，情形怎么能够不这样呢？科学所用的那些数学的并机械的概念方式在解释并预测现象具有非常的功用，这是事先绝不能预期的结果。重量，运动，速度，方向，位置，这些是多么单薄，多么无色，多么没趣味的观念呀！何以自然界的更丰富的带灵性的(animistic)方面，使现象能吸引注意或富有表现到夺目的地步的那些特殊性和怪僻点，不能被哲学认为是到达对自然生活的知识的更有望的门径而先循着它前进呢？宗教喜欢详说的，还是这些更丰富的有灵性的并能动人的方面。宗教徒还最易被歆动的，仍是自然现象的可怕并美丽，黎明的和虹霓的“希望”，雷的“呼声”，夏雨的“温和”，星宿的“崇伟”，并不是这些现象所遵循的物理定律；并且恰恰像古代一样，虔信宗教的人还告诉你说，在他房里的寂静中或在田野的孤独中，他还觉得神圣在近，对他的祈祷仍然有援助源源而来，并且对这个无形的实在者献牺牲还使他心上充满着安全与平静。

“遗俗说”宣称“这是纯粹的落伍”！对于这种思想落伍，所需要的救治，是把想象的人形化的倾向铲除(deanthropomorphization)。我们越少把私人的与宇宙的混起来，越多用普遍的并非私人的方式，我们就越会成了真正承受科学的遗产者。

虽然科学态度的这种不关私人的性质，会鼓励一种大度，但我相信这种态度是肤浅的，并且现在我可以用比较很少的几句话说明我的理由。这个理由就是：在我们对付宇宙的和普遍的之时，我们只是对付实在界所现的符号，可是我们一对付纯乎私己的、个人的现象，我们就是对付具有“实在”(realities)这个名词的最完全意义的实在。我想我很容易把我这些话的意思说明白。

我们经验的世界，在一切时节，都含两部分，客观的和主观的部分；客观部分也许比主观部分更广博得无数倍，但是主观部分始终是不能省略或抹杀的。客观部分是我们在任何时候所想的一切对象的总和；主观部分是这个思想在其中发生的那个内心“状态”(state)。我们所想的也许极广博——例如，宇宙的时间和空间——而内心状态也许是最不经久的最微末的心理活动。可是，宇宙的对象，就它是由经验而来这一节说，只是我们不是内心享有而仅从外面指点的某个事物的拟想，而内心状态正是我们经验本身；它的真实性与我们经验的真实性是相同的。一个意识野，加上它所觉得的或所想到的对象，加上一种对这个对象的态度，再加上对这个态度所隶属的这一个自我之感——这么一点具体的个人经验也许只一小点点，可是在它持续的期间，它是实实在在的一点点；不是空虚，不是经验的仅仅抽象的成分，像单论那个“对象”之时它只是抽象成分那样。纵使这个私人经验是一件不重要的事实，它总是一件圆满的(full)事实；它是属于一切实在必定隶属的那一类(kind)；世界的动作潮流通过它这一类的事实；它是位于联络这批真事与那批真事的线路上。我们每人觉得他个人的前途在运命的轮上辗转，每人所有的不可与人共之的对于他前途的冲迫之感，可以因其私己性(egotism)而被贬抑，可以被认为不科学而被轻蔑，可是它是唯一的能充实我们具体的实在性之物，并且任何将来的生存者，假如缺少这一种感，或是与它同类之物，就是一项只一半成就的实在。⑦

假如这个话是对的，那么，科学说，经验的私己成分应该抹杀，

就是背理的话。实在界的轴完全通过这些私己的地点——它像念珠似的串在这个轴上。要形容这个世界而把一切不同的对于个人前程的冲迫之感,一切不同的精神的态度除外(这些感,这些态度是同任何其他事物一样可以形容的),这好像给人一张印刷的菜单替代一顿实在的餐膳一样。宗教不犯这种错误。个人的宗教也许是私己主义的,并且它保持接触的那些私人的实在也许是很狭窄的;可是无论如何,就它所及的范围论,它总还比一个以绝不管任何私己之事自豪的科学无数倍地不空虚,不抽象。

一张菜单,上面有一颗真的葡萄干,不是“葡萄干”的字样,许是不充分的餐膳,可是它至少是实在东西之开头。遗俗说的主张,以为我们应该专守住非私人的成分,好像说我们永远以念赤裸裸的菜单为满意。所以我以为无论关于我们个人运命的特殊问题如何解答,只有承认它是真正问题,并生活在这些问题所引起的思想的区域内,我们才会深刻。可是,这样生活就是信教;所以我不迟疑地否认以宗教为遗俗之说,以为这说是根据一个非常重大的错误。虽然我们祖先犯了许多事实上的差错,并把差错与宗教混杂起来;但这并不是我们应该完全不信教的理由。[8]我们由于信教,可以在那些仅有的可以接收实在来保管的几个地点,得有最后的实在。毕竟,我们应负责的利害关系,是对于我们私人的命运。

现在你们可以见到我何以在一切这些演讲之中那么偏重个性,并我何以似乎很倾向于起复宗教中的情感成分而将它的理智部分置于次要的地位。个性是植基于情感的;并且只有情感的深隐处,品格的比较更隐晦的、更盲目的阶层,是世界内“我们抓到正在创造中的真事实,并直接见到事变如何发生以及工作如何实行”

的地方。[9]与这个含着活跃的个人化的情感的世界比起来，理智所观想的那个含着普遍化的对象的世界是没有坚实性，也没有生气的，就像实体镜和万花镜的图形搁在镜外看一样，第三度空间、运动和生气都没有了。我们看到一个美丽的关于假定是在进行的快车的图形；可是，如我的一位朋友说的，在图内哪里有动力或每小时五十英里的速度呢？[10]

这样，让我们大家同意以为：宗教，因其关切个人的运命，并这样与我们所知道的此外无他的绝对实在保持接触，必定在人类历史上有个永恒的贡献。其次的待解决的问题就是：宗教对这些运命启示些什么，或是到底它能不能启示任何够明白，可认为对人类的一种普遍的教训的东西，你们看到我们已经完成初步工作；现在可以开始作最后总结。

我很知道经过了我所引的一切这些惊心动魄的文件，和我前此演讲所展开的一切这些激引情绪的制度和信仰所构成的大局面，我此刻要做的干枯的分析，在你们中好多人看来，未免好像愈趋愈下，把这个题目愈削愈小，愈压愈平，而不是把兴趣与结果弄得继长增高。不久以前，我说新教徒的宗教态度，从天主教徒的想象看来，好像贫窘可怜。我恐怕在你们中有些人看来，我对这个题目的最后总结也许是还要更穷样。因此，我现在请你们记住这一点，就是：在眼前这部分，我明明白白想把宗教简约到它的最低的可承认的方式，到那个脱除任何个人的附加物的，一切宗教都作为核心的，而且我们可望一切教徒会同意的最低量。这个最低量成立了，我们就有一个虽是微小，但至少是实实在在的结果；并且各个人所冒险更进一步的更有血色的附加信仰可以接植在这个最低量的上面和周围，并随意尽量繁荣起来。我将要加上我的格外信条（我承认这个格外信条有一点无色，一个批评的哲学家理合如此），并且我希望你们也加上你们自己的格外信条，这样我们不久又到了千变万化的含着具体的宗教假定之世界。在此刻，让我以干燥的方式进行这个工作的分析部分。

思想和情感二者都是支配行为的因素，并且同一行为可以或是出于情感，或是由于思想。我们检阅宗教的全部领域之时，见到流行于其中的思想变化很多；可是情感与行为几乎始终是一样的；因为斯多噶派的、基督教的以及佛教的圣者的生活，实际等于彼此分别不出来。宗教所产生的学说，即是这么不同，所以只是次要的；并且，假如你要领会宗教的精髓，你必须向情感与行为追求，因为这两件是比较更经常的成分。在这两种成分之间有个捷径，宗教沿这条径路处理它的主要业务；而那些观念、象征，与其他制度构成迂曲线，这些迂路也许是完成、改进，并且将来许有一天通通会合成一个谐和的系统；但是我们必定不要认为具有一种不可少的功用，为宗教生活在任何时节所必有而才可进行的器官。这个在我看来似乎是我们理应由所检讨的现象引出的结论。

第二步是要说出这种情感的特性，它们是属于什么心理种类呢？

在任何场合，这些情绪的综合结果，是康德所谓“健旺的”（Sthenic）感情，一种高兴的、扩大的、“发生行动的”（dynamogenic）激奋，像补药似的，会增进我们的生活力。几乎在我的每个演讲，但尤其在论皈依和圣徒性那几讲中，我们见到这种情绪如何克服忧郁的性情并使本人得有耐力，使人生的平常事物具有一种兴味，或意义，或一种魔力与光荣。[11]刘把教授把这种情绪叫做"信仰状态"(faith-state)，这是很好的名词。[12]这不特是心理的状况，也是生物的状况，托尔斯泰把信仰归在人所倚靠以生活的力量，是十分精确的。[13]完全没有信仰，即快感丧失症[14]就是精神崩溃。

信仰状态可能只含有一点极少的理智内容。这样的例见于那些忽然觉得神圣在旁的那种极乐心态，或是如勃克君所形容的那种神秘心态的袭来。[15]它也许只是一种模糊的，一半精神的，一半生理的热情，一种勇气，并一种觉得伟大的和神奇的事物要来到的情感。[16]

可是，假如一种积极的理智内容与一种信仰状态相连合，它就根深蒂固地铭刻于信心上；[17]这可以解释处处的教徒何以都对于他们的大大不同的教条的极微末的节目那样热烈地信守。假如我们认为教条和信仰状态合成了"宗教"，并把这些宗教认为是纯乎主观的现象，不论它们的"真实性"(truth)，因为它们对于行动和耐力有非常的影响，我们不得不把它们认为是人类的一种最重要的生物上功能。它们的刺激并除痛的效力那么大，因此刘把教授在一篇新发表的论文内[18]甚至说，只要人能利用他们的上帝，他对于上帝是谁，甚至到底有没有上帝这种问题很少关心的。刘把说，"对这件事的真相可以这样说：上帝并非被认识，并非被了解；他乃是被使用——有时用作供给肉食的人，有时用作精神上的援助，有时作为朋友，有时作为爱的对象。假如上帝证明他自己是有用的，那么，宗教意识就此外不再求什么了。真有上帝吗？上帝以什么方式存在呢？上帝是什么性质呢？这些都是不相干的问题。从最后分析看，不是上帝，只是生活，更多的生活，更广大的、更丰富的、更满意的生活是宗教的目的。在进化的一切阶段，对于生活的爱是宗教的冲动。"⑲

因此，照这样纯乎主观的评价，我们必须承认宗教就某一方式说，已得了证明，可以不受讥评它的人的攻击。似乎宗教不会只是一种过时之事和遗俗，而必能应用一种永久的功能，无论它有没有理智内容并无论假如有这种内容，这内容是对是不对，都这样。

其次，我们必须越过仅仅主观的功用之观点以外，探究理智内容自身。

第一、教义有这许多差异，到底有没有一个为它们一致证明的共同核心呢？

第二、我们应该不应该认为这种证明是真实的呢？

我先讲第一个问题，并且立刻作肯定的答复。各不同宗教所有的互相冲突的神灵和公式固然互相抵消，可是还有为一切宗教似乎同意的某一种一致的意见。它包有两部分：

一、一种不自在；和

二、对于这个不自在的解决。

这不自在，就它的最简单的方式说，是一种觉得如我们自然的状况，我们有点"不对"(something wrong about us)之感。

在那些我们所专研究的心性比较发展的人，这种不对具有道德的性质，并且这个解决带有神秘的色彩。我以为假如我们把他们宗教经验的要质说得如下文所示，我们还是完全没越出一切这种人所共有的范围：

个人，就他因为感到不对而受苦并批评这个不对这程度内说，他就是自觉地超过这种不对到那程度，并且，假如真有任何较高者，他就至少与它作可能的接触。所以，与这个不对的部分并存的，还有个他的较好部分，纵使这后者只是一个极无力量的萌芽。在这个阶段，他认哪一部分是他的真吾，绝看不明白；可是，在第二阶段（解决或得救的阶段）来到之时，[20]这个人就认他自己的这个萌芽的较高的部分为他的真我；并且是以下列方式：他变成了觉得这个较高部分是与作用于他以外的宇宙的那个具有同性质的“较多者”（a More）同范围并相连接，并且他能够与这个较多者作有效用的接触，又当他的整个较低部分在“破船”过程中毁坏之时，仿佛依某一方式，他能够登于这较多者之上以自救。

我以为似乎一切这些现象可以用这些很简单的概括方式描写得很准确。[21]这些话顾到自我的分裂和奋斗，包括个人中心的改变和较低的自我的投降；表示出扶助的权力显似从外来的样子，但也说明何以我们觉得与它相会合；[22]并且使我们完全有理由觉得安全并快乐。在一切我所引的自传的文件之中，大概没有一例，不适用这个描写。人只需把可以适合各种神学和各种个人气质的特殊细目加上去，就可以把各种经验的个别形式复现出来。

可是，就这个分析说，这些经验只是心理现象。固然，它具有重大的生物上的功用。当一个人有这种经验之时，他的精神力量当真增加，他开始一种新的生活，并且在他看来，这种经验似乎是两种世界的力量合流的所在；可是，虽然发生结果，这个也许只是他主观的觉到事物之方式，一种他自己的幻想。现在我说到我的第二问题，就是：这种经验内容的客观“真实性”如何呢？[23]

这个内容中与真实性问题最有关的部分，就是那个“同性质的较多者”,这是在这种经验中我们自己的较高自我似乎与之作谐和的有效的关系的。这种“较多者”只是我们自己的感想呢,还是真有呢？假如真有,它以什么方式存在呢？它是否不特存在,也会行动呢？宗教天才极相信为有的那种与这较多者“会合”(union),我们应该以为是什么性质呢？

是在回答这些问题时,各不同的神学才进行它们理论的工作;也在这方面,各神学的歧异最明显。它们都同意以为实有这“较多者”,但是他们之中有些以为这较多者是一个或多个有人格的神,而其他则认它为一种潜藏于世界的长存结构中的理想趋势之潮流。并且,他们都同意以为这较多者不特存在,也会行动,并且当你把你的生命委托于它手里之时真是成就些使你进步的事情。只在他们考究与这较多者“会合”的经验之时,他们的理论上的不同才显得最明白。关于这一点,泛神论与有神论,自然与二度降生,修为与神宠与羯摩(karma),人格不死与二度降世(reincarnation),理性主义与神秘主义常作顽强的争持。

在我说“哲学”那一讲的末了,[24]我表示:一个无偏无党的宗教学也许可以从各宗教的歧异之中提拣出一组共同的理论,它又可以把这组理论用物质科学无须反对的方式说出来。我又说,宗教可以采用这一组作为它自己的调停的假设,而介绍给大众去信仰。我又说在我最后一讲,我要自己来尝试建立这么一个假设。

现在,要这样尝试的时期到了。凡是说“假设”的人当然放弃了要他的辩证能逼人不得不信从的野心。因此,我所能做的,至多也不过呈献一个假设,可以很容易适合于事实的,做到“你们的科学逻辑找不到显然合理的托词来否决你要认它为真实的冲动”之假设。

我们所谓“较多者”，并我们与之“会合”这个话的意义，是我们要探究的核心问题。这些话可以译成什么确定的叙述；它代表什么确定事实呢？假如我们即时取特种神学的立场，例如，基督教神学，立刻把“较多者”定为耶和华，把这“会合”认为是他将基督的正义赋予我们，这总是不可以的。那就是对于其他宗教不公平，并且，从我们此刻的立场看来，就是一种格外信仰了。

我必须由比较不这么特殊化的方式开始。并且，因为宗教学的职务中的一个，是使宗教与科学的其余部分保持联络，我们最好先追求心理学者也可以认为真实的一种形容这“较多者”的方式。“潜意识的自我”(subconscious self)在现在是公认为实有的心理对象；并且我相信它正是我们所需要的中介项(mediating term)。暂且撇开宗教的说法，实际上并照本义说，我们整个灵魂内有比我们在任何时候所觉到的更多的生命。对于意识域外的心的场野的探察，几乎没有认真地做过；可是迈尔斯君在一八九二年在他论“阈下意识”(Subliminal Consciousness)㉕那篇文章内所说的，在他才写之时是对的，在现在还是对的。他说：“每个人事实上是一个常存的心理实体，比他自己所知道的更广大得多——是一种永远不能由任何肉体的表现来完全表示出来的个性。自我由机体表现；但总有自我的某部分没被表现出来；并且似乎总有某种机体的表现之能力在停顿中或在保留中。”㉖衬托我们有意识的生活而使之浮现的这个较大的背景，其内容的很多部分是无关紧要的。残缺不完的记忆、蠢陋的胡诌、抑制行动的羞怯、各种的迈尔斯所谓“溃散的”(dissolutive)现象，占了它的一个大部分。可是，天才的

创作，好多似乎也起源于其中；并且在我们对皈依，对神秘经验，对祈祷的研究内，我们已经见到由这个大区域侵袭来的作用，在宗教生活上有极显然的影响。

由是，让我提出一个假设，说这个在宗教经验内我们觉得与之联络的"较多者"，无论在它较远那一边的是什么，在较近这一边，是我们有意识的生活之潜意识的扩延。这样在开始之时以一个被承认的心理事实做我们的根据，我们似乎与"科学"保持接触——这种接触是平常的神学家所缺乏的。同时，神学家的主张，以为宗教徒是受一种外力感动，也得了证明；因为带有客观的形式并对经验者本人隐示是一种外来的控制，正是由潜意识区域侵袭来的作用的特色之一。在宗教生活内，本人觉得这个控制是"高级的"(higher)；可是，因为按我们的假设，控制者主要是我们自己的藏伏的心灵之高级能力，所以觉得与我们以外的权力会合之感是一种不特显似真实的，乃是确然真实的觉得有一种外界对象之感。

这道对这个题目的门路，在我看来，似乎对宗教学是最好的；因为它可以作为几个不同的观点的调停者。可是，它只是一个门路；我们一踏进门，查问假如我们走到我们阈外的意识的那一头，它引我们到多么远去，那就遇着困难了。在那一头，格外信条就开头了：在那儿，神秘主义，与皈依的极乐状态，与吠檀多主义，以及超绝的唯心论呈出它们的一元论的解释，[27]告诉我们说有限的自我回返到绝对的自我，因为有限的自我本来始终是与上帝为一的并且与世界的灵魂是同一的。[28]在这儿，一切不同的宗教内的先知各举出他们的异象、天语、极乐心态，以及别种"开豁"，每人都以为这些可以证实他自己特有的信仰。

没有自己幸受这种特殊启示的人必须完全做门外汉，并且至少此刻，必须断定因为这些启示证明互相矛盾的神学主张，它们互相抵消，没有任何一定结果。假如我们信从其中的任何一个，或是假如我们信从哲学的学说而由非常神秘的理由采取一元的泛神论，我们这样，是行使我们的个人自由，用与我们个人感受性最相合的方式来“添盖”起我们的宗教。在这些感受性之中，理智的感受性有很重要的职务。宗教的问题主要是关于生活之问题，即是否活在赐予我们的那种高级会合之中；虽是如此，但假如深使个人感动的某些特种信仰或观念还没有受影响，往往本人不会起使他觉得“这个赐予是实在的”那种精神兴奋。[29]这样说，这些观念是那个人的宗教的重要质素；——这等于说各种格外信条是绝不可少的，并且只要这些信条自身不是不能容异己的，我们对于它们，都应该取护惜与宽容的态度。如我在别地方说过的，一个人的最有趣味的并最有价值的，通常是他的格外信条。

撇开格外信条，只讲共同的一般的，那么有意识的个人与一个更广大的自我相连，救度性的经验由这大我而来的这件事实[30]是宗教经验的一件积极内容；在我看来，似乎这个内容就它的范围内说是实际上并客观地真实的。假如现在我提出我自己关于我们人格的这个扩大区的那一边的界限之假设，我只是提出我自己的格外信条（不过我知道你们中有些人会觉得我的格外信条好像是可怜的不够格信条 under-belief），我只能够请求宽恕，就像转过来说，我也对你们的格外信条宽恕一样。

我们生命的那边界限，在我看来似乎突进一个完全与可感觉的并仅是“可了解的”(understandable)世界不同的生命维度(dimension)内去。把这维度叫做神秘区域，或是超自然的区域，随便哪一个名目都可以。就我们理想的冲动起源于这个区域内这一点论(并且这种冲动的大多数实起源于这里，因为我们发现它控制我们的方式，乃是我们不能够以言语说明的)，说“我们隶属于这个区域”这句话的意义，比说“我们属于有形世界”的意义还要更深切些；因为凡是我们理想所属的地方，我们属于这个地方的意义都是最深切的。可是，这里所指的无形世界，不是仅仅理想的；因为它会在这个有形世界内产生结果。在我们与这个无形世界感通之时，实际对于我们有限的人格上有作用；因为我们变成了新的人物，并且在我们起更生的变化之时，在有形的自然世界内发生行为上的效果。[31]可是，在另一种实在之内产生结果的，它自身必须也称为一种实在。所以我们没有哲学上的托词可以把无形的(或说神秘的)世界叫做不实在。

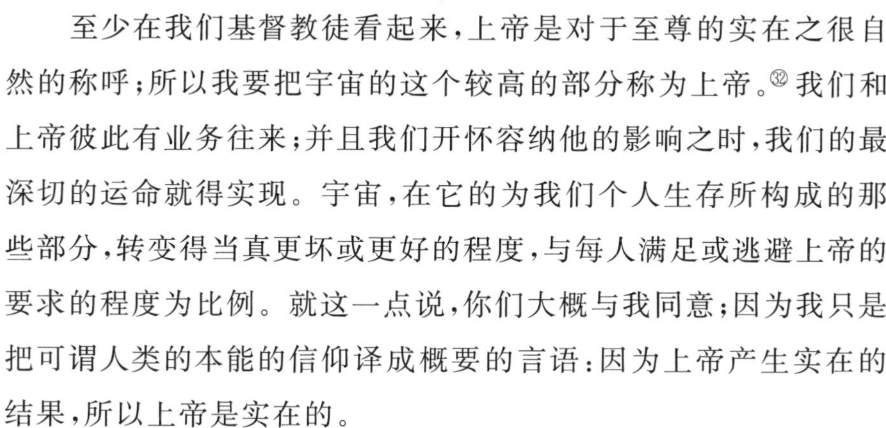

至少在我们基督教徒看起来，上帝是对于至尊的实在之很自然的称呼；所以我要把宇宙的这个较高的部分称为上帝。[32]我们和上帝彼此有业务往来；并且我们开怀容纳他的影响之时，我们的最深切的运命就得实现。宇宙，在它的为我们个人生存所构成的那些部分，转变得当真更坏或更好的程度，与每人满足或逃避上帝的要求的程度为比例。就这一点说，你们大概与我同意；因为我只是把可谓人类的本能的信仰译成概要的言语：因为上帝产生实在的结果，所以上帝是实在的。

这儿所指的实在结果，就我所已承认的范围说，是针对各个人的私己的能力中心而作用的。可是受作用的人大多数的自然发生的信仰都以为这种结果包括比这个中心更广大的领域。大多数宗教徒相信(假如他们是神秘主义者,就是“知道”know)不特他们自己,而且感到上帝存在的人物全数,都是安安稳稳在上帝的慈爱的手内。他们确信虽然有地狱之门与一切不利的世上的表面现象,但实际有一个意义,有一个方面,就它论,我们是全数得救的。上帝的存在,担保有一个会永久保存的理想的秩序。固然,如科学所郑重宣称的,这个世界有一天会烧毁或冻结;可是假如这是上帝的秩序之一部分,那么,旧的理想必定会在别的地方成立。所以在有上帝的地方,悲剧只是暂时的、部分的;并且破毁与溃散不是绝对最后的事情。只在人进一步对上帝有这种信仰,并预测有较远的客观效果之时,宗教才可以完全脱离最初的直接的主观的经验而使一个真正的假设发生活动。科学界的一个假设,除了直接提出来解释的现象的特性之外必须有其他特性。不然,这个假设就不会产生多少结果。上帝,假如只指宗教徒的会合经验内所感到的,就不能够作为这种更有用的假设。上帝必须发生更广大的宇宙性的关系,才可以使信仰者有理由觉得绝对信赖并绝对安心。

这个我们由我们自己的意识边缘外的自我这一边起点的,进而与之在这个自我的那一边交接的上帝,必须是统制一切的世界统治者:这个信仰当然是个不小的格外信条。可是,这个虽然是格外信条,但是几乎人人的宗教都有的信条。大多数人自命以为这是依某一种方式根据于我们的哲学,可是其实哲学自身是由这个信仰维持。这只是说宗教在最完满地发挥它的功能之时,不是仅仅使人洞明已在别处给予的事实,不只是一个像恋爱那样把事物看得更可乐观的热情。固然,宗教是如此,这是我们屡屡见过的。

可是，宗教不止于此，它也是别的，也是一个提设新事实的动力。宗教所阐明的世界并不是还是唯物主义的世界，而是带个改换了的面目的物质界；除了改换面目之外，它必须有一种自然的结构，在某一点与一个唯物主义的世界的结构不同的结构。它必须可以使人预期其中能发生不同的事件，需要不同的行为。

这个彻底“实效主义的”对于宗教的看法，通常是被普通人认为当然的事情。他们将神通的奇迹插进自然界之内，他们建立了死后往生的天堂。只有超绝主义的形而上学者，才以为无须对自然界加上或减去任何项具体的节目，只需把自然叫做绝对精神的表现，你就可以使如现状的自然界变成更神圣。我相信实效主义的宗教观是比较深刻的宗教观。这个宗教观使宗教不特有灵魂，也有肉体，它使宗教能说定某范围的特种事实是属于宗教的（凡真实的事物必定会这样说定）。除开在信仰状态及祈祷状态中的真有能力流进之外，比较具代表性的神圣事实是什么，我不知道。可是，我很肯个人冒险采取的格外信条，是以为这种事实是存在的。我的教育的全部趋向，都使我相信我们现有意识的世界只是所有的好多意识世界中之一，并且那些其他世界必定含有对于我们生活也有意义的经验；并相信虽然从大体看，那些世界的经验与我们这个世界的经验是分隔的，但在某些点，这两种世界互相连接起来，并且较高级的能力渗透进来。由于按我所能做的微细的范围忠于这个格外信条，在我自己看来，似乎我就能够更清明，更真实。固然，我能够使我自己取那种有门户之见的科学家的态度而认真设想那个含感觉的并科学定律及对象的世界也许是一切。可是，凡是我这样设想之时，我就听到克立福曾经说过的那个内心的监

督低声说“无稽”！纵使虚妄取得科学的名号，虚妄总是虚妄，并且我所客观地看到的人类经验的整个状貌，都以无敌的力量逼我超越狭窄的“科学的”界限之外。无疑地，真实的世界是具有一种不同的性格的，具有比物质世界所可有的构造更繁赜的构造。因此，我客观的和主观的良心都使我保持我所说的格外信条。谁能说各个人在尘世对于他们所有的微末的格外信条的信奉，不会当真帮助上帝对于他自己的更伟大的工作奉行得更有效呢？

① 例如论病态的灵魂那一讲中论“痛觉阈”处及末一段，又论“圣徒性的价值”那一讲中论是否应该一切人有同一宗教那一段。

② 从这个观点看，我在前些演讲（看第七讲末及第八讲首）中所说的健全心态与病的心态之间，一度降生者与二度降生者之间的对衬就不是许多人认为两者间应有的极端敌对的了。二度降生者轻视一度降生者对于人生的径直进行的意识，以为“只是道德”，并非严格所谓宗教。据说一个正统派的教士曾说过：“陈宁（Dr. Channing）由于他性格的异常正直，就不得入最高级的宗教之门。”固然，二度降生者对于人生的展望，因其解决比较更多的恶成分，是比较更广大的更完全的展望。他们那种“英烈的”（heroic）或“严肃的”（solemn）感触人生的方式，是个健全心态及病态共同参加并联合的“高级综合”（higher synthesis）。这些人不是闪避恶，乃是于他们的高级的宗教喜乐之中排除了恶（参看第二讲末论宗教心态处及论“圣徒性的价值”那一讲中论苦行处）。可是，每种人最后达到的那种与神会合的意识；对于个人自身是具有同样的实用上的意义的；所以尽可以让各个人从他们个别的气质所最易进展的路径达到这最后意识。在第四讲所述的具有医心派那种健全心态的人之中，有好多的起了更生作用的实例。在这个作用的变化关头的严重性有各种程度。人要继续觉得有恶多么久，并应该在什么时候除外它并摈弃它，也是有不同的分量与程度。因此我们把一个人归在哪一类——一度降生者或是二度降生者——也全是以意为之的。

③　例如，参较第二讲所引勒南的话。

④　“祈祷的”是用第十九讲内论祈祷一段所说明的较广的意义。

⑤　我们会问：像吴勒夫(Christian Wolff)这么一个人，十八世纪初期的学问全部都集中在他的干燥无味的脑袋里的人，竟然会保留着那样婴孩似的、以为自然界具有私人的及人性的特质之信心，至于像他那样在他论自然物之用途的著作中说明自然的作用——这件事怎么可能呢？例如，下文是他对于太阳和它的功用的说明：

“我们悟到上帝创造太阳，是要使大地上的多变化的环境，可以容生物、人和禽兽，居于其上。因为人是受造之物中最有理性的，能够从观想世界推想到上帝的无形存在；在这个程度内，太阳对于创世的首要目的是有贡献的：没有太阳，人种就不能够保存，不能够继续。……太阳不特在大地上，而且在其他行星上造成白天；而白天的光对于我们是极端有用的；因为利用白天，我们可以进行好些事；这些工作，在夜里是完全不可能；无论如何，没有费事去弄人造的光是不可能的。原野中的兽类在白天能觅得食物，在夜里就不能。并且，由于太阳的帮助，我们能够看见地上的一切东西，不特近的，连远的东西在内，并能够认识远近东西的种类。这件事又对于我们有各种各样的用处，不特在人生必要的事情上，并在我们旅行之时也有用，而且对于自然界的科学知识也有用；因为这种知识大都依靠用视觉的观察，没有太阳光就不可能。假如任何人要确知他由太阳得到的大利益，让他设想假如他过了只要一个月，没有白天，全是夜里，看看他的一切经营会怎么样。这样，他从他自己的经验就会充分相信，特别是假如他有好多工作是在街上或野外进行的。……由于太阳，我们学会知道什么时候是正午，并且知道这个时刻很准确，就能校正我们的时钟，因此天文学得太阳的助力很多。……由太阳的帮助，人能找到子午线。……而子午线是我们日晷仪的根据，并且一般地说，假如没有太阳，我们就没有日晷仪。”见他的《对自然物的目的之合理思想》(Vernünftige Gedanken von den Absichten der natürlichen Dinge)，一七八二年版第七四至八四页。

或是请读德览的《物理神学》(Derham：Physico-theology)内论上帝在使全世界上人的脸面、语音和笔迹有种种不同这件事上的仁恩的文字。这部书在十八世纪是很风行的。德览说：“假如人人的身体是按照任何种无神主义的计划，或具无限性的世界主宰的计划以外的任何别种方法创造的，这种明哲的变化必定不会有的。反之，人的脸面一定会造成同一的，或不怎么不同的模型，他们的语音器官必定会发出相同或不大相异的声音；并且由于肌肉和神经的相同，手必定会使笔迹取同一方向。如果这样，世界会永古遭受多大的纷乱、多大的扰攘、多大的祸害呀！我们的生命就没有安全；我们的财产没有保障，不能自己享受；人与人之间没有公道，善与恶，友与敌，父与子，夫与妻，男与女之间没有分别；而且由于不能防止妒忌的和恶性的人的恶意行为，流氓和劫盗的欺骗的暴力，巧妙的骗子的伪造，无丈夫气者和堕落者的淫欲，以及诸如此类，所以一切都要颠倒混乱：我们的法庭能充分证明；错认人面，冒充人手，假造笔迹有可怕的结果。可是，现在按照无限智慧的创造并宰治世界者的计划，每人的脸可以使他在明处自别，他的口音能使他在暗中自别；虽然他不在场，他的手迹可以替他说话，做他的见证，并在后代保障他的契约。这是一个明白的并可称美的表示神圣监督并处理之标记。"

一个小心到布置得就是银行支票和契约的签字也不会被认错的上帝，这真是依照十八世纪英国国教主义(Anglicanism)的心愿的神道。

我再引德览的《以山谷的设置为上帝辩护》(Vindication of God by the Institution of Hills and Valleys)(省略去加重符号)，以及吴勒夫的十分带烹饪气味的论造水的文字。

吴勒夫说："水对人生的用处，显而易见，无须细说。水是人与禽兽的一种普遍饮料。纵使人自己曾经造过人工的饮料，但人没有水就不能做这些饮料。啤酒是由水与麦芽酿成的，而止渴的只是啤酒里的水。葡萄酒是用葡萄做的，而葡萄没水是生长不了的；在英国和其他地方由果子制成的那些饮料也是一样。……所以因为上帝把世界设计得使人兽可以居住，并由这些世界得到一切满足他们的必需的和便利的东西，他也创造水，作为使大地成为极好住所的一个工具。假如我们再考虑我们由水得到的关于洗净我们家用器皿，我们衣服，以及其他东西的利益，这个道理就更明白了。……假如人到磨房去看，就知道磨石必须不断用水弄湿；这样，对于水的用处就更明白了。"

关于山和谷，德览称扬它的美观之后，就这样说："有些人的体格力量那么好，健康那么稳靠，因而对于几乎任何地方或任何气温都不在乎。可是又有些人那么软弱，那么脆嫩，在一个地方，受不了，但换到另个地方，可以住得很舒服。对于有些人，山上的比较精微的空气极相宜，但到了大城市的浓浊的更粗糙的空气中就憔悴欲死，就是在谷里或河上的比较温暖的并多蒸汽的空气中也如此。反之，别些人在山上就衰弱，到谷中的比较暖的空气中就变成强健旺盛。

“所以这种将我们住所由山上迁到谷内的机会，是对于人类中的羸病、衰弱的分子的一个极好的安息、休养，是个大利益；使这些否则生活很痛苦、憔悴、日渐衰退的人得有安闲舒服的生活。

“在大地的这种有益健康的结构之外，我们可以再说山丘的另一种大便利，那就是供给便利的住所，（如一个著名的作者说的）作为遮隔北方和东方的寒冷冻人的疾风，并且反射卫生的温和的日光，使我们住所在冬天更舒服更愉快。

“最后，是在山上，泉水发源，河流通道，所以这些大团和高堆并不是如有人所抨击的，是我们结构恶劣的地球的很粗陋很无用的赘疣；而是自然界的极好的工具，由无限的造物者设计安排，使它履行自然界的一种最有用的工作的。因为，假如地面是均匀的平坦的，并且它的岛屿和大洲的中部不是像现在这样多山并高出，那么，无疑就没有江河的下水道，没有川流的通路；这些河流就不是从现在高地所有的渐低的斜坡溜下，一直到海，而是要停滞，也许发臭，并且要淹没大片的陆地。

“〔这样〕山与谷，虽然在疲倦埋怨的旅行者看来，也许似乎不方便，麻烦，但是伟大造物者的一种高尚的作品，他明哲地设备它以增进我们尘世的福利。”

⑥　这种想法流行到十七世纪。要知道这个想法，人只须回忆亚里士多德对于力学的问题都加以戏剧性的解释，例如他对于杠杆能使小重量举起大重量的能力之说明。依照亚氏，这是由于圆形及一切圆的运动具有一般地神奇的性质。圆是又突又洼的；它是由一个固定的点和一条在动的线做成的，这两者是互相矛盾的；并且凡在圆上运动的都是循着相反的方向。虽然如此，在圆上的运动是最“自然的”运动；而杠杆的长臂，因其循较大圆形运动，具有这种自然运动的较大部分，所以需要较小的力。或是追想希罗多德(Herodotus)对于太阳的冬天位置的解释：太阳走到南方，是因为寒冷驱它到利比亚(Libya)上空的温暖部区，或是试听圣奥古斯丁的理论：“谁赋予糠可

以使埋在其下的雪冻凝不化的能力,以及温暖那些青的果子使它成熟的能力呢?火显然本身是光明的,却使一切被其焚烧的东西变黑,虽然带有极美丽的色彩,几乎使一切被它接触舔食的东西失色并把灿烂的柴薪变成污秽的灰烬——谁能解释火的这些奇异的属性呢?……复次,木炭具有多么神奇的特性呀!它脆到轻轻一碰就断折,轻轻一压就粉碎,但坚强到湿气不能使它腐烂,长时间不能使它衰朽。"见他的《上帝之城》(City of God)第二一卷第四章。

物体的如它们的自然不自然,它们表面性质的相互同情与反感,它们的怪僻性,它们的光明、力量和破坏力这些方面,势所必至地成了它们最初吸引我们注意的方式。

假如你们翻开早期的医学者,就会见到书中到处请出同情魔术(sympathetic magic)。例如说是巴拉西索(Paracelsus)发明的那个著名的治伤油膏。这个油膏有各种方子,通常含有人的脂肪,公牛、野猪或熊的脂肪;捣成粉的蚯蚓,乌司尼亚(usnia 即吊死的犯人的长时暴露的头骨上的苔),以及其他同等可厌恶的材料——整个应在太白星之下泡制,永远不可在火星或土星之下。还有,假如一块渍着病人的血肉的木片,或带血的伤他的凶器插入这个油膏里,并且伤口紧紧包扎住,这伤口就必定会好(此刻我是引凡赫门 Van Helmont 的说法),因为在凶器或木片上的血,含有被伤者的精魂,跟油膏接触了,就起活跃的激动,因此它就得到能治愈它的从兄弟——患者体内的血——的全部能力。它这种作用,是由于它从受伤部分吸出疼痛和外来的印象。可是要做到这个,它必须求助于公牛脂和油膏内的其他部分。为什么公牛脂这么有力量,是因为公牛被杀之时它心里充满着隐秘的不甘心与立意报复的怨气,所以死时挟有比任何别的动物更高烈的复仇气焰。他又说,所以我们证明了这个油膏的神效不应该说是由于撒旦的从旁合作,应该只是由于深印于油膏内的血和凝脂上的死后报复的特质之能力。见凡赫门:《怪理三部集》(A Ternary of Paradoxes),查理顿(Walter Charleton)译,伦敦,一六五〇年版——在我引述内,我把原文删节很多。

这位作者又接下去用好多其他自然界事实做比拟,证明这种两物远隔也会起的同情作用是这件事的真正理由。他说:"假如被妖妇杀死的马的心脏,由这发腥的马尸内取出,用箭刺穿,烤过,那么,立刻这个妖妇浑身就起如火

烧的不能忍受的苦痛；假如不是这个妖妇的精魂与这匹马的精魂接合，绝不会这样。妖妇的精魂被关在这个发血腥并还喘动的心脏内，并且横穿的箭使它不能逃避。同理，好多被谋杀的尸首，在检尸官审问之时，凶手来到，就重新出血或伤口重开——因为血就如在盛怒之时那样受了在灵魂被迫出到体外的那顷刻所起的报仇心所激怒所摇荡。同样，假如你有水肿、风湿或黄疸病，把你的还热的血放在一头蛋的壳和蛋白内，把这只蛋加以微热并和一块肉混合起来，再把这个给狗或猪吃，这个病就立刻由你传到这个动物，就完全离开你了。同样，假如你把一头母牛或一个女人的一点乳汁焚烧，出乳汁的线就会干掉。在布鲁塞尔(Brussels)的一个人在打架之时鼻子打掉了，可是著名的外科专家嗒克黎柯祖(Tagliacozzus)替他由波洛那(Bologna)的一个脚夫的胳膊皮上挖出一个新的鼻子。约莫他回到本地十三个月之后，这个移植的鼻子变冷了，腐朽了，几天后就掉去了，以后发现这个脚夫在几乎恰恰同一时节死了。"凡赫门又说："在布鲁塞尔还有目击这件事的人；我请问这件事有什么带有迷信或出于亢进的想象呢？"

近代医心派的文字——例如麻尔福(Prentice Mulford)的作品——充满着同情魔术。

⑦ 参较陆宰(Lotze)的主张，他以为，唯一的我们能够认为物"自身"(in itself)的观念所有的意义，就是认此物是为它自身(for itself)，那就是说，认此物为带有一种体己的"冲迫"('Pinch'，即某一种内心活动)之感的一件完满的经验。

⑧ 就是事实的错误也可能被证明为不如科学家或假定的那么囫囵的、广泛的。我们在第四讲见到在好多医心派的人看来，对于世界的宗教观似乎时时有他们的事实经验为之"证实"('verified')。"事实之经验"(Experience of fact)是一个含有那么多事物在内的区域；因此有门户之见的科学家，像他那样照例不肯承认如医心派以及与之类似的人所经验的"事实"，除了用如"无稽"，"腐败"，"愚蠢"这一类粗拙的类目：这种科学家必定放弃了一大堆的事实原料——这种事实，若不是因为宗教徒对于实在界的比较更属个人的方面有勤快的兴趣，就永远不会被人记录起来的。我们已知道在有些事例是如此；因此，在其他事例，也许也如此。神迹的治疗始终是超自然主义者的专卖货色；但科学家总是认它们为幻想的结构而置之不理。可是科学家在催眠术

这方面所受的迟缓的教育，新近给予他以一个领会这一类现象的统觉群（apperceiving，mass），因此他现在承认这种治疗可以是事实，假如你明白地将它叫做“暗示”（suggestion）的结果。依这种看法，就是圣佛兰息手足上的十字架的痕也许不是寓言。同样，现在科学家既然有“协识脱离症的鬼附病”（‘hysterodemonopathy’）这个名词可以领会魔鬼附身的现象，这个久已闻名的现象也快要被他认为事实了。没有人能预知这种以新发现的科学名目来把神怪现象合法化的工作能进展到多么远——就是“先知”（prophecy），就是“重物飞扬”（levitation）也许也会被接收。

这样，科学家的事实与宗教的事实两者的离异，不必如才看那样像是永久的；原始人民思想所感觉的世界的人格性与浪漫性（personalism and vomanticism）也不是那么真是一去不回的事情。总而言之，最后的人类见解，也许由现在不可预知的方式回复到比较更带私人性的作风，恰似任何条进步之路可以循螺旋线而不循直线前进。如果这样，那么，科学的严格非个人的观点也许有一天会被觉得是一种暂时有用的偏至之见，而不是有门户之见的科学家现在极自信地宣称为确定全胜的立场。

⑨　休谟的评判已把因果作用（causation）摈出物质世界之外了，现在“科学”把原因用并起的变化来定义，就觉得绝对满意——请阅马赫、皮尔生，及阿斯滑（Mach，Pearson，Ostwald）的著作。因果作用这个概念的“初本”，是在于我们的内部的个人经验之内，并且只有在这里，旧式意义所谓原因才可以直接观察到加以叙写。

⑩　当我看到一篇宗教文字有如“也许我们对上帝可说的最好的话，就是上帝是不可免却的推论（The Inevitable Inference）这类的话”，我就看出近人要让宗教发散，化为理智方式的趋势。难道殉道者会为了仅仅一种推论而歌颂于烧死他的火焰中（无论这推论是多么不可免却的）吗？具创造力的宗教人，如圣佛兰息、路德、贝门之流，通常都是反对理智擅自干涉宗教之事的。可是，理智侵入处处，也处处表现它肤浅化的作用。请看监理会的旧精神如何在如薄因教授（Bowne）的这种哲学家所作的那些非常动听的依据合理主义的小册子（这是人人应读的）之下发散了。薄因教授著有《基督教的启示》、《基督徒生活》、《赎罪》（The Christian Revelation，The Christian Life，The Atonement）。又请看正式所谓哲学的积极排他的目的：

法策洛君在他《宗教》(Vacherot:La Religion)书内说:“宗教适合于人性的一个暂时的状态或情境,不合于它的永久的定性,宗教只是被想象支配的那个人心阶段之表现,……基督教只有一个可能的最后承继它的产业者,那就是科学的哲学(Scientific Philosophy)。”

黎波教授(在他的《感情心理学》Psychologie des Sentiments)以还要更急进的口气形容宗教的发散。他只以一个公式总括这个现象——就是说,合理的智力成分不断增加优势,情绪的成分逐渐衰退,情绪成分越来越被吸收进纯乎理智的情操集团之内。“正式所谓宗教情操,最后除了对于不可知的 x 的一种模糊的崇敬(这是恐怖的一种最后余痕),以及倾向理想的某一种吸引(这是爱情的一种遗迹),这种吸引是宗教发展史的较早时期的特性。把这个说得更简单些,宗教倾向于变成宗教的哲学(religious philosophy)——这两件在心理学方面是完全不同的事情,后者是一种理论的由致知而得的构想,而前者乃是一组人或一个伟大的得灵感的领袖的活跃工作,使得人的整个思想的与情感的机体都活动的工作。”

鲍尔温教授(Baldwin)在他的《心理发展,社会的并伦理的阐明》(Mental Development,Social and Ethical Interpretations)第十章内,以及马歇尔君(H. R. Marshall)在他的《本能与理性》(Instinct and Reason)第八至十二章内企图把宗教认为一种纯乎“保守的社会力量”(conservative social force),我看到他们同样不认识宗教的固垒是在于个人性这件事。

⑪　例如第九讲中所引哈德黎自述的结末,第十讲阿莱因自述的后半,又那个牛津大学毕业生自述的末段,又拉提斯本自述的末段,又第十讲末专讲新鲜之感处,又论圣徒性那一讲中论感觉上帝在旁处。

⑫　《美国心理学杂志》第七卷第三四五页。

⑬　第八讲所引托尔斯泰自述。

⑭　见论病态的灵魂那一讲中愉快感丧失症处。

⑮　见论神秘主义那一讲所引勃克自述。

⑯　例如:朴雷夫(Henri Perreyve)写信给格拉都黎说:“我不知道如何才可以应付你今早引起于我心上的快乐。这个快乐简直压倒我了;我要做件事,可是我却一事不能做,不宜做任何事。……我很愿做大事。”他在一次得灵感的会谈以后,写道:“我朝家里走,被喜乐、希望和力量迷醉着。我要孤独

地，远离一切人们，咀嚼我的快乐。时候是晚了；可是，我不管那个，沿着一条山径，像个疯人似的继续走去，看着天上，不管地下。忽然间本能使我赶快退缩——我到了一块悬崖的极边，再一步就一定掉下去，我吓了一下，打断我的夜行了"，见格拉都黎：《亨利·朴雷夫》，伦敦，一八七二年版，第九二，又八九页。

在信仰状态内，模糊的扩张的冲动比向导作用占优先，惠特曼有些诗句说得很好（《草叶集》Leaves of Grass 一八七二年版，第一九〇页）：

"啊，面对夜晚，风暴、饥饿、嘲笑、变故、反抗，像树和动物一样。

亲爱的同伴呀！我承认我曾经敦促你同我前进，而且还在敦促你，丝毫不知道我们的目的地何在。

也不知道我们是要胜利，还是要一败涂地。"

这个欢迎伟大事情，以及这种觉得这世界因它而重要、神妙等等，很宜于发生大事情之感，很像是一切较高的信仰之未分化的种子。相信我们自己的野心的梦想，或我们国家的扩张的运命之信赖心，和依赖天命的信仰，通通发源于我们乐观的冲动的那种进冲，并我们觉得可能的远多于实有的之感。

⑰ 参较刘把上引书第三四六至三四九页。

⑱ 见他的《宗教意识的内容》(The Contents of Religious Consciousness)在《一元论者杂志》(The Monist)第十一卷第五三六页，一九〇一年七月号内。

⑲ 上引书第五七一，五七二页，节录。请也看刘把的非常正确的对于"宗教主要是企图解决世界之理智上的神秘"这个见解的批评。再参较奔德在他的《宗教之精髓》内(W. Bender: Wesen der Religion)所说的话："宗教并不是关于上帝的问题，也不是对于世界来源与目的之研究，宗教乃是关于人的问题。一切属于宗教的人生观都是人类中心的(anthropocentric)。""宗教是人类自存冲动的一种活动，由这种活动，人类企图在到了他自己力量尽头之时，以'放心提高自己到整齐并统治世界的权威'这个方法去反抗世界的敌对压力而促进他的主要的根本的生活目的。"这整部书几乎只是几句话的扩充。

⑳ 要记得在有些人，这个阶段忽然来，在其他人，渐渐地来，又有些人几乎一辈子都安居在这个阶段内。

㉑　实际的困难是：第一，“体验到”一己的高级部分之“实在性”(realize the reality)；第二，觉得自己与这高级部分完全同一；第三，感到这高级部分就是理想界之其余部分之全体。

㉒　“在神秘活动达到最高点之时，意识只是觉得有个比自己较多(excessive)又与自己同一(ideantical)的有：伟大到可以为上帝；内里到可以为我。在这个情形之下，这个有之“客观性”(objectivity)应该叫做较多性(excessivity)。”雷瑟札：《论神秘意识之基础》(Récéjac：Essai sur les fondements de la conscience mystique)一八九七年版第四六页。

㉓　在这里，“真实性”(truth)这个名词是指纯粹人生的价值之外的一方面，不过人类的自然倾向，是相信凡对人生有大价值的，它的有价值就证明其为真实。

㉔　第十八讲篇末。

㉕　《灵学会记录》(Proceedings of the Society for Psychical，Research)第七卷第三○五页。要看迈尔斯君的见解的详说，请阅他的遗著《从近年研究所得的人格观》(Human Personality in the Light of Recent Research)这部书，郎门斯·格林公司(Longmans，Green Co.)广告说已付印。迈尔斯君最先把探查意识的阈下区域的全部作为一般的心理学的一个课题，并对于叙述这区域的结构这方面作第一个有方法的步骤，这是由于他把一大堆的前此只认为奇怪的孤立的事实的意识阈下现象认为一个自然系列，并给予它们以成系统的名号。这个探查多么重要，只有追随迈尔斯君所开的这条路的将来工作才能指示。参较我的论文《迈尔斯对于心理学的功劳》(Frederic Myer's Services to Psychology)，见于同会记录，第四十二部分，一九○一年五月出版。

㉖　参看第十九讲末所开的节目，也看第十讲内论潜意识的自我及潜意识与皈依之关系那两段。

㉗　参看论神秘主义那一讲中叙述各教派的神秘意识处。

㉘　再引一个关于这个信仰的表示，以使读者对于这个信仰更熟悉：

“假如这间房子几千年都是黑漆漆的，你进来就大哭大嚷说，‘哎呀，这么黑’，这黑暗会消灭吗？拿灯进来，划一根火柴，立刻就光明了。同样，你一生尽思量‘哎，我做了恶事，我犯了好多愆过’，这对你有什么好处呢？这无须鬼来告诉我们。拿光明来，恶就立刻去了。加强真性，建立你自己，辉煌的、灿烂的、永远纯洁的，从你所见的每个人唤起这种德性。我愿我们每个人都得到一种地位，使得就是见到最恶的人，我们也能够看出他内心的上帝，我们不归罪，我们说，'起来，你光明者，起来，永远纯洁的你，你无生无死者起来，全能的起来，表现你的本性'。……这是'阿外达'(The Advaita)所教的最高祈祷。这是唯一的祈祷，就是记住我们的本性"。……"为什么人出外去寻求上帝呢？……这就是你自己的心搏跳，但你不知道，误会以为是一件外界的事物。他，近中最近者，我自己的我，我自己生活的真质，我的肉体和我的灵魂——我是你，并且你是我。那就是你自己的本性。主张它，表现它。不是要变成纯洁，你已经纯洁。你不是要变成完善，你已是完善。你想的或根据以行动的每个善良思想，比方说，只是把罩幕扯开，让那纯洁性，无限性，在其后的上帝表现出来——就是一切之永恒主体，这宇宙内的永恒见证，你自己的我。比方说，知识是一个低级，一种堕落。我们已经是知识；怎么知道它呢？"维征甘难陀：《演讲，第十二号，实用的吠檀多》(Addresses, No. XII, Practical Vedanta)第四部分，第一七二页，一七四页，伦敦，一八九七年，以及《演讲，真实的与貌似的人》(Lectures, The Real and the Apparent Man)第二四页，节录。

㉙ 举个例，下文所述就是这样，一个女人自出生就受基督教观念的濡染，但必须等她看到这些观念表现为有鬼论的(spiritistic)公式，她才得到救度的经验：

"就我自己论，我可以说有鬼论救了我。这在我生活的一个紧要关头启示给我；没有它，我不知道我当时要怎么办。它教我超脱尘世的事物而将我的希望寄托在未来之事。由于它，我学到了把一切人们，甚至在那些最坏的罪犯，就是我在他们手上吃最大的亏的人都看做我应该帮助，亲爱，并宽恕的未长成的弟兄，我学到了我必须对任何事不发脾气，不看轻任何人，并替一切人祈祷。最要紧的，我学会祈祷。并且虽然我在这方面还有好多要再学，但祈祷不断给予我更多的力量、慰安与舒适。我比以前更觉得我在悠长的进步之路只走了几步；可是我看着这条路很长，并不沮丧；因为我自信有一天我的一切努力都会得到报酬。所以有鬼论在我生活内有个重大的地位，其实它在我生活内占首位。"采自《伏卢挪材料集》(Flournoy Collection)。

㉚　“圣神(绝妙的名号是慰安者)(the Comforter)的作用,是一件实际经验到的事,就像电磁现象那么实在。”菩朗尼尔,在《斯魁柏纳杂志》(W. C. Brownell,Scribner's Magazine)第三十卷第一一四页。

㉛　在某些人,开放我们自己的手续,即所谓祈祷,是一件完全明确的事情;这在前些演讲屡屡看到了。我再举一个具体的例,以加强读者关于此事的印象。

“人能学到超越〔有限性思想的〕这些限制而随意取得力量与智慧。……神圣的存在是由经验认识的,回向一个较高的阶层是件明确的意识作用。它不是一种模糊的昏昧的或半意识的经验。它不是出神状态;也不是入定状态。它不是吠檀多所谓超意识,它不是由于自我催眠。它是完全安静的、清醒的、健全的、合理的、常识的将意识由感官知觉现象移到先见状态,由自我思想移到明明较高的境界。……例如,假如下级自我心神不宁、愁虑、紧张,人可以一会使它安定,这不是只用一字就做到。我再说,它不是催眠,它是由于力量的行使。人觉得平静之精神,就像在一个热的夏日觉得热那么明确。这个能力可以使用,就如日光可以集中于焦点,使它做工作,使它把柴发火那么靠得住。”《高级法则》(The Higher law)第四卷,第四、六页,波斯顿,一九〇一年八月。

㉜　超绝主义者喜欢用“太上灵魂”(Oversoul)这个名词,可是大体说,他们用理智主义的意义,只是指一种精神感通的媒介。“上帝”不止是感通的媒介,也是一个产生结果的原因,而且这是我要着重的方面。

后　　记

在写结论那一讲之时，我不得不力求简单；因此我怕我的一般的哲学立场说得太少，会弄到有些读者几乎看不懂。所以我加上这个后语，但这个也要很短，也许只能把缺点弥补一点点。我也许能够在一部后来的书，把我的立场说得更详细，因之也可以说得更明白。

在像这样的部门内，一切可能的态度和性情久已见于文献中，因之任何新的作者立刻可以归到熟悉的类目之下；所以不能期望有什么创获。假如把一切思想家分作自然主义者与超自然主义者，无疑，我要随同大多数哲学家归到超自然主义者这一支。但是，超自然主义有两种，一种比较粗糙的，一种比较精致的；现在大多数哲学家是属于精致的一种。假如他们不是正常的超绝的唯心论者，他们至少遵从康德的指点到一个程度，就是，将理想的存在除外，使它不干涉现象的事变进展之因果关系。精致的超自然主义就是普遍论的（universalistic）超自然主义；而对于比较粗糙这一支，“零碎的”（piecemeal）超自然主义也许是更好的名号。这个主义与那种比较古老的神学连在一起；现在人觉得它只流行于无教育的人众，或是少数几个还主张大家认为已被康德推翻的二元论的人们。这个零碎的超自然主义容许有神迹和天命的指引，并且觉得把理想世界的作用参插在按因果关系而决定实有世界的情节之力量中间，因而将理想的与实有的世界混在一起，并没有理智上的困难。精致的超自然主义以为这样是把不同的维度的存在彼此混淆起来了。他们以为理想的世界并无有效的生果作用，并且始终不会在特殊地点爆发进现象的世界内来。对于他们，理想世界不是事实的世界，只是事实的意义之世界；理想世界是一个判断事实的观点。它属于一种不同的"论界"('-ology')，并且处于与成住判断(existential propositions)完全不同的维度的存在界中。它不能够降到经验那个低水平上而零零碎碎地参插在自然界的各部分的当中；而其他的人，例如相信神圣的佑助会应祈求而来的人，必定以为它一定能够这样参插。

虽然我自己不能接受通俗的基督教或经院派的有神论，我相信由于与理想界感通，新的力量会来进这个世界，并在这尘世内发生新的起点；我猜想这种信心使我必须被归到零碎的或粗糙的超自然主义者这一类。在我看来，普遍论的超自然主义似乎太容易对自然主义投降了。它承认物质科学的事实之票面价值，让人生法则还保留自然主义所发现的这些法则的原状，并没有假如这些法则的结果恶坏就加以补救的希望。它只限于对人生全部的情操，这些情操也许是赞美的、崇拜的，但不必是如此；看有系统的厌世主义存在这件事就可以证明这个。我觉得这种对于理想世界的看法，几乎弄得实用宗教的要质完全消散了。从本能所感并从逻辑的理由，我觉得很难相信会有对于事实不生关系的原理。[①] 可是，一切事实都是特殊事实，并且我觉得似乎上帝是否存在的问题的整个关系，都在于它对于如上帝存在就可期望的关于特殊事件的效果。说有了一个上帝而结果没有任何具体的特项经验改变它的款式，在我看来，似乎是个绝不可信的命题。可是这正是精致的超自然主义似乎固执（无论如何，它总隐隐地固执）的主张。这个主义说：绝对者只与整团的经验保持关系；绝对者不降格，去做细节的交易。

我不熟悉佛教；我说佛教的话要受改正，并且只是为可以将我的一般观点叙述得更好而说；但照我所领会的佛教的羯摩论，在原理上我与它同意。一切超自然主义者都承认事实要受高级法则的判断；可是按我所解释的佛教，并按不被超绝主义的形而上学削弱的一般宗教，这里所谓"判断"并不指如吠檀多的或近代绝对主义的系统所指的那么仅仅学院似的评判或柏拉图式的领会；反之，它连带有执行（execution），不特在事后（post rem），也在事中（in rebus），并且它以整个结果内的部分因素的资格发生因果作用。按任何其他方式，宇宙就变成单纯知悟主义（gnosticism）。[②] 可是，"判断与执行连在一起"这个见解是粗糙的超自然主义的想法，所以就大体说，本书必须与这种主义的其他表现同归一类。

我把这事说得这样直率；因为学术界的思想潮流是与我逆向的，我觉得像一个假如他不情愿开着的门被关锁，就必须赶快把背搁在门里头的人，虽然零碎的超自然主义，在现代流行的时尚看起来，是多么受不了；我相信对这个主义加以坦白的考虑并对于它所有的一切形而上学的关系加以完备的讨论，会证明它是满足最大多数的合理要求的假设。这种讨论当然要等别的书。但我现在所说的，足够对于哲学的读者指示我取什么立场。

假如有人问我因为有上帝而起的事实上的不同，确在什么地方，我必须回答说，就一般论，我只有一个假设，就是“祈祷的感通”(prayful communion)这种现象(特别是在某些种类的由潜意识区域侵来的作用也参与于其中之时)所直接暗示的。似乎在这个现象中，有种理想的什么真正发生效力，提高我们的个人能力的中心，并产生不能由其他方法得到的更生效果；这个理想的什么，依一个意义，是我们自己的一部分；但依另一意义，又不是我们。假如有个比我们日常意识更广大的存在界，假如在这界内有些力量对于我们起断续的作用，假如一个促进这些作用的条件是意识“阈下的门路”的敞开，那么，我们就有一个被宗教生活的现象指示为近理的学说之构成素。我深感这些现象的重要，所以我采取它们很自然地暗示的假设。我说，至少在这些地方，好像超世的能力，(假如你要称为上帝，也可以)在我们经验的其余部分所属的自然世界内发生了直接效果。

大多数人要认为要是有上帝就理应发生的在自然“事实”上的第一件不同，我设想就是人格不死(personal immortality)。其实，在人类的大多数看来，宗教的意思就是不死，此外无他。上帝是引起不死的事主；并且任何怀疑人格不死的人无须再审判，就被判定为无神论者。我在我的演讲内并没有论到人格不死或关于不死的信仰；因为我以为这似乎是次要之点。假如我们的理想在“永古”(eternality)中得到照料，我见不到有什么理由我们不愿意把这种照料的责任交到别人的手里。可是，我对于迫切的、要我们自己在场的冲动也表同情；并且在这两种都很模糊，又都很高尚的冲动互相冲突之中，我不知道如何决定。我以为这个主要是要待事实证明的问题。虽然我对于迈尔斯、赫格孙和希斯猎(Hyslop)诸君的耐心工作极敬重，并有点受他们的有利于有鬼论的结论的影响；但我想能证明“返魂”(spirit-return)现象的事实还没有。因此我把这个问题作为悬案，只说短短这几句话，以免读者可能对我在本书内不提人格不死的问题这一点起疑惑。

我们觉得与之有关系的理想的权力，即普通人的上帝，无论是普通人，是哲学家，都赋以某些形而上的表德；这些表德，我在论哲学那一讲中很不敬重。他们假定上帝当然是“一的并唯一的”，并且是“无限的”(infinite)；并且有好多具有限性的神这种见解，几乎没有人以为值得考虑，更谈不到拥护它。可是，为理智上的明白起见，我觉得必须说如我们所探讨过的宗教经验，不能认为是毫无疑义地支持无限论的(infinitist)信仰。宗教经验断然证明的，只是：我们能够经验到与比我们自己更大的一个什么(something)会合，并且从这种会合，得到我们最高的安恬。哲学，由于它的爱统一，并神秘主义，由于它的观念单一的(monoideistic)倾向，两者都走到极端把这什么认为就是一个唯一无二的，并就是世界的无所不包的灵魂之上帝。通俗的意见，因其尊重哲学及神秘主义的权威，就模仿它们所立的榜样。

然而，我以为宗教的实际需要和经验，只要以为“有个在每个人之外，并在某方式与他相连接并对他和他的理想怀善意的更大权力”这种信仰，就可以充分满足它。事实所需要的，只是这个权力应是我们意识的自我以外的，并比这个自我更大的。只要它大到我们可以依赖它而再进一步，任何更大的都可以。它无须是无限的，无须是唯一的。它可能只是一个更大的更带神性的自我(这样说，现有的自我只是它的残缺的表现)，并且宇宙可能是这种具有各各不同的包容程度的自我之集团，其中并无绝对的统一性。[3]这样，我们就回到一种多神论——这种多神论，我此刻不加辩护；因为我现在的目的只是要使宗教经验的证明，确然不超越它的正当界限以外〔参较论病态的灵魂那一讲中论恶与一元论多元论的关系处〕。

抱一元的见解的人对于这么一种多神论(其实这始终是平民的真正宗教，并且现在还是，)会说：假如没有一个无所不包的上帝，我们安全的保障就未臻完备。在绝对者内，并且只有在绝对者内，一切才得救。假如有不同的神，每个神照料他自己那一部分，那么，就有些人的某部分也许不得到神圣的保护，这样我们宗教上的慰安就不完全。这要回到我在论病态灵魂那一讲中论恶与多元论的关系之处所说的关于可能有宇宙的某些部分沉沦到不可挽救的地步。常识的要求，没有哲学或神秘主义的常态那么广泛；它能够忍受“这个世界一部得救，一部沉沦”这个观念。通常道德家的心态以每个分子尽其本分而成功为世界得救的条件。部分的并有条件的救度，抽象地说，实是一种极熟悉的观念；唯一的困难是在于决定细节。有些人甚至无私到愿意自己沦落在不得救的残余部分，只要能使他们相信他们的主义会流行——凡是在我们活动的奋激够高之时我们通通会情愿如此。其实我以为一个可为定论的宗教哲学必须把多元论的假设加以比它前此情愿考虑的态度更严肃的考虑。无论如何，在实际生活，有得救的机会就够了。关于人性的事实，没有什么比人愿意为一个机会而活着这件事更可以代表人性。如古纳(Edmund Gurney)所说的，机会的有无，就是使一种主要是舍弃之生活与一种主要是希望之生活所以不同之点。[4]

可是，一切这些话，因为很简短，都是不满意的，并且我只能说我希望能在另一部书内再论这些问题。

① 超绝的唯心论当然坚持它的理想的世界产生这个不同，即事实之存在；我们因为有绝对者，才有一个事实世界；"一个"事实"世界"！（'a world' of fact!）——这正是毛病所在。一整个世界是绝对者所能处理的最小单位；而在我们具有限性质的人看来，改进的工作应该在这个世界以内完成，应在些单个地点插进。我们的困难和我们的理想通通是零星的事件；可是绝对者不能替我们做零工；因此我们可怜的凡人所祈向的一切利益通通都太晚提出来。我们应该更早些说话，应在这个世界未创生之前绝对地祈求另一个世界。我听一位朋友说过，看见基督教思想最后转进这个死路的角落，它的上帝不能举起任何特个重量，他对于我们的私人负累丝毫不能帮助，他不特不站在我们这一边，也不站在我们敌人那一边，这个看来实在可怪。从大卫《诗篇》的上帝演进到这样地步，大奇大奇！

② 请看我的《信仰意志及其他关于通俗哲学的论文》(Will to Believe and Other Essays in Popular Philosophy)，一八八七年，第一六七页。

③ 我的《论人格不死的殷格索演讲》(Ingersol Lecture on Human Immortality)暗示这种观念。

④ 《第三件》(Tertium Quid)，一八八七年版，第九九页。再看第一四八页、一四九页。